Nathan Weis | Peter Schadt (Hrsg.)
Scheinsubjekt Digitalisierung

Arbeit – Organisation – Politik

Herausgegeben von
Martin Seeliger | Guido Becke | Irene Dingeldey |
Johannes Kiess | Sarah Nies | Wolfgang Menz

Als sinnstiftende Tätigkeit zur Daseinsvorsorge fokussiert die Sozialwissenschaft mit der Arbeit ein zentrales Moment des menschlichen Daseins. Als Strukturmoment der (kapitalistischen) Moderne ist Organisation von Arbeit gleichzeitig ein Gegenstand anhaltender Auseinandersetzungen. Diesem politischen Charakter von Arbeit und ihrer Organisation widmet sich die Reihe in seiner Breite und Vielfalt, das heißt mit Blick auf ihre betriebliche und außerbetriebliche Organisation, ihre sektorale, ihre nationalstaatliche oder grenzüberschreitende Strukturierung und ihre sowie ihre soziale Bedeutung mit einem Fokus auf empirische Befunde zur Entwicklung der Arbeitsgesellschaft im Wandel.

Nathan Weis | Peter Schadt (Hrsg.)

Scheinsubjekt Digitalisierung

Politische Ökonomie der Arbeit 4.0

BELTZ JUVENTA

Dieses Buch ist erhältlich als:
ISBN 978-3-7799-7465-9 Print
ISBN 978-3-7799-7466-6 E-Book (PDF)
ISBN 978-3-7799-8918-9 E-Book (ePub)

1. Auflage 2025

in der Verlagsgruppe Beltz · Weinheim Basel
Werderstraße 10, 69469 Weinheim
service@beltz.de

Herstellung: Ulrike Poppel
Satz: xerif, le-tex
Druck und Bindung: Beltz Grafische Betriebe, Bad Langensalza
Beltz Grafische Betriebe ist ein Unternehmen mit finanziellem Klimabeitrag
(ID 15985-2104-1001)
Printed in Germany

Weitere Informationen zu unseren Autor:innen und Titeln finden Sie unter: www.beltz.de

Inhalt

Scheinsubjekt Digitalisierung

Einleitung

Peter Schadt und Nathan Weis

Digitalisierung und Industrie 4.0 sind in ihren verschiedenen Facetten seit nunmehr zehn Jahren fester Bestandteil der deutschsprachigen arbeits- und industriesoziologischen Forschung. In Bezug auf die Veränderungen der Arbeitswelt zeigt sich dabei ein sehr differenziertes Bild sowie große Unterschiede zwischen Branchen und Tätigkeiten, die bisher unterschiedlich gründlich erforscht worden sind. Fest steht jedoch, dass derzeit sehr viele und vielschichtige Veränderungen in der Arbeitsorganisation, den Geschäftsmodellen und der politischen Regulierung stattfinden, die in den nächsten Jahren – gerade im Kontext von KI – weiter von Bedeutung sein werden. Darüber hinaus haben mehrere Studien empirisch festgestellt, dass der Einsatz digitaler Techniken durch Unternehmen genutzt wird, um die Produktivität der Arbeit zu steigern, und zwar durch Erhöhung ihres Wirkungsgrads, wodurch die Lohnstückkosten gesenkt werden (vgl. Schadt 2021). Andere Studien zeigen auf, dass auf Grundlage von algorithmischem Management die Kontrolle über die Beschäftigten und deren Arbeitsleistung perfektioniert wird (vgl. Heiland 2022; Gerber 2020). Außerdem dienen die digitalen Techniken dazu, die Arbeit weiter zu flexibilisieren, also dann abrufen zu können, wenn sie benötigt wird (vgl. DGB 2022). Schließlich bewirkt die Übernahme von Teilschritten durch Automatisierung, dass Aufmerksamkeit und Kapazitäten der Beschäftigten für andere Arbeitsschritte freigesetzt werden, was eine Verdichtung der Arbeit bewirkt (vgl. Schaupp 2021). So zeigt etwa der „DGB-Index Gute Arbeit 2022“, dass Entlastung die Ausnahme ist und bei 40 Prozent der Beschäftigten die Arbeitsbelastung zugenommen hat (DGB 2022). Die Digitalisierung ist damit Teil eines umfassenderen Strukturwandels der Arbeit (vgl. Seeliger 2023). Dieser Band schließt an jene Befunde an fragt nach den konkreten Triebkräften und Veränderungen in den diversen Branchen, um zu differenzieren, was Digitalisierung im Einzelnen und für die verschiedenen Akteure bedeutet (vgl. Buss et al. 2022) und was ihre ‚Gestaltbarkeit' ausmacht.

Die Gegensätze und Verschärfungen, die bei der Digitalisierung der Arbeitswelt einerseits festgehalten werden, etwa in Bezug auf eine Entgrenzung von Arbeit (Hanau / Matiaske 2019), werden andererseits mit der Möglichkeit kontrastiert, dass die digitalen Techniken den Beschäftigten zugutekommen könnten, was aber einen Kampf um Beteiligung und politische Regulierung erfordert (vgl. Oppelt / Blumenthal 2023; Kuhlmann 2023). Allerdings sei es „unwahrscheinlich, dass dieses Potenzial realisiert wird, solange die Produktions- und Distributionsprozesse kompetitiv organisiert und der Dynamik einer zunehmenden Finanzialisierung ausgesetzt sind" (Butollo 2019, S. 214 f.). An diesen Gedanken knüpft der Sammelband an und schlägt eine konsequente Rückbindung der empirisch beobachteten Entwicklungen an die Strukturen, Rahmenbedingungen und Organisationsweisen der jeweiligen Branchen vor. Im Rahmen dieses Bandes kann zwar keine umfassende Analyse und Kritik der politischen Ökonomie der Digitalisierung geleistet werden.[1] Was aber allemal der Anspruch ist: eine Rückbindung der brancheneigenen Verlaufsformen, an spezifische politökonomische Organisationsweisen der kapitalistischen Ökonomie und ihrer branchenspezifischen Eigenheiten. Damit grenzt sich der Band gerade in theoretischer Hinsicht von Ansätzen ab, die bei der Betonung der Digitalisierung als „gestaltbarer Prozess" (Hirsch-Kreinsen et al. 2015) unserer Ansicht nach unterschlagen, welche *tatsächliche Gestaltung* in jedem Moment des digitalen Technikeinsatzes bereits abläuft und schon vorliegt.[2] Es kommt entscheidend darauf an, genau zu bestimmen, von wem und zu welchen Zwecken digitale Techniken eingesetzt werden und worin objektiv die grundsätzlichen Verhältnisse und Erfolgskriterien der Digitalisierung der Arbeitswelt bestehen, wenn diese eingerichtet und damit bereits gestaltet werden. Die zentralen Akteursgruppen der Digitalisierung – Kapital, Arbeit und Staat –, deren Interessen und Gegensätze gehen verloren, wenn sie in dem Appel der Bewältigung sozialer Herausforderungen aufgelöst werden, wie z. B. bei Ittermann und Niehaus (2015, S. 47), die „ganz ohne Benennung eines Subjektes" (Schadt 2016, o. S.) auskommt. Hier nehmen die Überlegungen zum ‚Scheinsubjekt Digitalisierung' ihren Ausgangspunkt. Diese werden im Folgenden ausgeführt, womit Schwerpunkt und Perspektive des Bandes, seine Bezüge und die Abgrenzung zu anderen Ansätzen entwickelt werden. Gleichzeitig bietet dies die Gelegenheit, den Begriff ‚Scheinsubjekt Digitalisierung' weiter zu schärfen. Schließlich werden die Beiträge des Bands vorgestellt.

Bewältigung gesellschaftlicher Herausforderungen

Verschiedene arbeitssoziologische Studien haben Szenarien verschärfter Arbeitsbedingungen in diversen Branchen empirisch untersucht und warnen, dass diese eintreten können, wenn die Beschäftigten nicht mitgenommen würden oder die digitalen Geschäftsmodelle und -praktiken ‚unreguliert' blieben (vgl. Hirsch-Kreinsen et al. 2019). Ausgehend von diesen Feststellungen gehört der Appell an die gesellschaftliche Einheit bei der ‚Bewältigung' sozialer Herausforderungen der Digitalisierung, wie z. B. bei Ittermann und Niehaus (2015, S. 47), zu den

1 Zu den verschiedenen theoretischen Ansätzen und Debatten siehe Carstensen et al. (2023).
2 Womit also keinesfalls gesagt ist, die Digitalisierung sei nicht gestaltbar.

gängigen Mantras der Debatte: In Vorschlägen, den Wandel „sozial verträglich [zu] gestalten" (Ahrens/Spöttl 2015, S. 200), werden genau die Institutionen adressiert, die den zuvor als ‚Wandel' verstandenen Prozess der Digitalisierung selbst ins Werk setzen und die damit Urheber und Gestalter des Wandels sind, der nun sozial verträglich gehandhabt werden müsse. Die Schwäche jener Appelle besteht darin, dass konkret handelnde Subjekte, deren Interessen und Gegensätze verloren gehen in der Einheit der Akteure, die jene Herausforderungen gemeinschaftlich bewältigen müssen. Auch bei der Übersetzung konkreter Veränderungen, Handlungen und Prozesse in ‚Herausforderungen' werden Urheber und Zwecke derselben schnell verwischt und als eine akteursübergreifende Aufgabe vorgestellt, die gemeinsam gelöst werden müsse. Demgegenüber plädieren wir dafür, bei den Veränderungen der Arbeitswelt genau zu unterschieden zwischen den Akteuren, die Prozesse in Gang setzen, und jenen, welche sie umsetzen müssen; welche Interessen sie verfolgen, mit welchen Ressourcen und wie sie dabei – strategisch und praktisch – vorgehen.

Diese Herangehensweise wurde bereits in anderen Publikationen explizit gemacht. So betont Kaufmann, dass Digitalisierung und Industrie 4.0 keine subjektlosen Sachzwänge sind, sondern ein Projekt derer, „die sich – Betonung auf ‚sich' – etwas davon versprechen" (Kaufmann 2016, S. 2). Interessant daran ist insbesondere der *doppelte* Bezug auf die industriesoziologische These, „dass die neuen Technologien bestimmte Arbeitsformen keineswegs deterministisch nach sich ziehen, sondern ein Spektrum von Gestaltungsalternativen für Arbeit eröffnen" (Hirsch-Kreinsen/Ittermann/Niehaus 2015, S. 7). Kaufmann schloss sich mit seiner Kritik *einerseits* der Kritik des Technikdeterminismus an, *andererseits* betonte er die politischen und vor allem ökonomischen Interessen, welche als Nadelöhr das „Spektrum von Gestaltungsalternativen für Arbeit" entschieden reduziere, vielmehr sogar als imperativ präsentiere: Die Beschäftigten „müssen sich an den „Wandel anpassen. Sie leben im Passiv: Ihre Freizeit und ihre Arbeit *werden* digitalisiert" (Kaufmann 2016, S. 2, Hervorhebung im Original).

Nuss und Butollo (2019) richten sich ebenfalls gegen angebliche Notwendigkeiten, die aus den digitalen Techniken selbst folgen sollen: „Eine solche Sichtweise macht Technik zum Fetisch; mit höheren Kräften ausgestattet bricht sie gleichsam von außen über die Gesellschaft herein und revolutioniert diese – ein technologischer Determinismus" (ebd., S. 11). Es sei jedoch „unwahrscheinlich, dass dieses Potenzial realisiert wird, solange die Produktions- und Distributionsprozesse kompetitiv organisiert und der Dynamik einer zunehmenden Finanzialisierung ausgesetzt sind" (Butollo 2019, S. 214 f.).

In diesem Sinne positioniert sich Pfeiffer (2019) gegen Positionen in der soziologischen Debatte, die immer wieder einen ‚Mensch-Maschine' Dualismus bzw. ein *Verhältnis* zwischen Mensch und Roboter ausmachen wollen: „Es werden nicht die *robot overloards* sein, die zukünftig in Davos den Champagner trinken" (ebd., S. 177, Hervorhebung im Original). Die Auffassung, gegen die sie argumentiert, besteht darin, das Phänomen, dass Maschinen im Arbeitsprozess eingesetzt werden, unmittelbar als *Verhältnis* dieser beiden – Mensch und Maschine – zu nehmen, ohne ihren jeweiligen Status als Werkzeug für den Betriebszweck zu berücksichtigen. Unter Berücksichtigung der politökonomischen Zielsetzung der Technik*stifter* löst sich das vermeintliche Verhältnis zwischen Technik und Mensch daher in ein soziales Verhältnis zwischen verschiedenen Menschen auf. Die Kategorie ‚des Menschen' entpuppt sich dadurch umgekehrt als *Totalabstraktion* von den politökonomischen Charaktermasken, die hier in Konflikt geraten (vgl. Schadt 2018). Pfeiffer bringt in ihrer Aussage *beide* Momente zusammen, die für diesen Sammelband *ex negativo* konstituierend sind: Die Zurückweisung ‚der Technik' als Akteur, ebenso wie die Differenzierungsnotwendigkeit verschiedenster Interessen der Akteure.

Auch Gamisch hält den gesellschaftlichen Charakter der Digitalisierung fest und besteht darauf, dass die Digitaltechnik „in keiner Weise als äußere Schicksalsmacht, die über die Menschen hineinbricht, interpretiert werden" (Gamisch 2021, S. 15) sollte. Er kritisiert gleich zu Beginn seiner Arbeit ein Papier des Bundesministeriums für Bildung und Forschung, das mit den Worten beginnt, dass die Digitalisierung unser Leben verändere: „Das Subjekt im ersten zitierten Satz ist die Digitalisierung selbst. Sie verändert, während ‚wir', also die Menschen, darauf reagieren, die Art und Weise ‚unseres' Verhaltens ändern. Aber wer oder was ist diese Digitalisierung, wenn sie solche Macht darüber besitzt, wie ‚wir' leben?" (Gamisch 2021, S. 9). Gamisch beantwortet diese Fragen unter Zuhilfenahme der Fetischanalyse von Marx: „Die Gesamtheit der gesellschaftlichen Interdependenzbeziehungen kann so als eine selbstständige Macht erscheinen, die sich gegenüber dem Einzelnen zwingend geltend macht" (Gamisch 2021, S. 15; vgl. auch Schadt 2021, S. 13).

Scheinsubjekt Digitalisierung

Nur in einigen wenigen soziologischen und philosophischen Theorien wird der Technik *explizit* eine Rolle als Akteur zugewiesen. Die Soziologin und Wissenschaftstheoretikerin Karin Knorr-Cetina ist hier die wohl elaborierteste Vertreterin, die von „hybride[n] Netzwerke[n]" zwischen menschlichen und nicht-menschlichen Akteuren in der Welt ausgeht: „Dabei kann jedes Objekt die Rolle des Subjekts in einer linguistischen Satzstruktur ausfüllen. Analog hierzu können nicht-menschliche Handelnde (Techniken, Viren, Kamm-Muscheln usw.) in wissenschaftlichen und technologischen Umgebungen ‚agency' haben, z. B. indem sie Kräfte freisetzen, Wirkungen hervorrufen, Widerstand leisten" (Knorr-Cetina 2007, S. 337). Einerseits ist Knorr-Cetina zuzustimmen, dass es linguistisch möglich ist, der (digitalen) Technik die grammatikalische Figur des Subjekts zuzuweisen. Andererseits handelt es sich bei der Behauptung einer

Analogie zwischen sprachlicher Möglichkeit und faktischer Wirklichkeit um einen Fehlschluss, eine ‚unwarranted assumption fallacy'. Die *Möglichkeit*, digitale Technik in einem Satz in die Subjektposition zu setzen, ist kein Beweis für deren tatsächlichen Akteursstatus, sondern eine „syntaktisch notwendige Bedeutungslosigkeit" (Haug 2020, S. 22). Knorr-Cetina bleibt den Nachweis eines Willens in technischen Artefakten schuldig und dreht stattdessen die Beweislast um: „Wie Luckmann im Jahr 1970 hervorhob, halten wir für selbstverständlich, dass soziale Realität ausschließlich die Welt von menschlichen Angelegenheiten ist. Doch warum sollten wir dieses als selbstverständlich ansehen?" (Knorr-Cetina 2007, S. 337). Da es sich hier um eine empirische Aussage handelt – die soziale Realität sei *nicht ausschließlich* die Welt von menschlichen Angelegenheiten –, ist der Satz nicht falsifizierbar: Jeder Hinweis auf Akteure hinter spezifischen Interessen ist kein Beweis gegen das generalisierte Diktum, dass es auch *nicht-menschliche* Akteure ‚in der Welt' gibt.

Ohne Verifikation für ihre These schafft Knorr-Cetina so ein hermetisch abgeriegeltes Theoriekonstrukt, dessen Produktivität darin bestehen soll, „zu analysieren, wie Klassen von Personen (z. B. Wissenschaftler) in Beziehung mit Objektwelten treten. Objekte können auch als Gewinner aus den Beziehungsrisiken hervortreten, die für viele Autoren den zeitgenössischen menschlichen Beziehungen inhärent sind" (ebd.). Es mag in der Logik der Sache stringent sein, technischen Artefakten, „Mikroben, Kamm-Muscheln oder Maschinen" Interessen zuzuerkennen, welche sich in der Interaktion mit Menschen erfolgreich realisieren lassen, was dieselben Objekte zu „Gewinnern" mache. So kennzeichnet Knorr-Cetina etwa die Finanzmärkte als „post-human financial markets", in denen Algorithmen verselbstständigt, also scheinbar losgelöst von Weisung und Interesse ihrer Urheber, als „actors" und „players" auftreten. Darin sieht sie eine „postsocial world" aufziehen, die durch eine neue Qualität von Beziehungen zwischen Mensch, Technik und Daten gekennzeichnet sei (vgl. 2016, S. 15). Allerdings besteht die Produktivität ihres Ansatzes in nichts anderem als der Prämisse: Getrennt vom Gegenstand der Untersuchung wird qua Setzung von nicht-menschlichen Akteuren in „hybriden Netzwerken" ausgegangen. Diese Behauptung, dass (nicht nur) technische Artefakte Willen und Verstand hätten, und diese in der Welt betätigen, erlaubt es dann, den Willen der Artefakte zu ‚analysieren': Ein Zirkelschluss.

Auch wenn diese Theorie Momente der Charakterisierung eines Scheinsubjekts aufweist, erschöpft sich der Ansatz des Scheinsubjekt Digitalisierung nicht in dieser Feststellung und Kritik. Diese zielt vielmehr auf die pragmatischeren Ansätze in der Soziologie, wenn es um die Handlungsmacht der digitalen Technik geht, bei denen von einem situativen „mithandeln" von Technik ausgegangen wird (vgl. Schubert 2011; Rammert 2007; Latour 1996). Weyer spricht von Konstellationen, in welchen „Menschen und autonome Technik als Teamspieler zusammenwirken" (Weyer 2009, S. 158), etwa bei teilautonomen Fahrzeugen wie PKWs mit

Spurwechselassistenten. Hierbei wäre grundsätzlich das Verhältnis von Akteur zu seinem Instrument zu hinterfragen und zu erörtern, auf welcher Grundlage und zu welchen Zwecken ihr ‚gemeinsames' Handeln stattfindet, welches *Bewusstsein* und welche Handlungs*macht* dabei vorliegt.

Zirkuläre Ideologiekritik

Derartige Theorien eines expliziten Scheinsubjekts sind die Ausnahme. Häufiger dürfte unsere *Negation*, die Digitalisierung sei kein Subjekt, den berechtigten Einwand evozieren, den Gedanken Knorr-Cetinas umgekehrt zu buchstabieren, wenn Autor_innen nichts anderes tun, als die linguistische Möglichkeit zu nutzen, einen Prozess in der Satzstruktur als Subjekt zu setzen. Unsere ‚Ideologiekritik' wäre in diesem Fall also das *interessierte* Missverstehen von Ausdrucksmöglichkeiten der deutschen Sprache, um im Anschluss eine Auflösung zu präsentieren, die trivialer nicht sein könnte und von den wenigsten Autor_innen überhaupt in Abrede gestellt werden dürfte: Dass nämlich Prozess und Prozessstifter ‚der Digitalisierung' nicht identisch sein können, insofern *Akteure* für die Transformation in den Blick genommen werden müssen und die Technik selbst kein *Subjekt* sei.

Gerade in unseren populären Versuchen, das ‚Scheinsubjekt Digitalisierung' zu blamieren, sind solche Übergänge nicht zu leugnen und gehören entsprechend kritisiert: „‚Die Digitalisierung' tut gar nichts. Sie ist ein Scheinsubjekt. Das klingt kompliziert, doch jeder kennt das Scheinsubjekt aus dem alltäglichen Sprachgebrauch. Bei der Aussage ‚es regnet' weiß jeder, dass gar kein ‚es' existiert, das gerade die Handlung des Regnens durchführt. Das ‚es' steht vielmehr für eine bestimmte Wetterlage. Wer nun von ‚der Digitalisierung' spricht, verschweigt ebenso, welches Subjekt die Digitalisierung aus welchen Gründen ins Werk setzt" (Zobel/Schadt 2021, o. S.). Hier ist das „ebenso" verräterisch: Als würde „es regnet" verschweigen, dass hier eine Wetterlage vorliegt und nicht genau das sprachlich ausdrücken. Wir lesen also in einen völlig korrekten Satz genau die verkehrte Interpretation *hinein*, die wir dann *heraus*lesen. Blamiert wird damit kein Scheinsubjekt, sondern nur die Kritiker.

Forderungen wie jene des Bundesministeriums für Wirtschaft und Klimaschutz, „Wohlstand und Lebensqualität wachsen, je engagierter wir die digitale Transformation gestalten" (BMWK 2021, o. S.), haben uns ebenfalls schon öfter als Illustrationen für das Scheinsubjekt gedient. Das ist einerseits nicht ganz verkehrt: Mit dem ‚wir' wird die Gesellschaft als *Ganzes* adressiert, die gestalten soll; was umgekehrt den Widersinn einer ‚Digitalisierung' bedient, die ohne Akteur bzw. Gestaltung ‚passiert'. Es ist andererseits aber eine matte Aufklärung, dass es überhaupt keine digitale Technik gibt, die *nicht* von einem Akteur gestaltet und eingesetzt wird, und dürfte weder innerhalb noch außerhalb des Ministeriums wirklich überraschend sein. Vielmehr *ist* mit dem Aufruf, die Digitalisierung zu

„gestalten", einmal mehr ein produktiver Fehler in der Welt: Interessensgegensätze zwischen Akteuren werden nicht als solche behandelt, sondern Schädigungen von Interessen als Folgen einer nicht ausreichend gestalteten Digitalisierung verbucht. Das führt umgekehrt dazu, dass tatsächliche Treiber wie Getriebenen gemeinsam als *Re*agierende auf diesen vorgeblich externen Trend gefasst werden. Interessensgegensätze bei der Anwendung der digitalen Technik werden so umgedeutet zu ‚Herausforderungen' für die gemeinsame ‚Gestaltung': „Wir wollen, dass die Digitalisierung ihr Wachstumspotenzial entfalten, die Lebensqualität der Menschen steigern und Wohlstand für alle Bürgerinnen und Bürger schaffen kann" (ebd.). Für diesen Gedanken braucht es allerdings schon etwas mehr als unsere ersten, hiermit aus dem Verkehr gezogenen Versuche, allein mit dem Einspruchstitel „Scheinsubjekt!" schon eine Kritik geleistet zu haben.

Instruktiv für diese Selbstkritik wie auch für das Potenzial des Scheinsubjekts als soziologischer Begriff sind die Ausführungen von Suleyman und Bhaskar (2024) in ihrem vieldiskutierten, populärwissenschaftlichen Werk *The Coming Wave*:

> „Noch bevor die kommende Welle da ist, ist die Technologie eine treibende Kraft auf der Weltbühne und ein wichtiger Faktor für den sich verschlechternden Zustand der Nationalstaaten überall auf der Welt. Zu schnell in ihrer Entwicklung, zu global, zu vielfältig und zu attraktiv, als dass es ein simples Modell der Eindämmung gäbe, strategisch wichtig, von Milliarden genutzt – so gesehen, ist die moderne Technologie selbst ein Hauptakteur, eine monumentale Kraft, mit der die Nationalstaaten zu kämpfen haben. Künstliche Intelligenz, synthetische Biologie und der Rest werden in dysfunktionale Gesellschaften eingeführt, die *schon jetzt* von technologischen Wellen immenser Wucht hin und her geschleudert werden" (ebd., S. 183, Herv. i. O.).

So desavouiert sich jeder naive Versuch, die Rede von der Digitalisierung als Hauptakteur als Scheinsubjekt zu *entlarven*, wo es die Autoren doch mit ihrem Hinweis – „so gesehen" – explizieren, dass sie hier bewusst ein Sprachbild wählen, über dessen begrenzte Gültigkeit sie sich bewusst sind. Dieses Bild dient den Autoren dafür, eine „politische Neutralität" der Technik zu kritisieren und den von ihnen konstatierten Quasisubjektstatus zur Plausibilisierung ihre These heranzuziehen, dass die digitale Technik „bestimmte Möglichkeiten bietet oder bestimmte Ergebnisse gegenüber anderen begünstigt" (ebd., S. 184) – gemeint sind hier politökonomische Potenziale. In diesem Sinne sei die Technik „einer der wichtigsten Faktoren der Geschichte, aber niemals allein und niemals auf eine mechanistische, von Natur aus vorhersehbare Weise" (ebd.). So richtig es ist, dass (digitale) Technik durch ihre Funktionsweise Nutzer_innen auf eine begrenzte Anzahl von Funktionen abonniert, so richtig bleibt auch, dass technische Bornierungen auf spezifische politökonomische Zwecksetzungen der *Genese* der Technik zurückzuführen sind. Diese Genesis selbst ist nicht politisch neutral, sondern wird von Akteur_innen und Institutionen betrieben, was von den Forschungs- und Entwicklungsabteilungen der Unternehmen bis zur Grundlagenarbeit der Universitäten reicht. Wenn die Zwecksetzungen dieser Akteur_innen einmal als vergegenständlichte, objektive Momente in die Ontologie technischer Artefakte eingegangen sind, gewinnt die Bestimmung der Technik als Subjekt auf der Ebene des Phänomens seine Plausibilität: Emanzipiert von direkten Wirken der Akteure selbst, *erscheinen* die technischen Artefakte, als das was sie dann auch *sind*: ein Stück *verobjektiviertes Interesse*, das vielleicht politökonomisch mehrdeutig, aber wirklich nicht mehr *potenziell universell* eingesetzt werden kann und in diesem Sinne auch mit „politische Neutralität" nicht richtig gefasst ist.

Es bleibt dennoch dabei, dass es eben nicht die moderne Technik und der Staat sind, die sich angeblich symbiotisch, „in einem ständigen Dialog" (ebd.) entwickelt haben. Es ist vielmehr so, dass den gesellschaftlich maßgeblichen Akteuren in der Technik ihr eigenes, aber *verobjektiviertes* Interesse begegnet. Das ist die – gleich noch näher zu bestimmende – materielle Basis (nicht nur) für das Scheinsubjekt Digitalisierung.

Die Vermittlung von Gesellschaftlichkeit als Konkurrenz von Privatsubjekten

Plausibilität gewinnt die Redeweise von der Digitalisierung als Subjekt dadurch, dass die Aggregation der Handlungen als objektive Eigenschaft von Dingen erscheint. Diese Wahrnehmung hat ihre Grundlage in einer Gesellschaft, in welcher das Privateigentum gilt und die Privateigentümer_innen einander als Konkurrent_innen begegnen: Die ganze Vermittlung, der gesellschaftliche Charakter der individuellen Konkurrenzanstrengungen der einzelnen privaten Arbeiten realisiert bzw. beweist sich erst auf dem Markt und begegnet den Akteur_innen dort als gesellschaftliche Macht in Form der Waren und ihrer Preise. Wenn nun mit digitaler Technik neue Produktions- und Produktivitätsstandards gesetzt werden, *erscheinen* diesen den Akteuren auf dem Markt tatsächlich als Sachzwang, dem ihre eigene Produktion gerecht zu werden hat. So ist zwar einerseits zu betonen, dass die Digitalisierung mit den Unternehmen Subjekte kennt, welche sie ins Werk setzten – andererseits begegnet ihnen die Digitalisierung in den Handlungen ihrer Konkurrenten als objektive Macht gegen sie. Mehr noch: Selbst ihre eigenen Handlungen haben auf dem Markt Folgen, die sie weder intendieren noch vorhersagen können. Das objektive Moment der Digitalisierung als Subjekt liegt in der Reproduktion der kapitalistischen Gesellschaft, welche sich für deren Akteure in einer Weise vollzieht, welche sie nicht verstehen und für diese „immer mehr die Gestalt eines von den Produzenten unabhängigen Naturgesetzes" (MEW 25, S. 255) annimmt: „Die Konkurrenz herrscht jedem individuellen Kapitalisten die immanenten Gesetze der kapitalistischen Produktionsweise als äußere Zwangsgesetze auf" (MEW 23, S. 618). So objektiv der Einzelne diesen Gesetzen aber auch unterworfen ist, handelt es sich bei der Digitalisierung selbst doch um einen Prozess, der aus dem Handeln verschiedener Akteure entsteht, und nicht um ein eigenständiges Subjekt: Ihre eigene gesellschaftliche Bewegung besitzt für die Warenproduzenten die Form einer Bewegung von Sachen, unter deren Kontrolle sie stehen, statt sie zu kontrollieren. Es ist nicht einfach ein Fehler, von der ‚Digitalisierung' zu sprechen, welche Arbeitsplätze vernichtet oder ‚unsere' Arbeit erleichtert, obwohl es nicht die Technik selbst ist, sondern Unternehmen, die ihre Betriebe umstrukturieren.

Die wissenschaftliche Erklärung, dass es die ökonomischen Interessen der Unternehmer sind, welche die Arbeit rationalisiert haben, und der Roboter selbst nur Mittel ist, ändert an diesem Schein nichts. Den Akteur_innen „erscheinen daher die gesellschaftlichen Beziehungen ihrer Privatarbeiten als das, was sie sind, d. h. als sachliche Verhältnisse der Personen und gesellschaftliche Verhältnisse der Sachen" (ebd., S. 86) – das ist es, was Marx als Fetisch bezeichnet und was einige Autor_innen in Bezug auf die Digitalisierung aufgegriffen haben (vgl. Gamisch 2021; Schadt 2021; Nuss / Butollo 2019). Insofern soll mit dem ‚Scheinsubjekt Digitalisierung' nicht nur die (triviale) Auskunft bezeichnet, dass die digitale Technik am Ende von Akteur_innen eingeführt und für deren Interesse verwendet wird, sondern auch eine *Erklärung* geleistet werden, wie und warum die an sich harmlose Formulierung von den Notwendigkeiten der Digitalisierung eben doch – oft genug, aber natürlich nicht immer – mehr als die linguistische Möglichkeit ist, auch Dingen in Sätzen einen Subjektstatus zuzuerkennen.

*

Negativer Ausgangspunkt des Sammelbandes sind daher die aus Politik und Wissenschaft zu vernehmenden Darstellungen der neuen digitalen Techniken und ihrer Wirkungen, wo Algorithmen, Big Data und KI als exogene ‚Trends' vorstellig gemacht werden, die verschiedene – oft sich widersprechende – Wirkungen auf ‚die Arbeitswelt', Produkte und Produktion oder spezifische Akteure in der Wirtschaft hätten: „Die Digitalisierung begegnet uns überall – und hat die Art, wie wir arbeiten und leben, stark verändert" (BMWK 2021, o. S.). In den Sozialwissenschaften werden auch gerne einmal die Wirkungen ‚des Digitalen' auf ‚die Gesellschaft' diskutiert: „the digital at once affects social life and our understanding of it" (Marres 2017, S. 1), verbunden mit einem ganzen Forschungsprogramm: „we must better understand how the digital changes relation *between* technology and sociality" (ebd., S. 4, Hervorhebung im Original). Gemeinsam ist diesen Darstellungen, dass sie die (nicht ursächlich abgeleiteten) *Wirkungen* des Handelns der Akteure aggregiert als Ergebnis selbst zum wirk*mächtigen* Moment stilisieren. Das produktive Moment jener Darstellung besteht darin, dass Veränderungen von Arbeitsbedingungen und politischen Regelungen auf diese Weise als durch die Veränderung selbst notwendige vorgestellt werden: „Dabei sorgt der digitale Wandel nicht nur für neue Produkte und Dienste, sondern verlangt auch nach neuen Antworten und Lösungen" (BMWK 2021, o. S.). Diese Vorstellung soll im vorliegenden Band also nicht einfach mit der trivialen Erkenntnis gekontert werden, dass am Ende alles Handeln auf *Akteure* zurückzuführen ist, sondern muss in seinen einzelnen Beiträgen einlösen, wie eine gesellschaftliche Konfiguration aussieht, in der sich das Handeln der Akteure ‚hinter ihrem Rücken' so herstellt, dass es ihnen als unbegriffene, fremde Macht präsentiert. Alle Leser_innen sind herzlich zur Prüfung eingeladen, inwiefern unsere Autor_innen im Einzelnen und unser Band im Allgemeinen *diesem* Anspruch an eine Kritik der politischen Ökonomie seinen verschiedenen Gegenständen rund um die Arbeit 4.0 gerecht wird.

Der soziologische Mehrwert des Bands besteht in der konzeptionellen Vermittlung des Akteursgeschehens auf der Handlungsebene mit den politökonomischen Strukturen, innerhalb derer die Handlungen stattfinden. Zu zweiteren gehören die materiellen Grundlagen, Voraussetzungen, Ressourcen des Produzierens und der Geschäftstätigkeit, wie etwa Arbeitsbeziehungen, Kapitalausstattung, Kredit oder rechtliche Rahmenbedingungen, während auf der Handlungsebene die Vorhaben der Digitalisierung konkret umgesetzt werden. In welchen Verhältnissen die mit unterschiedlichen Interessen ausgestatteten Akteure bei dieser Umsetzung zueinander stehen und wie ihre Verhältnisse sich entwickeln, welche Gegensätze und Widersprüche, Kooperationen und Aushandlungen dabei zutage treten – konkret: neue Geschäftsmodelle, Formen von Ausbeutung, Auflösung oder Zuspitzung branchenspezifischer Widersprüche, der politische Bedarf nach neuen Regulierungsformen sowie der Bezug auf die Digitalisierung der Wirtschaft in der internationalen Staatenkonkurrenz –, davon handeln die Beiträge in diesem Band.

Die Beiträge in diesem Band

I. Widersprüche der Digitalisierung in der Sozialen Arbeit und in der Pflege

Während die Literatur zur Industrie 4.0 bereits 2015 kaum mehr zu überblicken war, ist die Debatte über die Digitalisierung der Sozialen Arbeit erst in den 2020er Jahren wirklich vorangekommen. Inzwischen gibt es eine Fülle an Literatur zum Thema, die *Christof Beckmann* und *Peter Schadt* sichten und sortieren. Sie stellen fest, dass unter den verschiedenen Schlagwörtern bisher besonders die Digitalisierung *erster* Ordnung untersucht wurde, also die Wirkung neuer Techniken auf klassische Felder der Sozialen Arbeit und inwiefern durch die neue Technik auch neue Felder für diese entstehen. Diesem deutlichen Fokus der Forschung setzten unsere Autoren die bisher wenig beachtete zweite Seite der *doppelten Digitalisierung der Sozialen Arbeit* entgegen und plädieren dafür, sich auch die *indirekten* Auswirkungen der Digitalisierung näher anzusehen. Gefasst werden darunter all die Veränderungen in Landwirtschaft, Industrie, Dienstleistungen, Handwerk und Politik, die auch im vorliegenden Band behandelt werden und durch ihre strukturverändernden Wirkungen auf die Gesellschaft neue Notwendigkeiten für die Soziale Arbeit eröffnen. An den Beispielen der Plattform-Ökonomie, Homeoffice und Big Data werden so die gesellschaftlichen Disruptionen und ihre Rückkopplungen auf die Profession untersucht.

Die digitale Transformation in der Sozialarbeit wird von Akteur_innen gestaltet, die qualitativ und quantitativ unterschiedliche Ressourcen einbringen. Die Bandbreite der Beurteilungen des Transformationsprozesses reicht dabei sowohl innerhalb als auch zwischen den Akteursgruppen von strikter Ablehnung bis zur expliziten Bejahung. *Annemarie Matthies* verweist in ihrem Aufsatz auf die gemeinsame Quelle dieser heterogenen Beurteilungen, die in den beiden Maßstäben zu suchen sind, die zeitgleich an Sozialarbeit in der Praxis angelegt werden: Effizienz und Professionalität. Dass sich diese beiden Maßstäbe im konkreten Arbeiten nicht trennen lassen, hat in der digitalen Transformation Folgen. Der Beitrag diskutiert das Verhältnis zwischen dem Effizienzgebot in der Sozialen Arbeit, die durch schwindende finanzielle und personelle Ressourcen gekennzeichnet ist, und den hierzu widersprüchlichen, gleichzeitig notwendigen Bedingungen professioneller Interaktionsarbeit und den daraus resultierenden Paradoxien im Digitalisierungsprozess. Eine der zentralen Thesen unserer Autorin ist, dass in der Sozialarbeit, in Differenz zu anderen Berufen, notwendig auch diejenigen zu aktiv Vorantreibenden der Digitalisierung werden, die ihr unter professionellen Gesichtspunkten oft skeptisch bis kritisch gegenüberstehen.

Die Pflegebranche ist geprägt von der Trias aus ökonomischen und gesetzlichen Restriktionen, Fachkräftemangel und den Anforderungen an hohe Pflegequalität sowie Versorgungssicherheit. In dieser Spannungskonstellation wird dem Einsatz digitaler Technologien das Potenzial zugeschrieben, nicht nur effizienzsteigernd auf Pflegearbeit, sondern auch entlastend auf Pflegekräfte zu wirken. Das Anliegen des Beitrags von *Gina Glock* ist es, ausgewählte Einflussfaktoren und Gelingensbedingungen für die Implementierung und Anwendung digitaler Systeme in der Pflege zu beschreiben, um Akteure im Gesundheits- und Sozialwesen für spezifische Einführungs- und Transformationspraktiken der Branche zu sensibilisieren. Als Fallbeispiel dient ein junges ambulantes Pflegeunternehmen im ländlichen Raum, dessen Technikeinsatz anhand von semistrukturierten Interviews von Oktober bis November 2022 untersucht wurde. Ein Jahr nach der Gründung und Technikeinführung wird die Zufriedenheit und Wirkung des angewandten digitalen Systems, das insbesondere bei Verwaltungsaufgaben, Personaleinsatzplanung, Pflegedokumentation sowie Zeit- und Leistungserfassung unterstützt, von Beschäftigten und der Unternehmensleitung als positiv eingeschätzt. Zu beschreiben, wie die Beteiligten an diesen Punkt gelangt sind, ist Ziel dieses Beitrags. Die Ergebnisse des Beitrags zeigen exemplarisch auf, dass neben qualitativen Anforderungen an eine Technologie auch eine Reihe von organisatorischen und personellen Aspekten auf das Wirkpotenzial digitaler Systeme Einfluss nehmen. Diese Faktoren geben Anlass zur Ausgestaltung digitaler Arbeit in einem kontinuierlichen Verständigungs- und Aushandlungsprozess zwischen Pflegeunternehmen und ihren Beschäftigten.

II. Beschäftigte, Betriebsräte und Gewerkschaften als Akteure der Digitalisierung

Das Kapitel wird mit einer Untersuchung über betriebliche Mitbestimmung in der Sozialen Arbeit eröffnet. *Yalçın Kutlu* und *Laura Bremert* widmen sich der Perspektive und dem Handeln von Betriebsrät_innen bei der Digitalisierung der Sozialen Arbeit. In ihrer empirischen Untersuchung gehen sie der subjektiven Stellung von Betriebsrät_innen in der Sozialen Arbeit auf die Digitalisierung nach und untersuchen die branchenspezifischen Herausforderungen für die Mitbestimmung in der digitalen Transformation. Der Untersuchungszeitraum, der auch die Covid-19-Pandemie umfasste, ist dabei von einer verstärkten Digitalisierung in der Sozialen Arbeit geprägt gewesen, die auf eine betriebliche Mitbestimmungspraxis getroffen ist, die sich bis dahin nur peripher mit den betrieblichen Transformationsprozessen beschäftigt hat.

Anwender_innen von digitalen Technologien in digitalisierten Verwaltungsabläufen werden – wenn sie überhaupt Erwähnung finden – vor allem als Getriebene einer Digitalisierung thematisiert, sind sie doch an den weichenstellenden Entscheidungen nicht beteiligt und müssen die Auswirkungen ausbaden. So geht auch Kaufmann davon aus, dass die Lohnabhängigen von der Digitalisierung betroffen sind, diese allerdings nicht gestalten (vgl. Kaufmann 2016, S. 2). Diese reichen von (in)direktem Personalabbau über zu leistende Technikadaption an den betrieblichen Bedarf bis hin zu Kompetenzerweiterung ohne Entgeltgruppenanpassung. Der Beitrag von *Jule Elena Westerheide* und *Martin Lenzner* widmet sich ebendiesen „assistierenden Gewährleistungsarbeiten" von Sachbearbeiter_innen und Sekretär_innen in der öffentlichen Verwaltung, auch hinsichtlich ihres Beitrags zur Bewältigung und Gestaltung von Digitalisierungsprozessen unter Berücksichtigung ihrer gewandelten Arbeit, ihrer Interessen und Motive. Die Einführung neuer Informations- und Kommunikationstechnologien sowie digitalisierter Verwaltungsvorgänge im öffentlichen Sektor führt im Bereich der Sekretariatsarbeit zu komplexeren Tätigkeitsprofilen und gesteigerten Leistungsanforderungen, die als selbstverständlich erachtet werden und sich nicht in eine höhere Eingruppierung übersetzen. Sekretär_innen sind seit langem nicht nur Schreibkräfte, sondern erarbeiten digitale Dokumentensysteme und Ordnerstrukturen, pflegen Websites oder verwalten Finanzen und übernehmen Koordinationsleistungen zwischen mehreren Vorgesetzten. Hinzu kommt, dass digitale Technologien zumeist nicht an den konkreten betrieblichen Bedarf angepasst sind und damit Sachbearbeiter_innen und Sekretär_innen mit Medienbrüchen umgehen und Technikimplementationen leisten müssen. Sie garantieren also nicht nur, dass, sondern beeinflussen auch „wie der Laden läuft". Der Beitrag leistet daher eine wichtige Korrektur allzu simpler Vorstellungen einer Digitalisierung, die von den Unternehmen grundsätzlich und immer *gegen* die Beschäftigten durchgesetzt wird[3] und stellt stattdessen die ambivalente Rolle der abhängig Beschäftigten am Beispiel der Sekretär_innen in den Mittelpunkt: Sie digitalisieren und erweitern en gros freiwillig durch ihre spezifischen Umgang mit der neuen Technik ihren Tätigkeitsbereich. Die unbezahlte Mehrarbeit von ebendiesen Gewährleistungsarbeiter_innen wird so zu einer unerlässlichen Ressource für Digitalisierung im Sinne der organisationalen Zielstellungen.

Wenn von denjenigen gesprochen wird, welche die Digitalisierung ins Werk setzen, dann wird zumeist auf verschiedene Unternehmen verwiesen sowie auf die staatliche Grundlagenforschung und die politischen Programme, welche die Implementierung der modernen Technik standardisieren und subventionieren. Dies beeinflusst auch maßgeblich die Fortentwicklung der Sozialpartnerschaft (vgl. Ewen et al. 2022). Der Blick auf die Arbeitnehmenden setzt sich mit der direkten Rolle der Gewerkschaften und der Betriebs- und Personalräte auseinander (Oppelt / Blumenthal 2023). Die Arbeitnehmerposition(en) zur Digitalisierung sind also nicht aufgrund fehlender Forschung schwieriger zu fassen; auch nicht wegen fehlenden Publikationen: Immerhin gibt es mit dem Wirtschafts- und Sozialwissenschaftlichen Institut und seinen ‚Mitteilungen' eine Zeitschrift, die sich in den letzten Jahren in nahezu jeder Ausgabe verschiedenen Aspekten der Digitalisierung gewidmet hat. Darüber hinaus gibt es bereits im 33. Jahrgang die ‚Computer und Arbeit', die sich Explizit an die Praktiker in Betriebs- und Personalräten richtet. Es ist vielmehr in der gewerkschaftlichen Interessensvertretung selbst angelegt, dass ihre Position zur Digitalisierung manchmal schwer zu fassen ist: Einerseits soll die Technik immer den Beschäftigten dienen und soll für diesen Zweck auch eingesetzt werden; andererseits wissen die Gewerkschaften nur zu gut darum, dass die digitalen Techniken für einen anderen Zweck eingesetzt werden. Damit ist bereits das Spannungsfeld aus Gestaltung und Verhinderung benannt. Inwiefern die Gewerkschaften sich selbst eigentlich als Akteure

---

3 So hat unter anderem Wimmer bereits angemerkt, dass es mit Blick auf die Arbeitnehmer_innen bei der Debatte um das Scheinsubjekt Digitalisierung wichtig ist, „die wirklichen Subjekte im Prozess ihrer Gestaltung nicht unsichtbar zu machen" (2023, S. 4).

oder doch eher als Zaungast der Digitalisierung in Deutschland einordnen, haben wir *Kai Burmeister*, den Vorsitzenden des DGB Baden-Württemberg, gefragt.

Diese Selbstauskunft der DGB-Gewerkschaften wird ergänzt durch einen konkreten Ansatz im Zusammenhang mit der gerade vieldiskutierten Künstlichen Intelligenz. *Welf Schröter* ist Mitbegründer des gewerkschaftsnahen Netzwerkes „Forum Soziale Technikgestaltung“ und präsentiert in seinem Aufsatz den Praxisansatz „Der mitbestimmte Algorithmus“. Darin unterscheidet er die KI in Delegations- und Assistenztechniken und entwickelt das Format des „Moderierten Spezifikationsdialoges“ als konkrete Methode für die Betriebs- und Personalratsarbeit. Das Format ist deutschlandweit einzigartig und gibt der betrieblichen Mitbestimmung auf Grundlage der Änderungen im Betriebsverfassungsrecht eine pragmatische Umsetzung zur Hand. Der Beitrag ist daher ‚Wissenschaft im Handgemenge‘ und stellt die neusten Versuche des Netzwerkes dar, im Zeitalter der Künstlichen Intelligenz Betriebs- und Personalräte als Akteure der Unternehmensdigitalisierung zu stärken.

III. Entwicklung von Konkurrenzverhältnissen in ausgewählten Branchen

Sei es die energieeffiziente Sanierung von Gebäuden, der Ausbau der Infrastrukturen zur nachhaltigen Energieversorgung oder Umbaumaßnahmen zur Schaffung altersgerechten Wohnraums: Die Gesellschaft ist auf Handwerksleistungen angewiesen. Erbracht werden diese von rund 5,6 Millionen Beschäftigten in den über eine Million Handwerksbetrieben in Deutschland. Doch wie in anderen Wirtschaftsbereichen wandeln sich die Rahmenbedingungen und die Arbeit im Handwerk im Zuge der Digitalisierung. Es verändern sich Wettbewerbsbedingungen und Erwartungshaltungen der Kund_innen. Während einerseits die Zahl an Großbetrieben zunimmt, steigt andererseits die Zahl der Solo-Selbstständigen an, verstärkt durch die digitale Vermittlung von Handwerksdienstleistungen. Die beschriebenen Strukturveränderungen treffen auf die spezifische Organisation des Handwerks in Deutschland und haben Folgen für die handwerkliche Selbstverwaltung und Interessenvertretung der Arbeitnehmer_innen. *Lianara Dreyer* weist in ihrem Beitrag zu den digitalen Geschäftsmodellen des Handwerks nach, dass diese Entwicklungen in der Handwerksforschung zur Digitalisierung bisher unzureichend berücksichtigt werden. In Anbetracht dessen nimmt sich der Beitrag dieser Leerstelle an und analysiert Wirkungen digitaler Geschäftsmodelle auf die Wertschöpfungsketten anhand der zwei Fallbeispiele MyHammer und Thermonodo. Davon ausgehend wird ein erstes Mapping der Positionen der beteiligten Akteure vorgenommen und abschließend ihre Handlungsfelder im Handwerk identifiziert, womit eine empirische Grundlage für die Gestaltung der Rahmen- und Arbeitsbedingungen im Handwerk geleistet wird.

Die Lieferarbeit in der Plattform-Ökonomie ist durch schlechte Bezahlung und Arbeitsbedingungen gekennzeichnet. Die bisherige sozialwissenschaftliche Diskussion zur Lieferarbeit in der Plattform-Ökonomie haben die Widrigkeiten zwar erkannt und ihre Verbindung zur technischen Seite der Plattformen hergestellt. Die Rolle der Arbeit für die Wertschöpfung wurde dabei allerdings kaum explizit betrachtet. Am Beispiel von Lieferando weißt *Philipp Weisenburger* nach, inwiefern die Arbeit der Fahrradkuriere im Geschäftsmodell des Unternehmens als bloße Unkost des Monopols fungiert und welche Rückwirkungen dies auf die Gestaltung der Arbeit durch die Plattform zeitigt. Betrachtet wird dabei, welche Maßnahmen und Techniken Lieferando zur Senkung der absoluten und relativen Lohnkosten einsetzt und inwiefern sich die aggressive Bekämpfung gewerkschaftlicher Organisierung und betrieblicher Mitbestimmung in diesen Rahmen einfügen. Zu seiner politökonomischen Dimension sortiert sich der Beitrag damit auch in die Debatte über die gewerkschaftliche Organisation des Sektors ein.

Timo Daum widmet sich mit seinem Beitrag über die ‚internet communication devices' als Vehikel eines auf Dauer gestellten Innovationsprozesses der in Deutschland zentralen Automobilbranche. Tesla steht dabei nicht zufällig im Mittelpunkt seiner Untersuchung, sondern gilt als „role model" bei Elektrifizierung und Digitalisierung der gesamten Branche, kann also als einer der zentralen Akteure betrachtet werden, dessen Konkurrenzdruck auf die anderen Autokonzerne genau den Digitalisierungsdruck erzeugt, der dann umgekehrt gerne als „Notwendigkeit" behauptet wird, die ganz ohne Subjekt auskommt. Daum untersucht dabei sowohl die Plattformstruktur des Unternehmens als auch seine innovativen Produktionsprozesse, die Implementierung agiler Arbeitsmethoden sowie die Einbindung der Autonutzer als hybriden Teil der (Daten-)Produktion. So sortiert Daum Tesla in die Debatte über den digitalen Kapitalismus ein und argumentiert dafür, dass das amerikanische Unternehmen seine Kund_innen dauerhaft als Produktionsmittel benutzt.

Während der technische Fortschritt bereits weit in die Lebensmittelproduktion vorgedrungen ist und in den letzten Jahrzehnten zu immensen Fortschritten geführt hat, ist die Landwirtschaft nach wie vor eine der am stärksten subventionierten Branchen in Deutschland. *Nathan Weis*, *Natalie Laibach* und *Johannes Kopton* fragen danach warum beides notwendigerweise zur landwirtschaftlichen Produktion dazugehört und wie sich dieses Verhältnis im Kontext der Digitalisierung weiterentwickelt. Neben der Einordnung diverser technischer Aspekte werden die Interessen und Ziele der heterogenen Akteursgruppen innerhalb der Branche untersucht. Ein Schwerpunkt liegt auf der Auswertung der politischen Maßnahmen der deutschen Bundesregierung in Bezug auf die Digitalisierung. Der Beitrag zeigt, dass das klassische Förderwesen der Landwirtschaft durch umfangreiche digitalisierungsbezogene Interventionen ergänzt wird und weist nach, wie im Zuge der Digitalisierung die strukturellen Widersprüche der marktwirtschaftlichen Landwirtschaft fortgeschrieben werden.

IV. Politische Programme: Standortpolitik 4.0

Auf Initiative des Bundesministeriums für Arbeit und Soziales (BMAS) und des Bundesministeriums für Bildung und Forschung (BMBF) wird 2019 gemeinsam mit 17 Partnern (Ministerien, Bundesagentur für Arbeit sowie Arbeitgeberverbände und Gewerkschaften) eine „nationale Weiterbildungsstrategie" verabschiedet, die einen „Aufbruch in die Weiterbildungsrepublik" (BMAS 2022, S. 5) einleiten soll. Sie soll dazu beitragen, „dass Weiterbildung ein selbstverständlicher Teil des Erwerbslebens wird und eine Weiterbildungskultur in den Unternehmen, den Bildungseinrichtungen und der Gesellschaft fest verankert wird" (ebd., S. 6). Insbesondere durch die „die digitale Transformation der Wirtschaft" (BMAS 2019, S. 2) werden massenweise Kompetenzen und Qualifikationen von Arbeitnehmern, die bis gestern gefragt und angewandt wurden, ersetzt, überflüssig gemacht, verändert und dadurch entwertet. Die nationale Weiterbildungsstrategie hat als Handlungsziele die Erleichterung der Zugänge zu Beratung, Förderung und Weiterbildungsangeboten, die Unterstützung von Kooperationen in Regionen und Branchen, die Weiterentwicklung von Konzepten sowie die Stärkung der digitalen Weiterbildung. Ansetzend an den seit Jahrzehnten bekannten Losungen des ‚lebenslangen Lernens' wird insgesamt auf eine permanente Bereitschaft zu Flexibilität und Mobilität, eine Anpassung der lohnabhängig Beschäftigten an die sich rasant verändernden Bedarfe der Wirtschaft gezielt. Mit der Weiterbildungsstrategie sollen dafür strukturelle bzw. objektive Bedingungen gesetzt werden. *Jan Breier* argumentiert, dass die Politik dabei auf Schranken in Ökonomie der Gesellschaft stößt, welche das gar nicht so ohne weiteres erlauben. In seinen Anmerkungen zur politischen Ökonomie der Erwachsenenbildung geht er der Frage nach, inwiefern die Ministerien sich bei ihren Hinweisen auf die Notwendigkeit ihrer Programme genau dem Scheinsubjekt bedienen, dass im vorliegenden Band kritisiert sein soll.

Welche Auswirkungen staatliche Förderungen auf Arbeitsbedingungen haben, untersucht *Jonas Ferdinand* am Beispiel der deutschen Videogameindustrie. Wichtiger Treiber des Wachstums der Branche sind insbesondere kleine und junge Unternehmen, die sich mit begrenzten finanziellen und personellen Ressourcen in einem umkämpften Marktumfeld durchzusetzen versuchen. Entsprechend ist die Arbeit durch hohe Belastung, geringe Bezahlung und ungewisse Perspektiven gekennzeichnet, wobei die persönliche Leidenschaft der Entwickler_innen eine wesentliche Triebkraft darstellt („passion work"), während gewerkschaftliche Ansätze noch in den Kinderschuhen stecken. Angesichts der die Industrie charakterisierenden Prekarität einerseits und dem wirtschaftlichen Potenzial der Branche andererseits, wurden in den letzten Jahren mehrere staatliche Förderprogramme aufgesetzt. In dem Beitrag wird analysiert, welche Voraussetzungen und Schwierigkeiten für kleine Entwicklungsstudios beim Zugang zu Fördermitteln bestehen und erörtert den Einfluss jener Fördermittel auf die Ausgestaltung der Arbeit. Neben der Herabsetzung der Eintrittsbarrieren in die Branche, diskutiert der Beitrag die Gamingförderung als Vehikel des Technologiestandorts Deutschland.

Roland Atzmüller, Lukas Egger und *Anna Pillinger* schließen den Band ab mit ihrer Untersuchung der Europäischen Kommission als einem zentralen politischen Akteur bei der digitalen Wende der EU-Politik am Beispiel des aktuellen Next-GenerationEU-Aufbauplans. Auch in der europäischen Debatte entdecken unsere Autoren das Scheinsubjekt Digitalisierung, welches sie im Sinne eines Technosolutionismus verstehen. Dabei werden der Technik umfassende Fähigkeiten zugeschrieben, die sie als optimale Krisenbearbeiterin erscheinen lassen. So ordnen Atzmüller, Egger und Pillinger das Scheinsubjekt Digitalisierung als diskursives Element einer hegemonialen Strategie der EU zu.

Peter Schadt und Nathan Weis in Stuttgart und Berlin im Sommer 2024

Literatur

Ahrens, Daniela / Spöttl, Georg (2015): Industrie 4.0 und Herausforderungen für die Qualifizierung von Fachkräften. In: Hirsch-Kreinsen, Hartmut / Ittermann, Peter / Niehaus, Jonathan (Hrsg.): Digitalisierung industrieller Arbeit. Die Vision Industrie 4.0 und ihre sozialen Herausforderungen. Baden-Baden: Nomos, S. 185–204.

BMAS (2019): Strategiepapier Nationale Weiterbildungsstrategie. bmas.de / SharedDocs / Downloads / DE / Aus-Weiterbildung/strategiepapier-nationale-weiterbildungsstrategie.pdf?__blob=publicationFile&v=3 (Abfrage: 09.07.2024).

BMAS (2022): Nationale Weiterbildungsstrategie. Fortführung und Weiterentwicklung. bmbf.de / SharedDocs / Downloads/files/nws_updatepapier_fortfuehrung_09-22.pdf?__blob=publicationFile&v=3 (Abfrage: 09.07.2024).

BMWK (2021): Den digitalen Wandel gestalten. bmwk.de / Redaktion / DE / Dossier/digitalisierung.html (Abfrage: 09.07.2024).

Buss, Klaus-Peter / Kuhlmann, Martin / Weißmann, Marliese / Wolf, Harald / Apitzsch, Birgit (Hrsg.) (2021): Digitalisierung und Arbeit. Triebkräfte – Arbeitsfolgen – Regulierung. Frankfurt am Main / New York: Campus.

Butollo, Florian (2019): Vernetzungstechnologie und Produktionsnetzwerke. Digitalisierung und die Reorganisation globaler Wertschöpfung. In: Butollo, Florian / Nuss, Sabine (Hrsg.): Marx und die Roboter. Vernetzte Produktion, Künstliche Intelligenz und lebendige Arbeit. Berlin: Dietz, S. 198–215.

Carstensen, Tanja / Schaupp, Simon / Sevignani, Sebastian (Hrsg.) (2023): Theorien des digitalen Kapitalismus: Arbeit und Ökonomie, Politik und Subjekt. Berlin: Suhrkamp.

DGB (2022): Jahresbericht 2022. Ergebnisse der Beschäftigtenbefragung zum DGB-Index Gute Arbeit 2022. Berlin: Institut DGB-Index Gute Arbeit.

Ewen, Janis / Nies, Sarah / Seeliger, Martin (Hrsg.) (2022): Sozialpartnerschaft im digitalisierten Kapitalismus. Weinheim / Basel: Beltz Juventa.

Gamisch, Marvin (2021): Digitaler Kapitalismus? Eine systemische Einordnung in Marx' Kritik der politischen Ökonomie. Baden-Baden: Nomos.

Gerber, Christine (2020): Crowdworker*innen zwischen Autonomie und Kontrolle. Die Stabilisierung von Arbeitsteilung durch algorithmisches Management. In: WSI-Mitteilungen 73, H. 3, S. 182–192.

Hanau, Hans/Matiaske, Wenzel (Hrsg.) (2019): Entgrenzung von Arbeitsverhältnissen. Arbeitsrechtliche und sozialwissenschaftliche Perspektiven. Baden-Baden: Nomos.

Haug, Wolfgang Fritz (2020): Online-Kapitalismus. Eine forschende Auseinandersetzung mit Staabs „Digitalem Kapitalismus". In: Das Argument Nr. 335. Hamburg: Argument, S. 19–56.

Heiland, Heiner (2022): Algorithmische Gegenmacht. Algorithmisches Management und Widerstand. In: Heiner Heiland/Simon Schaupp (Hrsg.): Widerstand im Arbeitsprozess. Bielefeld: transcript, S. 301–326.

Hirsch-Kreinsen, Hartmut/Ittermann, Peter/Falkenberg, Jonathan (Hrsg.) (2019): Szenarien digitalisierter Einfacharbeit. Konzeptionelle Überlegungen und empirische Befunde aus Produktion und Logistik. Baden-Baden: Nomos.

Hirsch-Kreinsen, Hartmut/Ittermann, Peter/Niehaus, Jonathan (2015): Einleitung: Digitalisierung industrieller Arbeit. In: Hirsch-Kreinsen, Hartmut/Ittermann, Peter/Niehaus, Jonathan (Hrsg.): Digitalisierung industrieller Arbeit. Die Vision Industrie 4.0 und ihre sozialen Herausforderungen. Baden-Baden: Nomos, S. 7–32.

Ittermann, Peter/Niehaus, Jonathan (2015): Industrie 4.0 und Wandel von Industriearbeit. Überblick über Forschungsstand und Trendbestimmungen. In: Hirsch-Kreinsen, Hartmut/Ittermann, Peter/Niehaus, Jonathan (Hrsg.): Digitalisierung industrieller Arbeit. Die Vision Industrie 4.0 und ihre sozialen Herausforderungen. Baden-Baden: Nomos, S. 33–51.

Kaufmann, Stephan (2016): Digitalisierung, Klassenkampf, Revolution. Berlin: Rosa Luxemburg Stiftung. rosalux.de/publikation/id/14395/digitalisierung-klassenkampf-revolution (Abfrage: 09.07.2024).

Knorr-Cetina, Karin (2007): Neue Ansätze der Wissenschafts- und Techniksoziologie. In: Schützeichel, Rainer (Hrsg.): Handbuch Wissenssoziologie und Wissenschaftsforschung. Konstanz: UVK, S. 328–341.

Knorr-Cetina, Karin (2016): What if the Screens Went Black? The Coming of Software Agents. Working Conference on Information Systems and Organizations (ISO), Dezember 2016, Dublin, S. 3–16.

Kuhlmann, Martin (2023): Digitalisierung und Arbeit. Eine Zwischenbilanz als Einleitung. In: WSI-Mitteilungen 76, H. 5, S. 331–336.

Latour, Bruno (1996): On actor-network theory: A few clarifications. In: Soziale Welt 47, H. 4, S 369–381.

Marres, Noortje (2017): Digital Sociology. The Reinvention of Social Research.. Cambridge: Polity.

MEW 23: Marx-Engels-Werke, Band 23, Das Kapital, Erster Band.

MEW 25: Marx-Engels-Werke, Band 25, Das Kapital, Dritter Band.

Nuss, Sabine/Butollo, Florian (2019): Einleitung der Herausgeber. In: Nuss, Sabine/Butollo, Florian (Hrsg.): Marx und die Roboter. Vernetzte Produktion, Künstliche Intelligenz und lebendige Arbeit. Berlin: Dietz, S. 8–21.

Opelt, Martin/Blumenthal, Falko (Hrsg.) (2023): Digitalisierung von Gegenmacht. Gewerkschaftliche Konfliktfähigkeit und Arbeitskampf heute. Bielefeld: transcript.

Pfeiffer, Sabine (2019): Produktivkraft konkret. Vom schweren Start der Leichtbauroboter. In: Butollo, Florian/Nuss, Sabine (Hrsg.): Marx und die Roboter. Vernetzte Produktion, Künstliche Intelligenz und lebendige Arbeit. Berlin: Dietz, S. 156–177.

Rammert, Werner (2007): Technik – Handeln – Wissen. Zu einer pragmatistischen Technik- und Sozialtheorie. Wiesbaden: VS Verlag für Sozialwissenschaften.

Schadt, Peter (2016): Rezension zu Hirsch-Kreinsen et al. (Hrsg.): Digitalisierung industrieller Arbeit. Die Vision Industrie 4.0 und ihre sozialen Herausforderungen. soziologieblog.hypotheses.org/9341 (Abfrage: 09.07.2024).

Schadt, Peter (2018): Rezension. Industrie 4.0 und „der Mensch“. soziologieblog.hypotheses.org/10958 (Abfrage: 09.07.2024).

Schadt, Peter (2021): Die Digitalisierung der deutschen Autoindustrie. Köln: Papy Rossa.

Schaupp, Simon (2021) Technopolitik von unten. Algorithmische Arbeitssteuerung und kybernetische Proletarisierung. Berlin: Matthes & Seitz.

Schubert, Cornelius (2011): Die Technik operiert mit. Zur Mikroanalyse medizinischer Arbeit. In: Zeitschrift für Soziologie 40, H. 4, S. 174–190.

Seeliger, Martin (Hrsg.) (2023): Strukturwandel der Arbeitsgesellschaft. Weinheim / Basel: Beltz Juventa.

Suleyman, Mustafa / Bhaskar, Michael (2024): The Coming Wave. Künstliche Intelligenz, Macht und das größte Dilemma des 21. Jahrhunderts. München: C. H. Beck.

Weyer, Johannes (2019): Die Echtzeitgesellschaft. Wie smarte Technik unser Leben steuert. Frankfurt am Main: Campus.

Wimmer, Christopher (2023): Rezension: Wo sind die Subjekte? Peter Schadt vergisst in seiner Einführung „Digitalisierung“ weitgehend die Arbeitskräfte. In: Ethik und Gesellschaft 1: Religion als Brand- und Friedensstifter. dx.doi.org/10.18156/eug-1-2023-rez12 (Abfrage: 15.07.2024).

Zobel, Hans / Schadt, Peter (2021): Zehn Jahre Industrie 4.0 – kein Grund zu Feiern. jacobin.de/artikel/industrie-4-0-digitalisierung-automatisierung-arbeitsplaetze (Abfrage: 09.07.2024).

I. Widersprüche der Digitalisierung in der Sozialen Arbeit und in der Pflege

Die ‚doppelte Digitalisierung' der Sozialen Arbeit

Gesellschaftliche Disruptionen und ihre Rückkopplung auf die Profession

Christof Beckmann und Peter Schadt

1. Einleitung

> „In der Fachdebatte wird die Soziale Arbeit bislang als weißer Fleck in der digitalen Landschaft bezeichnet" (Stüwe/Ermel 2019, S. 5).

Die Einschätzung von Stüwe und Ermel war im Jahr 2019 noch zutreffend, sowohl in Bezug auf die praktische Umsetzung als auch in der theoretischen Auseinandersetzung mit der digitalen Technik in der Sozialen Arbeit. In den letzten Jahren hat sich dies jedoch geändert, da die Debatte um die Digitalisierung der Sozialen Arbeit mit einigen zentralen Publikationen an Fahrt aufgenommen hat. Mit dem „Lehrbuch Soziale Arbeit und Digitalisierung" (Stüwe/Ermel 2019, S. 5) sowie dem „Handbuch Soziale Arbeit und Digitalisierung" (Kutscher et al. 2020) und einer Reihe weiterer Veröffentlichungen stehen diverse Perspektiven im Raum. Dabei zeigt sich nicht nur eine terminologische Vielfalt, in der die neuesten Entwicklungen in der Sozialen Arbeit beschrieben werden, sondern auch eine inhaltliche Mehrdeutigkeit, die vom Fokus auf die verwendeten digitalen Techniken bis zu ihren Auswirkungen auf die Profession reicht. Die Terminologie, in der die neusten Entwicklungen in der Sozialen Arbeit beschrieben werden, ist vielfältig. Sie reicht von der ‚Digitalisierung' über die ‚Mediatisierung' bis hin zur ‚Transformation'. Diese Heteronymie der Begriffe ist nicht zufällig, sondern verweist auf eine tatsächliche Diversität im Inhalt. Diese erstreckt sich vom Fokus auf die verwendeten digitalen Techniken bis zu ihren Auswirkungen auf die Profession. Der vorliegende Aufsatz versucht, eine Sortierung der bisherigen Ansätze vorzunehmen und anhand der ‚doppelten Digitalisierung' aufzuzeigen, dass in der politökonomischen Analyse der Auswirkungen der aktuellen Produktivkraftentwicklung und ihrer Auswirkungen auf unsere Profession noch Lücken zu füllen sind.

Der Aufbau des Artikels folgt ebenfalls dieser Logik. Der Anspruch ist, ein Schema zur Verfügung zu stellen, um die verschiedenen Aspekte der Digitalisierung Sozialer Arbeit klarer zu differenzieren. Dabei sollte deutlich werden, dass sich die meisten bisher erschienenen Arbeiten besonders differenziert mit dem auseinandersetzen, was im Weiteren als die Digitalisierung der Sozialen Arbeit erster Ordnung bezeichnet wird: Diejenige also, die Methoden und Felder der Sozialen Arbeit betrifft. Der vorliegende Aufsatz zielt darauf ab, den Blick der Sozialen Arbeit und ihrer Forschung für die gesellschaftlich veränderten Rahmenbedingungen zu schärfen, die sich auf die Soziale Arbeit auswirken. Dies ist Gegenstand der sogenannten ‚Digitalisierung der Sozialen Arbeit zweiter Ordnung' (vgl. Kapitel 2). Im Anschluss erfolgt eine Fortführung der Makroanalyse mit einem Blick auf die Mesoebene. Auf dieser Ebene werden die institutionellen Umsetzungen der gesamtgesellschaftlichen Entwicklung untersucht (Kapitel 3). Die Veränderungen werden anschließend anhand zweier Beispiele auf der Mikroebene veranschaulicht (Kapitel 4). Der Aufsatz schließt mit einer Zusammenfassung der Ergebnisse sowie einer Darstellung der verschiedenen Untersuchungsgegenstände, die sich aus unserem Vorschlag für eine politische Ökonomie der Digitalisierung der Sozialen Arbeit ergeben. Hierbei handelt es sich um einen ersten Versuch zur systematischen Darstellung der Forschungsbeiträge zur Digitalisierung der Sozialen Arbeit (Kapitel 5).

2. Ein Vorschlag zur Sortierung der Forschung: Die zwei Ordnungen der Digitalisierung

Der Schwerpunkt der meisten Artikel und Aufsätze, die sich mit der Digitalisierung der Sozialen Arbeit beschäftigen, liegt auf den neuen Möglichkeiten, Feldern und Herausforderungen der Sozialen Arbeit, „von digitalen Beteiligungschancen bis Gewalt im Netz" (Stüwe / Ermel 2019, S. 128). Hier ist es die Soziale Arbeit, welche die neuen digitalen Techniken anwendet, um herkömmliche sowie neue Arbeitsfelder zu bearbeiten. *Neue Technik für klassische* und *neue Felder der Sozialen Arbeit* sind daher die ersten *zwei* Kategorien, die wir für eine Sortierung der Forschungsliteratur zum Thema vorschlagen. Die dritte Kategorie umfasst die *Auswirkungen auf die Arbeitsbedingungen der Sozialen Arbeit selbst.* Die erste Kategorie, die sich unmittelbar mit den Auswirkungen der Digitalisierung auf die Soziale Arbeit bezieht, sind Aufsätze, die sich auf die verändernden Anforderungen und Arbeitsbedingungen der Sozialarbeiter beziehen.

I. Neue Techniken für klassischen Feldern der Sozialen Arbeit. Sowohl Beratungsgespräche als auch die pädagogische Betreuung von Jugendlichen sind klassische Felder der Sozialen Arbeit. Unter der Digitalisierung der Sozialen Arbeit wird in diesem Zusammenhang von Online-Beratung in verschiedenen Kontexten sowie der Nutzung von digitalen Medien in der Kinder- und Jugendarbeit (vgl. Stüwe / Ermel 2019, S. 98) gesprochen. Ebenfalls, wenn auch etwas indirekter, gehören in diese Kategorie Veränderungen in der Pflege, so z. B. der mögliche Einsatz von Pflegerobotern. Das hat direkte Auswirkungen auf den Umgang von Sozialarbeiter_innen mit Menschen in Pflegeeinrichtungen (vgl. Hoenig/Kuleßa 2018, S. 5). All das sind klassische Felder der Sozialen Arbeit, oder – wie die Pflege – grenzen an diese Felder an und haben allesamt direkten Einfluss auf die Soziale Arbeit, welche nun digitalisiert wird.

II. Neue Techniken schaffen neue Felder der Sozialen Arbeit. Im Zusammenhang mit der Bearbeitung klassischer Handlungsfelder Sozialer Arbeit verweisen viele Artikel auf das Entstehen neuer Handlungs- und Praxisfelder. So verweist Kaczorowski (vgl. 2018, S. 57 ff.) darauf, dass durch die digitale Verwaltung der Kommunen sich nicht nur die bisherige Arbeit effizienter gestalten lässt, sondern so auch neue Produkte und Dienstleistungen entstehen. Ein Beispiel dafür sind für ihn sowohl die Möglichkeiten von *Open Data* als auch die neuen Kreativwerkzeuge wie Podcasts in der Bildungsarbeit (vgl. Kaczorowski 2018, S. 59). Auch die oben bereits genannte Durchführung von Onlineberatungen tendiert zum Eröffnen von neuen Arbeitsfeldern. So werden in vielen Beiträgen soziale Medien als sozialer Raum beschrieben, in dem Cybermobbing und Hate-Speech die Aufmerksamkeit der Sozialen Arbeit erfordern (vgl. Stüwe/Ermel 2019, S. 154). Allgemeiner geht es um die digitalisierten Lebenswelten von Kindern und Jugendlichen (vgl. Bröckling 2018, S. 84).

Eine dritte Kategorie von Forschungsbeiträgen beschäftigt sich mit den *III. Auswirkungen auf die Arbeitsbedingungen der Sozialen Arbeit selbst.* Evans beschäftigt sich in ihrem Aufsatz unter anderem mit der Frage, wie sich die Digitalisierung auf die Arbeitsbedingungen in der sozialen Dienstleistungsarbeit auswirkt. Hier werden sowohl die Substitution von Arbeitsplätzen durch Technik sowie Effekte für das Arbeitsvolumen, die Produktivität sowie der Lohn angesprochen (vgl. Evans 2018, S. 68; auch Beckmann 2020). Witzel ergänzt diese Auseinandersetzung mit dem Blick auf die Sozialarbeiter_innen und den neuen Anforderungen an diese Fachkräfte (vgl. Witzel 2018, S. 88).[1]

In dem gleich noch näher untersuchten *Handbuch Soziale Arbeit und Digitalisierung* finden sich dagegen Beispiele für Artikel, die sich auf einer Metaebene

1 Natürlich sind diverse weitere, kleinere Kategorien zu identifizieren, denen Artikel auch zugeordnet werden könnten. So haben Stüwe und Ermel in ihrer Forschung durchaus immer wieder Momente einer Kulturkritik, wenn sie z. B. monieren, dass es aus der Zeit gefallen erscheint, selbst nachzudenken oder sich eigenständig etwas zu erarbeiten (vgl. Stübe/Evans 2019, S. 37). Auch die Stellung der Autorinnen zu den Chancen und Risiken der Technik, wie sie negativ in der Kulturkritik von Stübe und Evans erscheint, wäre ein mögliches Kriterium zur Sortierung der Forschungsliteratur. Der von uns gewählte Ansatz rechtfertigt sich selbstredend nicht durch seine Alternativlosigkeit, sondern durch seinen Beitrag dazu, gewissen Forschungsschwerpunkte und damit auch -lücken sichtbar zu machen. Andere Sortierungen würden hier andere Resultate zeitigen und können so eine Alternative oder auch eine nützliche Ergänzung zum hier gewählten Ansatz sein.

mit den Wissenschaftsdebatten über die Digitalisierung beschäftigen (vgl. z. B. Eßer 2020, S. 18). Forschungen dieser Art sind nun nicht nur prinzipiell anders sortierbar, sondern stehen *quer* zu den beiden Ordnungen der Digitalisierung, die wir identifiziert haben und zur Schärfung des Blicks auf noch zu schließende Lücken in der Forschung hier ins Zentrum der Diskussion rücken. Da wir nicht den Anspruch haben, eine vollumfängliche Kategorisierung der Forschungsliteratur zum Thema vorzunehmen, sondern mit den Kategorien auf existierende Forschungsnotwendigkeiten hinweisen wollen, ist hier allerdings kein weiterer Handlungsbedarf. Es versteht sich von selbst, dass die hier vorgenommene Sicht auf den Stand der Wissenschaft und die Schaffung der Übersicht nicht umfassend alles in fertige Schubladen sortieren kann. Das ist einerseits eine Schwäche der übersichtlichen drei Kategorien, die im Folgenden noch mit der Sammelkategorie ‚anderes' ergänzt wird und die jeweils spezifisch zu unserem Ansatz der ‚doppelten Digitalisierung' zugeordnet werden müssen. Diese Schwäche wird aber durch zwei Faktoren abgeschwächt: Erstens ist sie ein gutes Mittel gegen die Hybris, ‚die' Forschung wäre damit allumfassend erfasst und zweitens zeigt sich in der Praxis, dass tatsächlich die meisten Aufsätze ohne größere Friktionen eine der drei Kategorien der Digitalisierung erster Ordnung zugewiesen werden können, ohne ihrem Inhalt dabei zu sehr für die Kategorien zurecht zu stutzen.

2.1 Die Digitalisierung der Sozialen Arbeit erster Ordnung

Alle drei von uns identifizierten bzw. konstruierten Kategorien sind der Digitalisierung *erster* Ordnung zuzurechnen, und wir meinen hier auch den Schwerpunkt der bisherigen Forschung auszumachen. So ist es für Stüwe und Ermel z. B. selbstverständlich, unter der Überschrift „Auswirkungen der Digitalisierung auf Adressat_innen und Fachkräfte der Sozialen Arbeit" (Stüwe / Ermel 2019, S. 51) genau die hier vorgestellten Kategorien abzudecken, mit Fragen nach den personenbezogenen Daten der Adressat_innen (ebd., S. 56), also dem, was wir als Kategorie I bezeichnen, dem Einsatz in neuen Feldern wie dem Cybermobbing (ebd., S. 57), also Kategorie II, sowie der Frage der Erreichbarkeit von Mitarbeiter_innen (ebd., S. 56), also Kategorie III.

Exemplarisch kann die Gewichtung auf die erste Ordnung auch an dem neuen Standardwerk zum Thema, dem *Handbuch Sozialer Arbeit und Digitalisierung*, gezeigt werden. Von den 50 Aufsätzen in dem fast 700 Seiten starken Sammelband ordnen sich nur zwei Aufsätze dem zu, was wir die zweite Ordnung der Digitalisierung nennen (Iske / Kutscher 2020; Tillmann 2020), 42 Aufsätze gehören der ersten Ordnung an. Sechs weitere Aufsätze haben die Wissenschaft von der Digitalisierung der Sozialen Arbeit selbst zum Thema und fallen durch diese Metaebene aus der hier vorliegenden Ordnung heraus (so beispielsweise Gillingham / Schiffhauer / Seelmeyer 2020; Eßer 2020; Kergel 2020).

Wie der Überblick in Tabelle 1 zeigt, dominiert die Auseinandersetzung mit der *ersten* Ordnung der Digitalisierung. Aufsätze wie der von Evans und Hilbert verweisen zwar auf Entwicklungen in der Land- und Forstwirtschaft, im Warenproduzierenden Gewerbe etc., haben also durchaus auch die Digitalisierung der anderer Bereiche der Gesellschaft im Blick (Evans/Hilbert 2021, S. 77), setzten diese Entwicklung aber nicht in ein Verhältnis zur Sozialen Arbeit. Gerade das, was wir als Feedback bzw. Rückkoppelung der Digitalisierung anderer Bereiche auf die Soziale Arbeit bezeichnen, wird nicht durchgeführt. Interessant ist auch, dass der Aufsatz von Harald Gapski zwar explizit die „Datafizierung und Algorithmisierung von Lebens- und Arbeitswelten" (Gapski 2020, S. 156) im Titel führt und diese auch untersucht, allerdings vor allem als Feld der Vorwegnahme von Entwicklungen, die auch in der Sozialen Arbeit zu erwarten sind. Dafür ein Beispiel:

> „Arbeitgeber*innen greifen zunehmend auf Methoden des datengestützten ‚people analytics' zurück: Alle Datenspuren, die Mitarbeiter*innen durch Eingaben und Sensoren bewusst oder unbewusst hinterlassenen, werden für Entscheidungen des Human Resource Management analysiert und als Faktoren der Wertschöpfung des Unternehmens ausgewiesen. Entsprechende datengestützte Übertragungen auf die Messung der Arbeitsleistung, der Zufriedenheit und ggf. predikative Aussagen zum zukünftigen Arbeitsverhalten sind auch für die Soziale Arbeit denkbar und erwartbar" (Gapski 2020, S. 162).

Das mögliche *Feedback* der Anwendung Künstlicher Intelligenz in den *Human Resources* auf die Soziale Arbeit wird von Gapski also gerade *nicht* untersucht, sondern die Entwicklung auf dem Arbeitsmarkt als Vorwegnahme einer Digitalisierung der Sozialen Arbeit *erster Ordnung* genommen.

Von Interesse kann noch die Binnensortierung bei der ersten Dimension sein, die einen Hinweis darauf gibt, dass die politökonomischen Verhältnisse nicht nur als Rahmenbedingungen schwer Einzug finden in die Forschung zur Digitalisierung der Sozialen Arbeit, sondern auch die Arbeitsbedingungen in der Sozialen Arbeit direkt und die Auswirkungen der neuen digitalen Technik auf diese eher selten Thema sind: Von den sechs Aufsätzen, in welchen überhaupt die Arbeitsbedingungen zum Gegenstand der Untersuchung gewählt werden, ist es zumeist, wie bei Siller, Tillmann und Zorn, der Hinweis auf die notwendige Kompetenzerweiterung der Sozialen Arbeit (vgl. Siller/Tillmann/Zorn 2020, S. 315). Auseinandersetzungen mit Verschlechterungen der Arbeitsbedingungen sind dagegen insgesamt selten.

Der bereits vorgestellte Aufsatz von Eßer sowie der Aufsatz von Kergel beschäftigen sich auf einer Metaebene mit der Digitalisierung: Bei Kergel ist es die notwendige Modifikation des Ansatzes der Sozialraumorientierung, wenn große Teile dieses Raumes inzwischen in der Virtualität stattfinden (vgl. Kergel 2020,

S. 229). Damit stehen beide Ansätze etwas *außerhalb* der hier vorgestellten zweiten Ordnung der Digitalisierung.

*

Alle drei von uns skizzierten Kategorien von Aufsätzen und Forschungsbeiträgen beziehen sich auf das, was wir als *direkte* Digitalisierung der Sozialen Arbeit bezeichnen. Eingebettet in eine gesamtgesellschaftliche Entwicklung der Digitalisierung: „Seit Anfang des 21 Jahrhunderts stehen disruptive Technologien und innovative Geschäftsmodelle sowie Autonomisierung, Flexibilisierung und Individualisierung in der Digitalisierung im Vordergrund" (Stüwe / Ermel 2019, S. 9). Der Konnex zwischen der gesamtgesellschaftlichen Entwicklung und der Digitalisierung der Sozialen Arbeit wird dabei in den oben genannten drei Kategorien – neue Techniken für alte Felder sowie neue Felder der Sozialen Arbeit sowie Transformation der Arbeitsbedingungen in und außerhalb der Sozialen Arbeit – gesehen:

> „Für Fachkräfte der Sozialen Arbeit stellt sich zunehmend die Frage, inwiefern der digitale Raum sich als Handlungsfeld bzw. als Teil der Lebenswelt der Adressat_innen zeigt […]. Soziale Arbeit wird wesentlich von den digitalen Entwicklungen der Gegenwart beeinflusst. Zum einen stellen sich Fragen nach der ethischen Verantwortung Sozialer Arbeit im Zuge der Digitalisierung […]. Weiter eröffnet die Online-Community neue Möglichkeiten der Selbsthilfe" (Stüwe / Ermel 2019, S. 10 f.).

Die gesamtgesellschaftliche Entwicklung wird daher als Rahmen betrachtet, der die Handlungsspielräume für die Soziale Arbeit definiert, die neuen Techniken zugänglich macht und damit Möglichkeiten in bisherigen sowie neuen Bereichen der Sozialen Arbeit eröffnet. Gemeinsam ist damit nahezu allen bisherigen Ansätzen, die Digitalisierung und die Soziale Arbeit so zusammenzudenken, dass die neuen digitalen Techniken als *Mittel* der Sozialen Arbeit betrachtet werden. Dabei wird differenziert zwischen neuen Handlungsfeldern, welche das Mittel eröffnet, sowie alten Feldern, für die es neue Zugänge gibt. Diese Ansätze umfassen verschiedenste Bereiche bis hin zu den Randphänomenen der Sozialen Arbeit, die gar nicht mehr genuin diese betreffen, von denen Sozialarbeitende aber in ihrer Praxis beispielsweise mit arbeitslosen oder pflegebedürftigen Menschen betroffen sind: Von der Nutzbarmachung der Plattform-Ökonomie über digitale Angebote im Jobcenter über ePflege und die Nutzbarmachung digitaler Technik in den Kommunen liegen hier bereits diverse Artikel vor.

Es liegen verschiedene Versuche vor, die Digitalisierung der Sozialen Arbeit systematisch zu untersuchen. So unterscheidet Weber in der *neuen praxis* drei verschiedene Dimensionen der Digitalisierung: „Sozialarbeitsspezifisch den Blick auf die Digitalisierung gewendet bildet das Systematisierungsdreieck Klient/innen – Organisation – Profession [...] einen vielbeachteten Annährungsversuch an die Digitalisierung [in] der Sozialen Arbeit“ (Weber 2020, S. 160). Dieser Ansatz, in dem die Digitalisierung der Sozialen Arbeit als Erweiterung der Mittel und Arbeitsbereiche der Sozialen Arbeit verstanden wird, soll im Folgenden als die *direkte* Digitalisierung bzw. als Digitalisierung *erster Ordnung* der Sozialen Arbeit bezeichnet werden. Das deutet einen erweiterten Blick auf die Soziale Arbeit an.

2.2 Die Digitalisierung der Sozialen Arbeit zweiter Ordnung

Kehren wir einen Moment zu den Aufsätzen aus dem Sammelband von Kutscher et al. und den wenigen Aufsätzen zurück, die sich bereits mit mehr als der *unmittelbaren* Auswirkung der Digitalisierung auf die Soziale Arbeit beschäftigen, wie Angela Tillmanns „Veränderte Lebenswelten im Zuge gesellschaftlicher Digitalisierungsprozesse“, der sich mit der Rückwirkung der veränderten Lebenswelt der Adressat_innen auf die Soziale Arbeit auseinandersetzt. Tillmanns Fokus ist dabei die gewandelte Lebenswelt von Kindern und Jugendlichen (vgl. Tillmann 2020, S. 90), unter anderem in der sich verändernden Familie durch Mediennutzung (vgl. ebd., S. 93) sowie den Peer-Groups in den Sozialen Medien (vgl. ebd., S. 96), also noch eng an den direkten Feldern der Sozialen Arbeit orientiert und ohne politökonomisches Urteil über die anstehenden Strukturwandel in der Wirtschaft und *deren* Auswirkungen auf die Soziale Arbeit.

Es ist vor allem der Aufsatz zur „Digitale[n] Ungleichheiten im Kontext Sozialer Arbeit“ (Iske / Kutscher 2020, S. 115), der sich explizit dem „komplexen Wechselverhältnis von sozialer und digitaler Ungleichheit vor dem Hintergrund einer immer stärkeren wechselseitigen Durchdringung von Alltagswelt und vernetzen Technologien und Architekturen“ (ebd.) gewidmet hat und damit als ein *genuiner* Beitrag zu der Digitalisierung zweiter Ordnung verstanden werden kann.

Hinweise auf die zentrale Rolle dieses erweiterten Blicks auf die Digitalisierung findet sich allerdings weit über verstreute Aufsätze hinweg: Dass die neuen digitalen Techniken nicht nur in der Sozialen Arbeit, sondern in der ganzen Gesellschaft Verwendung finden, ist so trivial wie oft erwähnt in der Literatur zur Digitalisierung der Sozialen Arbeit (vgl. u. a. Kutscher et al. 2020; Eßner 2020; Krotz 2020). Gemeint sind damit die Veränderungen in der Produktion und in der Gesellschaft, die wiederrum auf die Soziale Arbeit wirken. Kurz: die politökonomischen Um- und Verwerfungen, die anstehen, werden sich – so die einhellige Meinung der Autor_innen – auch auf die Soziale Arbeit auswirken. Untersucht sind diese *indirekten* Auswirkungen bisher aber kaum. Im Folgenden einige Überlegungen, wie diese *Digitalisierung zweiter Ordnung* der Sozialen Arbeit in den Blick genommen werden kann. In Analogie zu den verschiedenen Kategorien der Digitalisierung der Sozialen Arbeit *erster Ordnung* gilt es auch hier verschiedene Dif-

Tabelle 1: Sortierung der Aufsätze im „Handbuch Soziale Arbeit und Digitalisierung“ nach Kategorie und Ordnung

	1. Ordnung **Direkte Auswirkungen der Digitalisierung auf die Soziale Arbeit**	**2. Ordnung** **Indirekte Auswirkungen der Digitalisierung auf die Soziale Arbeit**
Kategorie 1	• Neue Techniken für klassische Felder der Sozialen Arbeit • Beispielaufsätze: Krotz; Lehner; Hofhues	• Digitale Ungleichheiten im Kontext Sozialer Arbeit • Beispielaufsätze: Iske und Kutscher
Kategorie 2	• Neue Techniken schaffen neue Felder der Sozialen Arbeit • Beispielaufsätze: Cleppien und Hofmann; Spanhel	• Veränderte Lebenswelten im Zuge gesellschaftlicher Digitalisierungsprozesse • Beispielaufsätze: Tillmann
Kategorie 3	• Auswirkungen auf die Arbeitsbedingungen der Sozialen Arbeit selbst • Beispielaufsätze: Siller, Tillmann und Zorn; Helbig und Roeske	• Welche Auswirkungen haben die digitalisierten Arbeitsbedingungen in der Arbeitswelt auf die Handlungsfelder der Sozialen Arbeit (vgl. z. B. Kapitel 4.2)

ferenzierungen vorzunehmen, wobei wir drei zentrale Unterscheidungen deutlich machen wollen, die aber aller Voraussicht nach für eine Durchführung einer politischen Ökonomie der Digitalisierung der Sozialen Arbeit, noch um weitere Aspekte zu ergänzen sind.

2.2.1 Plattform-Ökonomie

In einem Interview mit dem Soziologen Philipp Staab hält er als neue Qualität an dem ‚digitalen Kapitalismus‘ fest:

> „Der Unterschied macht sich vor allem daran fest, dass wir es im klassischen Kapitalismus, jedenfalls im Prinzip, mit einem System neutraler Märkte zu tun haben, die unterschiedlich vermachtet sind. Im digitalen Kapitalismus haben wir es mit einem System proprietärer Märkte zu tun; mit Märkten in Privatbesitz“ (Staab 2018, S. 32).

Damit ist der Kern des Begriffs ‚Plattform-Ökonomie‘ benannt: Private Firmen wie Amazon werden für den Verkauf von Waren so wichtig, dass kein produzierendes Kapital mehr an diesen digitalen Handelskapitalisten vorbeikommt. So wurden die entsprechenden Kapitale im letzten Jahrzehnt zu den Größten der Welt. Welskop-Deffaa geht in ihrem Aufsatz davon aus, dass die Plattform-Ökonomie die Freie Wohlfahrtspflege in anderer Weise herausfordert als private Anbieter (vgl. Welskop-Deffaa 2019, S. 23). Sie nähert sich dem Verhältnis von Sozialer Arbeit und Plattform-Ökonomie aus der Sicht der *direkten Digitalisierung*:

> „Damit stellt sich einerseits die Frage, wie nutzerorientierte Plattformlösungen für die Angebote der Wohlfahrtsverbände aussehen könnten und müssten, um den Anspruch ‚nah am Nächsten' zu sein, auch in der digitalen Welt einlösen zu können" (Welskop-Deffaa 2019, S. 28)

Sie zieht daher Schlüsse, wie die freie Wohlfahrtspflege in der Plattform-Ökonomie sich selbst positioniert und diese für sich anwenden kann (Welskop-Deffaa 2019, S. 28 f.). Nach der in diesem Artikel vorgeschlagenen Perspektiverweiterung der Sozialen Arbeit wäre dieser Blick zu ergänzen mit Überlegungen zur Auswirkung der Plattform-Ökonomie auf die Gesellschaft als Ganzes und den daraus folgenden neuen Anforderungen auf die Soziale Arbeit. Wenn kapitalintensive Unternehmen wie Airbnb durch ihre Plattformen immer mehr Wohnraum in den Innenstädten dem Wohnungsmarkt entziehen, was heißt das für Projekte, welche sozialen Wohnraum schaffen wollen? Was bedeutet die Plattform-Ökonomie, wenn beispielsweise über Anbieter wie *myHammer* die zuvor möglicherweise vorhandenen Potenziale der Selbsthilfe in der Nachbarschaft zunehmend ökonomisiert werden und welche Aufgaben ergeben sich daraus für die Gemeinwesenarbeit?

Zusammengefasst soll der Ansatz der *doppelten Digitalisierung* helfen, um neben den Überlegungen der strategischen Nutzung der Plattform-Ökonomie auch auf die *politökonomische Auswirkungen* auf Soziale Arbeit zu reflektieren. Im Hinblick auf die Anwender – Organisationen oder ganze Verbände – von IT-Programmen stellt sich diesbezüglich beispielsweise die Frage, wie die Kooperation mit privaten, gewinnorientierten IT-Firmen die leistungserbringenden Einrichtungen in der Sozialen Arbeit verändern. Dies in zweierlei Hinsicht: So wurde *erstens* bereits darauf hingewiesen, dass

> „es meistens Technikexpert*innen sind, die bestimmen, welche Technologien für den sozialen Bereich entwickelt werden und somit auf dem Markt verfügbar sind. Dabei werden zu häufig die Bedürfnisse und Anforderungen von Sozialarbeiter*innen und Entscheidungsträger*innen aus dem sozialen Bereich außer Acht gelassen" (Gillingham/Schiffhauer/Seelmeyer 2020, S. 641; vgl. auch Kreidenweis 2020b).

Insoweit und insofern die Software auch zur Steuerung der konkreten Dienstleistungserbringung in der Sozialen Arbeit eingesetzt wird, besteht also die Gefahr, dass die Praxis unter der Hand von fachfremden Maßstäben und Kriterien beeinflusst wird. Und gerade die geschäftlichen Interessen der IT-Firmen lassen die von Gillingham, Schiffhauer und Seelmeyer angemahnte Kooperation mit „Sozialarbeiter*innen und Entscheidungsträger*innen aus dem sozialen Bereich" (ebd.) eher unwahrscheinlich werden (vgl. Kreidenweis 2020b, S. 395 f.).

Im industriellen Bereich sind *zweitens* die IT-Kapitale mitnichten die bloßen Dienstleister der produzierenden Industrie, die lediglich dafür sorgen, dass die interne Produktion effizienter gestaltet wird und die es ermöglicht, dass die produzierten Waren passgenau vermarktet und geliefert werden. Teilweise hat sich das Verhältnis von vorrangiger Produktion und nachgelagerter Distribution der Waren – und damit auch das Machtverhältnis zwischen produzierendem und Handelskapital – eher umgekehrt: Es sind die großen Handelskapitale mit ihren IT-Systemen und dem unmittelbaren Zugang zu den Kunden, die (mit-)bestimmen, was produziert wird (vgl. Schadt 2021, S. 245). Auch in der Sozialen Arbeit haben private bzw. gewerbliche Träger mittlerweile einen Marktzugang. Im Zuge der – letztlich im Jahr 2016 gescheiterten – TTIP-Verhandlungen wurde zudem über eine Öffnung des Bildungs- und Sozialmarktes auch für internationale Firmen diskutiert (vgl. Kessel 2015). Eine immer weiter standardisierte und gesteuerte Soziale Arbeit könnte für nationale, wie internationale Firmen interessant werden, wenn durch die *‚passgenaue‘* Steuerung und günstige Erbringung von Leistungen der Kostpreis so weit gesenkt werden kann, dass auch auf dem notorisch knapp finanzierten Sozialmarkt relevante Gewinne erzielt werden könnten.

2.2.2 Jobcenter und Arbeitslosigkeit

Volker Rebhan beschäftigt sich in seinem Aufsatz mit der digitalen Transformation der Sozialverwaltung und sieht hier eine doppelte Wirkung auf die Verwaltung und damit in der Folge auch für die Soziale Arbeit:

> „Sie bieten nicht nur die Chance für eine signifikante Steigerung der Verwaltungseffizienz, sondern setzt die Verwaltung auch einem hohen Erwartungsdruck aus. Die Nutzung digitaler Technologien steigt in einem Maße, dass diese inzwischen als Selbstverständlichkeit angesehen wird und für viele zur Lebenswirklichkeit gehört. Würden die Jobcenter hinter dieser Erwartung und den allgemeinen Entwicklungen zurückbleiben, wäre mit sinkender Kundenzufriedenheit und einer Imageverschlechterung zu rechnen“ (Rebhan 2019, S. 33).

Wie Welskop-Deffaa nährt er sich seinem Gegenstand aus der strategischen Überlegung, wie das Angebot der Jobcenter selbst digitalisiert werden kann (vgl. Rebhan 2019, S. 37). Der Ansatz der *doppelten Digitalisierung* dagegen ergänzt diesen strategischen Blick auf die Jobcenter und ihre Kunden hin zur Frage der *indirekten* Auswirkungen. So geraten die politökonomischen Auswirkungen der Digitalisierung in den Blick und ermöglichen so eine Reflexion auf mögliche Verschiebungen für die Rolle der Sozialen Arbeit bei der Bearbeitung der Folgen von Arbeitslosigkeit.

An dieser Stelle soll nicht die Debatte geführt werden, inwiefern die Digitalisierung welche Arbeitsplätze substituiert und inwiefern neue Arbeitsplätze entstehen (siehe dafür Schadt 2020). Vielmehr wird dafür plädiert, dass diese Entwicklung ein Bestandteil der Forschung zur Digitalisierung der Sozialen Arbeit sein muss: Mit der Digitalisierung zweiter Ordnung der Sozialen Arbeit kann die Veränderung des Kundenklientels des Jobcenters und die Arten notwendiger Vermittlungen in den Blick genommen werden.

2.2.3 Big Data

Der Aufsatz *Risikodiagnostik durch ‚Big Data Analytics' im Kinderschutz* nähert sich der riesigen Datensammlung, die auch als ‚Öl des 21. Jahrhunderts' bezeichnet wird, als strategisches Mittel in der Sozialen Arbeit, wenn es um Kinderschutz geht. Dabei kommen die Autoren zu dem Fazit:

> „Wenn wir davon ausgehen, dass das Risiko zukünftiger Ereignisse, wie etwa einer Kindesmisshandlung, treffsicher und auch sinnvoll nur durch statistische Verfahren prognostiziert werden kann [...], wäre Big Data Analytics folglich die beste Wahl, um den gesetzlichen Auftrag zu erfüllen" (Bastian/Schrödter 2019, S. 46).

Der Blick auf die *doppelte Digitalisierung* will diesen strategischen Blick auf Big Data als Mittel bzw. der Sozialen Arbeit als *Subjekt der Digitalisierung* ergänzen, um ihre Perspektive als *Objekt gesellschaftlicher Verschiebungen*. So gibt es bereits diverse Algorithmen, die von Privatwirtschaftlicher wie Versicherungsseite Big Data nutzen, um potenzielle Kunden zu akquirieren und zu sortieren. Diverse indirekte Folgen für die Soziale Arbeit sind hier denkbar und wären zu untersuchen. So liegt die Frage nahe, die Rolle von zukünftigen ‚Risikopotenzialfällen' zu untersuchen, die von keiner Versicherung mehr angenommen werden. Viele andere Beispiele sind denkbar, die alle gemeinsam haben, dass sie in die, vor allem seit 2023 groß in der Debatte stehenden Bereich der Anwendung von ‚Künstlichen Intelligenzen' fallen (vgl. Schadt 2023). Auch hier gibt es die Notwendigkeit eines kritischen Blicks der Sozialen Arbeit und ihrer wissenschaftlichen Begleitung auf die Rückwirkungen der flächendeckenden Verwendung der AIs auf die Profession selbst.

3. Die doppelte Digitalisierung der Sozialen Arbeit: Differenzen und Gemeinsamkeiten zur aktuellen Forschung

Vielen andere Techniken und Felder der Sozialen Arbeit müssen hier noch ergänzt werden. Die bisher genannten Punkte dienen der Illustration des Vorteils, die Digitalisierung der Sozialen Arbeit in ihre *direkten* und ihren *indirekten* Folgen aufzuteilen. Es ermöglicht die politökonomische Veränderungen mitzudenken – nicht als Selbstzweck, sondern als Reflexion darauf, wie sich Felder und Ziele der Sozialen Arbeit auch dort verschieben können, wo sie von neuen Techniken nicht oder vordergründig anders betroffen ist.

Tabelle 2: Die doppelte Digitalisierung in der Sozialen Arbeit

Bereich	**Direkte/erste Ordnung**	**Indirekte/zweite Ordnung**
	(Mögliche) Fragestellungen	**(Mögliche) Fragestellungen**
I. Plattform-Ökonomie	Wie kann man die freie Wohlfahrtspflege in der Plattform-Ökonomie integrieren (vgl. Welskop-Deffaa 2019)?	Wie wirkt sich die Plattform-Ökonomie auf die Adressat_innen Soziale Arbeit aus?
II. Jobcenter/disruptive Veränderungen des Arbeitsmarktes durch die Industrie 4.0	Wie können die Jobcenter die neuen digitalen Techniken so anwenden, dass die Kundenzufriedenheit erhöht und die Effizienz gesteigert wird (vgl. Rebhan 2019)?	Wie wirkt sich die Digitalisierung auf die Arbeitnehmer aus? Ist mit einem Anstieg der Arbeitslosigkeit zu rechnen? Verändert sich das Kundenklientel der Sozialen Arbeit und werden eventuell ganze Berufe wegrationalisiert?
III. Big Data	Wie kann Big Data eingesetzt werden, um bei der Risikodiagnostik im Kinderschutz zu helfen (vgl. Bastian/Schrödter 2019)?	Wie können Menschen durch statistische Verfahren stigmatisiert werden (Bollig 2020/Lehner 2020)? Was heißt das für ein potenziell neues Klientel der Sozialen Arbeit?

Dabei ist unser Vorschlag der doppelten Digitalisierung nicht identisch mit der Idee der ‚beiden Transformationen', die von Krotz in seinem Aufsatz *Mediatisierung als Konzept für eine Analyse von Sozialer Arbeit im Wandel der Medien* vorgestellt wird:

> „Genau genommen geht es dabei einerseits um eine technische und organisatorische Transformation der Medien und der darüber realisierten Mediendienste, die durch den zunehmenden Einsatz von Computern bewirkt wird, und andererseits um eine Transformation von – kurz gesagt – Alltag, Kultur und Gesellschaft, die dadurch zustande kommt, dass die Menschen diese neuen kommunikativen Formen individuell und kollektiv nutzen" (Krotz 2020, S. 30).

Krotz betont dabei, dass für ihn kein unmittelbarer Zusammenhang besteht zwischen den technischen Änderungen – der ersten Transformation – und ihrer politökonomischen und kulturellen Auswirkungen – der zweiten Transformation (vgl. Krotz 2020, S. 31). Krotz stellt hier richtig fest, dass aus der Technik selbst keine Konsequenzen für die Arbeit abzuleiten sind. Ob die Steigerung der Produktivität eingesetzt wird, um alle weniger oder einige mehr und andere gar nicht mehr arbeiten zu lassen, ist keine technische, sondern eine ökonomische Frage.

Dass die ‚Mediatisierung' bzw. ‚Digitalisierung' gleichzeitig nicht ergebnisoffen ist, wird von Krotz ebenso angemerkt. Er setzt daher das ‚menschenfreundliche' Potenzial der neuen Technik gleich in den *Konjunktiv* und verweist auf *ökonomische* Zwecke und Notwendigkeiten: „Die Technik selbst könnte auch menschenfreundlich organisiert und eingesetzt werden, was allerdings dann den Interessen ihrer Betreiber nicht mehr so ausschließlich entgegenkäme" (Krotz 2020, S. 31). Insgesamt betont er allerdings deren Gestaltbarkeit:

> „Mediatisierungsprozesse geschehen nicht naturwüchsig und autonom, sondern finden unter konkreten politischen und ökonomischen, sozialen und kulturellen Bedingungen statt. Sie sind also reflektierbar und beeinflussbar, und es sind unterschiedliche Entwicklungspfade möglich" (Krotz 2020, S. 34)

Weil also aus der digitalen Technik selbst keine Notwendigkeiten folgen, sollte man die Folgen der neuen digitalen Technik nicht gleich als *prinzipiell* gestaltbar betrachten. Immerhin gibt es einerseits Akteure, die sehr entscheidend die neuen digitalen Techniken entwickeln und dabei ihre eigenen, ökonomischen und politischen Interessen verfolgen und andere, die als Arbeitnehmer sehr entschieden *digitalisiert werden*, ohne als Subjekte an diesem „Mediatisierungs-" oder „Digitalisierungsprozess" beteiligt zu sein.

Verschiedene *Entwicklungspfade* mag es also durchaus geben, und die Technik ist auch ‚beeinflussbar'. Die *Subjekte*, die hier allerdings in Konkurrenz zueinander darum kämpfen, welche Technik wie eingesetzt wird, sind in erster Linie nicht Sozialarbeiter und Kommunen. Es gibt vielmehr eine weltweite Konkurrenz der IT-Konzerne wie Apple und Microsoft sowie die Konkurrenz der Nationen zwischen Chinas „Programm der zwei Kreisläufe", Amerikas „Industrial Internet" und dem deutschen Programm der „Industrie 4.0" (vgl. Schadt/Zobel 2020[2]). Dass die neue Technik dabei *nützlich* zu sein hat für *diese* politökonomischen Akteure, ist immer schon gesetzt, ebenso wie die Rolle der Arbeitnehmerinnen als Mittel für diese Programme (genaueres dazu bei Schadt 2020; 2021).

Der hier vorgestellte Ansatz unterscheidet sich daher nicht nur methodisch von dem Konzept von Krotz, sondern auch in seinen politischen Schlussfolgerungen. Ersteres betrifft das „Doppelte", das in den Blick genommen wird, bei Krotz einerseits die Technik, und andererseits Ökonomie, Politik und Kultur. In dem hier vorgestellten Konzept der doppelten Digitalisierung wird dagegen betont, dass Technik *Mittel* und kein eigenständiger Akteur ist (vgl. Schadt 2020 sowie die Einleitung des Sammelbandes). Das Doppelte im Blick ist daher zum ersten die digitale Technik, die in der Sozialen Arbeit angewendet wird. Die zweite, bisher weniger in den Blick genommene, ist die digitale Technik jenseits der Sozialen Arbeit. Gerade dort werden allerdings die Auswirkungen so stark sein, dass die

2 Zur Kritik mancher Ausführungen in diesem Artikel siehe die Einleitung zu diesem Sammelband

indirekten Folgen für die Soziale Arbeit vielleicht sogar größer sein werden als die direkten.

3.1 Digitalisierung für den aktivierenden Staat

Anknüpfen kann unser Vorschlag dagegen, zumindest hinsichtlich der Digitalisierung erster Ordnung, an dem Aufsatz von Otto, Wohlfahrt und Ziegler (2020) zum Thema ‚Digitalisierung und Soziale Arbeit im Kapitalismus'. Dort wird die Digitalisierung im Bereich der Sozialen Arbeit systematisch in den Zusammenhang mit dem sich entwickelnden digitalen Kapitalismus gesetzt. Es wird hier davon ausgegangen, dass die Digitalisierung oft als Scheinsubjekt bzw. ‚Fetischcharakter' (ebd., S. 222; siehe auch Einleitung des Bandes) missverstanden wird, und entsprechend fragen die Autor_innen nach den Akteuren und deren Interessen:

> „Eine Kritik der ‚Digitalisierung' als Instrument der technologischen Innovation verbietet sich deshalb von selbst. Kritisch in den Blick zu nehmen sind demgegenüber die gesellschaftlichen Zwecksetzungen, die dazu fuhren, dass die Digitalisierung als ein Instrument der Durchsetzung herrschender Gesellschafts- und Steuerungsinteressen gehandhabt wir" (ebd., S. 223).

In die auf Algorithmen basierenden elektronischen Systeme der Sammlung und Auswertung von Daten und der Prädiktion von Entwicklungen sind also eben diese „Steuerungsinteressen" (s. o.) bereits ‚eingebaut'. Damit nehmen die Autoren einen Gedanken auf, der bereits unter anderem von Herbert Marcuse artikuliert wurde:

> „Im Brennpunkt der Analyse steht die fortgeschrittene Industriegesellschaft, in der der technische Produktions- und Verteilungsapparat nicht als eine Gesamtsumme bloßer Instrumente funktioniert, die von ihren gesellschaftlichen und politischen Wirkungen isoliert werden können […]. Angesichts der totalitären Züge dieser Gesellschaft lässt sich der traditionelle Begriff der Neutralität der Technik nicht mehr aufrechterhalten. Technik als solche kann nicht von dem Gebrauch abgelöst werden, der von ihr gemacht wird; die technologische Gesellschaft ist ein Herrschaftssystem, das bereits im Begriff und Aufbau der Techniken am Werk ist" (Marcuse 1986, S. 18; historisch: Mumford 1977).

Welcher ‚Gebrauch' von der digitalen Technologie gemacht wird und, welche ‚Steuerungsinteressen' damit durchgesetzt werden sollen, kann näherungsweise aus dem Konzept der neoliberalen Aktivierung der Gesellschaft (vgl. exemplarisch: Atzmüller 2020; im Zusammenhang mit der Digitalisierung: Otto/

Wohlfahrt/Ziegler 2020, S. 218ff.) und der damit durchgesetzten weitergehenden Kapitalisierung der Gesellschaft geschlossen werden (vgl. Otto 2020). So lassen sich eine Reihe von Diskursen und Praktiken identifizieren, die durch die Digitalisierung anders gedacht bzw. anders umgesetzt werden (können):

3.1.1 (Binnen-)Rationalisierung der Organisationen

Ziel der Einführung des ‚Neuen Steuerungsmodells' bzw. des ‚New Public Managements' in den 1990er Jahren ist es gewesen, die staatliche Verwaltungstätigkeit zu rationalisieren, wobei dies Rationalisierungsansprüche auch an die Träger der freien Wohlfahrtspflege transportierte (vgl. Mohan 2020). Entsprechende digitale Systeme sollen die Leistungserbringung bei gegebenen Mitteleinsatz effizienter machen bzw. den notwendigen Ressourceneinsatz bei gleicher Leistungstiefe verringern. Durch den Transport dieser Anforderungen an die leistungserbringenden Einrichtungen werden diese – in Konkurrenz zueinander auf dem sogenannten ‚Sozialmarkt' – aktiviert und es lassen sich langfristig staatliche Kosten sparen, so die Idee.

Die Folge für die Arbeitsbedingungen waren schon vor dem flächendeckenden Einsatz elektronischer Systeme der Planung, Organisation und Kontrolle in den Organisationen die Verdichtung der Arbeitszeit und eine Standardisierung der Leistungserbringung, die nun noch zugenommen haben dürfte (vgl. Otto/Wohlfahrt/Ziegler 2020). Eine solcherart „objektivierte" (ebd., S. 218f.) Soziale Arbeit hätte das Wissen der Fachkräfte in elektronische Systeme inkorporiert und es damit den Fachkräften tendenziell ‚enteignet'. Auf der Ebene der leistungserbringenden Organisationen kann dies dazu führen, dass sich die Aushandlungsspielräume für Fachkräfte hinsichtlich ihrer Arbeitsbedingungen und damit der professionellen Erbringung von Hilfeleistungen verringern (vgl. Beckmann 2020). Eine Taylorisierung der einzelnen Arbeitsschritte – wie sie durch Systeme der Arbeitsplanung möglich werden – kann dazu führen, dass eine Trennung zwischen einfachen, taylorisierten und komplexen, planenden Tätigkeiten in den Einrichtungen etabliert wird (vgl. Dahme/Wohlfahrt 2003), was sowohl professionspolitisch als auch hinsichtlich des Tarifgefüges innerhalb der Organisationen gravierende Auswirken haben könnte.

3.1.2 Transparenz

Eng mit dem Effizienzdiskurs zusammen hängen Diskurse und Praktiken der Herstellung von Transparenz seitens der leistungserbringenden Einrichtungen. Unter dem Label ‚Accountability' wurde bereits früh darauf hingewiesen, dass im Zuge der managerialistischen Neujustierung des Verhältnisses von Staat und Zivilgesellschaft die leistungserbringenden Einrichtungen der Sozialen Arbeit aufgefordert sind, ihren Mitteleinsatz als „leistungsfähig", „wirtschaftlich" und

„sparsam" zu rechtfertigen. Neben dem damit verbundenen erhöhten Zeitaufwand für die nunmehr elektronische Dokumentation wird angemerkt, dass sich dadurch teilweise auch paradoxe Effekte ergeben können, indem sich die Leistungserbringung selbst verändert, ohne dass dies zunächst intendiert war („Campbell's Law": vgl. Mohr 2017, S. 134; vgl. auch Power 1996, S. 96 f.; Ley/Seelmeyer 2014).

3.1.3 Wirksamkeit

Ebenfalls eng mit dem Diskurs um Rationalisierung hängt der Wirksamkeitsdiskurs zusammen. Schon im Rahmen der ersten Thematisierungen und vorsichtigen praktischen Annäherungen an US-amerikanische ‚best-practice'- und ‚what-works'-Modelle (vgl. Otto / Polutta / Ziegler 2010) wurde davor gewarnt, dass hier eine ‚cook-book social work' drohe, der eine versicherungsmathematische Vorstellung von sozialer Gerechtigkeit zugrunde liege (vgl. Webb 2008) und die Individualität des Einzelfalls in die Zuschreibung von stigmatisierende Problemkonstellationen auflöse. Digitale Wirksamkeitsmessungen, wie sie unter anderem im Zuge der Einführung des Bundesteilhabegesetztes wieder auf die Agenda gesetzt worden sind, „bilden die Basis für ökonomisch geprägte Entscheidungen hinsichtlich der Effizienz oder Wirksamkeit von Angeboten und Maßnahmen" (Will-Zocholl / Hardering 2020, S. 136). Programme, die beispielsweise im Zuge des Qualitätsmanagements (vgl. ebd.) Wirkungen messen und in denen die Maßstäbe für das, was als erwünschte ‚Wirkung' objektiviert vorliegen (s. o., Otto / Wohlfahrt / Ziegler 2020), können verschiedene Folgewirkungen haben:

a) Wie Stefanie Allbus und Holger Ziegler anmerken, ist die Frage, was als erwünschte Wirkung zu gelten hat, immer eine „Macht- aber auch Demokratiefrage" (Allbus / Ziegler 2013, S. 177; vgl. auch Merchel 2009, S. 75), diese ‚Frage' ist dann in Form der eingesetzten Programme quasi objektiv ‚beantwortet', jedenfalls der zumindest potenziell konflikthaften Aushandlung zwischen Politik, Einrichtungen, Fachkräften und Nutzern entzogen. Im Zuge der „Neuen Steuerung" (s. o.) und der damit einhergehenden Einführung von Wettbewerbsprinzipien in der Sozialen Arbeit wird die Definitionsmacht darüber, was durch die Leistungserbringung bewirkt werden soll, tendenziell auf die Ebene der Kostenträger bzw. der Leitungen der erbringenden Einrichtungen verlagert (vgl. Boecker 2015; Olk / Speck 2008). Eine Tendenz, die sich dadurch noch verstärken könnte.
b) Die Konzentration auf die Messung von Wirkungen verengt den Fokus der organisationalen Aufmerksamkeit auf die Erzielung von erwünschten Wirkungen und vernachlässigt damit die Frage welche, möglicherweise fragwürdigen, Methoden eingesetzt worden sind, um eben diese Wirkungen zu erzielen. Des Weiteren sorgt diese Fokussierung dafür, dass von den ebenfalls mög-

licherweise gravierenden (unerwünschten) Nebenwirkungen der Maßnahme abgesehen wird. So merkt Klaus Wolf beispielsweise an:

> „Es ist nicht sinnvoll, lediglich intendierte Effekte zu kontrollieren. Die nicht-intendierten Wirkungen (‚Nebenwirkungen') können so ungünstig sein, dass sie den Sinn der intendierten Effekte infrage stellen. Daher wird – gerade auch außerhalb pädagogischer Kontexte – die Relation von günstigen intendierten und ungünstigen nicht-intendierten Effekten als Maßstab für die Rationalität eines Interventionsprogramms genommen. Es ist geradezu ein Indikator für Professionalität, die nicht gewollten aber trotzdem ausgelösten Effekte in den Blick zu nehmen und z. B. Organisationsstrukturen auf ihre Nebenwirkungen zu durchdenken" (Wolf 2006, S. 7f.).

c) Werden aufwändige, quantifizierende Wirkungsmessungen genutzt, um wirksame Bestandteile einzelner Interventionsprogramme bzw. vergleichend wirksamere Programme von unwirksameren Programmen zu unterscheiden (‚what works'), könnte das dazu führen, dass – in nach dem dort angenommenen ‚medizinischen' Wirkungsmodell – der subjektive Faktor, den die Fachkraft in die Interaktion mit dem Nutzer einbringt, eher als Störung betrachtet wird. Die Interventionsprogramme sind dann so auszuführen, wie sie ihre Wirksamkeit bewiesen haben (vgl. Ziegler 2012). Das würde auf lange Sicht die Frage auswerfen, inwiefern eine akademische Ausbildung für die Ausführung von manualisierten Interventionsprogrammen überhaupt noch notwendig und sinnvoll ist. Wenn das Wissen und Können der Fachkräfte derart enteignet und objektiviert wird (vgl. Beckmann 2020), würde dies eine Dequalifizierung der Beschäftigten nach sich ziehen (vgl. Gillingham 2011). Auch wenn eine komplette Substitution der Arbeitskräfte in der Sozialen Arbeit durch Künstliche Intelligenz unwahrscheinlich erscheint (vgl. Schneider / Seelmeyer 2018; Seelmeyer / Waag 2020), so bestehen durchaus Möglichkeiten diese Technik im Erstkontakt mit den Nutzern, zur Einleitung von Clearingprozessen oder zu vermeintlich leichteren Beratungsanlässen einzusetzen (vgl. Steiner / Tschopp 2022).

3.2 Risiko- und Sicherheitsdiskurs

Insbesondere im Bereich des Kinderschutzes etabliert sich in der Sozialen Arbeit zunehmend ein *Risiko- und Sicherheitsdiskurs*. Im Zusammenhang mit der weltweit zu beobachtenden Digitalisierung kommen hier Anwendungen zum Einsatz, die das Entstehen von Situationen der Kindeswohlgefährdung bzw. Fallverläufe prädiktiv voraussagen sollen, um zielgerichtet intervenieren zu können, bevor Kindern bzw. Jugendlichen Schaden zugefügt wird. Ein solches, elektronisches und auf sozialstatistischen Daten beruhendes ‚Predictive Risk Modelling' (PRM) kommt in einigen Staaten bzw. Kommunen bereits zum Einsatz, mit unterschiedlichem ‚Erfolg' (vgl. Gillingham/Ackermann 2020; auch Gillingham 2016). Die Einschätzungen bezüglich dieser Programme gehen im Fachdiskurs relativ weit auseinander: Unter bestimmten Umständen sei ein Einsatz dieser Programme sinnvoll, so beispielsweise Schrödter, Bastian und Taylor (2018), wohingegen beispielsweise Gillingham und Ackermann (ebd.) bei den bestehenden Programmen eine Reihe von gravierenden Problemen ausmachen, was deren Einsatz nicht empfehlenswert mache. Die Kritik geht dabei von ethischen und datenschutzrechtlichen Fragen hin zu der Feststellung, dass Programme der Risikoeinschätzung und der Entscheidungsunterstützung implizite Theorien und Annahmen beinhalten, die den Programmen inhärent sind, den Anwendern – beispielsweise den Fachkräften – aber nicht bekannt sind und die mit der eigenen Logik der Bearbeitung von ‚Fällen' konfligieren können (vgl. ebd.; auch Büchner 2020).

*

Diese komprimierte Übersicht über die verschiedenen *Diskurse* sollte deutlich machen, an welche Debatten der hier vorgeschlagene Ansatz der doppelten Digitalisierung der Sozialen Arbeit anknüpfen kann. Es bleibt abschließend die Frage, welchen Mehrwert der Blick auf das *Feedback* hat, dass die Digitalisierung *zweiter Ordnung* eigentlich auf die Soziale Arbeit hat.

4. Auswirkungen auf die Soziale Arbeit

Im Folgenden soll anhand von zwei kursorischen Beispielen die doppelte Digitalisierung auf der Mikroebene angedeutet werden. Die Digitalisierung erster Ordnung am Beispiel des Programms ‚Jus-IT' (Kapitel 4.1) bewegt sich noch auf der Ebene der bereits umfangreichen und ständig wachsenden Dimension der Forschung zur Auswirkung der Digitalisierung der Sozialen Arbeit, die in unserem Vorschlag zur ersten Ordnung, Kategorie III, zählt. Das Beispiel Homeoffice der Digitalisierung zweiter Ordnung (Kapitel 4.2) verdeutlicht die Potenziale unseres Ansatzes. Weitere Untersuchungen sind erforderlich, um die Veränderungen auf der Mikroebene in ihrer Gesamtheit darzustellen. Dies dient lediglich der Illustration unseres Ansatzes.

4.1 Digitalisierung erster Ordnung am Beispiel des Programms Jus-IT

Das Programm ‚Jus-IT' wurde seit 2012 schrittweise im Hamburger Allgemeinen Sozialen Dienst (ASD) eingesetzt. Es handelt sich dabei um eine Software der Falldokumentation und Fallsteuerung, die in der Fachöffentlichkeit und in der tagesaktuellen allgemeinen Presse viel Aufmerksamkeit erfahren hat. In der Presse wurde dabei vor allem die enormen Preissteigerungen bei gleichzeitig geringer Bedienerfreundlichkeit moniert (vgl. die Diskussion in Ley 2021). Die Fachöffentlichkeit hat sich ebenfalls sehr schnell mit diesem, bis dahin in diesem Umfang und dieser Komplexität kaum gekannten IT-Programm beschäftigt und sich die Frage gestellt, was es für Auswirkungen auf die fachliche Praxis der Mitarbeitenden hat. Als IT-Programm, das speziell für den ASD als Teil des Jugendamtes entwickelt worden ist – eine geplante Ausweitung auf andere Teile der Sozialverwaltung hat sich unter anderem aus datenschutzrechtlichen Bedenken nicht realisieren lassen –, lässt sich dieses Fallbeispiel vor allem unter der Perspektive des genannten Risiko- und Sicherheitsdiskurses (s. o., Kapitel 3.2; vgl. bereits Meyer 2013, S. 124) diskutieren. Alle Studien und Einschätzungen zu diesem Programm stellen fest, dass es – neben durchaus auch vorhandenen positiven Aspekten – zu einer Überformung der Praxis der Fachkräfte durch das Programm kommt (Stein 2017), es in deren vorhandenen Arbeitsabläufe eingreift (Ley / Seelmeyer 2014), ohne dass es „orientiert an der Logik einer guten Fallbearbeitung insbesondere in Kindeswohlgefährdungs-Fällen arbeitsökonomisch und komplikationsfrei zu bedienen ist" (Bürgerschaft der Freien und Hansestadt Hamburg 2018, S. 74). Fachkräfte fehlt auch angesichts der Fehler im Programm, vor allem aber wegen der fachfremden Logik oft die Zeit für eine angemessene Fallarbeit und sie fühlen sich bevormundet (vgl. Ley 2021). Dies habe, so Stein (2020), auch unmittelbar Auswirkungen auf die Gewährleistung der vom SGB VIII eigentlich vorgesehenen Beteiligungsrechte von Eltern, Kindern und Jugendlichen:

> „Die Gefahrenabwehrlogik der Sozialpolitik, die sich bis auf die Ebene des Klienten-Fachkraft-Systems im Hamburger Kinderschutz, mit dem den Einsatz professionsunterminierenden Kontrollpraktiken wie JUS IT, des QMS nach DIN EN ISO und der Jugendhilfeinspektion auswirkt, führt dazu, dass (Beteiligungs-)Rechte der NutzerInnen nicht geachtet werden und die Bedürfnisbefriedigung der betroffenen Kinder und Jugendlichen aus dem Fokus gerät" (ebd., S. 92).

Studien, die genau diese Sichtweise der Adressaten auf die so organisierte Arbeit der Behörde evaluieren liegen bislang noch nicht vor.

*

Dieses Beispiel stellt sicherlich eine extreme Form der Digitalisierung von Abläufen in der Sozialen Arbeit dar. Es ist nicht davon auszugehen, dass es in anderen Bereichen, bei freien Trägern und in anderen Arbeitsfeldern, ebenso weit fortgeschrittene Prozesse der Digitalisierung gibt (vgl. Beckmann 2020, S. 54 f.). Dennoch zeigt es unseres Erachtens, wohin eine so geartete Digitalisierung erster Ordnung führen kann, insbesondere dann, wenn Fachkräfte und Adressaten nicht adäquat in Digitalisierungsprozesse eingebunden sind und diese stattdessen einer Kontroll- und Sicherheitslogik folgen. Zudem lässt sich beobachten, dass die seit der Corona-Pandemie massiv ausgeweitete Möglichkeit auch aus dem Homeoffice zu arbeiten bzw. arbeiten zu müssen (vgl. Meyer / Klomann / Alsago 2022; auch Völz / Evans 2022) auch in der ‚nach-Corona'-Zeit von den Mitarbeitenden in Anspruch genommen wird, was den ohnehin prekären Beziehungsaufbau zu den Adressaten nochmals erschweren dürfte.

4.2 Digitalisierung zweiter Ordnung am Beispiel des Homeoffice

Das Homeoffice, das bereits in den 1990er Jahren unter dem Begriff der Telearbeit seine ersten Anwendungen in Tarif- und Betriebsvereinbarungen gefunden hat, zählt zu den Bereichen der Digitalisierung, zu denen in der Industrie- und Arbeitssoziologie inzwischen eine große Bandbreite an Forschungsarbeiten vorliegt. In den vergangenen beiden Jahren wurden diverse Aspekte in einer Reihe von empirischen Studien vertieft untersucht. Eine dieser Studien ist die von Reßing et al. aus dem Jahr 2022, die die zentrale Rolle der Nutzung von Kommunikations- und Informationstechnologien (IKT) bei der Bewältigung der laufenden Transformation der Arbeitswelt beleuchtet. Die Studie identifiziert einerseits die Arbeitswelt als einen Faktor, der zu digitalem Stress führt. Andererseits weist sie darauf hin, dass damit ein neuer Stressor für Arbeitnehmerinnen und Arbeitnehmer entsteht, den die Autorinnen und Autoren „fehlende soziale Verbundenheit" (Reßing et al. 2022) getauft haben.

Die Veränderung der Arbeitswelt wird aktuell wieder verstärkt im Kontext der Digitalisierung erster Ordnung in der Sozialen Arbeit diskutiert. Dabei geht es insbesondere um die Frage, inwiefern und unter welchen Voraussetzungen Homeoffice-Regelungen in der Sozialen Arbeit möglich sind und welche Auswirkungen diese auf die Sozialarbeiter_innen haben. Zudem wird erörtert, welche Möglichkeiten es durch Personalräte bzw. Mitarbeitervertretungen in den kirchlichen Einrichtungen gibt, auf diese Veränderungen Einfluss zu nehmen. In diesem Kontext lassen sich verschiedenste Forschungsgegenstände mit unterschiedlich engem Bezug zur Praxis identifizieren. Dies umfasst beispielsweise die Auswirkungen der Telearbeit auf die Profession selbst sowie die Frage, welche Paragraphen des Betriebsverfassungsgesetzes für die Mitbestimmung der Gremien in Fragen des Homeoffice von Bedeutung sind.

Im Rahmen der Digitalisierung zweiter Ordnung ergeben sich Fragestellungen, die bislang weniger im Fokus der Forschung standen, jedoch ebenfalls von substanzieller Bedeutung für die Konstituierung der Profession sind:

- Inwiefern beeinflusst das Homeoffice die klassischen Anlaufstellen der Sozialen Arbeit, die von Sozialarbeiter_innen als Orte (‚3rd places') der Ansprache genutzt werden? Inwiefern verändert sich die Nutzung dieser Orte durch die Klient_innen durch den Wegfall des Arbeitsweges und was bedeutet dies für die aufsuchende Soziale Arbeit?
- Inwiefern sind Mitarbeiter_innen, die unter dem Stressor der fehlenden sozialen Verbundenheit leiden, eventuell selbst wieder Klientinnen und Klienten einer (betrieblichen) Sozialen Arbeit? Inwiefern entstehen hier neue Felder Sozialer Arbeit durch neue Typen sozialer Belastung und entsprechenden Krankheitsbildern sowie Potenzialen, diesen durch gezielte Soziale Arbeit auch präventiv zu begegnen?
- Was bedeutet es für sozialräumliche Projekte der Sozialen Arbeit bzw. für die Gemeinwesenarbeit, wenn diese ‚3rd places' immer weniger aufgesucht werden, insbesondere im Hinblick auf die Partizipation von Bewohner_innen im Rahmen von kommunalen Beteiligungsprojekten?

Diese und ähnliche Fragen werden durch den von uns vorgeschlagenen Analyserahmen der doppelten Digitalisierung besser sichtbar, eine Konzentration auf Digitalisierungsprozesse erster Ordnung – so wie wir sie in der derzeitigen Debatte erkennen – erschwert die Inblicknahme dieser indirekten Folgen, die sich durch die Digitalisierung zweiter Ordnung für die Soziale Arbeit ergeben können.

5. Fazit

In den letzten Jahren ist die Forschung zur Digitalisierung der Sozialen Arbeit sowie zu den Auswirkungen der Digitalisierung *auf* die Soziale Arbeit gewachsen und hat an Breite gewonnen. Sammelbände haben die Debatte entschieden weitergebracht und zeigen bereits, dass viele Forscher_innen die gesellschaftlichen Transformationen im Blick haben und Schlüsse auf die Veränderungen ziehen, welche die Soziale Arbeit durchmacht. Unser Ansatz soll es ermöglichen, die bisherigen Ergebnisse systematisch zu sortieren und damit den Blick auf einen Bereich zu lenken, der bereits immer wieder untersucht, aber bisher in der Masse doch ein Schattendasein fristet: die politökonomischen Verwerfungen in der Gesamtgesellschaft und deren *indirekte* Wirkung auf die Soziale Arbeit. Wir haben in dem Aufsatz versucht einige Argumente dafür zu liefern, warum der Blick auf die *doppelte Digitalisierung* und dessen systematische Berücksichtigung in der kommenden Forschung einiges an Potenzial bietet, blinden Flecken in der Theorie der Sozialen Arbeit entgegenzuwirken.

Literatur

Atzmüller, Roland (2020): Der neoliberale Umbau des Wohlfahrtsstaates und die Transformation des Kapitalismus zwischen Krise und Rechtsruck. Von den Widersprüchen der Subjektivierung zur Renationalisierung der Sozialpolitik. In: Hans-Uwe Otto (Hrsg.): Soziale Arbeit im Kapitalismus. Gesellschaftstheoretische Verortungen – Professionspolitische Positionen – Politische Herausforderungen. Weinheim / Basel: Beltz Juventa, S. 69–86

Bastian, Pascal / Schrödter, Mark (2019): Risikodiagnostik durch „Big Data Analytics" im Kinderschutz. In: Archiv – für Wissenschaft und Praxis der sozialen Arbeit, 2, S. 39–49

Beckmann, Christof (2020): Labour-Process und Soziale Arbeit in Zeiten der Digitalisierung. In: Widersprüche, 158. Münster: Westfälisches Dampfboot, S. 49–62

Boecker, Michael (2015): Erfolg in der Sozialen Arbeit. Im Spannungsfeld mikropolitischer Interessenkonflikte. Wiesbaden: Springer VS

Bollig, Christiane (2020): Digitalisierung in der Mobilen Jugend(-sozial-)arbeit – im Spannungsfeld zwischen Professionalisierung und (Alltags-)Pragmatismus. In: Kutscher, Nadia / Ley, Thomas / Seelmeyer, Udo / Siller, Friederike / Tillmann, Angela / Zorn, Isabel (Hrsg.): Handbuch Soziale Arbeit und Digitalisierung. Weinheim / Basel: Beltz Juventa, S. 468–479

Bröckling, Guido (2018): Digitalisierte Lebenswelten von Kindern und Jugendlichen. Kommunikationsbedürfnis und Orientierungssuche als Gegenstand der Jugend- und Sozialarbeit. In: TUP – Theorie und Praxis der Sozialen Arbeit. Mehr als Algorithmen. Digitalisierung in Gesellschaft und Sozialer Arbeit. Sonderband 2018. Weinheim / Basel: Beltz Juventa, S. 84–87

Bürgerschaft der Freien und Hansestadt Hamburg (2018): Bericht der Enquete-Kommission „Kinderschutz und Kinderrechte weiter stärken: Überprüfung, Weiterentwicklung, Umsetzung und Einhaltung gesetzlicher Grundlagen, fachlicher Standards und Regeln in der Kinder- und Jugendhilfe – Verbesserung der Interaktion der verschiedenen Systeme und Akteurinnen und Akteure". buergerschaft-hh.de/parldok/dokument/65251/bericht_der_enquete_kommission_kinderschutz_und_kinderrechte_weiter_staerken_ueberpruefung_weiterentwicklung_umsetzung_und_einhaltung_gesetzlicher_gru.pdf (Abfrage: 15.07.2024)

Dahme, Hans-Jochen / Wohlfahrt, Norbert (2003): Soziale Dienste auf dem Weg in die Sozialwirtschaft. Auswirkungen der „Neuen Steuerung" auf die freien Träger und Konsequenzen für die Soziale Arbeit. In: Widersprüche, 23(4), S. 41–56

Eßer, Florian (2020): Wissenschaft- und Technikforschung: Erklärungspotenziale für die Digitalisierung der Sozialen Arbeit. In: Kutscher, Nadia / Ley, Thomas / Seelmeyer, Udo / Siller, Friederike / Tillmann, Angela / Zorn, Isabel (Hrsg.): Handbuch Soziale Arbeit und Digitalisierung. Weinheim / Basel: Beltz Juventa, S. 18–29

Evans, Michaela (2018): Wozu Digitalisierung in der sozialen Dienstleistungsarbeit? Suchfelder für die digitale Dividende und Handlungsfelder betrieblicher Gestaltung. In: TUP – Theorie und Praxis der Sozialen Arbeit. Mehr als Algorithmen. Digitalisierung in Gesellschaft und Sozialer Arbeit. Sonderband 2018. Weinheim / Basel: Beltz Juventa, S. 66–74

Evans, Michaela / Hilbert, Josef (2020): Zur Zukunft der Arbeit in der Sozial- und Gesundheitswirtschaft in der Digitalisierungsära. In: Kutscher, Nadia / Ley, Thomas / Seelmeyer, Udo / Siller, Friederike / Tillmann, Angela / Zorn, Isabel (Hrsg.): Handbuch Soziale Arbeit und Digitalisierung. Weinheim / Basel: Beltz Juventa, S. 76–88

Gabski, Harald (2020): Digitale Transformation: Datafizierung und Algorithmisierung von Lebens- und Arbeitswelten. In: Kutscher, Nadia / Ley, Thomas / Seelmeyer, Udo / Siller, Friederike / Tillmann, Angela / Zorn, Isabel (Hrsg.): Handbuch Soziale Arbeit und Digitalisierung. Weinheim / Basel: Beltz Juventa, S. 156–166

Gillingham, Philip (2011): Decision-making tools and the development of expertise in child protection practitioners. Are we ‚just breeding workers who are good at ticking boxes'? In: Child & Family Social Work, 16, S. 412–421

Gillingham, Philip (2016): Predictive Risk Modelling to Prevent Child Maltreatment and Other Adverse Outcomes for Service Users: Inside the ‚Black Box' of Machine Learning. In: British Journal of Social Work, 46(4), S. 1044–1058

Gillingham, Philip/Schiffhauer, Birte/Seelmeyer, Udo (2020): Internationale Forschung zum Einsatz digitaler Technik in der Sozialen Arbeit. In: Kutscher, Nadia/Ley, Thomas/Seelmeyer, Udo/Siller, Friederike/Tillmann, Angela/Zorn, Isabel (Hrsg.): Handbuch Soziale Arbeit und Digitalisierung. Weinheim/Basel: Beltz Juventa, S. 639–651

Gillingham, Phillip/Ackermann, Timo (2020): Algorithmisch basierte Entscheidungsunterstützungssysteme für die deutsche Kinder- und Jugendhilfe? Messages from Research. In: Widersprüche, 158. Münster: Westfälisches Dampfboot, S. 63–80

Grimm, Petra (2018): Grundlagen für eine digitale Wertekultur. In: TUP – Theorie und Praxis der Sozialen Arbeit. Mehr als Algorithmen. Digitalisierung in Gesellschaft und Sozialer Arbeit. Sonderband 2018. Weinheim/Basel: Beltz Juventa, S. 23–31

Hoenig, Ragnar/Kuleßa, Peter (2018): Mehr als Algorithmen. Digitalisierung in Gesellschaft und Sozialer Arbeit. In: TUP – Theorie und Praxis der Sozialen Arbeit. Mehr als Algorithmen. Digitalisierung in Gesellschaft und Sozialer Arbeit. Sonderband 2018. Weinheim/Basel: Beltz Juventa, S. 4–8

Idel, Stephan (2019): Kommunale Sozialämter in der digitalen Transformation. In: Archiv – für Wissenschaft und Praxis der sozialen Arbeit, 2, S. 70–76

Iske, Stefan/Kutscher, Nadia (2020): Digitale Ungleichheiten in Kontext Sozialer Arbeit. In: Kutscher, Nadia/Ley, Thomas/Seelmeyer, Udo/Siller, Friederike/Tillmann, Angela/Zorn, Isabel (Hrsg.): Handbuch Soziale Arbeit und Digitalisierung. Weinheim/Basel: Beltz Juventa, S. 115–128

Kaczorowski, Willi (2018): Kommunen gestalten die Digitalisierung. In: TUP – Theorie und Praxis der Sozialen Arbeit. Mehr als Algorithmen. Digitalisierung in Gesellschaft und Sozialer Arbeit. Sonderband 2018. Weinheim/Basel: Beltz Juventa, S. 57–65

Kergel, David (2020): Der Ansatz der Sozialraumorientierung im digitalen Wandel. In: Kutscher, Nadia/Ley, Thomas/Seelmeyer, Udo/Siller, Friederike/Tillmann, Angela/Zorn, Isabel (Hrsg.): Handbuch Soziale Arbeit und Digitalisierung. Weinheim/Basel: Beltz Juventa, S. 229–240

Kessl, Fabian (2015): Ökonomisierung von Bildung und Erziehung: Von der Dynamisierung eines anhaltenden Prozesses durch TTIP. In: Erziehungswissenschaft, 26(50), S. 17–24

Kreidenweis, Helmut (2020a): Digitale Transformation – Grundlagen, Strategien und Rahmenbedingungen. In: Archiv – für Wissenschaft und Praxis der sozialen Arbeit, 2, S. 4–15

Kreidenweis, Helmut (2020b): Digitalisierung der Sozialwirtschaft – Herausforderungen für das Management sozialer Organisationen. In: Kutscher, Nadia/Ley, Thomas/Seelmeyer, Udo/Siller, Friederike/Tillmann, Angela/Zorn, Isabel (Hrsg.): Handbuch Soziale Arbeit und Digitalisierung. Weinheim/Basel: Beltz Juventa, S. 390–401

Krotz, Friedrich (2020): Mediatisierung als Konzept für eine Analyse von Sozialer Arbeit im Wandel der Medien. In: Kutscher, Nadia/Ley, Thomas/Seelmeyer, Udo/Siller, Friederike/Tillmann, Angela/Zorn, Isabel (Hrsg.): Handbuch Soziale Arbeit und Digitalisierung. Weinheim/Basel: Beltz Juventa, S. 30–41

Kutscher, Nadia/Ley, Thomas/Seelmeyer, Udo/Siller, Friederike/Tillmann, Angela/Zorn, Isabel (Hrsg.) (2020): Handbuch Soziale Arbeit und Digitalisierung. Weinheim/Basel: Beltz Juventa.

Lehner, Nikolaus (2020): Digitale Technologie zwischen Überwachung, sozialer Kontrolle und Fürsorge. In: Kutscher, Nadia/Ley, Thomas/Seelmeyer, Udo/Siller, Friederike/Tillmann, Angela/Zorn, Isabel (Hrsg.): Handbuch Soziale Arbeit und Digitalisierung. Weinheim/Basel: Beltz Juventa, S. 129–144

Ley, Thomas (2021): Zur Informatisierung Sozialer Arbeit. Weinheim/Basel: Beltz Juventa

Marcuse, Herbert (1964/1986): Der Eindimensionale Mensch. Studien zur Ideologie der fortgeschrittenen Industriegesellschaft. Frankfurt am Main: Suhrkamp

Meyer, Nikolaus / Klomann, Verena / Alsago, Elke (2022): Der Allgemeine Soziale Dienst in der Corona-Pandemie. Empirische Erkenntnisse zu den Arbeitsbedingungen und deren Auswirkungen auf die (professionelle) Soziale Arbeit im ASD. https://doi.org/10.1007/s12054-022-00485-0

Meyer, Sebastian (2013): Der Klient als Risiko. Eine empirische Studie über das Versiegen der Lebensweltorientierung im Allgemeinen Sozialen Dienst. In: Widersprüche – Zeitschrift für sozialistische Politik im Bildungs-, Gesundheits- und Sozialbereich, 36(140), S. 121–133

Mumford, Lewis (1977): Mythos der Maschine. Kultur, Technik und Macht. Frankfurt am Main: Fischer Taschenbuch.

Olk, Thomas / Speck, Karsten (2008): Qualität und Qualitätsentwicklung in der Sozialpädagogik. In: Klieme, Eckhard / Tippelt, Rudolf (Hrsg.): Qualitätssicherung im Bildungswesen. Zeitschrift für Pädagogik, Beiheft 53. Weinheim / Basel: Beltz, S. 76–95.

Otto, Hans-Uwe (2020): Soziale Arbeit im Kapitalismus. Anlass, Begründung und inhaltliche Struktur des Bandes. In: Otto, Hans-Uwe (Hrsg.): Soziale Arbeit im Kapitalismus. Gesellschaftstheoretische Verortungen – Professionspolitische Positionen – Politische Herausforderungen. Weinheim / Basel: Beltz Juventa, S. 11–25

Otto, Hans-Uwe / Polutta, Andreas / Ziegler, Holger (2010): What Works – Welches Wissen braucht die soziale Arbeit? Zum Konzept evidenzbasierter Praxis. Opladen: Barbara Budrich

Otto, Hans-Uwe / Wohlfahrt, Norbert / Ziegler, Holger (2020): Digitalisierung und Soziale Arbeit im Kapitalismus. Anmerkungen zu einigen gesellschaftlichen Implikationen technologischer Innovationen. In: Hans-Uwe Otto (Hrsg.): Soziale Arbeit im Kapitalismus. Gesellschaftstheoretische Verortungen – Professionspolitische Positionen – Politische Herausforderungen. Weinheim / Basel: Beltz Juventa, S. 208–225

Rebhan, Volker (2019): Digitale Transformation der Sozialverwaltung: die nutzerzentrierte Entwicklung von Online-Angeboten der Jobcenter. In: Archiv – für Wissenschaft und Praxis der sozialen Arbeit, 2, S. 32–39

Reßing, Caroline / Zeuge, Anna / Arenz, Robin / Baumgart, Thorben Lukas / Schneider, Dominik Jan / Niehaves, Björn (2022): Take it Easy – Eine qualitative Untersuchung digitaler Stressoren und Stressbewältigungsmaßnahmen im Homeoffice“ In: HMD 59, S. 1011–1031.

Schadt, Peter (2020): Die Digitalisierung als Scheinsubjekt. In: Widersprüche, 40(158), S. 33–47.

Schadt, Peter (2021): Die Digitalisierung der deutschen Autoindustrie. Köln: Papy Rossa

Schadt, Peter (2023): Nummer 5 lebt! In: Konkret, 9, S. 26–27.

Schadt, Peter / Zobel, Hans (2020): How Digitalization is Preparing a Fight for World Market Supremacy. jacobinmag.com/2020/11/digitalization-european-union-market-us-china-tech (Abfrage: 14.08.2024).

Schiffhauer, Birte (2019): Digitalisierung menschzentriert, ethisch und sozial: Ziele und Strategien für Hilfs- und Wohlfahrtsverbände am Beispiel des ASB NRW e. V. In: Archiv – für Wissenschaft und Praxis der sozialen Arbeit, 2, S. 62–69

Schneider, Diana / Seelmeyer, Uwe (2018): Der Einfluss der Algorithmen. Neue Qualitäten durch Big Data Analytics und Künstliche Intelligenz. In: Sozial Extra, 3, S. 21–24

Schroedter, Mark / Bastian, Pascal / Taylor, Brian (2018): Risikodiagnostik in der Sozialen Arbeit an der Schwelle zum „digitalen Zeitalter“ von Big Data Analytics. https:/doi.org/10.13140/RG.2.2.22119.14240

Seelmeyer, Udo / Waag, Philipp (2020): Hybridisierung personenbezogener sozialer Dienstleistungen. In: Kutscher, Nadia / Ley, Thomas / Seelmeyer, Udo / Siller, Friederike / Tillmann, Angela / Zorn, Isabel (Hrsg.): Handbuch Soziale Arbeit und Digitalisierung. Weinheim / Basel: Beltz Juventa, S. 180–189

Selle, Matthias (2019): Digitalisierung aus kommunaler Sicht: Praxis und Perspektiven: In: Archiv – für Wissenschaft und Praxis der sozialen Arbeit, 2, S. 16–21

Siller, Friederike / Tillmann, Angela / Zorn, Isabel (2020): Medienkompetenz und medienpädagogische Kompetenz in der Sozialen Arbeit. In: Kutscher, Nadia / Ley, Thomas / Seelmeyer, Udo / Siller, Friederike/Tillmann, Angela/Zorn, Isabel (Hrsg.): Handbuch Soziale Arbeit und Digitalisierung. Weinheim/Basel: Beltz Juventa, S. 315–332

Staab, Philipp (2018): Unsichere Arbeit. In: TUP – Theorie und Praxis der Sozialen Arbeit. Mehr als Algorithmen. Digitalisierung in Gesellschaft und Sozialer Arbeit. Sonderband 2018. Weinheim/Basel: Beltz Juventa, S. 32–39

Stein, Matthias (2017): Steuerung von Fachlichkeit. Innenansichten aus dem Allgemeinen Sozialen Dienst Hamburg. In: Sozial Extra, 6, S. 29–32

Stein, Matthias (2020): Auswirkungen der Digitalisierung auf die Profession der Sozialen Arbeit im ASD am Beispiel von Hamburg. In: Widersprüche, 158. Münster: Westfälisches Dampfboot, S. 81–98

Steiner, Oliver/Tschopp, Dominik (2022): Künstliche Intelligenz in der Sozialen Arbeit. Grundlagen, Entwicklungen, Herausforderungen. In: Sozial Extra 6, S. 466–471.

Stüwe, Gerd/Ermel, Nicole (2019): Lehrbuch Soziale Arbeit und Digitalisierung. Weinheim/Basel: Beltz Juventa

Tillmann, Angela (2020): Veränderte Lebenswelten im Zuge gesellschaftlicher Digitalisierungprozesse. In: Kutscher, Nadia/Ley, Thomas/Seelmeyer, Udo/Siller, Friederike/Tillmann, Angela/Zorn, Isabel (Hrsg.): Handbuch Soziale Arbeit und Digitalisierung. Weinheim/Basel: Beltz Juventa, S. 89–100

Völz, Silke/Evans, Michaela (2022): „Das war vorher völlig undenkbar" – Homeoffice in der Kinder- und Jugendhilfe während der Covid-19-Pandemie. Eine Status-Quo-Analyse. IAT Discussion Papers, 22/01.

Webb, Steven (2008): Evidence-based Social Work The Actuarial Re-Casting of Social Work. In: Indian Journal of Social Work, 69(1), S. 3–17

Weber, Joshua (2020): Das Studium Sozialer Arbeit im Spiegel der Digitalisierung. Empirische Untersuchung zur modularen Berücksichtigung digitalisierungbezogener Inhalte in Bachelorstudiengängen Sozialer Arbeit. In: Neue Praxis, 2, S. 156–180

Weidner, Frank (2019): Digitalisierung für die Pflege – Wege zur Alltags- und Nutzer/innenorientierung. In: Archiv – für Wissenschaft und Praxis der sozialen Arbeit, 2, S. 50–61

Welskop-Deffaa, Eva M. (2019): Freie Wohlfahrtspflege in der Plattformökonomie: Seismografin, Solidaritätsstifterin, strategische Herausforderungen. In: Archiv – für Wissenschaft und Praxis der sozialen Arbeit, 2, S. 22–31

Will-Zocholl, Mascha/Hardering, Friedericke (2020): Digitalisierung als Informatisierung in der sozialen Arbeit? Folgen für Arbeit und professionelles Selbstverständnis von Sozialarbeiter*innen. degruyter.com/document/doi/10.1515/arbeit-2020-0010/html?lang=de (Abfrage: 14.08.2024).

Witzel, Marc (2018): Haltung bewahren – Anforderungen an Fachkräfte im Kontext von Digitalisierung. In: TUP – Theorie und Praxis der Sozialen Arbeit. Mehr als Algorithmen. Digitalisierung in Gesellschaft und Sozialer Arbeit. Sonderband 2018. Weinheim/Basel: Beltz Juventa, S. 88–95

Ziegler, Holger (2012): Wirkungsforschung – über Allianzen von Evaluationen und Managerialismus und die Möglichkeit erklärender Kritik. In: Schimpf, Elke/Stehr, Johannes (Hrsg.): Kritisches Forschen in der Sozialen Arbeit. Gegenstandsbereiche – Kontextbedingungen – Positionierungen – Perspektiven, Band 11. Wiesbaden: VS Verlag für Sozialwissenschaften, S. 93–106.

Praxis und Disziplin in der digitalen Transformation der Sozialen Arbeit

Widersprüche professioneller Interaktionsarbeit

Annemarie Matthies

1. Einleitung

In welchem Ausmaß die digitale Transformation der Praxis für Sozialarbeit(ende) eine Notwendigkeit darstellt, wird im Fachdiskurs der Disziplin seit einigen Jahren diskutiert – mit durchaus unterschiedlichen Einschätzungen. Dass das gesellschaftliche Hilfesystem als Handlungspraxis, die allenfalls punktuell auf technische Unterstützung von im Kern analogen Arbeitsprozessen zurückgreift, seinem Auftrag in der gesamtgesellschaftlichen digitalen Transformation nicht nachkommen kann, zeigt sich auf Fachtagungen und Konferenzen immer deutlicher. Dass aber der ‚technische Fortschritt' zu möglichst schnellen und umfassenden Anpassungen der Praxis zwingt, ist nicht flächendeckend geteilt und wird innerhalb der Disziplin unter anderem als „Handlungsdruck" erzeugende Position diskutiert (Kutscher et al. 2020, S. 9). Auch innerhalb der Praxis gibt es zur Frage nach Maß, Geschwindigkeit und Formen der Digitalisierung divergierende Einschätzungen. Wenn auch in vielen Einrichtungen die Digitalisierung spezifischer Tätigkeiten zunimmt, so geht dieser Prozess zugleich mit einer Bandbreite von Beurteilungen einher, die zwischen Euphorie und strikter Ablehnung verortet sind. Diese auf disziplinärer sowie praxis- und einrichtungsbezogener Ebene stellenweise konfligierenden Einschätzungen, so die Argumentation dieses Beitrags, sind nicht nur Ausdruck unterschiedlicher Grundhaltungen zur Sozialarbeit, beispielsweise professionsethischer oder managerialer Haltungen, sondern resultieren aus den beiden hinter diesen Haltungen liegenden Maßstäben, die an Soziale Arbeit angelegt werden und die im praktischen Vollzug der Arbeit nicht voneinander getrennt werden können: Effizienz und Qualität. Das Zusammenspiel, auch: das Gegeneinander beider Maßstäbe, drückt sich im Handeln unter den tatsächlichen Rahmenbedingungen aus – im Versuch, sie zu vereinen, oder mit der Tendenz, einem der Maßstäbe den Vorrang zu geben. Auch in den verschiedenen Perspektiven auf die Digitalisierung von und in Sozialer Arbeit bilden sich das Zusammenspiel sowie die Versuche, sie zu vereinen oder ein Moment der Arbeit gegenüber dem anderen zu priorisieren, ab.

Nur ein kleiner Teil der wissenschaftlichen Auseinandersetzung, das zeigt die branchen- und sektorenübergreifende Literaturstudie von Staab und Prediger (2019), befasst sich mit der Digitalisierung *der* Sozialen Arbeit. Das gilt insbesondere für den Fachdiskurs[1] bis zum Beginn der pandemiebedingten Kontaktbeschränkungen. Auch danach überwiegt der Fokus auf Fragen, die die Digitalisierung beispielsweise der Lebenswelt von Zielgruppen Sozialer Arbeit betreffen und die professionsinternen Digitalisierungsprozesse als notwendige *Reaktion* darauf fokussieren. Zudem sind die Auseinandersetzungen mit der Digitalisierung von Sozialarbeit oft „theoretischer Natur und basieren auf Expertenmeinungen" (Staab/Prediger 2019, S. 162), was kein Manko darstellt, allerdings die Notwendigkeit einer breiteren Praxisforschung belegt. In diesem Beitrag werden daher Forschungs-[2] und Diskursbeiträge, die sich mit – teilweise mittelbaren – digitalisierungsbezogenen Entwicklungen Sozialer Arbeit in den vergangenen Jahren befassen, unter der Fragestellung nach ihren Wirkungen auf die Arbeit aufeinander bezogen. Eine Aussage über *die* digitale Transformation *der* Sozialen Arbeit erlaubt das nicht; allerdings, so die Zielsetzung, werden Gründe für die unterschiedlichen Einschätzungen zwischen und innerhalb bestimmter Akteursgruppen und damit auch mögliche zukünftige Verlaufsformen der digitalen Transformation der Arbeit in der Praxis sichtbar. Eine These des Beitrags ist, dass das Zusammenspiel der beiden Maßstäbe, die an die Arbeit gerichtet sind, sich im Zuge der Digitalisierung verändert und dass die Frage, auf welche Weise das passiert, auch von den Möglichkeiten der Akteur_innen in Disziplin (v. a. Fachgesellschaften, Forschende und Lehrende) und Praxis (v. a. Führungskräfte,

---

1 Da die Disziplin als *Handlungs*wissenschaft bezeichnet werden kann und Sozialarbeit und ihre konkreten Aufgaben in unterschiedlichen Handlungsfeldern stattfindet (siehe zu den vier zentralen Handlungsfeldern, ihren jeweiligen Zielgruppen und den sozialarbeiterischen Tätigkeitsbereichen innerhalb dieser Felder Farrenberg/Schulz 2020), befassen sich Fachdiskursbeiträge im „Handbuch Soziale Arbeit und Digitalisierung" (Kutscher et al. 2020), mit Ausnahme eines Beitrags (Evans/Hilbert), notwendigerweise mit einer Vielzahl divergenter Themen: technologische Entwicklungen, Wandlungen disziplinärer und gesellschaftlicher Diskurse, konkrete Formen digitaler Dienstleistungserbringung sowie Organisation und Handlungsfelder aus Perspektive von Recht, Öffentlichkeit, Organisationswissenschaft und Klient_innen.

2 Der Beitrag integriert Ergebnisse der DIGITASA-Befragung aus dem Sommer 2021 (N = 488) sowie dem Sommer 2023 (N = 657), die gemeinsam mit Kolleg_innen aus dem dualen Studium der Sozialen Arbeit an IU Berlin (Juliane Wahren), Bremen (Jakob Tetens) und, seit 2023, Frankfurt (Jan Sailer) durchgeführt wird. Die nicht-repräsentative Onlinebefragung fokussiert die Perspektive von Fachkräften, Teamleitungen und Führungskräften auf Prozesse der Digitalisierung innerhalb der individuellen Einrichtungen, die in verschiedenen Handlungsfeldern verortet sind. Sie wird in Kooperation mit Trägern und Verbänden der Sozialen Arbeit auf Bundes- und Landesebene durchgeführt (genauere Informationen können der Projekthomepage entnommen werden). Drei Veröffentlichungen sind zum Zeitpunkt des Entstehens dieses Beitrags in Vorbereitung bzw. im Reviewprozess. Die Daten der Befragung 2023 sind bislang nicht vollständig und systematisch ausgewertet. Im Rahmen dieses Beitrags können daher nur erste Auswertungsbeobachtungen zu den Ergebnissen aus dem Jahr 2023 herangezogen werden.

Fachkräfte und Adressat_innen), in diesem Transformationsprozess zu agieren, abhängt.

Fokussiert wird die Digitalisierung in der Sozialen Arbeit in diesem Beitrag nicht, zumindest nicht primär, als Antwort auf gesellschaftliche Entwicklungen, sondern als praktische Konsequenz aus den Maßstäben, die an Sozialarbeit als *Arbeit* angelegt werden. Der Beitrag skizziert zunächst, inwiefern im Fall der Sozialen Arbeit von anderen Berufsfeldern abweichende Akteur_innen existieren, die Digitalisierungsprozesse in der Praxis mit je eigenen Zielsetzungen und Ressourcen vorantreiben und zugleich von diesen vorangetrieben werden (Kapitel 2). Darauffolgend wird die in den vergangenen Jahrzehnten erfolgte Umwandlung zur betriebswirtschaftlich effizienten Dienstleistung als ein die digitale Transformation antreibendes Moment skizziert, durch das sich einerseits Versprechen des Anbietermarktes, andererseits Hoffnungen auf positive Effekte der Digitalisierung auf Verbands-, Träger und Einrichtungsebene erklären (Kapitel 3). Der qualitativen Seite der Sozialarbeit, das meint hier: der professionellen Interaktionsarbeit, die im praktischen Vollzug dem Maßstab der Effizienz oft widerspricht, widmet sich das nächste Kapitel. Reflektiert werden der aus der qualitativen Seite resultierende, von den Fachkräften in der Praxis selbst vollzogene Digitalisierungsprozess sowie die dabei gleichzeitig fortbestehenden skeptischen Haltungen als die Digitalisierung unweigerlich vorantreibende Momente (Kapitel 4). Der kurze Ausblick resümiert die Möglichkeiten des Agierens der Akteur_innen und wagt einen Ausblick auf die Transformationspotenziale generativer Künstlicher Intelligenz, die beide Seiten der Arbeit tangiert und deren Zusammen- und Gegeneinanderwirken verändern könnte.

2. Disziplin und Praxis im Prozess der Digitalisierung in Sozialer Arbeit

Die Soziale Arbeit unterscheidet sich hinsichtlich des Grads der digitalen Durchdringung ihrer beruflichen Praxis deutlich von industrieller Produktion, Landwirtschaft und Dienstleistungssektor. Auch die Spezifik der Gemengelage an Akteur_innen, die verschiedene, teilweise schwer vereinbare Maßstäbe an die Praxis und deren (antizipierte) Digitalisierungsbedarfe anlegen, unterscheidet Sozialarbeit von anderen Berufsfeldern. Zudem ist Soziale Arbeit, zumindest in Relation zu anderen Berufen, nicht nur in geringem Maß von digitaler Technik durchdrungen, sondern gilt aufgrund der Spezifik der überwiegend interaktionsbasierten Tätigkeiten und des dabei notwendigen erfahrungsbasierten Wissens aus Perspektive von Disziplin und Praxis als nur begrenzt digitalisier*bar* (Huchler 2017; Staab/Prediger 2019, S. 161 ff.). Gleichwohl wird Betriebssoftware, die für Zwecke in Wirtschaft und Verwaltung entwickelt wurde, bereits seit

Mitte der 2000er Jahre (Kreidenweis 2020; Kreidenweis / Wolff 2021; 2023) an Handlungsfelder und einrichtungsinterne Spezifika sowie die in Sozialarbeit eingelassenen sozialpolitischen Zwecksetzungen (Otto / Wohlfahrt / Ziegler 2020) angepasst und durch den Einsatz in der Praxis permanent innoviert. Hinzu kommt, dass die Gewissheit, dass Sozialarbeit, insbesondere dann, wenn sie die Interaktion mit Adressat_innen betrifft, sich gegen Prozesse der Digitalisierung sperre, spätestens mit den pandemiebedingten Kontaktbeschränkungen praktisch infrage gestellt ist und eine durch den Einsatz von Hardware, Software und verschiedener digitaler Technologien und Medien geprägte Praxis sukzessive auch für Sozialarbeitende der Normalfall wird.

Mitvorangetrieben wird der Prozess der Digitalisierung Sozialer Arbeit insofern von besonderen Akteur_innen, als sie sich in der Beschaffenheit ihrer Ressourcen von denen anderer Branchen und Berufe teilweise signifikant unterscheiden. Der Begriff umfasst in diesem Beitrag individuelle, kollektive und korporative Akteur_innen, die mit ihren materiellen sowie deutungs- und kompetenzbezogenen Ressourcen den Prozess der Digitalisierung, gemäß ihrer jeweiligen Interessen, handelnd mitgestalten und die Praxis Sozialer Arbeit prägen. Eine erste Akteurin in diesem Sinn ist die *Disziplin*, deren Ressource im durch die Hochschulen vermittelten Zugang zur Praxis sowie in der Möglichkeit der Erarbeitung und Gestaltung der fachlichen Wissensgrundlage sowie der professionellen Handlungsstandards besteht. Die Ausübung hoheitlicher und verwaltungsrechtlicher Funktionen, die Sozialarbeit in vielen Tätigkeitsbereichen darstellt, setzt eine staatliche Anerkennung der Berufstätigen voraus, die in der Regel an den Abschluss eines praxisintegrierenden Studiums gebunden ist. Digitalisierung erhält als lehrveranstaltungsübergreifendes „Querschnittsthema" (Seelmeyer / Kutscher 2021, S. 18) und zunehmend auch in Form eigenständiger Module Raum im Studium und gelangt so, über die Studierenden, die zugleich zukünftige Fachkräfte sind, in die Praxis. Insbesondere die wissenschaftliche Fachgesellschaft DGSA (Deutsche Gesellschaft für Soziale Arbeit) und dort verankerte Fachgruppen, deren Mitglieder sich vorwiegend aus dem akademischen Feld rekrutieren, formen die Digitalisierung der Praxis mit: Die Fachgesellschaft gestaltet 1. die Lehre – kerncurricular definierte Schwerpunktsetzungen, Theoriebildung und wissenschaftliche Forschungsfragen – als praxisbezogene akademische Ausbildung inhaltlich aus und transferiert damit 2. konkrete disziplinäre Auseinandersetzungen mit und Standpunkte zu Digitalisierung und Digitalität[3] personell in die hochschulische Ausbildung. Die zunehmend digital und medienpädagogisch gebildete Praxis ist – mindestens auch – Produkt der

3 Während Digitalisierung begrifflich unterstellt, dass eine spezifische Aktivität oder ein Objekt einer Transformation unterzogen wird, der Begriff also das Prozesshafte betont, liegt Digitalität die Annahme einer spezifischen digitalen Qualität und eines Zustands zugrunde (zu Digitalität in Sozialarbeit und Bildung siehe Kutscher 2021; Weinhardt 2023).

disziplinären Möglichkeiten, das Querschnittsthema in die entsprechenden Theorien, Konzepte und Methoden der Sozialen Arbeit zu integrieren. Wie die meisten disziplinären Aktivitäten, die in der Sozialen Arbeit kaum je ohne Bezug zur gesamtgesellschaftlichen Einbettung des jeweiligen Themas stattfinden können und immer zugleich die Praxis gestalten sowie äußerlich angetrieben sind, erfolgt auch der Fachdiskurs zur Bedeutung der digitalen Transformation orientiert an disziplinär vereinbarten professionellen Handlungsstandards. Eine besondere Herausforderung der Disziplin, die im Interesse der professionellen Gestaltung der Praxis agiert, liegt aktuell darin, dass sich die Notwendigkeit der Anpassung dieser Standards stellt – weil die ‚neuen technischen Möglichkeiten' dies erfordern.

Eine zweite wichtige Akteur_innengruppe stellen die Führungs- und Leitungskräfte und vor allem die Fachkräfte innerhalb der *Praxis* dar – auf eine von industrieller Produktion und dem privatwirtschaftlichen Dienstleistungssektor unterscheidbare Weise.[4] Sozialarbeitende, Fachkräfte wie Führungskräfte mit Budget- und Personalverantwortung haben während der pandemiebedingten Kontaktbeschränkungen die Aufrechterhaltung bestehender Hilfeprozesse und die Ansprechbarkeit von Zielgruppen aus einer Notlage heraus aktiv digital bewältigt und, wenn auch nicht in jedem Fall intendiert, damit einen regelrechten Digitalisierungsschub in den Einrichtungen bewirkt. Die Ressourcen, die dabei zum Einsatz kamen, sind vor allem materieller Art. In vielen Einrichtungen wurden im Zuge der Pandemie finanzielle Mittel für digitale Grundausstattungen aufgewendet (Matthies/Tetens/Wahren 2023), darüber hinaus wurden partiell auch Adressat_innen ausgestattet (teilweise mit ausrangierten Geräten aus Privatbesitz), Messenger-Apps wurden auf (teilweise privaten) digitalen Endgeräten von Fachkräften installiert und die Möglichkeiten frei zugänglicher Kommunikationssoftware genutzt. Die Folgen dieser praktizierten digitalen Transformation werden innerhalb der Praxis heterogen, zunehmend aber positiver beurteilt. In einer zwischen 2018 und 2020 durchgeführten Erhebung zum „Digitalisierungsverständnis" von Fachkräften in Österreich zeigt sich noch, dass im Vergleich zu „For-Profit-Organisationen" in der Sozialen Arbeit Skepsis und dystopische Narrative zu den Folgen von Digitalisierung dominieren (Klinger/Mayr/Sackl-Sharif 2022). Auch unter Fachkräften in Deutschland dominierte lange eine „medien- und technikkritische Haltung", die bereits vor der pandemiebedingten

4 Dieser Beitrag bezieht Transformationsaktivitäten, die in der strategischen Zusammenarbeit von BMFSFJ und der Bundesarbeitsgemeinschaft der Freien Wohlfahrtspflege (BAGFW) im BMFSFJ-Förderprogramm „Zukunftssicherung der Freien Wohlfahrtspflege durch Digitalisierung" ab 2017 stattfanden, nicht ein, sondern konzentriert sich auf die in Eigenregie von Disziplin und Praxis erfolgenden Digitalisierungsprozesse. Es ist aber denkbar, dass die Sozialarbeit, ähnlich wie das Gesundheitswesen, in Zukunft einen flächendeckend finanziell stark geförderten Digitalisierungsprozess durchläuft.

Situation sukzessive von skeptischen Positionen abgelöst wurde (Kutscher/Seelmeyer 2017). Mittlerweile zeichnet sich, mitbedingt durch die Etablierung neuer Arbeitsweisen und durch Erfahrungen mit der Nutzung spezifischer Technologien und Medien während der Pandemie, eine zunehmende „Technikaffinität" ab (Klinger et al. 2023). Parallel zur neuen Affinität bestehen kritische und skeptische Einschätzungen der Folgen von Digitalisierungsprozessen Sozialer Arbeit fort, die insbesondere die Interaktion mit Adressat_innen betreffen (Matthies/Tetens/Wahren 2023). Erste Auswertungen der DIGITASA-Befragung 2023 zeigen, dass zudem die Ressourcen der eigenen Einrichtung für die professionelle, teilhabeorientierte Arbeit mit Menschen als defizitär eingeschätzt werden. Zudem muss innerhalb der Praxis zwischen verschiedenen Handlungsfeldern, Zielgruppen und Hierarchieebenen differenziert werden: Führungskräfte schätzen Potenziale der Digitalisierung tendenziell hoch ein (Matthies/Tetens/Wahren 2023), bewerten diese positiv und zeigen eine kritische Haltung eher gegenüber Fachkräften, die sie als wenig ‚technikaffin' einschätzen, als gegenüber digitalen Techniken (Kreidenweis 2020, S. 391). Diese Unterschiede zwischen den Hierarchieebenen begründen sich auch dadurch, dass tätigkeitsabhängig verschiedene Interessen vorliegen und daher unterschiedliche Hoffnungen mit der Digitalisierung Sozialer Arbeit verbunden sind, etwa Effizienzsteigerung (Matthies/Tetens/Wahren 2023), die als Kriterium vor allem für Leitungspersonal relevant ist.

3. Effizienzsteigerung durch Digitalisierung als Lösung von Problemen in der sozialarbeiterischen Praxis

Ein Versprechen der Digitalisierung bezieht sich von Beginn an auf das Potenzial der Rationalisierung durch Automatisierung von Arbeitsprozessen und die dadurch ermöglichten Gewinnsteigerungen, etwa durch die Intensivierung von Arbeit und die Einsparung von Kosten im Produktionsprozess (Schadt 2022, S. 13 ff.). Abhängig ist das Eintreten dieser Wirkung von der konkreten Funktionsweise der Technologie und den Kosten ihres Einsatzes, sodass sich branchen- und sektorenabhängig große Unterschiede im Grad der Automatisierung von Arbeitsprozessen zeigen (Staab/Prediger 2019). Im digitalen Transformationsprozess stellt die Sozialarbeit einerseits einen Sonderfall dar, insofern sie nicht unmittelbar auf privatwirtschaftliche Gewinnerzielung gerichtet ist (Otto/Wohlfahrt/Ziegler 2020). Durch digitale Technologien auf Arbeitsprozesse einzuwirken, ihren Einsatz zu intensivieren und Kosten zu reduzieren, deckt sich andererseits jedoch mit sozialpolitischen Maßstäben von Bezahlbarkeit und Erfolg des Hilfesystems, die sich in den Einrichtungen Sozialer Arbeit ausdrücken und dort einen Bedarf nach digitalen Lösungen hervorbringen.

3.1 Sozialarbeit unter dem Gesichtspunkt von Effizienz

Staatlich finanzierte Sozialarbeit ist aus Haushaltsperspektive ein Kostenfaktor, was ihre Ausgestaltung auf Ebene des Bundes, der Länder und der Kommunen jenseits parteipolitischer Gesellschaftsvorstellungen und Konjunkturen bestimmt (vgl. Möhring-Hesse 2008; Otto/Wohlfahrt/Ziegler 2020; Schaarschuch 2003). Insofern sind in jeder Legislaturperiode, implizit oder explizit, Quantität und Qualität des gesellschaftlichen Hilfeangebots Gegenstand politischer Auseinandersetzungen und abhängig von entsprechender Beschlusslage. Die digitale Transformation der Sozialarbeit findet unter diesem prinzipiellen Gesichtspunkt in einer Lage statt, in der die Praxis stark herausgefordert ist durch a) die Auswirkungen sozialpolitischer Rahmensetzungen der vergangenen beiden Jahrzehnte und b) aktuelle ökonomische Verschärfungen.

a) In Folge ihrer sozialstaatlichen Einbettung, ihrer Dependenz von Haushaltsführung und politischen Beschlusslagen, hat die Soziale Arbeit in den vergangenen Jahrzehnten Veränderungen durchlaufen, die weitreichende Wirkungen auf die Gestalt der konkreten Arbeit hatten, vor allem insofern der Gesichtspunkt ihres effizienten Einsatzes in den Einrichtungen und deren Angeboten zum praxisleitenden Maßstab wurde (Möhring-Hesse 2008). Die Folgen einer aktivierenden Sozialpolitik ab den 1990er Jahren, die den „Um- bzw. Abbau des Wohlfahrtsstaates“ (Dahme et al. 2003) forciert, werden seither von der Praxis bewältigt und von der Disziplin der Sozialen Arbeit, oft kritisch, analysiert und als Herausforderung für die Soziale Arbeit zum Gegenstand von Forschung und Lehre (Müller/Mührel/Birgmeier 2016; Seithe 2012). Auf Ebene der Einrichtungen findet die im Fachdiskurs als „Ökonomisierung“ gefasste Neuausrichtung der Sozialen Arbeit in Form einer „Verbetriebswirtschaftlichung“ statt (Möhring-Hesse 2008). Eine für die Arbeit relevante Maßnahme der Sozialpolitik ab den 1990ern lag in der Öffnung Sozialer Arbeit für private Träger und der Implementierung einer Wettbewerbsorientierung zwischen Sozialen Diensten, Freier Wohlfahrt und neuen, privatwirtschaftlich orientierten Trägern (Möhring-Hesse 2008, S. 157). Als Leistungserbringer treten Einrichtungen seither in eine „Trägerkonkurrenz“ (Otto/Wohlfahrt/Ziegler 2020, S. 209) um staatliche Aufträge. Durch die Wettbewerbsorientierung und die ab Ende der 1990er für relevante und kostenintensive Hilfeformen vorgeschriebenen Abschlüsse von Leistungsvereinbarungen (Möhring-Hesse 2008, S. 155), eine Form staatlichen Kontraktmanagements (Dahme et al. 2005), unterstehen insbesondere die Wohlfahrtsverbände und ihre Einrichtungen einem „harten Regiment“ (Möhring-Hesse 2008, S. 157). Die Umgangsweise der Verbände und Träger liegt auf Einrichtungsebene im praktischen Nachvollzug des privatwirtschaftlichen Prinzips der Effizienz, das für die freien Träger ohnehin gilt: Dienstleistungen sollen zu möglichst geringen Kosten und dabei möglichst ohne Qualitätseinbußen erbracht werden. Die unmittelbaren Dienstleister_innen, also die Sozialarbeitenden, werden in dieser betriebswirtschaftlichen Perspektive zu Produktionsfaktoren und damit zur „strategischen Größe der betrieblichen Effizienzsteigerung" (ebd., S. 151).

b) Die Praxis ist gegenwärtig konfrontiert mit ökonomischen Verschärfungen, die in Summe nicht nur professionelle Handlungsstandards, sondern überhaupt die Handlungsfähigkeit tangieren. Diese Verschärfungen können hier nur als Rahmenbedingung und antreibendes Moment der digitalen Transformation benannt werden – Forschungsarbeiten und Stellungnahmen von GEW, Verdi, DBSH und DGSA werden in den kommenden Jahren vertiefte Einblicke in die Veränderungen der Praxis geben. Festzuhalten ist, dass ein handlungsfeldübergreifender, bundesweiter Fachkräftemangel in der Sozialen Arbeit (Hickelmann/Koneberg 2022) in Verbindung mit Kostenerhöhungen durch Energiepreissteigerungen und Inflation zu erheblichen finanziellen Be- und personellen Überlastungen der Praxis führt. In den Einrichtungen schlagen sich diese Lasten in hohen Krankenständen, häufigen Einrichtungswechseln von Fachkräften und zunehmend auch in Berufsaufgaben nieder (Verdi 2023). In nicht unerheblichen Teilen wird Soziale Arbeit zudem gegenwärtig durch das Einwerben von Projektgeldern und mittels unbezahlter Arbeit bewältigt (Solidaritätsbündnis Soziale Arbeit 2023). Dass zeitgleich in Folge der pandemiebedingten Kontaktbeschränkungen und Inflationsfolgen der Hilfebedarf gestiegen ist, bringt viele Sozialarbeitende, die ihrem Mandat gegenüber den Adressat_innen professionell nachkommen wollen, in eine problematische Situation. Einrichtungsleitungen, die ihrerseits dem Effizienzgebot unterliegen, stehen überdies vor der Aufgabe, unter diesen Bedingungen, mit knappen finanziellen Ressourcen, hohen Krankenständen und Personalfluktuation, handlungsfähig zu bleiben und möglichst keine (weiteren) Qualitätseinbußen ihrer Angebote zu bewirken. Diese Problemlage drückt sich wiederum in den Erwartungen aus, die sie an digitale Lösungen richten und die einem Anbietermarkt Argumente für seine Produkte liefern.

3.2 Effizienzversprechen digitaler Lösungen

Es ist nicht überraschend, dass eine auf „Erzielung von Überschüssen ausgerichtete Sozialwirtschaft" (Otto/Wohlfahrt/Ziegler 2020, S. 208) Maßstäbe an eine digitale Transformation setzt, die die Intensität und den Wirkungsgrad der eingesetzten Arbeit betreffen. Auf Ebene der Einrichtungen kommen dabei zunächst Tätigkeiten als rationalisierungsbedürftig in den Blick, die hohen zeitlichen Aufwand bei gleichzeitig geringer Auswirkung auf die Erfüllung des adressat_innenbezogenen Mandats der Sozialen Arbeit bedeuten (ebd.). Mit Bezug auf diesen Zweck haben gewinnorientierte Akteur_innen, kleinere und größere (Fach-)Softwareunternehmen (für einen aktuellen Überblick siehe Kreidenweis/Wolff 2023), einen Markt etabliert, der von Einrichtungs- und Teamleitungen erhoffte Entlastungen, Erleichterungen und Effizienzsteigerungen verspricht – verbunden mit der Aussicht, durch den effizienten Einsatz der Arbeit von Fachkräften Ressourcen freizusetzen, die gegenwärtig nicht durch den Einsatz von mehr Personal bereitgestellt werden können. Softwarelösungen in den Gesundheits- und Sozialberufen werden entsprechend beworben mit Effizienzsteigerungspotenzial durch die Reduktion von Verwaltungsaufwand, allgemeinem Kostenreduktionspotenzial, vereinfachtem und ortsunabhängigem Zugriff auf Daten und gleichzeitiger Sicherstellung der Einhaltung von Datenschutzbestimmungen. Auf Onlineplattformen werden Verbände, Träger und Einrichtungen über die Kriterien guter Software, die zu beachtenden technischen Aspekte, wie Interoperabilität und Skalierbarkeit, Barrierefreiheit und spezifische Qualitäts- und Sicherheitsnotwendigkeiten, informiert. Aus Softwarekatalogen lassen sich unter diesen Gesichtspunkten handlungsfeldspezifische Angebote auswählen und vergleichen, Erfahrungsberichte einsehen, Anbieter_innen kontaktieren und eigene Softwarelösungen präsentieren. Technisch erfolgt die effizienzorientierte Digitalisierung von Arbeitsprozessen in Einrichtungen Sozialer Arbeit mittels Software, die von Betriebswirtschaft und Wirtschaftsinformatik für privatwirtschaftliche Betriebe entwickelt wurde. Vor allem prozessübergreifende Enterprise-Resource-Planning-Systeme (ERP) werden angepasst an Besonderheiten des Sozialwesens und seiner Handlungsfelder. Digitalisiert wird zum einen, analog zu anderen Branchen und Berufsfeldern, das Personal- und Rechnungswesen. Zum anderen umfasst prozessübergreifende Software die den Hilfeprozess verwaltenden und begleitenden Tätigkeiten, die für die Erfüllung des sozialstaatlichen Auftrags notwendig sind (siehe Staab/Prediger 2019, S. 161 ff.) – handlungsfeldabhängig betrifft das etwa den Informationsaustausch mit anderen Einrichtungen und Leistungserbringern, oder auch mit den Kostenträgern selbst.

Wie der Prozess der Implementierung einer ERP-Software in der Praxis eines Handlungsfelds des Sozialwesens vonstattengeht, lässt sich exemplarisch einem Anwenderbericht aus einer regionalen Einrichtung der Lebenshilfe entnehmen („Mit einer Software alles abgedeckt" 2022). Der Fall zeigt auch, dass die strikte Distinktion zwischen Verwaltung und Klient_innenarbeit ein idealtypisches Konstrukt ist. Zunächst in Tätigkeitsbereichen der Kinder- und Jugendhilfe eingesetzt, haben sich spezifische Angebote in Einrichtungen etabliert, langfristig in die Praxis implementiert und werden in ihrer Architektur dergestalt erweitert, dass die Trennung zwischen einrichtungs- und professionsbezogener Arbeit in der Software technisch aufgehoben werden kann. Genutzt werden workfloworientierte Lösungen, die neben den verwaltenden auch genuin sozialarbeiterische oder pädagogische Prozesse – angefangen bei der Kontaktaufnahme, über den Hilfeprozess, dessen Dokumentation und Evaluation, bis zur Entlassung oder zum Abschluss des Prozesses – umfassen und webbasiert ermöglichen, dass über mobile Endgeräte sowohl Mitarbeiter_innen- als auch Klient_innendaten bearbeitet werden können. Dass nebenbei große Datenmengen aggregiert werden und zumindest technisch die Möglichkeit eröffnet wird, zukünftig selbstlernende Elemente zu integrieren, bleibt auf der Vorderbühne des Arbeitsprozesses in der Praxis, in der eine Software ‚genutzt' wird und Daten unweigerlich ‚anfallen', verborgen. Welche Optionen die Datenaggregierung eröffnet, zeigt sich, wenn spezifische Software von informatisch gebildeten Vertreter_innen der Disziplin auf ihre Funktionsweise hin untersucht wird. Die Analyse einer Fachsoftware im Bereich der Arbeitssuche etwa macht sichtbar, dass und wie die Diskriminierung Arbeitsuchender durch algorithmenbasierte Klassifikationen und darauf basierende automatisierte Prognoseverfahren in diesem Feld technisch möglich wäre, weil Datenbestände der Bundesagentur für Arbeit über viele Jahre aggregiert wurden (Stangl 2023).

Die möglichen Wirkungen des Einsatzes von effizienzorientierter Fachsoftware auf den Schutz von Klient_innendaten und auf die Handlungsautonomie im Arbeitsprozess werden in der Disziplin schon früh kritisch diskutiert, insbesondere die nur vordergründig rein verwaltende Falldokumentation betreffend (Ley/Seelmeyer 2014; Kutscher 2018; Schneider/Seelmeyer 2018). Aus Perspektive von Leitungen vor allem der „großen Träger" (Kreidenweis/Wolff 2018, S. 37) steht hingegen ein anderes Problem im Fokus: Als „primäre Risiken" im Digitalisierungsprozess werden „mangelnde Akzeptanz in der Organisation" und „fehlendes Knowhow" identifiziert (Kreidenweis 2020, S. 392). Dieser Befund deckt sich mit Ergebnissen der DIGITASA-Befragung aus dem Sommer 2021 (Matthies/Tetens/Wahren 2023) sowie ersten Beobachtungen zu Beurteilungen von digital weniger kompetenten und/oder digitalisierungskritischeren Sozialarbeitenden, die als hemmende Faktoren im Prozess der Transformation adressiert werden. Die bislang nicht vollständig ausgewerteten Ergebnisse der DIGITASA-Befragung 2023 deuten darauf hin, dass in zumindest nicht nur vereinzelten Einrichtungen der Sozialen Arbeit ältere und/oder skeptische Mitarbeitende als problematisch beurteilt werden. Diese Beobachtung wirft die Frage auf, ob und inwiefern diese Haltung auch damit zu tun hat, dass Arbeitsprozesse im Zuge der digitalen Transformation ungleich verteilt werden, bestimmte Aufgaben an die jüngeren, vermeintlich ‚digital kompetenten' Fachkräfte delegiert werden, und sich damit deren Arbeitslast erhöht.

4. Herausforderungen professioneller Gewissheiten durch die Digitalisierung von Interaktion

Unter Gesichtspunkten, die denen der Effizienz und der Arbeitsintensivierung in der Praxis oft entgegenstehen, wurden in den vergangenen Jahren die Fachkräfte selbst zu Akteur_innen der Digitalisierung. Begründen lässt sich ihr Engagement nicht allein durch einen Haltungswandel, sondern durch Notwendigkeiten der Digitalisierung von Arbeitsprozessen, die aus dem (eigenen) Anspruch an die qualitative Seite der Arbeit resultieren. In vielen Handlungsfeldern und Tätigkeitsbereichen bedeutet Sozialarbeit im Kern direkte Interaktion mit Adressat_innen, und gerade dieses Merkmal, das lange als der Sache nach „nicht-digitalisierbar" (Huchler 2017) oder mindestens als vor dem Einsatz digitaler Technik zu schützen galt, hat in den vergangenen Jahren Sozialarbeitende in der Praxis dazu gebracht, die digitale Transformation selbst mitvoranzutreiben.

4.1 Sozialarbeit als besonders herausfordernde Interaktionsarbeit

Die bestimmenden Merkmale der dienstleistenden Interaktionsarbeit (siehe Böhle 2014; 2020; DGB 2019) charakterisieren, abzüglich der prinzipiell kommerziellen Orientierung, auch die Soziale Arbeit: Soziale Interaktion ist für den Arbeitsprozess und seinen Erfolg wesentlich, die arbeitnehmerseitige Bemühung um die Herstellung eines Kooperationsverhältnisses mit den Kund_innen notwendig, eine im weiteren Sinne beziehungsorientierte Arbeit, teilweise von der Kontaktaufnahme bis zum Abschluss, permanent zu leisten. Sozialarbeit kennzeichnet dabei, dass das professionelle ‚Arbeitsbündnis' meistens nicht auf Initiative der Adressat_innen, manchmal nicht einmal freiwillig geschlossen wird, sondern prekäre Lebenslagen, akute Hilfebedarfe, in manchen Feldern auch alternativlose Zwänge Menschen zu Sozialarbeitsklient_innen machen (Oevermann 2002). Handlungsfeld- und tätigkeitsspezifisch gibt es dabei erhebliche Unterschiede zwischen den Zielgruppen und ihren Notlagen, die die jeweils zu leistende Interaktionsarbeit bestimmen. Die offene Kinder- und Jugendarbeit etwa wird in der Regel freiwillig und gern aufgesucht, wo andere Freizeitangebote fehlen. Für Angebote, deren Nicht-Annahme mit verschiedenartigen Sanktionen verbunden ist, etwa die Hilfen zur Erziehung, die Schuldnerberatungsstellen und die arbeitsmarktbezogenen Maßnahmen, gilt das weniger. Darüber hinaus arbeiten Sozialarbeitende in Einrichtungen wie Notunterkünften, stationären Wohngruppen oder Inobhutnahmestellen, zu denen es für die jeweiligen Klient_innen kaum oder keine Alternativen gibt (siehe zu den Handlungsfeldern Sozialer Arbeit: Farrenberg / Schulz 2020).

Bereits die Bedingungen der Interaktion in diesen Zusammenhängen herzustellen und zu erhalten, kann Sozialarbeitende herausfordern, etwa weil

Klient_innen für die Diagnostik notwendige private Informationen nicht preisgeben möchten, die Dimensionen ihrer Problemlage aufgrund biografischer Prägungen, Alter, Lebenslage oder des gesundheitlichen Zustands nicht einschätzen können, vorgegebene Lösungswege nicht anerkennen oder aber der sozialarbeitenden Fachkraft und ihren Absichten nicht vertrauen. Zugleich werden Sozialarbeitende im Arbeitsprozess nicht nur von Klient_innen adressiert, sondern sie sind selbst auf subjektiv herausfordernde Weise involviert. Eine Sonderauswertung auf Basis des DGB-Index Gute Arbeit zeigt, dass Arbeitnehmer_innen in der dienstleistenden Interaktionsarbeit allgemein stark belastet sind: zum einen durch die relativ geringe Entlohnung, die Verdichtung von Arbeit und durch Personalmangel; zum anderen dadurch, dass der Kund_innenkontakt den permanenten Einsatz von Emotionen und deren für den Arbeitsprozess notwendige Regulierung durch die Arbeitenden selbst fordert, was zur Überlastung führt (DGB 2019). In der Sozialen Arbeit kommt hinzu, dass die Interaktion in vielen Tätigkeitsbereichen nicht in Form eines temporär überschaubaren Kund_innenkontakts, sondern als zeitlich andauernde Interaktion mit einzelnen Klient_innen, die sich in der Regel in herausfordernden Lebenslagen befinden, stattfindet. Dass manche Vertreter_innen der Disziplin Soziale Arbeit als „Beziehungsprofession" kennzeichnen (Gahleitner 2017; Hancken 2020), resultiert daraus, dass es eine in vielen Hilfeprozessen notwendige Aufgabe ist, eine – teilweise relativ dauerhafte – Beziehung herzustellen, diese positiv zu gestalten und auch gegen Rückschläge und Widerstände zu erhalten (ebd.; Nowacki et al. 2023). Ohne allzu romantisierenden Vorstellungen über die ‚Arbeit mit Menschen' und hierfür erforderlichen besonderen Befähigungen das Wort zu reden, kann festgehalten werden, dass die Erfüllung des sozialstaatlichen Mandats damit Kompetenzen – vom Fallverstehen über die Techniken der Gesprächsführung bis zur professionellen Selbstreflexion – voraussetzt, die disziplinär entwickelt und im Studium erworben werden müssen (Hancken 2020).

Mit der Aneignung dieser Kompetenzen allein ist der Erfolg des Hilfeprozesses noch nicht garantiert. Im Studium der Sozialen Arbeit vermittelte Handlungskonzepte der Sozialen Arbeit, vor allem das „bewältigungsdynamische Verstehen" (Böhnisch 2016) und die „Lebensweltorientierung" (Thiersch 2009), setzen, ebenso wie anwendungsorientierte Anleitungen zur Beziehungsgestaltung (Hancken 2020), praktisch voraus, dass der Arbeit mit Adressat_innen ausreichend *Zeit* eingeräumt wird und *personelle Kontinuität* gegeben ist, um überhaupt die Rekonstruktion der konkreten Problemlage leisten zu können. Zeitintensive Gesprächsführung und soziale Diagnostik, die nicht mitten im Prozess abgebrochen wird, sind nicht einfach wünschenswert, sondern haben den Status einer Gelingensbedingung des Hilfeprozesses. Gleiches gilt für anerkannte professionelle Handlungsstandards: Die vom Berufsverband der Sozialen Arbeit (DBSH e. V.) formulierte notwendige Autonomie der Profession und die Erhaltung individueller Ermessensspielräume im konkreten Arbeitsprozess

(DBSH 2014, S. 24), mit denen das Adressat_innenmandat auch entgegen standardisierter, regelhafter Handlungsvorgaben ausgeübt werden soll, wenn es der Hilfe dient, bringen nicht nur das professionelle Selbstverständnis und die Berufsethik zum Ausdruck (Otto/Wohlfahrt/Ziegler 2020, S. 210), sie betreffen im Einzelfall das Gelingen des Hilfeprozesses. Garantieren können die Handlungsstandards den Erfolg zwar nicht – der Kooperationswille kann schließlich nur begrenzt beeinflusst werden und auch dehnbare Handlungsspielräume haben Grenzen. Sie können aber als ein Umgang mit den Problemen verstanden werden, die aus den Besonderheiten des Verhältnisses zwischen Sozialarbeitenden und Adressat_innen erwachsen.

Diese professionellen Standards der Interaktion und ihre notwendigen Bedingungen sind nicht disziplinär und konzeptionell, aber praktisch infrage gestellt, wo Soziale Arbeit auf Ebene der einzelnen Einrichtungen betriebswirtschaftlichen Effizienzkriterien genügen muss und unter Zeitdruck, mit schwindenden finanziellen Ressourcen und ohne eine für den überdies wachsenden Hilfebedarf ausreichende Anzahl an Fachkräften stattfindet. Die Digitalisierung von Interaktionsprozessen erscheint daher unter dem Gesichtspunkt der notwendigen Gelingensbedingungen zugleich als Problem wie auch als Lösung.

4.2 Digitalisierung als Problem und Lösung in der Interaktionsarbeit

Ein in Fachbeiträgen vielzitierter Befund ist, dass der Anteil potenziell automatisierbarer Tätigkeiten in Gesundheitsberufen durchschnittlich bei unter 20 Prozent, in sozialen Dienstleistungsberufen bei unter zehn Prozent liege (Dengler/Matthes 2015, S. 17). Neuere Auswertungen, die allerdings auf vorpandemischen Datenerhebungen basieren, zeigen einen leichten Anstieg (Dengler/Matthes 2021, S. 5). Herangezogen werden diese Befunde teilweise zur Bekräftigung, dass „maßgeblich von personenbezogenen Aktivitäten und interaktiver Arbeit geprägt[e]" Berufe im Sozialwesen „weder als routinefähig noch als vollständig substituierbar gelten" können (Becka et al. 2017, S. 8, zit. n. Staab/Prediger 2019, S. 162). Diese Gewissheit wird grundsätzlich tangiert durch die sukzessive technische Weiterentwicklung von in Einrichtungen implementierter Software, die Potenziale der Standardisierbarkeit und der digitalen Substitution von Arbeitsprozessen birgt (a). Zugleich erscheinen Prozesse der Digitalisierung bestimmter Arbeiten jedoch auch denjenigen, deren zeitliche Ressourcen ohnehin knapp sind, als alternativlos – vor allem aufgrund der gegenwärtigen Bedingungen Sozialer Arbeit in Kombination mit gesellschaftlichen Veränderungen der Interaktionsgewohnheiten (b). Insbesondere dieser Aspekt führt dazu, dass Sozialarbeitende selbst zu aktiven Akteur_innen der Digitalisierung werden.

a) Aus Perspektive von Verbänden, Trägern und Einrichtungsleitungen positiv eingeschätzte Wirkungen arbeitsprozessübergreifender und -integrierender Software werden für die qualitative Seite der Arbeit zum möglichen Einfallstor für digitale Substitutionen, die die Bedingungen und Formen der Interaktionsarbeit betreffen. Zum einen ermöglicht die „Standardisierung fachlich-professioneller Arbeitsabläufe" insofern eine prinzipielle „sozialpolitische Landnahme" Sozialer Arbeit (Otto/Wohlfahrt/Ziegler 2020, S. 211 f.), als eine weitgehend digital erfolgende Arbeit *per se* objektivierbar und vergleichbar ist. Zum anderen tangiert die durch die Nutzung von Big-Data-Analytics erweiterte Standardisierung von Arbeitsprozessen im Bereich der Diagnose und der Prognose darüber hinaus professionsethische und rechtliche Fragen der Transparenz, der Diskriminierung und der Selbstbestimmung von Adressat_innen (Görder 2020; Stangl 2023), die das Vertrauen im Arbeitsbündnis, die professionelle Autonomie sowie, fallabhängig, die individuellen Ermessensspielräume negativ beeinflussen können. Der Einsatz Künstlicher Intelligenz zu prognostischen Zwecken in der Sozialen Arbeit wird daher intensiv diskutiert (Steiner/Tschopp 2022; siehe zudem die Zusammenschau darauf bezogener Forschungs- und Diskursbeiträge bis 2018 in Staab/Prediger 2019, S. 163 ff.).
   Ob sich die Inanspruchnahme von Zeit und kognitiver Kapazität, die mit der Implementierung und Nutzung digitaler Technik in der Praxis einhergeht, dergestalt lohnt, dass längerfristig zeitliche und personelle Ressourcen für die Interaktion mit Adressat_innen freiwerden, ist eine empirisch noch zu beantwortende Frage. Dass ein erhöhter Einsatz von Software nicht automatisch mit einer Entlastung von Fachkräften einhergeht, da Softwareimplementierung und -nutzung ihrerseits Zeit und kognitive Kapazität beanspruchen, zeigt sich im Gesundheits- und Sozialbereich bereits, wobei in der Altenpflege die Tendenz konstatiert wird, dass die professionell Ausgebildeten für die Technik und Hilfskräfte für Pflegetätigkeiten abgestellt werden (Staab/Prediger 2019, S. 166 f.). In der Krankenpflege zeigt sich eine durch Digitalisierung bedingte Arbeitsintensivierung, die in geringeren Ressourcen für die ‚Arbeit am Menschen' resultiert (Bringmann 2023). Auch für den Lehrerberuf liegen Daten vor, die auf eine erhöhte Arbeitsbelastung durch Digitalisierungsprozesse und geringere Zeitressourcen für pädagogische Kerntätigkeiten hindeuten (Mußman et al. 2021). Die Frage, ob sich in der Sozialen Arbeit die Hoffnung, durch den Einsatz von Fachsoftware und anderer digitaler Techniken, etwa Social Media oder Messenger-Apps, mittel- bis längerfristig personelle und zeitliche Ressourcen für die Interaktionsarbeit freisetzen zu können, realisiert, lässt sich noch nicht beantworten. Daten der DIGITASA-Befragung im Sommer 2023 geben allerdings Hinweise darauf, dass die Digitalisierung in der Sozialen Arbeit zugleich explizit als Erleichterung bei den ‚alltäglichen beruflichen Aufgaben' bezeichnet wird *und* den Arbeitsaufwand

erhöht – die Erleichterung also möglicherweise gerade nicht im Freiwerden zeitlicher Ressourcen für die Interaktionsarbeit besteht (Matthies et al. im Erscheinen).

b) Konfrontiert ist Sozialarbeit lange schon mit der zeitlichen, räumlichen und sozialen Digitalität der Lebenswelt von Kindern, Jugendlichen und jungen Erwachsenen (Tillmann 2020) und heute auch der älteren Zielgruppen. Mit dem Smartphone ist inzwischen fast jeder Mensch „der überall erreichbare Kunde, Mitarbeiter und Datenproduzent" (Schadt 2022, S. 29) und vollzieht, weitgehend alternativlos, private wie auch politische und ökonomische Lebensprozesse über den „Rechner in der Hosentasche" (ebd.). Gesellschaftliche Teilhabe an, in und durch Digitalisierung ist daher für Adressat_innen der Sozialen Arbeit keine Option, sondern eine mit teilweise besonderen Hürden behaftete Notwendigkeit, der Sozialarbeitende versuchen (müssen und wollen), mit teilweise äußerst geringen finanziellen und technischen Ressourcen gerecht zu werden. Sei es in der eigenen Erreichbarkeit und Ansprechbarkeit, in der Sichtbarmachung von Angeboten, in der Ermöglichung von Teilhabe durch Medienkompetenz (Rohde 2022; Simanowski 2021) oder in der Verbesserung der Chancengerechtigkeit durch den professionellen Einbezug „digitaler Alltagsmedien" in die Arbeit mit armutsbetroffenen Kindern und Jugendlichen (Tillmann/Weßel 2021): Digitalisierung der Praxis durch die Praxis findet mit Blick auf die Digitalität der Lebenswelt von Adressat_innen lange schon statt. Diese Lebenswelten zu verstehen, anzuerkennen und sich im professionellen Handeln daran zu orientieren, wird in der Disziplin als Notwendigkeit betont (Roeske 2018; Weinhardt 2018; 2023). Im Zusammenhang dieses Beitrags soll diese Notwendigkeit für das Gelingen des Hilfeprozesses unter den Bedingungen knapper zeitlicher Ressourcen und der damit einhergehenden nötigen Anpassung an Interaktionsgewohnheiten von Adressat_innen Sozialer Arbeit nicht negiert, sondern in ihren Folgen betont werden. Denn Sozialarbeitende werden so aus eigener Perspektive gerade unter dem Gesichtspunkt der Qualität ihrer Arbeit, vor allem der gelingenden Interaktion, selbst zu Akteur_innen der Digitalisierung, und verändern die Bedingungen der eigenen Arbeit, ihre konkrete Form, ihre Intensität und ihre Effizienz, unweigerlich.

Die Sondersituation der Pandemie hat diesen Prozess beschleunigt: Während der Kontaktbeschränkungen fanden sich Sozialarbeitende in der Situation, dass in physischer Ko-Präsenz entstandene Hilfeprozesse abrupt unterbrochen und, oft ohne entsprechende technische Infrastruktur und mit massenhaftem Gebrauch privater digitaler Endgeräte, eigenständig und unter Einsatz aller realisierbaren Möglichkeiten weitergeführt wurden (Matthies/Tetens/Wahren 2023). Zum einen hat die Praxis, aus der Motivation heraus, das Adressat_innenmandat zu erfüllen, digitale Technik und Medien auch in bis dato überwiegend ‚analog' erfolgenden Hilfeprozessen genutzt, innovative Lösungen entwickelt und veranlasst, dass Gelder für die Bereitstellung einer hierfür notwendigen digitalen Infrastruktur in den Einrichtungen aufgewandt werden (ebd.). Zum anderen mussten parallel zu den laufenden Hilfeprozessen Möglichkeiten der Kontaktaufnahme und der Erreichbarkeit der Einrichtungen unter pandemischen Bedingungen gewährleistet werden, was beispielsweise durch Social Media-Präsenz oder andere *ad hoc*-Lösungen der Sozialarbeitenden gelang (ebd.). Ergänzt und mitgestaltet wurde und wird dieser Digitalisierungsschub durch Kooperationsprojekte zwischen Praxis und Disziplin, etwa zwischen einzelnen Einrichtungen bzw. Trägern und wissenschaftlichem Personal an Hochschulen, unter Einbeziehung von Entwickler_innen. Digitale Nutzungsmöglichkeiten der Adressat_innen sollen dabei unter weitestgehender Beibehaltung professioneller Handlungsstandards einbezogen werden in die Gestaltung neuer digitaler Hilfeangebote. Die Bandbreite dieser Projekte ist, sowohl die technische als auch die zielgruppenbezogene Seite betreffend, groß und umfasst exemplarisch die Ausweitung des Onlineangebots in der Beratung, die Entwicklung von Apps für spezifische Zielgruppen in Notlagen, den professionellen Einsatz von Social Media sowie die auch sozialräumliche Ausweitung der Präsenz und des Angebots in digitale Räume und Szenen hinein. In diesem Sinne fungiert die Digitalisierung Sozialer Arbeit aus Perspektive der Praxis und der Disziplin als Lösung für das Problem, dass die in jedem Bereich digital durchdrungenen Lebenswelten der Adressat_innen längst eigene Interaktionsformen und überdies daraus resultierende Problemlagen hervorgebracht haben. In der Praxis gibt es, diesen Prozess begleitend, ambivalente Beurteilungen, die als immanente Kritik vor allem die Wirkungen digitalisierter Interaktion auf die Qualität der Beziehungsgestaltung betreffen (Matthies/Tetens/Wahren 2024). Diese Kritik wiederum lässt sich konstruktiv wenden durch die Verbesserung bestehender digitaler Angebote oder den Einsatz solcher Technik, die unmittelbar die Interaktion betrifft.

5. Ausblick

Mit den Fortschritten Künstlicher Intelligenz, vor allem im Bereich Large-Language-Model-basierter generativer KI, geht ein Produktivitätsschub für Wissensberufe und Interaktionsarbeit einher, der verbunden ist mit dem Versprechen, dass Effizienz und Qualität einander nicht nur nicht ausschließen, sondern mit dem Einsatz von beispielsweise Chatbots das gleiche, wenn nicht besseres geleistet werden könne als mit zwischenmenschlicher Interaktion und ihren Störanfälligkeiten. Wie in anderen Professionen ist die Frage, mit welcher Reichweite sich (nicht nur generative) KI länger- und mittelfristig auswirkt, grundsätzlich eine Rechtsfrage (Ramge 2018). Zumindest der *technischen* Möglichkeit nach ließen sich viele Interaktionsprozesse zwischen Sozialarbeitenden und Adressat_innen durch den Einsatz Künstlicher Intelligenz digital ergänzen und auch ersetzen (Steiner/Tschopp 2022).

Die Auseinandersetzung innerhalb der Disziplin, die Ausformulierung neuer Lehrinhalte und -formen sowie Stellungnahmen der Fachgesellschaften und praxisbezogene Kooperationsprojekte werden die Art der digitalen Weiterentwicklung der Praxis sicher beeinflussen. Dass, mit Blick auf den doppelten Charakter der Sozialarbeit, eine durch Künstliche Intelligenz bewirkte unmittelbare Vereinbarkeit von Effizienz und Qualität möglich sei, ist, soweit sich das mit Blick auf den aktuellen Fachdiskurs beurteilen lässt, innerhalb der Disziplin kein geteilter Standpunkt. Es überwiegen Reflexionen, die auf die Bewahrung und Erweiterung professioneller Handlungsstandards unter den Bedingungen der digitalen Transformation fokussieren, sich kritisch mit dem Einwirken auf sozialarbeiterische Kerntätigkeiten auseinandersetzen und die Frage, ob, plakativ gesprochen, Hilfsangebote durch Chatbots unterbreitet werden sollen, die auf Basis statistischer Wahrscheinlichkeit operieren, eher abschlägig bescheiden. Zugleich entstehen innerhalb der Disziplin und unter Studierenden Perspektiven, die weniger auf die Limitationen und mehr auf die Möglichkeiten des Einsatzes von KI-basierter Technik, insbesondere im Tätigkeitsbereich der Beratung, fokussieren (zur Akzeptanz eines ‚beratenden Chatbots' siehe Albrecht et al. 2021; zum Entstehen quasisozialer Beziehungen im therapeutischen Beratungskontext siehe Linnemann/Löhe/Rottkemper 2024). Der Maßstab der Effizienz wird dabei nicht explizit priorisiert, sondern, andersherum, beispielsweise auf den Fachkräftemangel oder die Mängel zwischenmenschlicher Interaktion sowie die Besonderheiten des Arbeitsbündnisses in der Sozialarbeit verwiesen und ausgelotet, inwieweit sich die Beziehungsgestaltung durch KI verbessern ließe (Aldendorff/Löhe im Erscheinen). Es ist eine offene Frage, inwieweit sich hier ein disziplinärer Wandel oder aber eine Polarisierung abzeichnet.

Eine offene Forschungsfrage ist auch, ob und wie sich die Haltungen Sozialarbeitender unter dem Eindruck neuer Nutzungsgewohnheiten, Einsatzmöglichkeiten und der besonderen Qualität generativer KI ändern. Erste Auswertungen der DIGITASA-Befragung 2023 deuten darauf hin, dass unter ethischen Gesichtspunkten eher skeptische bzw. kritische Einschätzungen überwiegen. Ausdrücklich wird darauf verwiesen, dass Sozialarbeit als Interaktionsarbeit auf physische Ko-Präsenz der Beteiligten unbedingt angewiesen sei. Allerdings zeigt sich auch, dass es in der Praxis bislang begrenztes Wissen über Mustererkennung und textgenerierende KI gibt. Ob und in welcher Geschwindigkeit sich das Ändern wird, ist fraglich angesichts dessen, dass unter hohem Zeitdruck und unter den Bedingungen von Personalknappheit agiert wird, sodass gerade für die informatische Bildung derjenigen, und die Mitgestaltung der digitalen Transformation der Praxis durch diejenigen, die nah an den Adressat_innen agieren und deren Arbeit maßgeblich tangiert würde, geringe Ressourcen zur Verfügung stehen.

Literatur

Albrecht, Jens / Lehmann, Robert / Zauter, Sigrid (2021): Digitale Assistenz in der psychosozialen Beratung. Projekt-Abschlussbericht, TH Nürnberg. bit.ly/3FdUG48 (Abfrage: 25.03.2024).

Aldendorff, Philipp / Löhe, Julian (i. E.): Mensch-Maschine-Interaktion (MMI): Herausforderungen und Möglichkeiten von Beziehungsgestaltung unter Berücksichtigung von Künstlicher Intelligenz (KI) in der Sozialen Arbeit. In: Opielka, Michael / Erfurth, Christian / Schmidt, Lucie (Hrsg.): Soziale Digitalisierung – Perspektiven zu den Schnittstellen von Technik und Gesellschaft. Wiesbaden: Springer VS.

Böhnisch, Lothar (2016): Lebensbewältigung. Ein Konzept für die Soziale Arbeit. Weinheim / Basel: Beltz Juventa.

Bringmann, Julia (2023): Entlastung durch Software? Digitalisierung und Teilautomatisierung der Pflegearbeit in Krankenhäusern. wzb.eu/de/forschung/digitalisierung-und-gesellschaftlicher-wandel/globalisierung-arbeit-und-produktion/projekte/blog-postpandemische-konstellation/digitalisierung-und-teilautomatisierung-der-pflegearbeit (Abfrage: 27.05.2024).

Dahme, Heinz-Jürgen / Kühnlein, Gertrud / Wohlfahrt, Norbert / Burmester, Monika (2005): Zwischen Wettbewerb und Subsidiarität. Wohlfahrtsverbände unterwegs in die Sozialwirtschaft (Forschung aus der Hans-Böckler-Stiftung, Band 61). Berlin: Edition Sigma.

Dahme, Heinz-Jürgen / Otto, Hans-Uwe / Trube, Achim / Wohlfahrt, Norbert (2003): Soziale Arbeit für den aktivierenden Staat. Opladen: Barbara Budrich.

DBSH – Deutscher Berufsverband für Soziale Arbeit (2014): Die Berufsethik des DBSH: Ethik und Werte. In: Forum Sozial (4), S. 24.

Dengler, Katharina / Matthes, Britta (2015): Folgen der Digitalisierung für die Arbeitswelt: In kaum einem Beruf ist der Mensch vollständig ersetzbar. IAB Kurzbericht 24/2015. Nürnberg.

Dengler, Katharina / Matthes, Britta (2020): Folgen des technologischen Wandels für den Arbeitsmarkt: Auch komplexere Tätigkeiten könnten zunehmend automatisiert werden. IAB Kurzbericht 13/2021. Nürnberg.

DGB – Deutscher Gewerkschaftsbund (2019): Index Gute Arbeit Jahresbericht 2019. Themenschwerpunkt Arbeitsintensität. index-gute-arbeit.dgb.de/++co++92d758c4-1513-11ea-9a91-52540088cada (Abfrage: 25.03.2024).

Farrenberg, Dominik / Schulz, Marc (2020): Handlungsfelder Sozialer Arbeit. Eine systematisierende Einführung. Weinheim / Basel: Beltz Juventa.

Gahleitner, Silke (2017): Soziale Arbeit als Beziehungsprofession: Bindung, Beziehung und Einbettung professionell ermöglichen. Weinheim / Basel: Beltz Juventa.

Görder, Björn (2020): Wann ist KI ok? Der Einsatz künstlicher Intelligenz in der Sozialen Arbeit aus ethischer Perspektive. In: Soziale Arbeit, 1, S. 16–22.

Hancken, Sabrina Amanda (2020): Beziehungsgestaltung in der Sozialen Arbeit. Göttingen: Vandenhoeck & Ruprecht.

Hickmann, Helen / Koneberg, Filiz (2022): Die Berufe mit den aktuell größten Fachkräftelücken. IW-Kurzbericht, Nr. 67. Köln.

Huchler, Norbert (2017): Grenzen der Digitalisierung von Arbeit – Die Nicht-Digitalisierbarkeit und Notwendigkeit impliziten Erfahrungswissens und informellen Handelns. In: Zeitschrift für Arbeitswissenschaft, 71(4), S. 215–223.

Klinger, Sabine / Mayr, Andrea / Sackl-Sharif, Susanne (2022): Digitalisierung der Handlungspraxis in der Sozialen Arbeit. Kontrastierungen nach Angebotsstrukturen und Zielgruppen. In: Forum Qualitative Sozialforschung / Forum: Qualitative Social Research, 23(2).

Klinger, Sabine / Sackl-Sharif, Susanne / Mayr, Andrea / Brossmann-Handler, E. (2023): Zur (nicht) selbstverständlichen Nutzung digitaler Technologien in der Sozialen Arbeit. Ergebnisse einer österreichweiten Befragung von Fachkräften. In: Soziale Arbeit: Zeitschrift für soziale und sozialverwandte Gebiete, 72(6), S. 202–211.

Kreidenweis, Helmut (2020): Digitalisierung der Sozialwirtschaft – Herausforderungen für das Management sozialer Organisationen. In: Kutscher, Nadia / Ley, Thomas / Seelmeyer, Udo / Siller,

Friederike / Tillmann, Angela / Zorn, Isabel (Hrsg.): Handbuch Soziale Arbeit und Digitalisierung. Weinheim / Basel: Beltz Juventa, S. 390–401.

Kreidenweis, Helmut / Wolff, Dietmar (2021): IT-Report für die Sozialwirtschaft 2021. Trends in Digitalisierung und Informationstechnologien. Katholische Universität Ingolstadt-Eichstätt.

Kreidenweis, Helmut / Wolff, Dietmar (2023): IT-Report für die Sozialwirtschaft 2021. Trends in Digitalisierung und Informationstechnologien. Katholische Universität Ingolstadt-Eichstätt.

Kutscher, Nadia (2018): Soziale Arbeit und Digitalisierung. In: Otto, Hans-Uwe / Thiersch, Hans (Hrsg.): Handbuch Soziale Arbeit. München: Ernst Reinhardt, S. 1430–1439.

Kutscher, Nadia (2021): Digitalität, Digitalisierung und Bildung. In: Ullrich Bauer / Uwe H. Bittlingmayer / Albert Scherr (Hrsg.): Handbuch Bildungs- und Erziehungssoziologie. Wiesbaden: Springer VS, S. 1–17.

Kutscher, Nadia / Ley, Thomas / Seelmeyer, Udo / Siller, Friederike / Tillmann, Angela / Zorn, Isabel (Hrsg.) (2020): Handbuch Soziale Arbeit und Digitalisierung. Weinheim / Basel: Beltz Juventa.

Kutscher, Nadia / Seelmeyer, Udo (2017): Mediatisierte Praktiken in der Sozialen Arbeit. Empirische Zugänge zu institutionellen Arrangements zwischen Subjekt und digitalen Medien. In: Hoffmann, Dagmar / Krotz, Friedrich / Reißmann, Wolfgang (Hrsg.): Mediatisierung und Mediensozialisation. Prozesse – Räume – Praktiken. Wiesbaden: Springer VS, S. 229–244.

Lessenich, Stephan (2008): Die Neuerfindung des Sozialen. Der Sozialstaat im flexiblen Kapitalismus. Bielefeld: transcript.

Linnemann, Gesa / Löhe, Julian / Rottkemper, Beate (2024): Bedeutung von Selbstoffenbarungseffekten in quasisozialen Beziehungen mit auf generativer KI basierten Systemen in Settings von Onlineberatung und -therapie. In: e-beratungsjournal. Zeitschrift für Onlineberatung und computervermittelte Kommunikation, 20(1), S. 1–21.

Matthies, Annemarie / Sailer, Jan / Tetens, Jakob / Wahren, Juliane (i. E.): Digitalisierung (in) der Sozialen Arbeit als Strategie gegen den Fachkräftemangel? Prognosen, Erfahrungen und Bedingungen aus Perspektive der Praxis. In: Franz, Julia / Spatschek, Christian/van Rießen, Anne (Hrsg.): Fachkräftemangel und De-Professionalisierung in der Sozialen Arbeit – Analysen und Bestandsaufnahmen. DGSA Schriftenreihe Theorie, Forschung und Praxis der Sozialen Arbeit (27). Opladen: Barbara Budrich.

Matthies, Annemarie / Tetens, Jakob / Wahren, Juliane (2023): Zwischen Arbeitserleichterung und De-Professionalisierungsgefahr. Perspektiven auf Stand und Auswirkungen der Digitalisierung in Einrichtungen der Sozialen Arbeit. In: Sozial Extra, 47, S. 158–164.

Matthies, Annemarie / Tetens, Jakob / Wahren, Juliane (2024): Perspektiven Sozialarbeitender auf Digitalisierungsprozesse. Teilhabeverbesserung von Adressat:innen vs. Arbeitsentgrenzung? In: Soziale Arbeit. Zeitschrift für soziale und sozialverwandte Gebiete, 73(5), S. 177–184.

„Mit einer Software alles abgedeckt“ (2022): Anwenderbericht: Mit einer Software alles abgedeckt – Lebenshilfe Offenburg-Oberkirch e. V. social-software.de/mit-einer-software-alles-abgedeckt.html (Abfrage: 27.05.2024).

Müller, Carsten / Mührel, Eric / Birgmeier, Bernd (2016): Nepper, Schlepper, Sozialarbeiterfänger: Eine Einleitung in das Thema ‚Soziale Arbeit in der Ökonomisierungsfalle‘. In: Müller, Carsten / Mührel, Eric / Birgmeier, Bernd (Hrsg.): Soziale Arbeit in der Ökonomisierungsfalle? Soziale Arbeit in Theorie und Wissenschaft. Wiesbaden: Springer VS, S. 1–6.

Müller, Carsten / Mührel, Eric / Birgmeier, Bernd (2016): Soziale Arbeit in der Ökonomisierungsfalle? Wiesbaden: Springer VS.

Mußmann, Frank / Hardwig, Thomas / Riethmüller, Martin / Klötzer, Stefan (2021): Digitalisierung im Schulsystem. Arbeitszeit, Arbeitsbedingungen, Rahmenbedingungen und Perspektiven von Lehrkräften in Deutschland. kooperationsstelle.uni-goettingen.de/fileadmin/digitalisierung_im_ schulsystem_2021/projekte/kooperationsstelle / Digitalisierung_im_Schulsystem_2021_Gesamtbericht.pdf (Abfrage: 25.03.2024).

Nowacki, Katja/Gahleitner, Silke Birgitta/Izat, Yonca/Schröder, Martin (2023): Professionelle Bindungs- und Beziehungsgestaltung. Grundlagen und Anwendung in der psychosozialen Arbeit. Weinheim/Basel: Beltz Juventa.

Oevermann, Ulrich (2002): Professionalisierungsbedürftigkeit und Professionalisiertheit pädagogischen Handelns. In: Kraul, Margret/Marotzki, Winfried/Schweppe, Cornelia (Hrsg.): Biographie und Profession. Bad Heilbrunn: Julius Klinkhardt, S. 19–64.

Otto, Hans-Uwe/Wohlfahrt,/Ziegler, Holger (2020): Digitalisierung und Soziale Arbeit im Kapitalismus. Anmerkungen zu einigen gesellschaftlichen Implikationen technologischer Innovationen. In: Hans-Uwe Otto (Hrsg.): Soziale Arbeit im Kapitalismus – Gesellschaftstheoretische Verortungen, Professionspolitische Positionen, Politische Herausforderungen. Weinheim/Basel: Beltz Juventa, S. 204–220.

Ramge, Thomas (2018): Mensch und Maschine. Wie künstliche Intelligenz und Roboter unser Leben verändern. Leipzig: Reclam.

Roeske, Adrian (2018): Digitalisierung Sozialer Arbeit: Widersprüche im fachlichen Handeln. In: Sozial Extra, 42, S. 16–20.

Rohde, Julia (2022): Kulturelle Jugendbildung und Digitalität. In: Sozial Extra, 46, S. 452–457.

Schaarschuch, Andreas (2003): Am langen Arm. Formwandel des Staates, Staatstheorie und Soziale Arbeit im entwickelten Kapitalismus. In: Homfeldt, Hans Günther/Arnold, Rolf (Hrsg.): Handlungsfelder der sozialen Arbeit (Pädagogische Arbeitsfelder, Band 3). Baltmannsweiler: Schneider Verlag Hohengehren, S. 36–51.

Schadt, Peter (2022): Digitalisierung. Köln: Papy Rossa.

Seelmeyer, Udo/Kutscher, Nadia (2021): Zum Digitalisierungsdiskurs in der Sozialen Arbeit. Befunde – Fragen – Perspektiven. In: Wunder, Maik (Hrsg.): Digitalisierung und Soziale Arbeit. Transformationen und Herausforderungen. Bad Heilbrunn: Julius Klinkhardt, S. 17–30.

Seithe, Mechthild (2012): Schwarzbuch Soziale Arbeit. Wiesbaden: Springer VS.

Simanowski, Roberto (2021): Digitale Revolution und Bildung. Für eine zukunftsfähige Medienkompetenz. Weinheim/Basel: Beltz Juventa.

Solidaritätsbündnis Soziale Arbeit (2023): Pressemitteilung zur Demonstration „Soziale Arbeit am Limit". sozialbuendnis.noblogs.org/pressemitteilung2023 (Abfrage: 26.05.2024).

Staab, Philipp/Prediger, Lena (2019): Digitalisierung und Polarisierung: eine Literaturstudie zu den Auswirkungen des digitalen Wandels auf Sozialstruktur und Betriebe. FWG-Studie Digitalisierung von Arbeit, 19. Düsseldorf: Forschungsinstitut für gesellschaftliche Weiterentwicklung e. V. (FGW).

Stangl, Daniela (2023): Daten, Algorithmen und technische Diskriminierung. In: Sozial Extra, 47, S. 165–168.

Steiner, Oliver/Tschopp, Dominik (2022): Künstliche Intelligenz in der Sozialen Arbeit. In: Sozial Extra, 46, S. 466–471.

Thiersch, Hans (2009): Lebensweltorientierte Soziale Arbeit. Weinheim/Basel: Beltz Juventa.

Tillmann, Angela (2020): Veränderte Lebenswelten im Zuge gesellschaftlicher Digitalisierungsprozesse. In: Kutscher, Nadia/Ley, Thomas/Seelmeyer, Udo/Siller, Friederike/Tillmann, Angela/Zorn, Isabel (Hrsg.): Handbuch Soziale Arbeit und Digitalisierung. Weinheim/Basel: Beltz Juventa, S. 89–100.

Tillmann, Angela/Weßel, André (2021): Digitalisierung in der stationären Kinder- und Jugendhilfe – zur Relevanz von digitalen Medien und Medienbildung in einem vernachlässigten Bildungskontext. In: Wunder, Maik (Hrsg.): Digitalisierung und Soziale Arbeit. Transformationen und Herausforderungen. Bad Heilbrunn: Julius Klinkhardt, S. 229–239.

Verdi – Vereinte Dienstleistungsgewerkschaft (2023): Erste Ergebnisse der Studie ‚Professionelle Krise nach Corona? Steuerungsbedarf in der Sozialen Arbeit nach der Pandemie (CriCo)': Beschäftigte an der Belastungsgrenze. verdi.de/presse/pressemitteilungen/++co++880eb2f2-c7cb-11ed-a371-001a4a160129 (Abfrage: 25.03.2024).

Weinhardt, Marc (2018): Lebensweltorientierte Digitalisierung in der Sozialen Arbeit. Blogbeitrag. marcweinhardt.de/lebensweltorientierte-digitalisierung-in-der-sozialen-arbeit/?cookie-state-change=1701532372676 (Abfrage: 25.03.2024).
Weinhardt, Marc (2023): Beziehungen in, mit und zu digitalen Dingen – Sozialpädagogische Fragen im Kontext von Digitalität und Digitalisierung. In: Sozialmagazin, (2), S. 82–88.

„... auch mal auf der Couch erledigt."

Einflussfaktoren und Ermöglichung digitaler Arbeit am Beispiel der Neugründung eines ambulanten Pflegedienstes

Gina Glock

1. Einleitung und Hintergrund

Die Pflegebranche bewegt sich im Spannungsfeld zwischen ökonomischen und gesetzlichen Restriktionen, einem anhaltenden Fachkräftemangel und dem Anspruch an hohe Pflegequalität in komplexer werdenden Versorgungskonstellationen. Unbestritten arbeiten Pflegekräfte neben körperlichen auch unter psychischen Dauerbelastungen (vgl. DGB-Index Gute Arbeit 2019). Eine Reihe empirischer Studien belegt, dass Pflegekräfte sich häufig gehetzt fühlen, regelmäßig Qualitätseinschnitte bei der Arbeit machen müssen, widersprüchlichen Anforderungen gegenüberstehen oder gezwungen sind, ihre Gefühle zu verbergen (vgl. z. B. DGB-Index Gute Arbeit 2018; Auffenberg et al. 2022; Braeseke et al. 2022).

Es liegt auf der Hand, dass die Aufrechterhaltung qualitativer Pflege gefährdet ist, insbesondere weil die Engpasssituation bei Pflegefachkräften kurz- bis mittelfristig nicht zu lösen ist (vgl. Bundesagentur für Arbeit 2023, S. 20) und die Zahl pflegebedürftiger Menschen weiterhin steigen wird. Laut der Gesundheitsberichterstattung wurden 2021 deutlich über eine Million Menschen in ambulanten Settings gepflegt, was einem Anstieg von über 150 Prozent seit 1999 entspricht (vgl. Statistisches Bundesamt 2024). Dieser Anstieg ist vorwiegend mit demografischen Veränderungen, jedoch auch mit Leistungserweiterungen der Pflegeversicherung und verändertem Pflegebedürftigkeitsbegriff zu begründen (vgl. Rothgang et al. 2016, S. 66).

Pflegende sehen sich zunehmend komplexen Versorgungsanforderungen mit sich überlagernden physischen wie psychischen Problemlagen pflegebedürftiger Menschen gegenübergestellt, wobei deren Selbstständigkeit so lange wie möglich erhalten bleiben soll (vgl. Lutze et al. 2019, S. 10). Dass Pflegebedürftige dabei vorrangig im Rahmen von häuslicher Pflege versorgt werden sollen, ist sogar gesetzlich festgeschrieben (§ 3 SGB XI Vorrang der häuslichen Pflege). Damit kommt neben informell Pflegenden, d. h. Bezugspersonen wie Angehörigen oder Nachbar_innen, insbesondere ambulanten Pflegekräften eine tragende Rolle im deutschen Pflegesystem zu.

Vor dem Hintergrund dieser Belastungs- und Versorgungssituation wird dem Einsatz digitaler Technologien in der (ambulanten) Pflege das Potenzial eines entlastenden und effizienzsteigernden Lösungsansatzes zugeschrieben (vgl. Braeseke et al. 2020, S. 22 f.; Braeseke et al. 2017, S. 14). Vom lang verbreiteten Narrativ, dass technische Unterstützung in der Pflege nicht notwendig oder erwünscht sei (vgl. Daum 2017, S. 13), hat sich der wissenschaftliche wie praxisbezogene Diskurs längst gelöst. Die Sorge um den technisch-bedingten Einschnitt in Handlungsfreiheiten, die Gestaltung von zwischenmenschlichen Beziehungen sowie eine weitere Intensivierung von Pflegearbeit bleibt im Zuge der Digitalisierung allerdings bestehen (vgl. Rösler et al. 2018, S. 17).

Die Digitalisierung und Nutzung digitaler Systeme in der Pflege zeigen heute noch eine heterogene Verbreitung mit Fokus auf ausgewählten Arbeitsprozessen (z. B. digitale Dokumentation). Mit Blick auf eine perspektivisch weiter steigende Durchdringung digitaler Systeme in der Pflegearbeit gilt es, frühzeitig die Potenziale und Risiken des Einsatzes digitaler Systeme zu klären.

An dieses Vorhaben schließt der vorliegende Beitrag an, indem ausgewählte Einflussfaktoren und Gelingensbedingungen zur erfolgreichen Implementierung eines digitalen und KI-gestützten Systems anhand des Beispiels eines neugegründeten ambulanten Pflegedienstes im ländlichen Raum beschrieben werden. Diese Bedingungen sind als Voraussetzungen dafür anzusehen, dass sich positive Effekte für das Unternehmen (Prozessoptimierung, -qualität, -sicherheit, Effizienz) und die Beschäftigten (Flexibilisierung, Zeitgewinne, Entlastung von administrativen Aufgaben) einstellen können.

2. Reibungspunkte beim Einsatz digitaler Technologien in der Pflege

Die Analyse des Technologieeinsatzes in der Pflege ist nur aus multiplen Perspektiven möglich. Wenngleich auch regionale und politische Akteure Einfluss auf die betriebswirtschaftliche Lage von Pflegeunternehmen und damit auf Arbeitsbedingungen von Pflegekräften nehmen, reduziert sich bei der Betrachtung konkreter Fallbeispiele, wie es im Folgenden geschehen soll, der Analyserahmen zunächst auf Beschäftigte und Unternehmen. Ziele und Erwartungen, die mit dem Einsatz einer bestimmten Technologie verbunden werden, können für beide Akteure durchaus kongruent sein. Viel häufiger fallen Zielerwartungen und vor allem tatsächliche Wirkungen im Arbeitsalltag jedoch auseinander.

2.1 Beschäftigtenperspektive: Gefahr der Arbeitsverdichtung für die Einen ...

Die Besonderheit ambulanter Pflegearbeit liegt in ihrer Dezentralität: Ambulante Pflegekräfte arbeiten abseits ihres Teams in der Privatheit pflegebedürftiger Menschen und erfüllen hohe Mobilitätsanforderungen. Atypische Arbeitszeiten, geteilte Dienste und unvorhergesehene Ereignisse (vgl. Petersen / Melzer 2022) führen in Kombination mit intensiver Interaktionsarbeit zu einem hohen Maß an Unplanbarkeit und erfordern daher immerwährendes situatives Arbeitshandeln. Damit sind insgesamt auch die Anforderungen an (technisch-gestützte) Informations- und Kommunikationswege, auf deren Basis Entscheidungen getroffen und Handlungen ausgeführt werden, hoch.

Zur grundsätzlichen Arbeits- und Belastungssituation von Pflegenden liegen umfangreiche empirische Erkenntnisse vor. Im Zusammenspiel mit dem Einsatz digitaler Technologien nimmt der Kenntnisstand zu deren Auswirkungen auf Pflegende sowie zur Effizienz jedoch deutlich ab. Die Pflegebranche gilt nach wie vor als niedrig digitalisiert, dennoch bleiben Erwartungshaltungen und Potenzialvermutungen hinter digitalen Technologien bestehen (vgl. Braeseke et al. 2020, S. 22; Braeseke et al. 2017, S. 14). Die betreffenden Systeme bilden insbesondere die digitale Dokumentation und Leistungserfassung sowie Tourenplanung ab (Braeseke et al. 2017, S. 9 f.). Neue Möglichkeiten KI-basierter Methoden sind vor allem für die komplexe Aufgabe der Tourenplanung schon heute technisch umsetzbar (vgl. Wolf-Ostermann et al. 2021, S. 25) und erweitern das Feld möglicher Einsatzgebiete zusehends.

Erwartungen und tatsächliche Effekte der Nutzung dieser digitalen Systeme polarisieren mitunter. So wurde schon vor Jahren von Daum (2017, S. 36) auf die Hoffnung auf zeitliche Entlastung von Pflegekräften durch die Anwendung digitaler Systeme verwiesen, während sich häufig eine gegenteilige Entwicklung einstellt, indem Digitalität auch neue Aufgaben mit sich bringt. Tatsächlich sprechen aktuelle Studien zumindest für keine spürbaren Verbesserungen der Arbeitssituation von Pflegekräften in der Breite: So haben sich die Arbeitsintensität und die psychische Belastung durch den Einsatz digitaler Technik eher nicht verändert. Auch die Verwaltungs- und Dokumentationsaufwände seien nicht geringer geworden. Vielmehr sind für Pflegekräfte neue und zusätzliche Aufgaben durch den Einsatz digitaler Technik entstanden (insgesamt Daum 2022).

Die Befragungsergebnisse des DGB-Index Gute Arbeit (2022, S. 24 ff.) reihen sich in diese Erkenntnisse ein: Demnach haben sich im Gesundheitswesen die Arbeitsanforderungen für über zwei Drittel der Beschäftigten im Zuge der Digitalisierung erhöht. Etwa die Hälfte sieht ihre Arbeitsmenge sowie Überwachung und Kontrolle bei der Arbeit als gestiegen an. Werden entlastende Momente bei der Arbeit für Pflegekräfte durch die Anwendung digitaler Technik spürbar, besteht laut Tisch und Meyer (2020, S. 695) die Gefahr, dass positive Effekte durch Arbeitsverdichtung wieder überlagert werden.

Insbesondere wenn die unterstützenden Technologien nicht spezifisch auf pflegerische Bedürfnisse und Inhalte sowie die räumlichen Settings abgestimmt sind oder zu wenig Zeit für deren Nutzung eingeräumt wird, können belastende Effekte eintreten, wodurch sich eine ablehnende Haltung zum Technikeinsatz bei Pflegekräften einstellt (vgl. Auffenberg et al. 2022, S. 68). Gleiches gilt für das Auftreten von Fehlfunktionen der Systeme (vgl. Saborowski/Kollak 2015, S. 136). Technikeinsatz in der Pflege misslingt mittlerweile allerdings weniger aufgrund mangelnder Funktionalität und Güte der Systeme, sondern wegen fehlender akteursbezogener und arbeitsorganisatorischer Kenntnisse um Technikimplementierung und dessen Nutzen (vgl. Zerth 2021, S. 359). Partizipativ, d. h. unter der Einbindung von Pflegekräften, erfolgt die Technikauswahl, -einführung und -verbesserung nur selten.

Dennoch gibt es eine Reihe von Studien, die auf die positiven Effekte von digitaler Technik auf Pflegearbeit verweisen: Wenn auch mit Bezug zur stationären Langzeitpflege bieten Lutze et al. (2021) anhand von Fallstudien detaillierte Einblicke in die positiven Potenziale und Wirkbedingungen des Einsatzes digitaler Systeme. Überblickartige Eindrücke zum Erkenntnisstand hinsichtlich des Zusammenspiels von digitaler Technik und ambulanter Pflege (insbesondere verbesserte Informationslage und Koordination) liefern außerdem beispielsweise Bleses et al. (2018), Hahnel et al. (2021) und Weber et al. (2022).

Insbesondere zugängliche Informationen und verlässliche Kommunikationswege sind in Kombination mit einer optimierten Reaktionsmöglichkeit auf unvorhergesehene Ereignisse und Widersprüchlichkeiten für Pflegekräfte von äußerst hoher Bedeutung im Arbeitsalltag. Die Komplexität und Heterogenität der Akteurslandschaft im Gesundheitswesen und die gegebenen regulatorischen Anforderungen in der Pflege stehen diesen Interessen zwar nicht grundlegend gegenüber, aber dennoch häufig im Weg, um die eigene Anspruchshaltung an gute Pflege und gute Arbeit zu erfüllen. Digitalisierung kann dazu beitragen, die Kluft zwischen beiden Polen zu verringern – jedoch nur, wenn Pflegekräfte als handelnde und nutzende Akteure innerhalb von Digitalisierungsprozessen wahrgenommen werden und nicht nur dessen Folgen zu tragen haben.

2.2 Unternehmerische Perspektive: … Kosten-Nutzen-Abwägungen für die Anderen

Unternehmen der Pflegebranche sind hinsichtlich ihrer Arbeitsorganisation, ihres Leistungsspektrums und ihres Digitalisierungsgrades außerordentlich vielfältig (vgl. Wolf-Ostermann et al. 2021, S. 35). Ambulante Pflegeorganisationen sind zumeist klein oder mittelgroß und nicht selten von Pflegekräften selbst gegründet, was sich zwar als vorteilhaft hinsichtlich des Wissens um pflegerische Arbeit herausstellt, jedoch auch auf Nachholbedarfe hinsichtlich betriebswirtschaftlicher Kenntnisse hinweist (vgl. Bleses et al. 2018, S. 18).

Der hohe Anteil privater Unternehmen in der ambulanten Pflege (ca. 67 Prozent in 2021, Statistisches Bundesamt 2023) rechtfertigt die Unterstellung üblicher betriebswirtschaftlicher Anreize der Markt- und Gewinnorientierung. Dieser Logik entzieht sich die Pflegebranche jedoch durch die überwiegend regulierte Preisgestaltung, denn die Vergütung spezifischer pflegerischer oder medizinischer Leistungen erfolgt auf Basis regelmäßiger Verhandlungen mit Kranken- und Pflegekassen. Ein Preisaufschlag kann von Pflegeunternehmen in der Regel nur in Abhängigkeit von der Zahlungsbereitschaft der Klientenschaft durchgesetzt werden. Damit erschwert die externe Preisgestaltung für Pflegeunternehmen, Betriebsausgaben und Investitionen marktreagibel und flexibel zu tätigen. Vor diesem Hintergrund stellen Bleses et al. (2018, S. 19) fest, dass mit Blick auf ambulante Pflege „nicht von einer besonders ressourcenstarken Branche gesprochen werden" kann.

Unternehmen in der ambulanten Pflege vollziehen Effizienzbestrebungen zunächst über den Versuch, mittels Digitalisierung interne Prozesse zu professionalisieren und zu optimieren. Dies betrifft im Besonderen Aufgaben in der Administration, Leistungsabrechnung oder Personaleinsatzplanung (vgl. Bleses et al. 2018, S. 8). Mobile digitale Anwendungen, die den Pflegekräften unterwegs Informationen über die Klientenschaft und Anfahrtswege liefern und eine Dokumentation (und Kontrolle) der Leistungen ermöglichen, sind weniger verbreitet (vgl. ebd., S. 8).

Die Datenlage zur Nutzung digitaler Systeme in der Pflege hat sich in den vergangenen Jahren zunehmend verdichtet. Unternehmen der ambulanten Pflege haben überwiegend administrative und organisatorische Prozesse wie die Leistungsabrechnung (81 Prozent) und Dienstplanung (76 Prozent) digitalisiert. Über die Hälfte hat Digitalisierungsmaßnahmen in den Bereichen der Zeiterfassung, Touren- und Einsatzplanung, Klientenverwaltung und Materialwirtschaft unternommen (vgl. Braeseke et al. 2020, S. 56).

Der Digitalisierungsgrad in der ambulanten Pflege liegt damit dennoch teils deutlich hinter teil- und vollstationären Einrichtungen zurück. Zerth, Jaensch und Müller (2021, S. 169 f.) führen die lückenhafte und selektive Nutzung von (technischen) Pflegeinnovationen insbesondere auf die mangelnde Vernetzung relevanter Akteure und Institutionen zurück. Laut Haug (2021, S. 197) sprechen für Führungskräfte vor allem die Kosten für digitale Systeme *gegen* deren Beschaffung, Einführung sowie Wartung und Betrieb. Erst deutlich danach werden Befürchtungen hinsichtlich der Ablehnung durch Pflegende und Pflegebedürftige oder hinsichtlich des mangelnden Reifegrads der Technologien genannt. Die Kosten-Nutzen-Abwägung steht beim Erwerb digitaler Systeme im Vordergrund.

Nur wenige Studien belegen jedoch die Effizienz von digitalen Technologien in der Pflege, sei es zur Unterstützung von Pflegenden oder zur verbesserten Prozessgestaltung in Unternehmen. Hinzukommend weisen sie häufig ein niedriges Evidenzniveau auf (Überblick in Krick et al. 2019). Mit Bezug auf KI-Systeme ergänzen Wolf-Ostermann et al. (2021, S. 22), dass Forschungs- und Entwicklungsbemühungen sich selten auf die ambulante oder stationäre Langzeitpflege beziehen und insbesondere Erkenntnisse um den Einsatz und die Effekte derartiger Systeme in der Praxis sowie die Perspektive von Pflegekräften fehlen. Diese Forschungslücken gelten nicht nur für neuartige KI-Systeme, sondern lassen sich ohne Weiteres noch auf weniger komplexe digitale Systeme übertragen.

Insgesamt ist von unterschiedlichen Wirkungen der Anwendung digitaler Technologien auf Pflegende und Unternehmen auszugehen: Während aus Sicht von Unternehmen und Führungspersonen effizienz- und transparenzsteigernde Entwicklungen durchaus messbar sind, hängen die Effekte auf Pflegekräfte maßgeblich von der konkreten Ausgestaltung und Einsatzgebieten des jeweiligen Systems ab. Auch weil Pflegekräfte bei der Entwicklung und Implementierung dieser Systeme selten beteiligt werden, mangelt es vielen (älteren) Systemen an Usability und Bedienbarkeit (vgl. Bleses et al. 2018, S. 9 f.), wodurch deren Praxistauglichkeit infrage gestellt werden muss. Ein bedeutender Faktor bleibt letztlich auch, inwiefern digitale Technologien als Kontrollinstrument und Mittel zur Arbeitsverdichtung eingesetzt werden sollen (vgl. z. B. Daum 2022, S. 33 f.; Bleses et al. 2018, S. 9 f.). Insbesondere hinsichtlich der Wirkung von Digitalisierungsprozessen auf die Arbeit von Pflegekräften ist das spezifische unternehmerische Ziel hinter dem Technikeinsatz ein entscheidender Richtungsgeber.

Im wissenschaftlichen Diskurs besteht weitestgehender Konsens, dass der Einsatz digitaler Technologien in der Pflege sowohl für Pflegekräfte als auch unternehmerisch gelingen kann, wenn dieser im Wechselverhältnis mit Arbeitsorganisation und Qualifikation umgesetzt wird (vgl. Lutze et al. 2021, S. 10). Greifen Veränderungsprozesse auf diesen drei Ebenen nicht ineinander, sind die Risiken der Arbeitsverdichtung, Überforderung und Ablehnung durch Beschäftigte zu erwarten. Finden beim Einsatz von digitalen Techniken organisatorische und qualifikatorische Bedingungen allerdings eine angemessene Berücksichtigung, können sowohl unternehmerische als auch Beschäftigteninteressen gewahrt werden – wie anhand des folgenden Fallbeispiels erläutert wird.

3. Methodik und Fallbeispiel

Gegenstand dieses Beitrags ist ein junges ambulantes Pflegeunternehmen im ländlichen Raum, welches über eine hochintegrierte Softwarelösung zentrale Arbeitsprozesse digitalisiert. Dies betrifft insbesondere Verwaltungsaufgaben, Abrechnungen und Arbeitsplanung des Unternehmens. Die KI-gestützte Tourenplanung ergänzt die digitale Pflegedokumentation mittels Spracheingabe sowie die Erfassung von Übergaben, erbrachten Leistungen und Arbeitszeiten auf Tour über vernetzte Tablets, die auch den Zugriff auf die Tourenplanung und pflegerelevante Klienteninformationen ermöglichen. Beschäftigten steht die Möglichkeit der bürounabhängigen Remotearbeit zur Verfügung und ausgewählte Arbeiten können auch „auf der Couch“ erledigt werden.

Zur Unternehmensgründung und damit auch der Finanzierung des technischen Systems wurde eine staatliche Förderung im niedrigen fünfstelligen Bereich durch das Beispielunternehmen in Anspruch genommen. Der Technologieanbieter gehört zu den führenden IT-Dienstleistern für die Sozialwirtschaft in Deutschland und bietet modulare Softwarelösungen für Unternehmen, die in Pflege und Therapie tätig sind.

Im Kern deckt das System vier zentrale Funktionen im Unternehmen ab:

- Das *Verwaltungs- und Abrechnungsmodul* bildet die Grundlage für alle weiteren Funktionalitäten, denn es beinhaltet insbesondere die Stammdatenverwaltung (teilautomatisierte Eingabe) von Klientenschaft und Beschäftigten. Der Aktualität der Klientendaten (z. B. zeitlich begrenzte ärztliche Verordnung) kommt eine besonders hohe Bedeutung zu. Die Leistungsabrechnung sowie Angebots-, Auftrags- und Rechnungserstellung erfolgen digital.
- Die *Personaleinsatzplanung* bezieht sich auf Schicht- und Tourenplanung. Im Rahmen der Tourenplanung berechnet ein ML-Algorithmus auf Anfrage der Pflegedienstleitung (PDL) einen Tourenplan, der Klientenpräferenzen, Beschäftigtenverfügbarkeit und -qualifikation, Verkehrslage und vorangegangene Planungen einbezieht.
- Die *Pflegedokumentation* erfolgt durch die Pflegekräfte via Tablet und kann damit ortsunabhängig erfolgen. Die Besonderheit liegt in der Zugriffmöglichkeit auf alle relevanten Klienteninformationen an Ort und Stelle. Die Spracheingabefunktion des Tablets erweist sich als besonders vorteilhaft, da Schreibarbeit entfällt und knappe Dokumentationsaufgaben auch in kleinsten zeitlichen Freiräumen erledigt werden können.
- Die *Arbeitszeit- und Leistungserfassung* erfolgt ebenfalls via Tablet. Arbeitszeiterfassung meint neben dem Beginn und Ende einer Schicht auch die zeitliche Rahmung von Einsätzen bei hilfe- und pflegebedürftigen Personen per einfachem Klick. Gleiches gilt für die Leistungserfassung, welche über eine Liste abzuarbeitender Aufgaben visualisiert wird.

Als ambulante Pflegekräfte übernehmen die Beschäftigten des Unternehmensbeispiels das übliche Leistungsspektrum von hauswirtschaftlichen Tätigkeiten über Grundpflege bis zur Behandlungspflege. Zum Zeitpunkt der Datenerhebung sind insgesamt acht Personen im Unternehmen beschäftigt: zwei Pflegehilfskräfte, vier Pflegefachkräfte, eine PDL sowie der Geschäftsführer. Der Altersdurchschnitt der Beschäftigten liegt bei rund Mitte 30 und damit deutlich unter dem Durchschnitt in der gesamten Pflegebranche in Deutschland. Die Klientenzahl schwankt zwischen 40 und 45, wodurch das Unternehmen nach eigenen Aussagen kapazitiv noch nicht voll ausgelastet ist.

Die Datenerhebung in Form von acht semistrukturierten Interviews (60 bis 90 Min.) erfolgte rund ein Jahr nach der Unternehmensgründung von Oktober bis

November 2022 und umfasst neben den zentralen Erfahrungen der Pflegekräfte auch Perspektiven der Geschäftsführung sowie des Technologieanbieters. Besonderer Wert wurde hierbei auf die subjektive Wahrnehmung der Beschäftigten zur Technikeinführung und -nutzung gelegt. Die Interviewauswertung folgt der qualitativen Inhaltsanalyse nach Mayring (2010).

4. Ergebnisse: Aspekte guter Praxis

Ein Jahr nach Unternehmensgründung bzw. Technikeinführung ist die grundlegende Zufriedenheit mit dem System bei allen beteiligten Personen, d. h. Pflegekräften inklusive PDL sowie dem Geschäftsführer, hoch. Funktionsgüte und Verlässlichkeit des Systems gelten als zufriedenstellend. Alle relevanten administrativ-planerischen Aufgaben eines Pflegeunternehmens können mit dem System abgedeckt werden. Aus Beschäftigtenperspektive werden als besonders positive Aspekte der Systemnutzung der zentralisierte und standardisierte Informationszugang, größere Ortsunabhängigkeit durch Tabletnutzung sowie der entfallende Schreibaufwand bei der Dokumentation genannt. Aus Sicht der PDL, die das Gros der pflegebezogenen administrativ-planerischen Aufgaben übernimmt, birgt die Systemnutzung zwar neue Aufwände hinsichtlich der Stammdatenaktualisierung, höhere Informationsdichte und tägliche Unterstützung bei der Tourenplanung gleichen diese Aufwände jedoch aus. Der Geschäftsführer berichtet neben der Gewissheit, flexible und eigenständige Arbeit für seine Beschäftigten zu ermöglichen, insbesondere von erreichter Prozessqualität und -transparenz.

Wie konnte im Fallbeispiel dieser Mehrwert sowohl aus unternehmerischer Perspektive als auch für Beschäftigte erreicht werden? Grundsätzlich basiert die positive Wahrnehmung des Systems auf der zufriedenstellenden Erfüllung verschiedener technischen Bedingungen, etwa der Usability, Outputqualität und Verlässlichkeit. Welche organisatorischen und personellen Aspekte darüber hinaus Einfluss auf die gelungenen Digitalisierungsbestrebungen genommen haben, zeigen die folgenden Ausführungen zu den Zielen der Techniknutzung, den beruflichen Vorerfahrungen der Beschäftigten, der Implementierung des Systems sowie das vorherrschende unternehmerische Selbstverständnis.

4.1 Ziele der Techniknutzung: Effizienzbestrebungen und fachliche Grenzziehungen

Aus der Perspektive der Geschäftsführung sind die Ziele der Technologieeinführung mit einem deutlichen betriebswirtschaftlichen Fokus verwoben. Angestrebt wird einerseits Prozesssicherheit und -qualität in der Verwaltung, Administration und Pflegeplanung sowie die Vereinheitlichung aller dokumentarischen Tätigkeiten der Pflegekräfte. Besonderen Wert legte der Geschäftsführer, dessen fachlicher Hintergrund in Informatik und BWL nicht unerheblich für die Digitalisierungsbestrebungen im Unternehmen ist, auf medienbruchfreie Arbeit, d.h. im Optimalfall eine Komplettlösung für möglichst viele Aufgaben. Von diesem Ansatz wurde sich der höchste wirtschaftliche Effekt versprochen.

Informationen und Kommunikationswege sollen in standardisierter Art und Weise und möglichst in Echtzeit für alle Beschäftigten ortsunabhängig vorliegen. Als Folge dieser Ortsunabhängigkeit hat sich für die meisten Pflegekräfte zum ersten Mal die Möglichkeit ergeben, nicht nur vereinzelt Arbeiten von zu Hause zu erledigen (z. B. Dokumentation und Maßnahmenpläne), sondern dort auch Dienste zu beginnen und zu beenden. Im Kern formuliert der Geschäftsführer die Ziele des Technikeinsatzes in schlanken Prozessen, Standardisierung und Unabhängigkeit der Beschäftigten.

Der entscheidende Faktor betrifft die klare Trennung zwischen betriebswirtschaftlichen, administrativ-planerischen Tätigkeiten sowie allen pflegerisch-interaktiven Arbeiten. Diese Arbeitsteilung bezieht sich zum einen auf die Aufgabenbereiche des Geschäftsführers und der PDL: Ersterem obliegen alle informationstechnischen und geschäftsrelevanten Entscheidungen. Die PDL übernimmt die Klientenverwaltung, Schicht- und Tourenplanung und Beratungsgespräche mit Angehörigen und der Klientenschaft, wodurch alle pflegerischen Aufgaben in ihrer Deutungshoheit liegen. Diese betonte Anerkennung fachlicher Grenzen im Beispielunternehmen mag sinnvoll und logisch anklingen. In der breiten Pflegelandschaft zeigt sich jedoch häufig, dass in der Praxis betriebswirtschaftliche über pflegerische Sinnhaftigkeit gestellt wird, wenn diese Grenzen überschritten werden.

Zum anderen meint die Trennung zwischen administrativ-planerischen Tätigkeiten sowie allen pflegerischen-interaktiven Arbeiten, dass die Nutzung des technischen Systems nicht in die Interaktionsarbeit zwischen Pflegekräften und hilfe- und pflegebedürftigen Menschen eingreift. Es war von Seiten des Geschäftsführers geplant und von den Pflegekräften erwartet, dass die technische Unterstützung ausschließlich alle Tätigkeiten betrifft, die zum Kern pflegerischer Arbeit hinführen. Natürlich lässt sich ein indirektes Eingreifen des Systems in die Pflegearbeit und -planung nicht gänzlich vermeiden, denn schließlich wird das Tablet meistens mit zu hilfe- und pflegebedürftigen Personen genommen oder mittels KI-Tourenplanung direkt auf Einsätze von Pflegekräften Einfluss genommen. Jedoch verfolgen PDL und Pflegekräfte einen pragmatischen Ansatz im Umgang mit der Technik. Wird eine Empfehlung oder Information auf Basis der eigenen Erfahrung und des Wissensstands als unpassend, fehlerhaft oder verbesserungswürdig eingeschätzt, wird von den Systemangaben abgewichen.

Damit zeigt das Fallbeispiel auf, dass eine bedarfsgerechte Technologieauswahl und -anwendung, die explizit danach fragt, für welche Prozesse Digitalisierung sinnvoll ist, erheblich zur positiven Bewertung des Technikeinsatzes beitragen können. Organisatorische Effizienzgewinne wie Zeiteinsparungen und verringerte Fahrtwege sind nicht nur betriebswirtschaftlich vielversprechend, sondern tragen auch zur spürbaren Erleichterung der administrativen-planerischen Belastungen bei. Somit tragen Pflegekräfte nach ihren eigenen Aussagen den Effizienzgedanken hinter der Systemnutzung klar mit.

4.2 Vorerfahrungen der Beschäftigten: Punktgewinn für ambulante Settings

Neben der Tatsache, dass keine Vorerfahrungen im Umgang mit dem spezifischen technischen System bei den Beschäftigten vorlagen, kommt bei der Neugründung erschwerend hinzu, dass die Beschäftigten fast ausschließlich Arbeitserfahrung im stationären Setting mitbringen. Sie sehen sich also einer umfassenden arbeitsorganisatorischen Neuordnung gegenübergestellt und standen zu Beginn insbesondere der ambulanten Arbeit teils skeptisch gegenüber. Es zeigt sich, dass die Unterstützungsmöglichkeiten durch das technische System große Abhilfe schaffen konnten. Insbesondere die Option der bürounabhängigen Remotearbeit ermöglicht eine Flexibilität, die aus dem stationären Setting unbekannt war.

Ambulante Pflegearbeit „genießt" im Gesundheitswesen mitunter einen zweifelhaften Ruf, dessen Grundstein zumeist schon während der beruflichen Ausbildung gelegt wird. Die Arbeit in der ambulanten Pflege gilt als Akkordarbeit, die zudem außerhalb des Teams und in ständiger Eile verrichtet werden muss. Dennoch äußern sich die befragten Pflegekräfte im Beispielunternehmen äußerst positiv über ihren Wechsel, auch weil im ambulanten Setting in der Regel weniger schwerwiegende Krankheits- und Pflegefälle zu behandeln sind, sodass etwas geringere Verantwortung auf ihnen lastet und das Sicherheitsgefühl erhöht ist. So berichten die Befragten beispielsweise von der entlastenden Wirkung eines höheren Anteils routinierter Tätigkeiten (wie Grundpflege und Medikamentengabe) und damit einhergehend der verbesserten Planbarkeit des Arbeitstags.

Der nutzbringende Einsatz digitaler Technologien markiert in diesen Überlegungen nicht die entscheidende Komponente, allerdings ermöglicht er einen wesentlichen Aspekt, der besonders positiv im Vergleich zum stationären Arbeiten herausgestellt wird: die Unabhängigkeit und Selbstständigkeit bei der Arbeit. Die Beschäftigten des Fallbeispiels beschreiben ihren Arbeitsalltag als überaus eigenständig, jedoch mit der Sicherheit, auf Teamstrukturen zurückgreifen zu können. So ist es möglich, dass sich ein Gefühl der Eigenverantwortlichkeit und gar kurzer Entspannungsmomente (etwa auf Wegstrecken) einstellt.

Die Standardisierungsmaßnahmen hinsichtlich Informationen und Kommunikationswegen leisten einen entsprechenden Beitrag zu dieser Wahrnehmung. Die Ortsunabhänigkeit entkoppelt von vormals notwendiger Büroarbeit, die sich in Krankenhäusern nicht selten auf einen einzigen Stationsrechner für alle Beschäftigten begrenzt. Grundsätzlich bemängeln die Befragten die Verfügbarkeit, Funktionsumfang und -qualität zuvor genutzter digitaler Systeme bei anderen Arbeitgebern. Diese funktionierten teils so schlecht und waren so unüberlegt in Arbeitsprozesse eingebunden, dass auf deren Nutzung, wenn möglich, verzichtet wurde.

Überraschenderweise wird auch die Planbarkeit der Arbeit als wesentlich höher als in vorangegangenen Arbeitssettings beschrieben. An dieser Stelle sei zu betonen, dass das Beispielunternehmen auch technikunabhängig versucht, Verbleibe- und Entlastungsanreize für ihre Beschäftigten zu bieten. Dies umfasst die Verlässlichkeit von Dienstplänen, keine Dienste in der Nacht, an Wochenenden und Feiertagen sowie das Vollzeitangebot bei 35 Wochenstunden. Mehr als in anderen Unternehmen wird damit versucht, zeitliche wie örtliche Flexibilität zu schaffen. Diese organisatorischen Maßnahmen reihen sich in weitere finanzielle Vorteile (Möglichkeit privater PKW-Nutzung) und überzeugende Teamstrukturen ein.

4.3 Implementierung und Erlernen des Systems: Ein „Rohdiamant"

Während die Gründung des Unternehmens offiziell zum 1. Oktober 2021 mit dem Versorgungsbeginn erfolgte, begannen die Vorbereitungen für den Geschäftsführer und die PDL als erste Beschäftigte einige Monate zuvor mit verschiedenen (zunächst organisatorischen) Hürden: Versorgungsverträge abschließen, MDK-Prüfung nach einem Jahr vorbereiten, Vertrieb und Anwerbung von Pflegekräften und der Klientenschaft.

In diesen Zeitraum fällt auch die Implementierung des digitalen Systems, wobei davon ausgegangen wurde, dass sich eine höhere Akzeptanz bei den Beschäftigten einstelle, wenn ein möglichst ganzheitliches System direkt zum Arbeitsbeginn vorliegt. Dabei hielt sich die Installation in einem Unternehmen dieser Größe in einem überschaubaren Rahmen. Das System arbeitet cloudbasiert und somit sind grundlegend nur ein stationärer PC sowie die gewünschte Anzahl an Tablets inklusive der Herstellung eines mobilen Internetzugangs notwendig.

Die Technikeinführung wurde zur Gründung zentral durch den Technologieanbieter im Rahmen einer mehrwöchigen Schulungsreihe begleitet. Das Schulungsangebot umfasst alle aufgeführten Funktionen des Systems. Jedoch konnten diese aufgrund der Parallelität von Gründung und Personalakquise nur von Geschäftsführung und PDL wahrgenommen werden. Somit entfiel der Schulungsaufwand für neue Mitarbeitende zu Beginn auf diese beiden Personen. Im weiteren Verlauf wurden informelle Strukturen durch die Beschäftigten selbst geschaffen, innerhalb derer der Umgang mit dem System verfeinert wird. Mit wachsenden Strukturen übernahm eine verantwortliche Person die Schulung neuer Mitarbeitender. Kontinuierliche Verbesserungsvorschläge werden in informellen Praktiken in Teamsitzungen besprochen.

Die Schwierigkeit der Implementierung und ebenso in der kontinuierlichen Nutzung des Systems liegt darin, dass Veränderungen bzw. Neuerlernen immer in den laufenden Betrieb eingerahmt werden müssen und das System regelmäßig, sei es über manuelle Datenaktualisierungen oder Funktionsveränderungen, an die Organisation des Unternehmens angepasst werden muss. Zu Beginn lag laut des Geschäftsführers nur ein „Rohdiamant" vor.

An dieser Stelle zeigt sich die immense Bedeutung eines internen IT-Fachexperten (Geschäftsführer) sowie eines zugänglichen und auf das Gesundheits- und Sozialwesen spezialisierten Technologienanbieters bzw. Produkts, da die Anforderungen an die Anpassung eines zunächst standardisierten Produkts nicht zu unterschätzen sind. Als vorteilhaft zeigte sich im Fallbeispiel zudem auch, dass die Implementierung nicht graduell, sondern direkt mit allen Funktionen erfolgte und nicht von bestehenden, möglicherweise analogen Prozessen oder Insellösungen auf das besprochene System umgestiegen werden musste.

4.4 Unternehmerisches Selbstverständnis: Bloß nicht hetzen

Das Gelingen der Neugründung inklusive Technikeinführung ist zentral von einem gemeinsamen Verständnis guter Pflege *und* der Herstellung guter Arbeitsbedingungen abhängig. Die Absicherung einer möglichst hohen Versorgungsqualität ist oberstes Ziel aller Beteiligten – ob technikgestützt oder nicht. Dieses Verständnis der Arbeitsziele eint Pflegekräfte, PDL und Geschäftsleitung. Ebenso bedeutsam ist allerdings die Berücksichtigung der Beschäftigtenbedürfnisse und -anforderungen im Arbeitsalltag, welche angesichts von Fachkräftemangel, intensiven Belastungssituationen und sich wandelnden Ansprüchen an das Verhältnis von privater und beruflicher Lebenswelt einen hohen Stellenwert im Unternehmen einnehmen.

Die Unternehmensphilosophie lautet „Wir wissen alle, wie es nicht werden soll!" und bezieht sich damit wesentlich auf die negativen Vorerfahrungen aller Pflegekräfte in anderen Arbeitssettings. So wurde in Bezug auf vorangegangene Erfahrungen in der ambulanten Pflege von sekundengenauer Abrechnung, der Notwendigkeit der Rechtfertigung bei minütlicher Abweichung des Tourenplans, GPS-Überwachung und einer schieren Abarbeitung der Pflegbedürftigen am Fließband berichtet.

Den ökonomischen Rahmenbedingungen, insbesondere der überwiegend externen Preissetzung, kann sich das Fallbeispiel natürlich nicht entziehen. Preisgestaltung und Gewinnpotenziale sind grundlegend gedeckelt. Einzige Möglichkeit, mehr Gewinn zu erzielen, wäre, noch mehr Menschen in der gleichen Zeit oder die gleiche Zahl an Menschen in geringerer Zeit abzufertigen. Beides lehnt das Unternehmen ab. Das soll nicht bedeuten, dass das Unternehmen nicht effizient und gewinnorientiert arbeiten will, sondern vielmehr, dass die Arbeitskraft der Beschäftigten nicht an ein intensivierendes und rationalisierendes Limit getrieben wird. Gewinnorientierung ignoriert nicht Beschäftigten- und Klientenwohl, wobei eine gewisse „Arbeitshetze" sicherlich nie gänzlich vermeidbar ist – sie muss allerdings auch nicht aktiv befeuert werden.

Der Einsatz des beschriebenen technischen Systems unterstützt dieses Vorhaben, indem es Effizienzpotenziale in Bereichen ausschöpft, die auch wirklich solche bieten, nämlich die Verwaltung, Administration und Pflegeplanung, nicht jedoch die pflegerisch-interaktiven Arbeiten, die ohnehin schon knapp kalkuliert sind.

5. Diskussion: Was heißt hier ‚gelungen'?

Dieser Beitrag kann beispielhaft für alle Organisationen des Gesundheits- und Sozialwesens herangezogen werden, um eigene Transformationsbewegungen im Sinne von Beschäftigten und Klientenschaft zu gestalten und eine alltagsreale Erwartungshaltung im Umgang mit digitalen Arbeitsmitteln herzustellen. Die Besonderheit dieses Unternehmensbeispiels und damit die Aussagekraft dieses Beitrags liegen in der Parallelität technischer und organisatorischer Herausforderungen. Aus betriebswirtschaftlicher Perspektive sind moderne und digitale Arbeitsprozesse ein Mittel, um die Attraktivität des Unternehmens sowohl für Pflegekräfte als auch für hilfe- und pflegebedürftige Personen zu steigern. Mit dem Technikeinsatz wird *nicht* die Gewinnmaximierung und damit einhergehend die Rationalisierung von Beschäftigten angestrebt, sondern die Unterstützung des möglichst optimalen Einsatzes der ohnehin begrenzten personellen und finanziellen Ressourcen. Pflegekräfte und PDL verfolgen stets einen pragmatischen Ansatz, der diese Technikunterstützung gerne annimmt, die Anwendung aber von der situativen Alltagspraktikabilität bei der Versorgung von Hilfe- und Pflegebedürftigen abhängig macht.

Gelungen sind längst noch nicht alle effizienzbezogenen oder organisatorischen Ziele, denn wenig überraschend war die Techniknutzung nicht nur zu Beginn der Einführung noch fehleranfällig, sondern bringt auch ein Jahr nach der Gründung noch Hürden mit sich: Zwar handelt es sich bei dem System grundlegend um eine modulbasierte Standardlösung seitens des Technologieanbieters. Individuelle Anpassungen sind dennoch möglich, die im Verlauf der Implementierung erst auf Passfähigkeit entwickelt werden mussten. Erschwerend kommt die ländliche Lage des Unternehmens hinzu, welche infrastrukturelle Hürden, insbesondere Internetzugang auf Tour, umfasst. Eine Sensibilität für diese Unwägbarkeiten sowie der alltägliche Umgang mit diesen konnten nur erfahrungsbasiert erlangt werden. Auf einige dieser technischen Hürden hat das

Unternehmen keinen Einfluss, wie die lückenhafte Netzanbindung und folglich Funktionsfehler des Systems. In diesem Sinne bleibt das Unternehmen von externen Einflüssen ebenso abhängig wie vom Technologieanbieter und seiner technischen Infrastruktur.

Darüber hinaus kommen insbesondere Synchronisations- und Leichtsinnsfehler immer wieder vor, die manuelle Korrekturen seitens der PDL und ständiges Überprüfen der Vollständigkeit und Korrektheit der Systemangaben zur Folge haben. So gut Systemvorschläge beispielsweise bei der KI-Tourenplanung auch sind: Sie werden immer auf Praxistauglichkeit entsprechend der eigenen Erfahrung und des Wissensstands geprüft, sodass die PDL die KI-basierten Planungsvorschläge manuell anpasst, wenn diese die Präferenzen der Beschäftigten und Klienten nicht optimal berücksichtigt. Hier zeigt sich auch der unbedingte Wille der Befragten, die Deutungs- und Entscheidungshoheit über ihre eigene Arbeit zu bewahren und möglichst selbstbestimmt zu agieren.

Wiederkehrende technische Störungen oder Fehler nehmen dennoch keinen großen Raum im Arbeitsalltag der Pflegekräfte und PDL ein. Schließlich bleibt der Kern ihrer Arbeit selbst von Systemausfällen unbetroffen. Aus dieser Ansicht rührt auch das ‚Erfolgsgeheimnis' des Technikeinsatzes im Fallbeispiel: Im Verhältnis zum eigenen Erfahrungswissen nimmt die Techniknutzung keine entscheidende Rolle für die Beschäftigten ein. Das System wird gern genutzt, wenn es reibungslos funktioniert. Sobald Fehler oder qualitative Störungen auftreten, wird die technische Komponente der Arbeit ignoriert. Die Möglichkeit, diesen Umgang mit dem System zu vollziehen, wird durch zwei Aspekte bedingt: Zum einen, dass sich nicht blind auf das System verlassen wird, sondern der Arbeitsplan, der nächste Schritt und schließlich die Bedürfnisse und individuellen Wünsche der Pflegebedürftigen stetig vor Augen geführt werden. Zum anderen muss dieses Vorgehen auch durch den Geschäftsführer zugelassen werden, der sich, wie unter dem unternehmerischen Selbstverständnis beschrieben, seinen Beschäftigten und der PDL die Interpretation und Umsetzung aller pflegerischen Maßnahmen überlässt. Im Zweifelsfall befürwortet er zeitliche und inhaltliche Abweichungen der Beschäftigten, solange sich diese nicht gänzlich einem Effizienzbestreben entziehen. In dieser Konstellation konnte es gelingen, sowohl für das Unternehmen bzw. aus der Perspektive des Geschäftsführers als auch aus Beschäftigtenperspektive, die Potenziale des digitalen Systems auch in der Praxis zu realisieren. Insofern ist es im untersuchten Fall gelungen, die Interessen des Unternehmens und die seiner Beschäftigten zu verzahnen.

Perspektivisch muss sich bei der Digitalisierung und Organisation pflegerischer Versorgung allerdings vom isolierten Blick auf einzelne technische Systeme und Unternehmen gelöst und regionale Aspekte als Hebel zur Freisetzung weiterer Effizienzpotenziale stärker fixiert werden. Gerade eine verbesserte digitale Koordination und Informationsaustausch mit anderen regionalen Gesundheitsakteuren wie Arztpraxen, Krankenhäusern, Apotheken und Kassen, nicht nur zwischen Pflegediensten – hierbei sei die Grundidee der digitalen Vernetzung über die gemeinsame Telematikinfrastruktur zu betonen – könnte Angebotslücken schließen und insgesamt zur Versorgungssicherheit und gleichmäßigeren Auslastung von ambulanten Pflegeeinrichtungen beitragen (vgl. Hahnel et al. 2021, S. 176 ff.).

Gelingensbedingungen zur Herstellung von Versorgungssicherheit und fortschreitender Digitalisierung sind nach Lutze et al. (2021, S. 10) die Öffnung der Pflegeeinrichtung nach außen zu weiteren regionalen Akteuren wie Kommunen, Hochschulen oder anderen Pflegeunternehmen. Die regionale Vernetzung kann dabei nicht nur dem reinen Informationsaustausch dienen, sondern auch helfen, die eigenen Unternehmensziele gezielt in regionale Digitalisierungsstrategien und -prozesse einzubinden (vgl. ebd., S. 10). Insbesondere zwischen Pflegediensten herrscht häufig nicht das Credo der Zusammenarbeit, sondern dass der Konkurrenz, indem sie versuchen, sich gegenseitig Beschäftigte und Klienten abzuwerben. Was in anderen Branchen eine gängige, gewinnorientierte Praxis sein mag, scheint bei einer Dienstleistung von solch gesellschaftlicher Bedeutung zunehmend wohlfahrtsschädlich – und muss die Notwendigkeit des gewinnorientierten Arbeitens und Wirtschaftens in der Pflege grundlegend infrage stellen.

Literatur

Auffenberg, Jennie / Becka, Denise / Evans, Michaela / Kokott, Nico / Schleiche, Sergej / Braun, Esther (2022): „Ich pflege wieder, wenn …“. Potenzialanalyse zur Berufsrückkehr und Arbeitszeitaufstockung von Pflegefachkräften. Bremen: Arbeitnehmerkammer Bremen.

Bleses, Peter / Busse, Britta / Friemer, Andreas / Kludig, Rebecca / Breuer, Jens / Philippi, Luka / Bidmon-Berezinski, Julia / Schnäpp, Matthias (2018): Verbundprojekt KOLEGE – Interagieren, koordinieren und lernen: Chancen und Herausforderungen der Digitalisierung in der ambulanten Pflege. Zwischenbericht – Ergebnisse der Analysephase. Schriftenreihe Institut Arbeit und Wirtschaft, Nr. 24. Bremen: Institut Arbeit und Wirtschaft (IAW), Universität Bremen, Arbeitnehmerkammer Bremen.

Braeseke, Grit / Kulas, Heidi / Pflug, Claudia / Pörschmann-Schreiber, Ulrike / Tisch, Thorsten / Wentz, Lukas (2020): Umfrage zum Technikeinsatz in Pflegeeinrichtungen (UTiP). Sachbericht für das Bundesministerium für Gesundheit. Berlin: IGES Institut.

Braeseke, Grit / Meyer-Rötz, Sinja H. / Pflug, Claudia / Haaß, Frederike (2017): Digitalisierung in der ambulanten Pflege – Chancen und Hemmnisse. Kurzfassung. Berlin: IGES Institut.

Braeseke, Grit / Wentz, Lukas / Lingott, Nina / Beikirch, Elisabeth / Koch, Andreas / Sippli, Khira / Becker, Christine / Kämmer, Karla / Bruns, Wolfgang / Lowin, Oliver / Nitsch-Musikant, Dagmar / Palm, Gerd / Reinhardt, Shanti (2022): Arbeitsplatzsituation in der Akut- und Langzeitpflege. Studie zur Arbeitsplatzsituation in der Akut- und Langzeitpflege und Ermittlung sowie modellhafte Implementierung von Indikatoren für gute Arbeitsbedingungen in der Langzeitpflege. LOS 2: Entwicklung von Indikatoren zur Darstellung guter Arbeitsbedingungen. Berlin: IGES Institut.

Bundesagentur für Arbeit (BA) (2023): Arbeitsmarktsituation im Pflegebereich. Berichte: Blickpunkt Arbeitsmarkt. Nürnberg.

Daum, Mario (2017): Digitalisierung und Technisierung der Pflege in Deutschland. Aktuelle Trends und ihre Folgewirkungen auf Arbeitsorganisation, Beschäftigung und Qualifizierung. Hamburg: DAA-Stiftung Bildung und Beruf.

Daum, Mario (2022): Die Digitalisierung der Pflege in Deutschland. Status quo, digitale Transformation und Auswirkungen auf Arbeit, Beschäftigte und Qualifizierung. Follow-up-Studie. Hamburg: DAA-Stiftung Bildung und Beruf.

Hahnel, Elisabeth / Pörschmann-Schreiber, Ulrike / Braeseke, Grit / Lingott, Nina / Oehse, Isabelle (2021): Verbesserte Koordinierung in der ambulanten Pflege. Zwischenbericht für das Bundesministerium für Gesundheit. Berlin: IGES Institut.

Haug, Sonja (2021): Nutzung, Planung und Bewertung digitaler Assistenzsysteme in der Pflege. Ergebnisse einer Befragung von Führungskräften in ambulanten und stationären Einrichtungen. In: Frommeld, Debora / Scorna, Ulrike / Haug, Sonja / Weber, Karsten (Hrsg.): Gute Technik für ein gutes Leben im Alter? Akzeptanz, Chancen und Herausforderungen altersgerechter Assistenzsysteme. Bielefeld: transcript, S. 185–214.

Institut DGB-Index Gute Arbeit (2018): Arbeitsbedingungen in der Alten- und Krankenpflege. So beurteilen die Beschäftigten die Lage. Ergebnisse einer Sonderauswertung der Repräsentativumfragen zum DGB-Index Gute Arbeit. Berlin.

Institut DGB-Index Gute Arbeit (2019): Körperlich harte Arbeit. So beurteilen die Beschäftigten ihre Belastungen. Ergebnisse einer Sonderauswertung der Repräsentativumfrage zum DGB-Index Gute Arbeit 2018. Berlin.

Institut DGB-Index Gute Arbeit (2022): Report 2022. Digitale Transformation – Veränderungen der Arbeit aus Sicht der Beschäftigten. Ergebnisse des DGB-Index Gute Arbeit 2022. Berlin.

Krick, Tobias / Huter, Kai / Domhoff, Dominik / Schmidt, Annika / Rothgang, Heinz / Wolf-Ostermann, Karin (2019): Digital technology and nursing care: a scoping review on acceptance, effectiveness and efficiency studies of informal and formal care technologies. In: BMC Health Services Research, 19(1), S. 400.

Lutze, Maxie / Glock, Gina / Stubbe, Julian / Paulicke, Denny (2019): Digitalisierung und Pflegebedürftigkeit – Nutzen und Potenziale von Assistenztechnologien. Schriftenreihe Modellprogramm zur Weiterentwicklung der Pflegeversicherung, Band 15. Berlin: GKV-Spitzenverband.

Lutze, Maxie / Trauzettel, Franziska / Busch-Heizmann, Anne / Bovenschulte, Marc (2021): Potenziale einer Pflege 4.0. Wie innovative Technologien Entlastung schaffen und die Arbeitszufriedenheit von Pflegefachpersonen in der Langzeitpflege verändern. Gütersloh: Bertelsmann Stiftung.

Mayring, Philipp (2010): Qualitative Inhaltsanalyse. Grundlagen und Techniken. 11. Auflage. Weinheim / Basel: Beltz.

Petersen, Julia / Melzer, Marlen (2022): Ambulante Pflege in Deutschland: mobil und flexibel. baua: Fakten. Dortmund: Bundesanstalt für Arbeitsschutz und Arbeitsmedizin (BAuA).

Rösler, Ulrike / Schmidt, Kristina / Merda, Meiko / Melzer, Marlen (2018): Digitalisierung in der Pflege. Wie intelligente Technologien die Arbeit professionell Pflegender verändern. Berlin: Initiative Neue Qualität der Arbeit (INQA).

Rothgang, Heinz / Kalwitzki, Thomas / Müller, Rolf / Runte, Rebecca / Unger, Rainer (2016): Barmer GEK Pflegereport 2016. Schriftenreihe zur Gesundheitsanalyse, Band 42. Berlin: Barmer GEK.

Saborowski, Maxine / Kollak, Ingrid (2015): „How do you care for technology?" – Care professionals' experiences with assistive technology in care of the elderly. In: Technological Forecasting and Social Change, 93, S. 133–140.

Statistisches Bundesamt (2024): Gesundheitsberichterstattung des Bundes. Pflegebedürftige (absolut, je 100.000 Einwohner, in Prozent). Gliederungsmerkmale: Jahre, Region, Alter, Geschlecht, Pflegegrad, Art der Betreuung. gbe-bund.de/gbe/isgbe.information?p_uid=gast&p_aid=72901472&p_sprachkz=D&p_sprache=D&p_thema_id=28003&p_thema_id2=1&p_thema_id3=&p_thema_id4= (Abfrage: 26.03.2024).

Tisch, Anita/Meyer, Sophie-Charlotte (2020): Chancen und Risiken der Digitalisierung in den beruflichen Tätigkeitsfeldern Pflegen, Betreuen und Heilen. In: Bundesgesundheitsblatt – Gesundheitsforschung – Gesundheitsschutz, 63(6), S. 690–697.

Weber, Karsten/Haug, Sonja/Lauer, Norina/Meusslin-Sentpali, Annette/Mohr, Christa/Pflingsten, Andrea/Raptis, Georgios/Bahr, Gudrun (Hrsg.) (2022): Digitale Technik für ambulante Pflege und Therapie. Herausforderungen, Lösungen, Anwendungen und Forschungsperspektiven. Bielefeld: transcript.

Wolf-Ostermann, Karin/Fürstenau, Daniel/Theune, Sarah/Bergmann, Lea/Biesmann, Felix/Domhoff, Dominik/Schulte-Althoff, Matthias/Seibert, Kathrin (2021): Konzept zur Einbettung von KI-Systemen in der Pflege. Sondierungsprojekt zu KI in der Pflege (SoKIP). Bremen: Universität Bremen. Einstein Center Digital Future (ECDF). Verband für Digitalisierung in der Sozialwirtschaft e. V. (vediso).

Zerth, Jürgen (2021): Technikimplementierung in der Pflege: die Bedeutung der soziotechnischen Innovationsbewertung aus gesundheitsökonomischer Sicht. In: Frommeld, Debora/Scorna, Ulrike/Haug, Sonja/Weber, Karsten (Hrsg.): Gute Technik für ein gutes Leben im Alter? Akzeptanz, Chancen und Herausforderungen altersgerechter Assistenzsysteme. Bielefeld: transcript, S. 341–366.

Zerth, Jürgen/Jaensch, Peter/Müller, Sebastian (2021): Technik, Pflegeinnovation und Implementierungsbedingungen. In: Jacobs, Klaus/Kuhlmey, Adelheid/Greß, Stefan/Klauber, Jürgen/Schwinger, Antje (Hrsg.): Pflege-Report 2021. Sicherstellung der Pflege: Bedarfslagen und Angebotsstrukturen. Berlin: Springer, S. 157–172.

II. Beschäftigte, Betriebsräte und Gewerkschaften als Akteure der Digitalisierung

Digitalisierungen der Sozialen Arbeit

Perspektiven und Handeln von Betriebsräten

Laura Bremert und Yalçın Kutlu

1. Einleitung

Digitalisierung gilt als gesellschaftlicher Megatrend. Mittlerweile durchzieht sie auch das Feld der Sozialen Arbeit und das sowohl im Diskurs und der Forschung als auch in der Praxis. Die Auswirkungen der digitalen Transformation auf die Soziale Arbeit sind vielschichtig. Die Einsatzfelder und Nutzungskonzepte digitaler Tools sind umfassend. So werden diese beispielsweise zunehmend in direkter und indirekter Interaktion mit den Adressat_innen eingesetzt. Die Nutzung erstreckt sich ebenfalls auf die Arbeitsorganisation, wo die Team-Kommunikation und Dokumentationen vermehrt durch digitale Technologien erfolgen. Digitalisierungsprozesse vollziehen sich in der Sozialen Arbeit im Kontext der Reorganisation der Sozialen Arbeit und sich verändernder gesellschaftlicher und politischer Rahmenbedingungen. Steigende Ökonomisierungs- und Effizienzansprüche der sozialen Träger und der öffentlichen Hand bei gleichzeitig wachsenden Dokumentationserfordernissen führen schon seit Langem zu enormem Zeit- und Kostendruck bei Beschäftigten (vgl. Buestrich et al. 2010; Hielscher et al. 2013; Becker/Dörre/Kutlu 2019). Dabei ging die Einführung von New Public Management einher mit der Kommodifizierung immer weiterer gesellschaftlicher Bereiche, auch jener, die vormals nicht in erster Linie nach Marktlogiken organisiert waren (vgl. Aulenbacher/Decieux/Riegraf 2018). Ferner bestehen in der Sozialen Arbeit, verglichen mit anderen Branchen, erhebliche Fachkräftelücken (vgl. iwd 2023). Zudem hat die IT-Branche die Soziale Arbeit als Markt für sich entdeckt und entwickelt entsprechende IT-Systeme. Vor diesem Hintergrund konstatieren Kutscher et al. (2020, S. 9) einen „allseitige[n] Handlungsdruck, der sich in der angeblichen Unausweislichkeit des technischen Fortschritts" manifestiere.[1] Die Covid-19-Pandemie hat diese Dynamik erheblich verstärkt und führte in vielen sozialen Einrichtungen dazu, dass neue digitale Technologien eingeführt wurden.

Digitalisierungsprojekte sind langwierige, komplexe Prozesse und stoßen häufig einen größeren betrieblichen Veränderungsprozess an. Viele betriebliche Interessenvertretungen sind mit der Einführung von immer mehr und immer

1 Wunder (2021, S. 10) spricht gar von einer „Naturgesetzlichkeit im Diskurs" mit der Digitalisierung verhandelt werde. Dabei werde Digitalisierung als ein „alternativloses Unterfangen, als eine gesellschaftliche Notwendigkeit" (ebd.) dargestellt.

umfassenderen IT-Tools konfrontiert. Die Auswirkungen der Digitalisierungen auf die Arbeitsbedingungen der Beschäftigten sind dabei ambivalent. Neue digitale Technologien bieten einerseits Chancen für eine Humanisierung von Arbeit, anderseits bergen sie auch Risiken für Arbeits- und Beschäftigungsbedingungen. Gesetzliche und tarifliche Vorgaben, institutionelle, kulturelle und sozio-ökonomische Rahmenbedingungen sowie politische Interpretationen können auf unterschiedlichen gesellschaftlichen Ebenen Einfluss auf die Entwicklungsrichtung der Digitalisierungen in der Arbeitswelt gewinnen. Es spricht aber vieles dafür, dass die konkrete betriebliche Planung, Einführung und Umsetzung digitaler Tools eine große Wirkmächtigkeit entwickelt. Dabei haben Betriebsräte durch die starken Mitbestimmungsrechte, die bei der Einführung von IT-Systemen gelten, Möglichkeiten, die digitalen Tools und deren betriebliche Nutzung im Sinne der Beschäftigten arbeitsorientiert mitzugestalten.[2] Die Auswirkungen der Technologien auf die Professionalität und die Arbeitsbedingungen sind demnach vorab schwer abzuschätzen und in der Regel abhängig von der konkreten betrieblichen Gestaltung, Umsetzung und Anwendung. Es herrscht also wenig Gewissheit über konkrete Auswirkungen auf die Soziale Arbeit und die damit korrespondierenden Veränderungen der Arbeitsorganisation, es muss aber ein Umgang damit gefunden werden, weil Technologien während der Covid-19-Pandemie implementiert wurden, ein diskursiver Handlungsdruck zur Digitalisierung besteht und oftmals Beschäftigte sowie Adressat_innen die Nutzung digitaler Tools fordern. Im Zentrum unseres Beitrags stehen der Blick der Betriebsräte als (zumindest potenziell wirkungsvoller) betrieblicher Akteur bei der (Mit-)Gestaltung von Digitalisierungsprozessen sowie die branchenspezifischen Herausforderungen in der Sozialen Arbeit für die Mitbestimmung in der digitalen Transformation. Somit werden in folgendem Beitrag zwei Fragen bearbeitet:

- Wie blicken Betriebsräte in der Sozialen Arbeit auf Digitalisierungen?
- Was sind (branchenspezifische) Herausforderungen in der Sozialen Arbeit für die Mitbestimmung in der digitalen Transformation?

In unserem Beitrag geben wir zunächst im ersten Kapitel einen Einblick in den Forschungsstand und stellen zentrale Befunde aktueller arbeitssoziologischer und erziehungswissenschaftlicher Studien zum Thema Digitalisierung in der Sozialen Arbeit und der Betriebsratsbeteiligung im Digitalisierungsprozess vor. Anschließend erläutern wir im zweiten Kapitel die diesem Beitrag zugrundeliegende empirische Basis und Methodik. Die zentralen empirischen Erkenntnisse sind Ge-

2 Betriebsräte haben nach § 87 Abs. 1 Nr. 6 BetrVG bei jeder Art von Software, die objektiv dazu geeignet ist, Verhalten und Leistung der Beschäftigten zu kontrollieren Mitbestimmungsrechte.

genstand des dritten Kapitels, diese werden abschließend im vierten Kapitel resümierend unter Rückgriff auf die Ausgangsfragen des Beitrags diskutiert.

2. Forschungsstand

2.1 Digitalisierungen und Soziale Arbeit

Das Thema Digitalisierung und Arbeit war in den letzten Jahren im Mainstream der Arbeits- und Industriesoziologie mit das meist beachtestete Forschungsthema. Das Ergebnis sind eine Vielzahl und Bandbreite an Veröffentlichungen in Fachzeitschriften, Monografien oder Policy Paper mit Gestaltungsempfehlungen für betriebliche und politische Akteur_innen. Kuhlmann (2023, S. 333) hält in einem, die arbeitssoziologische Digitalisierungsforschung „bilanzierende[n] Zwischenergebnis“ fest, dass „sich nach wie vor kein eindeutiger Trend, sondern eine erhebliche Varianz von Entwicklungen bei der Nutzung digitaler Technologien“ zeige. Die Ausdifferenzierung des arbeitssoziologischen Diskurses hat dazu geführt, dass aufgrund der Heterogenität und Ungleichzeitigkeit der Arbeitsfolgen von Digitalisierung Buss et al. (2021) dafür plädieren, von *Digitalisierungen* im Plural zu sprechen.

> „Die Digitalisierung wird durch je unterschiedliche Akteur*innen aktiv vorangetrieben und gesteuert, sie folgt je spezifischen Interessen und Zielen, gerät in Widerspruch zu gegebenen Abläufen, Routinen und Interessenlagen. Und nicht zuletzt verstehen die Akteur*innen unter Digitalisierung zum Teil höchst Unterschiedliches. Die Digitalisierung ist je nach betrachtetem Bereich mithin eine andere, die konkreten Digitalisierungsprozesse folgen einer je eigenen Logik, unterliegen unterschiedlichen Rahmenbedingungen und entwickeln sich nicht synchron“ (ebd., S. 11).

Ein weiterer damit korrespondierender Befund der aktuellen Forschung ist die Abkehr vom technologischen Determinismus und der Verweis auf die Bedeutung betrieblicher Gestaltungsmöglichkeiten aufgrund spezifischer betrieblicher Nutzungsstrategien und -formen digitaler Tools (vgl. Kuhlmann 2023; Carls et al. 2023). Dabei wurde ferner der Einfluss arbeitspolitischer Leitbilder, Mitbestimmungskulturen und betrieblicher Aushandlungsprozesse auf die konkreten Arbeitswirkungen von Digitalisierungen herausgearbeitet (vgl. Haipeter/Hoose/Rosenbohm 2021; Kutlu et al. 2023.; Bahnmüller et al. 2023). Die gelebte Praxis der betrieblichen Sozialpartnerschaft (vgl. Dörre 2002) wirkt sich demnach als strukturierende Rahmenbedingung auf die betrieblichen Aushandlungsprozesse bei Digitalisierungsprozessen aus, denn es lassen sich bei Digitalisierungen „Pfadabhängigkeiten entlang tradierter arbeitspolitischer Leitbilder und bestehender Arbeits- und Personalstrukturen sowohl auf betrieblicher als auch auf Branchenebene feststellen" (Baethge-Kinsky/Kuhlmann/Tullius 2018, S. 103). Anschließend an diesen Befunden und um die Spezifika der untersuchten Branche in die Analyse systematisch miteinzubeziehen, fokussieren wir in folgendem Beitrag *Digitalisierungen* der Sozialen Arbeit, die spezifischen Herausforderungen für die Mitbestimmung und den Blick von Betriebsräten auf Digitalisierungen. Dies vorangestellt, lässt sich festhalten, dass arbeitssoziologische Digitalisierungsforschung sich bisher nur am Rande mit dem Bereich der Sozialen Arbeit als einer feminisierten sozialen Dienstleistungsbranche befasst hat (vgl. auch Will-Zocholl/Hardering 2020, S. 125). Gleichwohl wurden für unsere Fragestellung relevante Befunde vorgelegt.

Will-Zocholl und Hardering (2020) fassen Digitalisierungen als Teil eines größeren sozio-historischen Prozesses, der Informatisierung, wodurch für eine „stetige Ökonomisierung" (ebd., S. 139) die Grundlagen geschaffen würden. „Denn auf Basis der Informationsebene werden Vergleiche (wie z. B. Benchmarking) erst möglich und damit das Identifizieren von Rationalisierungs- oder auch Standardisierungspotenzialen" (ebd.). Die von ihnen befragten Führungskräfte aus der Sozialen Arbeit reflektieren Digitalisierungen vornehmlich als Arbeitsverdichtung und Zunahme von Arbeitsbelastungen. Dabei fänden bei den Befragten Führungskräften die „technische Seite aktueller Veränderungsprozesse [...] weniger Beachtung als die dahinterliegenden Mechanismen" (ebd.) der Ökonomisierung. Daher plädieren sie für mehr Partizipation der Beschäftigten, damit Digitalisierungen „von den Bedürfnissen in der sozialen Arbeit aus gedacht wird" (ebd.) und nicht ausschließlich aus einer ökonomischen Perspektive. Waag (2023) hingegen kritisiert ebensolche Perspektiven auf Digitalisierungen in der Sozialen Arbeit. Er versucht zu zeigen, dass „primär an der Rationalisierung von Sozialer Arbeit orientierte Affirmationen und Ablehnungen der Digitalisierung zu kurz greifen" (Waag 2023, o. S.) würden. Er fasst mögliche Arbeitsfolgen wie folgt zusammen:

> „Vielmehr dürfte die Nutzung digitaler Technologien vor allem als Neujustierung der Anteile von Selbsthilfe und Fremdhilfe in Erscheinung treten, Interaktionsformate vervielfältigen, neuartige Abstimmungsprobleme verursachen und die Abhängigkeit der Sozialen Arbeit von funktionierender Technik sowie von jenen Anbietern, die ihre Funktionsfähigkeit sicherstellen, steigern" (Waag 2023, o. S.).

Büchner und Gall (2023) untersuchen aus einer arbeitssoziologisch informierten und dezidiert organisationssoziologischen Perspektive „soziotechnische Konstellationen der Fallbearbeitung am Beispiel von Jugendämtern". Ihre empirische Untersuchung kommt zu dem Ergebnis, dass Software im Jugendamt Fallbearbeitung „nicht einheitlich prägt, sondern unterschiedliche soziotechnische Konstellationen auch im Zuge unterschiedlicher Fallverständnisse entstehen" (ebd., S. 353). Die hohe Komplexität einzelner Fälle und die Vielfältigkeit der Sozialen Arbeit schlage sich auch im Nutzungsverhalten der Beschäftigten nieder, sodass eine „unterschiedliche Relevanz bzw. Irrelevanz von Fallsoftware im Jugendamt entsteht auch aufgrund der hohen Umweltkomplexität, Ungewissheit und Dynamik von Fallbearbeitung im Jugendamt (ebd.)". Folglich plädieren Büchner und Gall für Partizipation der Beschäftigten bei Digitalisierungsprozessen, um Prozessnähe sicherzustellen und diese Komplexität in die betriebliche Gestaltung der Software miteinfließen zu lasen. Ferner betonen Ihre Befunde die besondere Relevanz der sozialen Einbettung technologischer Veränderung in der Sozialen Arbeit, da die Interaktion zwischen Menschen konstitutiver Bestandteil des Arbeitsprozesses ist.

Die Befunde der drei Artikel verdeutlichen, dass betriebliche Gestaltungsmöglichkeiten der digitalen Tools gerade aufgrund der Spezifika der Sozialen Arbeit eine wichtige Rolle zukommt und Technikeinführungen sozial eingebettet sind. Hieran knüpften wir in unserem Beitrag an, in dem wir Betriebsräte als einen wesentlichen Akteur in betrieblichen Aushandlungen von Digitalisierungsprozessen in den Mittelpunkt unseres Beitrags stellen.

Die Erziehungswissenschaftliche Forschung hingegen hat eine Reihe an Studien zum Thema Digitalisierungen in den unterschiedlichen Arbeitsfeldern der Sozialen Arbeit vorgelegt. Die Verbreitung und Akzeptanz von digitalen Tools bei den Fachkräften ist dabei ein zentrales Thema (vgl. Hoose/Schneiders/Schönauer 2021). Auch digitalisierte Formen der Dienstleistungserbringung werden untersucht wie z. B. Hybridisierung sozialer Dienstleistungen oder Onlineberatung (vgl. Seelmeyer/Waag 2021; Klein/Pulver 2021), da sich Adressat_innen vermehrt in digitalen Sozialräumen bewegen und die Soziale Arbeit auch hier präsent sein müsse, wolle sie ihre Relevanz und den Zugang zu Adressat_innen nicht verlieren. Ferner werden die Chancen und Risiken, ethische Fragen und Auswirkungen auf das professionelle Handeln fokussiert (vgl. Campayo 2021; Hammerschmidt et al. 2021; Meyer/Alsago 2023; Seelmeyer/Kutscher 2021). Die technisch induzierten gestiegenen Möglichkeiten der Verhaltens- und Leistungskontrolle erfahren dabei besondere Aufmerksamkeit.

Des Weiteren wird der pandemiebedingte Digitalisierungsschub und die daraus resultierenden Veränderungsprozesse beforscht (vgl. Meyer/Alsago 2023; Buschle/Meyer 2020). Ferner wird Digitalisierung auch als Veränderung organisationaler Prozesse (vgl. Kutscher et al. 2021) diskutiert. So werden durch die Nutzung digitaler Tools Produktivitätssteigerungen, Kostenersparnisse und Entwicklung neuer Geschäftsmodelle erwartet (vgl. Halfar 2018, S. 191; Kreidenweis 2020, S. 32). Kritische Stimmen sehen durch Digitalisierungen ein Eindringen bzw. die Ausweitung von Marktlogiken in der Sozialen Arbeit (vgl. Wunder 2018, S. 155 ff.; Leineweber/Wunder 2021). Mit dem „Handbuch Soziale Arbeit und Digitalisierung" (Kutscher et al. 2020) liegt zudem ein umfassendes Werk vor, dass sehr differenziert in Beiträgen zu Forschung, arbeitsfeldspezifischer Praxis und Theorie den jeweiligen Forschungsstand diskutiert. Auch hier pendeln oftmals die Einschätzungen „zwischen Arbeitserleichterung und De-Professionalisierungsgefahr“ (Matthies/Tetens/Wahren 2023).

2.2 Digitalisierungen und Betriebsräte

Aktuelle qualitative und quantitative Studien zur Partizipation von Betriebsräten scheinen eine unzureichende Einbindung der Betriebsräte in Digitalisierungsprozesse zu bestätigen (vgl. Kutlu et al. 2023; Bahnmüller et al. 2023). Für Dienstleistungsbranchen außerhalb der Sozialen Arbeit bekräftigen Zanker, Roth und Hoppe (2019, S. 30) den Befund in ihrer quantitativen Befragung.[3] Matuschek und Kleemann (2019, S. 198) sehen in der fehlenden Betriebsratsbeteiligung sogar ein „Grundproblem der Mitbestimmung in Zeiten des digitalen Wandels“. Ihren Befunden zufolge scheint selbst „die Informationspolitik aus dem Management [...] häufig wenig proaktiv, sondern mindestens nachlaufend zu sein“ (ebd.). Ferner sei die aktuelle Situation und Stadium der Digitalisierung maßgeblich durch eine „konzertierte Verunsicherung“ (Matuschek/Klemann 2019) sowohl auf Seiten des Managements als auch der Betriebsräte geprägt. Dies resultiere aus einem weitverbreiteten „Nichtwissen“ und „Ungewissheit“ bezüglich der Gestaltungspotenziale und Auswirkungen auf Arbeitsprozesse. Diese Unsicherheiten erschweren es dem Betriebsrat, so Matuschek und Klemann weiter, wirksame Handlungsstrategien zu entwickeln und mit dem Management in Verhandlungsprozesse zu treten. Pfeiffer (2014, S. 403) zufolge sei die defizitäre Partizipation von Betriebsräten in Digitalisierungsprozessen deren „Partizipations- und Technikzögerlichkeit“ geschuldet. Zanker, Roth und Hoppe (2019) ermittelten in ihrer quantitativen Befragung von ca. 1.000 betrieblichen Interessenvertretungen zeitliche Überlastung und andere Prioritäten der Mitbestimmungsorgane als Grund. Demnach ziehen sich Betriebsräte wegen ihrer „arbeitspolitischen Überlastung“ auf ihre „Kernaufgaben“ zurück, wozu Mitgestaltung digitaler Tools offensichtlich nicht zähle (Kuhlmann/Voskamp 2019, S. 65). An dieser Stelle sehen wir Anknüpfungspunkte für den vorliegenden Beitrag. Die Forschung zur Betriebsräte Partizipation in Digitalisierungsprozessen fokussiert sich im Wesentlichen auf die Industrie und Dienstleistungsbranchen außerhalb der Sozialen Arbeit. Mit unserem Artikel wollen wir hier ansetzen, in dem wir Betriebsräte aus der Sozialen Arbeit bei einem großen sozialen Träger nach dem Blick, Umgang und Beteiligung dieser in und mit Digitalisierungsprozessen untersuchen.

---

3 57 Prozent der Befragten geben an, dass die betrieblichen Mitbestimmungsorgane bei der Planung und Durchführung von Innovationsvorhaben kaum oder gar nicht einbezogen seien.

3. Methode

Die empirische Basis bildet ein BMBF-gefördertes Forschungsprojekt „Gute Interaktionsarbeit digital assistiert“, das mit einem freien Träger der Kinder- und Jugendhilfe als Unternehmenspartner vom 1. Juni 2020 bis zum 31. Mai 2023 durchgeführt wurde. Die Empirie umfasst über 80 leitfadengestützte Einzel- und Gruppeninterviews und Dokumentenanalysen. Die leitfadengestützten Interviews wurden mit pädagogischen Hilfs- und Fachkräften aus Kindertagestätten, der Hilfen zur Erziehung und der offenen Kinder- und Jugendarbeit, Betriebsrät_innen von drei regionalen Betriebsrat-Gremien sowie Gesamtbetriebsratsmitgliedern, IT-Fachkräften, Verwaltungspersonal sowie Leitungs- und Führungskräften durchgeführt. Die inhaltsanalytische Auswertung fokussierte unter anderem die Bedarfe und Anforderungen unterschiedlicher Nutzer_innengruppen, Belastungs- und Entlastungspotenziale, Partizipationsmöglichkeiten bei der Gestaltung der Einführungsprozesse, das Nutzungsverhalten, veränderte Arbeitsinhalte und -abläufe sowie Anforderungen an die Anwender_innenkompetenz. Die empirischen Daten wurden inhaltsanalytisch ausgewertet und analysiert (vgl. Gläser/Laudel 2010). In diesem Beitrag fokussieren wir uns mehrheitlich auf die Ergebnisse aus den Interviews, die mit der Gruppe der Betriebsräte geführt wurden.

4. Empirische Befunde

4.1 Der Blick der Betriebsräte auf Digitalisierungen – zwischen Entlastungspotenzialen und arbeitsorganisatorischen Risiken

Anhand der geführten Interviews mit Akteuren der betrieblichen Mitbestimmung wird deutlich, dass Reflexionen über Digitalisierungsprozesse eingebettet sind in die grundlegenden Beobachtungen der Betriebsräte über arbeitsorganisatorischen Rahmenbedingungen und aktuellen Veränderungsdynamiken wie Ökonomisierung, Arbeitsverdichtung und eklatantem Fachkräftemangel in der Sozialen Arbeit. Weniger existiert eine grundsätzliche Befürwortung oder Ablehnung von Digitalisierungen in der Sozialen Arbeit, vielmehr sei für die Interviewten die Frage der jeweiligen Funktionsweise von Digitalisierungen vordergründig: „Es passt zusammen, aber man muss sehr genau überlegen, wie und wo und was“ (BR_D6).[4] Die Perspektiven der Betriebsräte zirkulieren um Fragen nach mögli-

4 Gleichwohl gab es bei einer Gesamtbetriebsratskonferenz des untersuchten sozialen Trägers auf dem wir das Forschungsprojekt vorgestellt haben eine kontroverse Diskussion über die Grundlegende Sinnhaftigkeit von Digitalisierungen der Sozialen Arbeit, da doch die Arbeit an

chen Folgen für die Qualität der Arbeit aber auch arbeitsorganisatorischen Veränderungen. Hier lässt sich feststellen, dass ein hohes Problembewusstsein für aktuelle betriebliche Problemlagen der Beschäftigten besteht. Digitalisierung wird dabei nicht als ein autonomes Phänomen betrachtet, vielmehr diskutieren die Befragten Digitalisierungen vor dem Hintergrund wahrgenommener gesteigerter Ökonomisierungs- und Effizienzansprüche und der sich dadurch verschärfenden Arbeitsbedingungen der Beschäftigten.

> „[...], wenn ich mir das hier so ansehe, was da alles gemacht werden soll, da denke ich mir auch: ‚wo bleiben hier die Kollegen? Die Rechte der Kollegen müssen gewahrt werden, das ist wirklich sehr schwierig, finde ich. Dass sich da nicht noch was auftut, wo Kollegen zusätzlich ausgenutzt werden oder sich selbst ausnutzen. Haben wir beim Homeoffice auch, es geht nicht darum, dass sie zu wenig arbeiten, es geht darum, dass sie zu viel arbeiten" (BR_E2).

Durch die indirekte Formulierung und die rhetorische Frage „Wo bleiben hier die Kollegen" wird ferner ein Partizipationsdefizit angesprochen. Das Risiko von Arbeitsverdichtung als eine mögliche Folge ist sehr präsent. Durch neue Arbeitsformen wie Homeoffice wird eine Potenzierung dieses Risikos befürchtet:

> „Mehrbelastungen, beispielsweise durch digitalen Unterricht oder durch Homeoffice, weil manche nicht ungestört arbeiten können" (BR_D5).

Belastungspotenziale durch Arbeitsverdichtung werden aus der Perspektive der Betriebsräte im Bereich der Dokumentation vermutet. Viele der digitalen Lösungen auf dem IT-Markt böten neue Möglichkeiten den gestiegenen Dokumentationsanforderungen gerecht zu werden. „Ich habe Kollegen erlebt, die aus dem Druck heraus, alles dokumentieren zu müssen, sich hinterm PC verschanzt haben und mitgeschrieben haben bei Gesprächen" (BR_D6). Das digitale Tool, hinter dem sich Beschäftigte bei Gesprächen „verschanzen", verändern das Kommunikationssetting und damit den Kern der Interaktionsarbeit, in dem nicht die Bedürfnisse der Adressat_in, sondern die Dokumentationspflichten auch während der konkreten Interaktion Vorrang eingeräumt wird oder zumindest dieser Eindruck bei den Adressat_innen entstehen kann.

Zugleich besteht die Hoffnung durch digitale Dokumentation Entlastungspotenziale zu erschließen. Dies könne ebenso zu einer Professionalisierung von Tätigkeitsbereichen führen oder ein störungsfreieres Arbeiten für die Beschäftigten möglich werde:

---

und mit Menschen im Mittelpunkt der Profession stünde und somit Digitalisierungen den Professionsansprüchen widerspräche.

„Tatsächlich ist es so, wenn jetzt der eine Kollege nicht da ist, dann kommt der andere von hinten aus dem Büro mit dem Telefonhörer in der Hand und sucht irgendwelche Unterlagen, die er sich aus irgendwelchen Aktenordnern umständlich rausholen muss, weil das Jugendamt dann am Telefon ist und irgendetwas haben möchte und meistens findet er das auch gar nicht, was er braucht. Und das ist natürlich total unprofessionelles Arbeiten und auch total unzufriedenstellend für die Kollegen, weil die im Endeffekt doof dastehen, wenn das Jugendamt anruft und eine Information braucht, und die bekommen diese Information nicht“ (BR_E3).

Zudem werden sich auch Vereinfachungen der Arbeitsabläufe erhofft:

„Auch die ganzen Abrechnungssachen, die sind so hinterwäldlerisch (...) auch die Dokumentation, die dann im Word gemacht wird. Dann wird dokumentiert, dann kommt das beim Sachgebietsleiter auf den Tisch, dann ist der nicht zufrieden, dann geht das wieder zurück, dann muss der das noch mal neu machen, der Kollege, dann geht das wieder zum Sachgebietsleiter, dann geht das in die Verwaltung, weil die das zum Abrechnen brauchen, dann sagen die, ‚aber da fehlt mir noch ne Angabe‘, dann geht das wieder zur Sachgebietsleitung, also dass ist Wahnsinn, was das für ein Mehraufwand ist. Das ist einfach nicht mehr zeitgemäß“ (BR_E2).

Mit neuen digitalen Dokumentationsmöglichkeiten gehen aus Perspektive der Betriebsräte auch mögliche negative Folgen einher, wie das Risiko einer Leistungs- und Verhaltenskontrolle, die in der Metapher des „gläsernen Kollege“ gipfelt:

„Ehrlich gesagt, ich finde es grauenhaft, wirklich ganz schlimm, was da alles dokumentiert wird, welche Verknüpfungen erstellt werden können. Also ich war echt erschlagen, das ist wirklich der gläserne Kollege, der nur noch unter Druck steht und der nur noch Fehler machen kann, weil er irgendwas nicht angeklickt hat“ (BR_E3).

In Anbetracht der betrieblichen Erfahrungen mit Einführungsprozessen digitaler Tools heben die befragten Betriebsräte die Notwendigkeit von Qualifizierungen und Schulungen hervor. „Leute fühlen sich allein gelassen, auch das ist immer wieder Thema, es gibt keine Schulungen, keine Vereinbarungen“ (BR_D7).

Auch die befragten pädagogischen Fachkräfte äußern Kritik an der mangelnden Bereitstellung von Schulungsmaßnahmen. Ebenso werden unzureichende Einarbeitungszeiten moniert. Es bedarf hierfür aus der Perspektive der Betriebsräte die Bereitstellung von (zeitlichen) Ressourcen:

„Neue Digitalisierung erfordert Schulungen und neue Kenntnisse. Die dafür nötige Arbeitszeit muss an anderer Stelle eingespart werden. Digitalisierung schafft nie zuerst Arbeitserleichterung, sondern verursacht erstmal Anforderungen und Überforderungen. Dies betrifft Kolleginnen und Kollegen aller Altersgruppen“ (BR_D5).

4.2 Die Covid-19-Pandemie als Auslöser für einen Digitalisierungsschub

Die empirische Untersuchung verdeutlicht, wie stark die Perspektiven der Betriebsräte auf Digitalisierungsprozesse durch die betrieblich gemachten Erfahrungen während der Covid-19-Pandemie geprägt sind. Die Allgegenwärtigkeit drängender betrieblicher Themen der Beschäftigten wie Arbeitsverdichtungen insbesondere durch den akuten Fachkräftemangel, Eingruppierungsproblematiken und vor allem vielen Detailfragen um individuelle Arbeitsverhältnisse, führte bis dato aus der Perspektive der befragten Betriebsrät_innen dazu, dass Digitalisierungen bis zum Pandemiebeginn für die eigene Gremienarbeit eine untergeordnete Rolle spielte. Folglich lässt sich das Agieren der Betriebsräte in Bezug auf Digitalisierungsprozesse in den Einrichtungen als reaktiv bezeichnen: „da hat man sich davor ja nie mit beschäftigen müssen" (BR_D6). Die Befragten sahen sich im Zuge des plötzlichen Eintretens der Covid-19-Pandemie mit der Herausforderung konfrontiert, dass digitales Arbeiten vermehrt zur betrieblichen Realität in den Einrichtungen wurde, dazu jedoch wenig Praxis in der betrieblichen Mitbestimmung vorherrschte.

Gleichzeitig zeigte sich, dass der Großteil der Beschäftigten den pandemiebedingten Digitalisierungsschub grundsätzlich positiv bewertete. Insbesondere in den Einrichtungen, in denen pandemiebedingt rasch verstärkt mit digitalen Tools gearbeitet wurde, schildern die Betriebsrät_innen ein Drängen der Beschäftigten auf den nun langfristigen Einsatz von digitalen Tools für gewisse Tätigkeitsbereiche.

> „Wir sind daher stetig damit beschäftigt, unsere Informations- und Mitbestimmungsrechte einzufordern. Auch mit den Wünschen und Bedürfnissen der Kolleginnen und Kollegen nach Tools und Apps zur Kommunikation und Arbeitserleichterung müssen wir umgehen" (BR_D7).

Beschäftigte sind beim untersuchten sozialen Träger oftmals Treiber von Digitalisierungsprozessen. Aufgrund der enormen Arbeitsverdichtung in Folge der gestiegenen Dokumentationspflichten und dem eklatanten Fachkräftemangel in der Sozialen Arbeit, verbinden insbesondere jüngere Beschäftigte mit Digitalisierung die Hoffnung auf Entlastung, Digitalisierung wird zu einer Art „letzter Strohhalm". Insbesondere in den sozialen Einrichtungen, in denen pandemiebedingt temporär verstärkt mit digitalen Tools gearbeitet wurde, drängen Beschäftigte auf den langfristigen Einsatz von digitalen Lösungen. Betriebsräte befinden sich hier in dem Spannungsfeld einerseits schnell dem Bedürfnis der Beschäftigten nach mehr Digitalisierung nachzukommen, gleichzeitig diese digitalen Tools und ihre Anwendung durch Betriebsvereinbarungen gut abzusichern.

> „Wir haben aber eben auch großen Druck da wir viele Beschäftigte haben, die auf mobiles Arbeiten angewiesen sind [...]" (BR_D5).

Für die Befragten führte die als dynamisch und unübersichtlich wahrgenommene Situation zu dem akuten Problem, dass der Einsatz digitaler Tools unreguliert verlief:

> „Corona. Und alles, was damit zusammenhängt und den Betrieb betrifft. [...] Leute arbeiten mobil oder hybrid, aber es gibt keine Vereinbarung dazu. Man merkt: Leute arbeiten mit Plattformen, aber es gab keine Vereinbarung dazu. Und das arbeiten wir gerade auf" (BR_D7).

Das mangelnde Erfahrungs- und Prozesswissen in Bezug auf die Gestaltung von Digitalisierungsprozessen wird laut der Interviewten durch das Fehlen einer erkennbaren Digitalisierungsstrategie auf Arbeitgeberseite befördert. Eigenständige Handlungsstrategien auch auf übergeordneter Ebene im Gesamt- oder Konzernbetriebsrat zu entwickeln, wird dadurch erschwert, da es keine trägerweit einheitlichen Digitalisierungsstrategien zu identifizieren gibt und Digitalisierungen weitgehend unkoordiniert und dezentral ablaufen. Hier kann eine ähnliche „konzertierte Verunsicherung" bei Beiden Sozialpartnern festgestellt werden, wie sie von Matuschek und Klemann (2019) für die Industrie diagnostiziert wurde.

4.3 Herausforderungen für die betriebliche Mitbestimmung – organisationale Hemmnisse und nachholende Digitalisierungen

Die Ursachen für die als unkoordiniert wahrgenommene Vorgehensweise bei Einführungsprozessen wird in den spezifischen organisationalen Rahmenbedingungen gesehen. Diese erschweren die Erarbeitung zentraler Digitalisierungsstrategien und wirken sich laut der Interviewten auch auf die koordinierte Handlungsfähigkeit der Betriebsrat-Gremien aus. So ist der untersuchte Träger, wie typisch für die Soziale Arbeit, durch eine kleinteilige und heterogene Betriebsstruktur geprägt und in dezentrale, regionale Organisationseinheiten unterteilt. Aufgrund der Konstellation einer „gemanagten Dezentralität"[5] sowie der Autonomie von Organisationseinheiten verlaufen Digitalisierungsprozesse in den vergangenen Jahren primär bottom-up, angetrieben von einzelnen Einrichtungen und regionalen Organisationseinheiten, ohne eine übergeordnete zentrale Koordination.

> „Geschäftsführer seien froh, wenn Forderungen durch den KBR kämen, weil damit zentrale Regelungen möglich werden. Einen Durchgriff vom Geschäftsführer IT auf die einzelnen gGmbHs gibt es nicht" (BR_F9)

5 Eine befragte IT-Person in der Zentrale des Trägers charakterisiert diesen Zustand als eine strategische Entscheidung des Vorstands im Sinne einer „gemanagten Dezentralität".

Diese problemzentrierte Bottom-up-Vorgehensweise hat sich aufgrund der abrupt gestiegenen digitalen Kommunikationsanforderungen und digitalen Angebote für die Adressat_innen nahezu aller Arbeitsfelder der Sozialen Arbeit während der Pandemie weiter verstärkt. Erschwert wird dieser Zustand durch den als defizitär wahrgenommenen Informationsfluss seitens des Managements. Die Betriebsräte sind dadurch stark gefordert, aktiv selbst Wissen über konkrete Technologien und ihre potenziellen betrieblichen Auswirkungen zu erarbeiten.

Auf Basis unserer Empirie lässt sich ferner eine weitere branchenspezifische Herausforderung bestimmen, mit dem sich Betriebsräte in ihrer betrieblichen Praxis konfrontiert sehen: die defizitäre digitale Infrastruktur. Trotz des pandemiebedingten Digitalisierungsschubs und der damit einhergehenden verstärkten Anwendung von digitalen Tools im Bereich der Dokumentation, Verwaltung aber auch der pädagogischen Arbeit, wird beispielsweise die Ausstattung an digitaler Hardware als veraltet oder gänzlich fehlend beschrieben.

> „Ich hatte zuhause immer einen besseren Standard als im Dienst. Teilweise zu geringe Leistung oder veraltetes Material" (BR_D6).

Dieser Umstand beginnt sich durch den pandemiebedingten Digitalisierungsschub zu ändern, sodass wir von nachholenden Digitalisierungen sprechen. Der Begriff nachholende Digitalisierungen bezieht sich dabei auf digitale Technologien, die in anderen Branchen schon länger als *state of the art* gelten und seit geraumer Zeit am Markt verfügbar sind. Die Defizite der digitalen Infrastruktur zeigen sich aber auch in Form von unzureichender oder überholter Hardware und Software, mangelndem Wlan-Zugang und -Abdeckungen in den sozialen Einrichtungen sowie einem Fehlen flächendeckender, personalisierter E-Mail-Adressen für die Beschäftigten. Zudem ist ein Mangel an IT-Personal zu verzeichnen: „Die benutzen alle ihre privaten Sachen. Und an den Arbeitsplätzen fehlt es auch hinten und vorne" (BR_D6).

Die daraus resultierende vermehrte Nutzung privater Endgeräte durch die Beschäftigten kann zu Problemen der IT-Sicherheit und Datenschutz führen. Das bestehende IT-Personal ist häufig für einen regional und quantitativ umfangreichen Bereich zuständig und vermag oft keinen umfassenden Überblick über die IT-Ausstattungen in den sozialen Einrichtungen zu gewinnen. Darüber hinaus steht oft nicht die erforderliche Fachkompetenz und ausreichende personelle Ressourcen für die Umsetzung und Einführung von Digitalisierungsprojekten zur Verfügung, sodass Einrichtungsleitungen und Beschäftigte diese Aufgaben eigenverantwortlich übernehmen müssen. Dieser Missstand drückt sich auch für die Befragten in dem Fehlen von flächendeckenden Schulungen aus:

> „Also ich finde nicht, dass es gut läuft, also es ist sehr unterschiedlich, an manchen Standorten läuft es und an anderen gar nicht. Und die Schulungen, die dann statt-

gefunden haben, die waren dann meistens auch in digitaler Form, also da hat dann auch nicht jeder Zugang dazu, das ist auch noch ein Problem" (BR _G4).

4.4 Handlungsmuster

In diesem komplexen Gefüge von geschilderten möglichen Arbeitswirkungen von Digitalisierungen der Sozialen Arbeit und den spezifischen Herausforderungen, mit denen sich die befragten Betriebsräte konfrontiert sehen, versuchen diese in ihrer traditionellen Rolle als Wächter guter Arbeitsbedingungen dennoch wirksam zu sein. Das Handeln der Gremien kann dabei unterschiedliche Wege einschlagen, in einem Kontinuum zwischen proaktiven Agieren und im Blockieren von Prozessen:

> „Als BR dürfen wir uns dem nicht in den Weg stellen, wir müssen das mit vorantreiben, weil das einfach wichtig ist, wir können uns davor ja jetzt nicht irgendwie ... das ist einfach die Zeit, ne. Und da müssen wir mitgehen und um auch wettbewerbsfähig gegenüber anderen Trägern zu bleiben, müssen wir da auch mitgehen und es wird Zeit [...]" (BR_E3).

> „Bessere Produktivität gibt es nicht zum Nulltarif. Wir wollen immer auch Entlastung erreichen. [...] Wir verhindern Verhaltens- und Leistungskontrolle technischer Art. Der Hype um Digitalisierung weckt aber auch Begehrlichkeiten bei den Softwareunternehmen, daher tut eine gesunde Blockadehaltung manchmal Not" (BR_D5).

Auffallend ist, dass sich die in den letzten Jahren voranschreitende Ökonomisierung der Sozialen Arbeit, sich in der Sprache der befragten Betriebsrät_innen niederschlägt. Hier scheint der „Wettbewerbsdiskurs" (Kuhlmann/Rüb 2020) aufgrund neoliberaler Globalisierung, internationalen Standortwettbewerbs und arbeitspolitischer Defensive von Gewerkschaften und betrieblichen Interessenvertretungen der letzten Jahre, auch bei Betriebsräten zu verfangen und eine Wirkmächtigkeit zu entfalten.

Obgleich diese skizzierten Herausforderungen die betrieblichen Gestaltungsräume der Betriebsräte umfassend prägen, lassen sich auf Basis der Interviews dennoch bei den zwei untersuchten Betriebsrat-Gremien unterschiedliche Handlungsfähigkeiten erkennen, die eingebettet sind in die jeweiligen arbeitspolitischen Pfadabhängigkeiten (Baethge-Kinsky et al. 2018). Demnach ist das Handeln der Gremien in digitalen Wandlungsprozessen geknüpft an die jeweiligen Rahmenbedingungen und die vorherrschenden betrieblichen Konstellationen und Machtressourcen.

So zeigt sich in Bezug auf unsere Empirie, dass in dem ersten untersuchten Betriebsrat-Gremium eine funktionierende Sozialpartnerschaft zwischen Arbeitgeber und dem Gremium vorzufinden ist. Die vom Gremium erarbeitete Handlungs- und Durchsetzungsfähigkeit drückt sich auch in der guten Kooperations- und Kommunikationskultur mit der Arbeitgeberseite auf Augenhöhe aus, die es möglich gemacht hat in der Vergangenheit umfangreiche Betriebsvereinbarungen abzuschließen. Zwar sehen die Befragten sich in Bezug auf Digitalisierungsthemen am Reagieren auf die Pläne des Arbeitgebers, die Rahmenbedingungen ermöglichen es jedoch schnell als Gremium handlungsfähig zu werden. Ferner gibt es Anstrengungen unter anderem durch Weiterqualifikation und die Einrichtung eines Ausschusses, der Digitalisierungsthemen bearbeitet sich proaktiv mit Digitalisierungen auseinanderzusetzen. Das Betriebsrat-Gremium ist mehrheitlich gewerkschaftlich organisiert und in lokalen ver.di Strukturen auch tarifpolitisch integriert. Diese Rahmenbedingungen prägen die Handlungsfähigkeit des Betriebsrat-Gremiums in Digitalisierungsprozessen. Die Betriebsrät_innen haben sich durch gewerkschaftliche Bildungs- und Beratungsangebote grundlegendes Wissen über Mitbestimmungsrechte und -handeln angeeignet.

Im zweiten untersuchten Betriebsrat-Gremium hingegen lässt sich nur eine schwach ausgebildete Sozialpartnerschaft identifizieren. In Bezug auf die Handlungsfähigkeit des Betriebsrat-Gremiums in Digitalisierungsprozessen äußert ein Interviewter Betriebsrat: „Wir machen da gar nichts zu im Betriebsrat, sondern wir reagieren immer nur, auf das was vom Arbeitgeber kommt" (BR_E2).

Es herrscht eine defizitäre Kommunikations- und Kooperationskultur zwischen Arbeitgeber und Betriebsrat vor.

> „Wir werden entweder zu spät beteiligt oder gar nicht, diese beiden Möglichkeiten sehe ich, diese Spannbreite (...). Jetzt soll wieder eine neue Software eingeführt werden, wir sind nicht informiert worden, nach wie vor nicht" (BR_E2).

Dieser Missstand wird insbesondere in dem Fehlen eines Informationsflusses gesehen:

> „Es wird auch oft gesagt ‚nee, das ist eine Arbeitgeberveranstaltung. So sind wir immer in der Defensive" (BR_E3).

Ebenso wird das nicht-einhalten rechtlicher Bestimmungen beklagt:

> „Ich sehe das bei anderen Betriebsvereinbarungen, da habe wir auch Sachen vereinbart, die werden aber gar nicht eingehalten (...) das ist natürlich übel" (BR_E2).

Für die Arbeitsfähigkeit des Betriebsrat-Gremiums kommt hinzu, dass für das 15er Gremium nur elf Kandidat_innen existieren.

5. Zusammenfassung und Fazit

Vor dem Hintergrund der verstärkt voranschreitenden Digitalisierungen in der Sozialen Arbeit fokussierte unser Beitrag die Rolle von Betriebsräten in betrieblichen Digitalisierungsprozessen. Hierbei haben wir herausgearbeitet, wie Betriebsräte auf Digitalisierungsprozesse in der Sozialen Arbeit blicken und welche branchenspezifischen Herausforderungen für die betriebliche Mitbestimmung in diesen Transformationsprozessen identifiziert werden.

Die Analyse des empirischen Materials zeigt, dass die Covid-19-Pandemie zu einem Digitalisierungsschub in den Einrichtungen führte. Die gesteigerten Anforderungen an Digitalisierungen, insbesondere bezüglich der digitalen Kommunikation mit Adressat_innen und im Team sowie Vorgesetzten, haben dabei grundsätzliche Digitalisierungsdefizite des untersuchten Trägers offengelegt. Ein weiterer Befund unserer Studie, die der „arbeitspolitische[n] Überlastung" (Kuhlmann/Voskamp 2019, S. 65) der Betriebsräte des untersuchten Trägers, hat diesen Zustand insofern verstärkt, als dass die Auseinandersetzung mit Digitalisierungsprozessen bis dato eine untergeordnete Rolle in der Mitbestimmungspraxis spielte. Ferner betrachten die befragten Betriebsräte Mitgestaltung von Digitalisierungen weniger als Kernaufgabe, die Klärung und Beratung bei Fragen um individuelle Arbeitsverhältnisse der Beschäftigten hingegen schon. Auch lässt sich festhalten, dass die Reflexion der Betriebsräte über Digitalisierungsprozesse vor der Hintergrundfolie wahrgenommener grundsätzlicher Wandlungsdynamiken, wie Ökonomisierungstendenzen, stattfinden. So existiert bei den Betriebsrät_innen einerseits ein starkes Problembewusstsein für die potenziellen negativen Auswirkungen auf die Arbeitsbedingungen der Beschäftigten, wobei Arbeitsverdichtung, Möglichkeiten der gezielten Leistungs- und Verhaltenskontrolle sowie Standardisierung und De-Professionalisierungstendenzen gesehen werden. Andererseits wird die Nutzung digitaler Tools als mögliche Arbeitserleichterung diskutiert. Seitens der Beschäftigten besteht großer Handlungsdruck zur Entlastung, sodass sie oftmals zu Treibern von Digitalisierungsprozessen wurden. Sie erhoffen sich durch Digitalisierungen eine Vereinfachung von Arbeitsabläufen sowie störungsfreieres Arbeiten. Insbesondere im Bereich der Dokumentation sehen sowohl Betriebsräte als auch Beschäftigte Potenziale zu Arbeitserleichterungen, um den Dokumentationsaufwand zu verringern.[6] Aber auch mobiles Arbeiten und Homeoffice stellen wünschenswerte Flexibilisierungsmöglichkeit im Sinne der Beschäftigten dar, indem das Verrichten von Verwaltungs- und Dokumentationsarbeiten durch digitale Tools ortsunabhängiger erfolgen kann.

6 Zu ähnlichen Einschätzungen kommen Will-Zocholl/Hardering (2020, S. 139).

Im Hinblick auf die Herausforderungen, vor denen Betriebsräte in Digitalisierungsprozessen stehen, lassen sich zentrale Wissenslücken bezüglich der Ausgestaltung der Mitbestimmungsrechte, sowohl auf Seiten des Betriebsrats als auch seitens der Arbeitgeber identifizieren, sodass wir hier von einem Professionalisierungsrückstand sprechen. Ferner wurde eine mangelnde Routine bei der Wahrnehmung der Mitbestimmungsrechte sichtbar. Das Nicht-Vorhandensein einer bundesweiten Digitalisierungsstrategie gepaart mit dem Fehlenden Fachwissen zum Thema Digitalisierung bei beiden Sozialpartnern führt zu einem Zustand, den wir angelehnt an Matuschek und Klemann (2019) als ‚konzertierte Verunsicherung' bezeichnen können. Hier könnten zusätzliche Qualifizierungsmaßnahmen sowohl für den Betriebsrat als auch für die Arbeitgeberseite im Bereich der betriebsverfassungsrechtlichen Themen, insbesondere den Mitbestimmungsrechten förderlich sein. Diese Maßnahmen dienen gleichzeitig dem Aufbau einer gemeinsamen Routine in Bezug auf die Mitbestimmung von IT-Systemen, wodurch eine gesteigerte Zusammenarbeit zu mehr Vertrauen führen könnte.

Unsere Fallbeispiele entstammen einem sozialen Träger, der regional unterschiedliche Mitbestimmungskulturen aufweist und in dem die gelebte betriebliche und überbetriebliche Sozialpartnerschaft defizitär und geprägt von Professionalisierungsrückständen ist. Ferner sind die betrieblichen Arbeitsbeziehungen durch Pfadabhängigkeit gekennzeichnet. In einem Fall wird eine funktionierende Sozialpartnerschaft mit einer guten Kommunikations-, Kooperations- und Konfliktkultur gepflegt, die auch beim Thema Digitalisierungen fortgeführt wird. Zudem bestehen hier Erfahrungen bei der gemeinsamen Erarbeitung von Betriebsvereinbarungen zu unterschiedlichsten Themen. Im anderen Fall hingegen mangelt es an diesen Umständen. Vielmehr herrscht zwischen Betriebsrat und Management ein tiefes Misstrauen, dass auch Digitalisierungsthemen überlagert und zu einer dysfunktionalen Sozialpartnerschaft führt. Zudem werden oftmals nicht einmal rechtliche Bestimmungen, beispielsweise bezüglich Informationspflichten, von Arbeitgeberseite eingehalten. Es zeigt sich, dass da wo Betriebsrat-Gremien Wissen über mitbestimmungsrechtliche Grundlagenkenntnisse und ihre Handlungsoptionen verfügen und ein kritisch-kooperativer Umgang zwischen den Sozialpartnern bereits herrscht, Betriebsräte auch in Digitalisierungsprozessen eher ihre (Mit) Gestaltungspotenziale ausschöpfen können.

Wollen Betriebsräte also ihre starken Mitbestimmungsrechte bei der Einführung von IT-Systemen nutzen und betriebliche Gestaltungsspielräume im Sinne der Beschäftigten ausschöpfen, sind der Kompetenzaufbau und die Kooperationsbereitschaft im Sinne einer funktionierenden Sozialpartnerschaft mit der Arbeitgeberseite wichtige Voraussetzungen. Dabei bedarf es einer Verständigung über Inhalte, technische und arbeitsorganisatorische Auswirkungen der Digitalisierungen sowie über den Einführungsprozess selbst. Oftmals erfolgt dies in einer IT-Rahmen-Betriebsvereinbarung auf Gesamt- oder Konzernebene in der der IT-Einführungsprozess sowie weitere Rahmenbedingungen definiert werden. Es wird deutlich, dass Digitalisierungen ein elaboriertes Verständnis von Mitbestimmung und proaktives Handeln von Betriebsräten erfordern und damit äußerst voraussetzungsvoll sind.

Literatur

Aulenbacher, Brigitte / Décieux, Fabienne / Riegraf, Birgit (2018): Capitalism goes care: elder and child care between market, state, profession, and family and questions of justice and inequality. In: Equality, Diversity and Inclusion: An International Journal, 37, H. 2, S. 347–360.

Baethge-Kinsky / Kuhlmann, Martin / Tullius, Knut (2018): Technik und Arbeit in der Arbeitssoziologie – Konzepte für die Analyse des Zusammenhangs von Digitalisierung und Arbeit. In: AIS Studien, 11, H. 2, S. 91–106.

Bahnmüller, Reinhardt / Kutlu, Yalcin / Mugler, Walter / Salm, Rainer / Seibold, Bettina / Kirner, Eva / Klatt, Sandra (2023): Mitsprache bei der Digitalisierung? Beteiligung von Betriebsräten und Beschäftigten in digitalisierungsaktiven Betrieben. Düsseldorf: Hans-Böckler-Stiftung: Study Nr. 478.

Becker, Karina / Dörre, Klaus / Kutlu, Yalçın (2018): Counter Landnahme? Labour disputes in the care work field. In: Equality, Diversity and Inclusion: An International Journal, 37, H. 4, S. 361–375.

Büchner, Stefanie / Gall, Korbinian (2023): Digitalisierung in der Sozialverwaltung. Soziotechnische Konstellationen der Fallbearbeitung am Beispiel von Jugendämtern. In: WSI-Mitteilungen, 76, H. 5, S. 346–354.

Buestrich, Michael / Burmester, Monika / Dahme, Heinz-Jürgen / Wohlfahrt, Norbert (2010): Die Ökonomisierung sozialer Dienste und sozialer Arbeit. Baltmannsweiler: Schneider Verlag Hohengehren.

Buschle, Christina / Meyer, Nikolaus (2020): Soziale Arbeit im Ausnahmezustand?! Professionstheoretische Forschungsnotizen zur Corona-Pandemie. In: Soziale Passagen, 12, H. 1, S. 150–177.

Buss, Klaus-Peter / Kuhlmann, Martin / Weißmann, Marliese / Wolf, Harald / Apitzsch, Birgit (Hrsg.) (2021): Digitalisierung und Arbeit: Triebkräfte – Arbeitsfolgen – Regulierung. Frankfurt am Main / New York: Campus.

Campayo, Salvador (2021): Professionelles Handeln mit Blick auf Digitalisierung. In: Kutscher, Nadia / Ley, Thomas / Seelmeyer, Udo / Siller, Friederike / Tillmann, Angela / Zorn, Isabel (Hrsg.): Handbuch Soziale Arbeit und Digitalisierung. Weinheim / Basel: Beltz Juventa, S. 290–302.

Carls, Kristin / Gehrken, Hinrich / Kuhlmann, Martin / Splett, Barbara / Thamm, Lukas (2023): Digitalisierung aus Beschäftigtensicht. Fehlende Mitgestaltung, belastender Zusatzaufwand, mangelnde Wertschätzung. In: WSI-Mitteilungen, 76, H. 2, S. 83–92.

Carls, Kristin / Gehrken, Hinrich / Kuhlmann, Martin / Thamm, Lukas (2020): Digitalisierung – Arbeit – Gesundheit. Zwischenergebnisse aus dem Projekt Arbeit und Gesundheit in der Arbeitswelt 4.0. Göttingen.

Dörre, Klaus (2002): Kampf um Beteiligung: Arbeit, Partizipation und industrielle Beziehungen im flexiblen Kapitalismus. Wiesbaden: Westdeutscher.

Gläser, Jochen / Grit, Laudel (2010): Experteninterviews und qualitative Inhaltsanalyse als Instrumente rekonstruierender Untersuchungen. 4. Auflage. Wiesbaden: VS Verlag für Sozialwissenschaften.

Haipeter, Thomas / Hoose, Fabian / Rosenbohm, Sophie (Hrsg.) (2021): Arbeitspolitik in digitalen Zeiten. Entwicklungslinien einer nachhaltigen Regulierung und Gestaltung von Arbeit. Baden-Baden: Nomos.

Halfar, Bernd (2018): Internet der Dinge: Sendung ohne Mouse. In: Kreidenweis, Helmut (Hrsg.): Digitaler Wandel in der Sozialwirtschaft. Baden-Baden: Nomos, S. 179–194.

Hammerschmidt, Peter / Sagebiel, Juliane / Hill, Burkhard / Beranek, Angelika (Hrsg.) (2021): Big Data, Facebook, Twitter & Co. und Soziale Arbeit. Weinheim / Basel: Beltz Juventa.

Helbig, Christian / Kutscher, Nadia (2018): Medienpädagogik in der Jugendhilfe. In: Jugendhilfe, H. 6, S. 532–538.

Hielscher, Volker / Nock, Lukas / Kirchen-Peters, Sabine / Blass, Kerstin (2013): Zwischen Kosten, Zeit und Anspruch. Das alltägliche Dilemma sozialer Dienstleistungsarbeit. Wiesbaden: VS Verlag für Sozialwissenschaften.

iwd – Informationsdienst des Instituts der deutschen Wirtschaft (2023): In klassischen Frauenberufen klafft die größte Lücke. iwd.de/artikel/in-klassischen-frauenberufen-klafft-die-groesste-luecke-577783 (Abfrage: 01.08.2024).

Klein, Alexandra / Pulver, Caroline (2021): Onlineberatung. In: Kutscher, Nadia / Ley, Thomas / Seelmeyer, Udo / Siller, Friederike / Tillmann, Angela / Zorn, Isabel (Hrsg.): Handbuch Soziale Arbeit und Digitalisierung. Weinheim / Basel: Beltz Juventa, S. 190–201.

Kreidenweis, Helmut (2020): Sozialinformatik. Digitaler Wandel und IT-Einsatz in sozialen Organisationen. 3. Auflage. Baden-Baden: Nomos.

Kuhlmann, Martin (2023): Digitalisierung und Arbeit. Eine Zwischenbilanz als Einleitung. In: WSI-Mitteilungen, 76, H. 5, S. 331–336.

Kuhlmann, Martin / Voskamp, Ulrich (2019): Digitalisierung und Arbeit im niedersächsischen Maschinenbau. SOFI-Arbeitspapier 2019–15. Göttingen.

Kutlu, Yalçın / Seibold, Bettina / Mugler, Walter / Kirner, Eva / Klatt, Sandra (2023): Betriebliche Digitalisierungsprozesse. Neue Beteiligungsofferten, neue arbeitspolitische Chancen? In: Arbeit, 32, H. 1, S. 51–74.

Kutscher, Nadia / Ley, Thomas / Seelmeyer, Udo / Siller, Friederike / Tilmann, Angela / Zorn, Isabel (2021): Einleitung – Hintergrund und Zielsetzung des Handbuchs. In: Kutscher, Nadia / Ley, Thomas / Seelmeyer, Udo / Siller, Friederike / Tilmann, Angela / Zorn, Isabel (Hrsg.): Handbuch Soziale Arbeit und Digitalisierung. Weinheim / Basel: Beltz Juventa, S. 9–17.

Leineweber, Christian / Wunder, Maik (2021): Zum optimierenden Geist der digitalen Bildung. In: MedienPädagogik, 42, S. 22–46.

Matuschek, Ingo / Kleemann, Frank (2019): Konzertierte Verunsicherung angesichts Industrie 4.0 – Herausforderungen für die betriebliche Sozialpartnerschaft. In: Industrielle Beziehungen, 26, H. 2, S. 189–206.

Pfeiffer, Sabine (2014): Innovation und Mitbestimmung. In: Industrielle Beziehungen, 21, H. 4, S. 390–404.

Seelmeyer, Udo / Kutscher, Nadia (2021): Zum Digitalisierungsdiskurs in der Sozialen Arbeit. Befunde – Fragen – Perspektiven. In: Wunder, Maik (Hrsg.): Digitalisierung und Soziale Arbeit. Transformationen und Herausforderungen. Bad Heilbrunn: Julius Klinkhardt, S. 17–30.

Seelmeyer, Udo / Waag, Philipp (2021): Hybridisierung personenbezogener sozialer Dienstleistungen. In: Kutscher, Nadia / Ley, Thomas / Seelmeyer, Udo / Siller, Friederike / Tillmann, Angela / Zorn, Isabel (Hrsg.): Handbuch Soziale Arbeit und Digitalisierung. Weinheim / Basel: Beltz Juventa, S. 180–190.

Waag, Philipp (2023): Rationalisierung durch Digitalisierung? In: Soziale Passagen, 15, H. 2, S. 497–512.

Will-Zocholl, Mascha / Hardering, Friedericke (2020): Digitalisierung als Informatisierung in der sozialen Arbeit. Folgen für Arbeit und professionelles Selbstverständnis von Sozialarbeiter*innen. In: Arbeit, 29, H. 2, S. 123–142.

Wunder, Maik (2018): Diskursive Praxis der Legitimierung und Delegitimierung von digitalen Bildungsmedien. Dissertation. Bad Heilbrunn: Julius Klinkhardt.

Wunder, Maik (Hrsg.) (2021): Digitalisierung und Soziale Arbeit. Transformationen und Herausforderungen. Bad Heilbrunn: Julius Klinkhardt.

Zanker, Christoph / Roth, Ines / Hoppe, Markus (2019): Ver.di-Innovationsbarometer 2019: Künstliche Intelligenz. Berlin.

Digitalisierung gewährleisten

Anwenderinnen als Erfüllungsgehilfen für effektive Rationalisierungsprozesse in der öffentlichen Verwaltung

Jule Elena Westerheide und Martin Lenzner

1. Einleitung

Verwaltungstätigkeiten im öffentlichen Dienst gehören zu den typischen Beispielen digitaler Arbeit (vgl. Schwemmle / Wedde 2012, S. 14 f.), da diese in der Regel auf Informations- und Kommunikationstechniken (IKT) basieren, in digitalisierte Arbeitsabläufe eingebettet sind und Informationen immer öfter in elektronischer Form vorliegen. Dabei sorgen die „Ökonomisierung des öffentlichen Dienstes" (Czerwick 2007; auch „New Public Management" Schedler / Proeller 2000) und Pilotprojekte, die in Behörden unter dem Stichwort „Arbeit 4.0" firmieren, für die Implementierung stetig neuer digitaler Technologien. Während die Diffusion digitaler Technologien in wirtschaftlichen Sektoren unter Bedingungen des Konkurrenzdrucks der Unternehmen erfolgt, ist Digitalisierung in der Verwaltung vielmehr auch deshalb seit Jahren relevant, da sie durch den Gesetzgeber politisch vorangetrieben wird und gleichwohl wirtschaftliche Akteure versuchen, Standardsoftware und modern anmutende Organisationskonzepte zu vermarkten (vgl. Will-Zocholl 2023).

Bei der Betrachtung von digitalisierten Verwaltungsabläufen werden allerdings die Anwender_innen von digitalen Technologien – wenn sie überhaupt Erwähnung finden – vor allem als Getriebene einer Digitalisierung thematisiert, sind sie doch an weichenstellenden Entscheidungen nicht beteiligt und müssen die Auswirkungen ausbaden (vgl. z. B. Boes et al. 2016; Briken et al. 2014). So führt der Einsatz neuer IKT im öffentlichen Sektor zu komplexeren Tätigkeitsprofilen im Bereich der Sekretariatsarbeit. Diese umfassen zu leistende Technikadaptionen an betriebliche Bedarfe bis hin zu Kompetenzerweiterungen ohne Entgeltgruppenanpassung (vgl. Westerheide 2021a; Banscherus et al. 2017). Damit sind Sekretärinnen seit langem nicht nur mehr Schreibkräfte und Vorzimmerdamen, sondern erarbeiten nun digitale Dokumentensysteme, nutzen Kommunikationstools, pflegen Websites oder verwalten digital Finanzen (vgl. Westerheide 2021a, S. 17). Die Software ist zudem meist nicht an die spezifischen betrieblichen Erfordernisse angepasst (z. B. SAP), sodass Sekretärinnen Technik implementieren, ergänzen oder gar ändern müssen, damit „der Laden läuft".

Prinzipiell umfassen Sekretariatsarbeiten Büro- und Verwaltungstätigkeiten, die einer weisungsbefugten Leitungsstelle zugeordnet sind (vgl. Truss 1993, S. 564). Sekretärinnen kanalisieren, filtern und bearbeiten Informationen im Rahmen unterstützender Prozesse, wodurch Vorgesetzte und andere Mitarbeiter_innen sich auf die im Kernprozess anfallenden Tätigkeiten konzentrieren können. In Anlehnung an den Dienstleistungsbegriff von Berger und Offe (1981, S. 45) verstehen wir Sekretariatsarbeit daher als *assistierende Gewährleistungsarbeit an der Herstellung von betrieblichen Abläufen* (ähnlich Holtgrewe 2002, S. 200), die meist von Frauen ausgeführt wird (Definition nach Westerheide 2021a, S. 36 ff.).

Der Beitrag zeigt, dass im Zuge von Digitalisierungsprozessen dezentrale Sekretariatsarbeit besondere Relevanz in der Gewährleistung von Verwaltungsabläufen erlangt. Ebendiese *Gewährleistungsarbeiterinnen* in der öffentlichen Verwaltung werden im Folgenden also auch nicht nur als Getriebene thematisiert, sondern hinsichtlich ihres Beitrags zur Bewältigung von Digitalisierungsprozessen unter Berücksichtigung ihrer gewandelten Arbeit, ihrer Interessen und Motive, ernst genommen. Der Artikel nimmt sich dementsprechend vor, den digitalen Wandel der Sekretariatsarbeit unter Einbezug des Arbeitshandelns und der Arbeitsorientierungen der Subjekte zu skizzieren (empirische Ergebnisse unter Kapitel 4) und analysiert den *subjektiven Faktor* einfacher Anwenderinnen in Digitalisierungsprozessen: Inwiefern tragen Arbeitsorientierungen und -praktiken von Sekretärinnen zur Gewährleistung eines reibungslosen Verwaltungsablaufs in Digitalisierungsprozessen bei? Die Analyse erfolgt auf Basis von Daten aus einem Dissertationsprojekt zur Sekretariatsarbeit und einem laufenden Projekt zu der Digitalisierungsstrategie einer Landesbehörde (Kapitel 3).

Die Veränderung von Arbeitsprozessen durch Technologien ist auch ein zentraler Topos arbeits- und industriesoziologischer Forschung (Kapitel 2), in der die Analyse des Zusammenwirkens von Rationalitätskalkülen, technischer Mittel und menschlicher Arbeitskraft allerdings allzu oft in einem Technikdeterminismus verhaftet blieb. Während zwar nun subjektorientierter das Verhältnis von Arbeit und Technik beleuchtet wird, finden das *subjektive Arbeitshandeln und die Arbeitsorientierungen der Subjekte bei der Technikimplementation und -anwendung* im Lichte der von Interessengegensätzen geprägten Arbeitsbeziehungen zu wenig Berücksichtigung. Denn ob der Einsatz neuer Technologien gelingt, ist letztlich eine Frage der konkreten Nutzung und damit auch der Arbeitsorientierungen der Subjekte.

In diesem Sinne zeigt der Artikel, dass die Subjekte einen „Gewährleistungsstolz" (Westerheide 2021a, S. 247) entwickeln, der beinahe kongruent mit dem betrieblichen Bedarf an Effektivität und Reproduktion der Verwaltungsabläufe ist. Auch wenn es im Hinblick auf mangelnde Wertschätzung und Entlohnung Widerstände gibt, digitalisieren und professionalisieren sie im Gros freiwillig und unentgeltlich ihren Tätigkeitsbereich. Die Mehrarbeit von ebendiesen Gewährleistungsarbeiterinnen und ihre Ausweitung des Tätigkeitsspektrums wird so zu einer unerlässlichen Ressource für Digitalisierung im Sinne der organisationalen Zielstellungen.

2. Theoretischer Rahmen und Forschungsstand

Im Folgenden werden arbeits- und techniksoziologische Theorieperspektiven erarbeitet (Kapitel 2.1), die auf eine subjektorientierte Analyse zuläuft, sowie Hintergründe (Kapitel 2.2) und der Forschungsstand (Kapitel 2.3) von Digitalisierungsprozessen in der Verwaltung dargestellt.

2.1 Zentrale Perspektiven auf das Verhältnis von Arbeit und Technik

Der Technisierungsprozess von Arbeit ist ein zentraler Topos arbeits-, technik- und industriesoziologischer Forschung, deren theoretische Perspektiven auf die *Auswirkungen* (I. Rationalisierung) und die *Ursachen* (II. Technikdeterminismus) von Technisierung jedoch Kritik erfuhren und subjektorientiert (III) weiterentwickelt wurden. Daran schließt der Beitrag an und ergänzt dies um eine Perspektive, die das Denken und Handeln der Lohnabhängigen in Technisierungsprozessen ernst nimmt.

I. Dabei bildet *Rationalisierung* den wesentlichen mit einer Technisierung von Produktion und Verwaltung assoziierten Zweck (vgl. Pfeiffer 2018). Da Technik tatsächlich – besonders bei sich exakt wiederholenden Prozessabläufen (vgl. Rammert 2007) – menschliche Arbeitskraft ersetzen kann, wurde diese Tatsache im Zuge einer Informatisierung der industriellen Kernsektoren zeitdiagnostisch zu Prognosen über ein „Ende der Arbeitsteilung" (Kern / Schumann 1984) bzw. die „menschenleere Fabrik" (Brödner 1997) überhöht. Demgegenüber etablierte sich der Wissenschaftskonsens, dass auch hochautomatisierte Arbeitsabläufe weiterhin qualifizierte Kontrolltätigkeiten und sogenannte „Restarbeiten" benötigen (im Sinne einer Polarisierung der Beschäftigten bezüglich ihres Qualifikationsgrades, Kern / Schumann 1970; für Büroarbeit Jaeggi / Wiedemann 1963; Baethge / Oberbeck 1986). Automatisierungshypothesen (Frey / Osborne 2013) wurde zwar fortan kritischer und subjektorientierter begegnet, bei jeder technischen Neuerung wiederholen sich allerdings diese Bedrohungsszenarien zur *Substituierbarkeit menschlicher Arbeitskraft.*

Subjekte kommen in einem Debattenstrang vornehmlich als *Objekte der Rationalisierung* vor. Die Subjektgebundenheit von Arbeitskraft ergibt realiter das Transformationsproblem (vgl. Berger / Offe 2018, S. 81 ff.), welches nun stärker in den Betrieben durch Kontrolltechnologien beantwortet werden soll, um so Arbeit zu verdichten und Widerständigkeiten zu vermindern. Denn die eingesetzten digitalen Technologien können etwa im Sinne technischer Kontrolle (Edwards 1979) oder im Rahmen systemischer Rationalisierung (Baethge/Oberbeck 1986) als „Organisationstechnologie" (Lutz 1986, S. 116; auch Kleemann/Westerheide/Matuschek 2019, S. 40) fungieren. Außerdem entstehen durch Technisierungsprozesse neue Belastungen, etwa durch widersprüchliche Arbeitsanforderungen (vgl. Stöger/Merl 2023) oder im Kontext hybrider Arbeit der Balance zwischen Arbeit und Leben (vgl. z. B. Ahlers/Mierich/Zucco 2021). Zwar werden hier die subjektiven Auswirkungen von technikbedingter Rationalisierung in den Blick genommen; als handelnde und denkende Subjekte mit eigenen Interessen und Orientierungen tauchen die Beschäftigten derart allerdings nicht auf.

Eine Reihe von Publikationen betonen die Unentbehrlichkeit menschlicher Arbeitskraft und heben dabei auf besondere Eigenschaften, wie das implizite Erfahrungswissen (vgl. Polanyi 1967), der Beschäftigten ab. So stellte eine Reihe an Forschungsergebnissen bereits früh (z. B. Böhle 1992; Martin 1995; Weber/Wehner 2001) den Stellenwert des subjektivierenden Arbeitshandelns „im Umgang mit Komplexität und Unwägbarkeiten" heraus (z. B. für sogenannte Routinetätigkeiten in der Industrie Pfeiffer/Suphan 2018, S. 292). Die Argumentation folgt der Prämisse einer „Notwendigkeit menschlichen Arbeitshandelns" (Huchler/Rhein 2017, S. 295) und eines „irreduziblen Subjektivitätsbedarf[s]" (Schimank 1986). Ein wichtiger Topos dabei ist die Beleuchtung von Mensch-Maschine-Interaktionsformen.

II. Ein anderer prominenter Zugriff ist die Frage nach den Treibern eines *soziotechnischen Wandels*. Jener wurde insbesondere in frühen Debatten auf technikzentrierte, teilweise technikdeterministische Weise betrachtet (vgl. Lutz 1986; Brödner 1987; Brose 1998). Technische Innovation wird hierbei als Auslöser vorangestellt (vgl. exemplarisch: Schelsky 1961), ohne gesellschaftliche und betriebliche Interessen an Technikentwicklung und -implementation zu berücksichtigen. Vor allem die Analyse des Zusammenwirkens von Rationalitätskalkülen und „den Methoden des ‚fließenden Bandes'" (Kracauer 1930/2016, S. 13) blieb allzu oft in einem *Technikdeterminismus* verhaftet (vgl. Braverman 1998). Als moderner Fortsatz dieser Perspektive wird der Wandel als technikinduziert verstanden. So ist es etwa verkürzt zu sagen, dass Technologien mit einer bestimmten „Eingriffstiefe" (Dolata 2011) aus sich heraus „Veränderungsdruck auf Akteure, Strukturen und Institutionen entfalten" (ebd., S. 10) — so drohen die eigentlichen Entscheidungsträger und ausführenden Subjekte aus dem Blick zu geraten.

III. Zudem können zwar angewandte Technologien als „diktierte, technische Notwendigkeit" (MEW 23, S. 407) in Erscheinung treten. Allerdings bleibt Subjekten auch unter Bedingungen strikter technologischer Kontrolle und Prozessvorgabe immer die Möglichkeit zum eigensinnigen Handeln („workers are still faced with alternative courses of action", Littler/Salaman 1982, S. 263). Ittermann,

Niehaus und Hirsch-Kreinsen (2015) ist insofern zuzustimmen, wenn sie sagen, dass soziale Tatsachen, wie Arbeitsbeziehungen und Arbeitspraxis, nicht durch die technische Machbarkeit an sich geschaffen, sondern höchstens von ihr beeinflusst werden (ebd., S. 41–44).

Hier setzt eine *subjektorientierte Arbeitssoziologie* an, die nicht nur der Tatsache folgt, dass Technisierung neue Unbestimmtheiten für das Arbeitshandeln produziert (vgl. Kleemann/Westerheide/Matuschek 2019, S. 56), sondern auch andersherum technische Prozesse durch Arbeitshandeln geprägt werden. Unterschieden wird grundsätzlich dabei zwischen „kompensatorischen" und „strukturierenden" Leistungen (Kleemann 1999).

Der Artikel fügt dieser Perspektive hinzu, dass Ausgestaltung und Anwendung von Technik auch eine *Arena der Aushandlung* auf Grundlage der Interessen verschiedener (betrieblicher) Akteure ist (vgl. Böhle 1992; Hack et al. 1979; Ortmann et al. 1990), und die Anwendung im Feld der von Interessengegensätzen geprägten Arbeitsbeziehungen konflikthaft sein kann. Es geht darum, wie und warum Beschäftigte Technologien benutzen und verändern; ob sie Prozesse und Verwaltungsabläufe gewährleisten und organisational-technische Strukturen implementieren, optimieren und technische Probleme munter lösen oder an ihnen verzweifeln, scheitern, sie schlicht ignorieren oder gegen sie ankämpfen. Für die Arbeitspraktiken in Technisierungsprozessen (also Implementation, Anwendung und Funktionalität von Technologien) sind die vorgelagerten Arbeitsorientierungen und Interessen der Subjekte entscheidend.

Mit dem Technikeinsatz werden also gemeinhin in Produktion und Verwaltung von den Entscheidungsträger_innen Erwartungen an Effizienz- und Effektivitätszugewinnen verbunden, aber auch ihre Anwendung findet in antagonistischen Arbeitsbeziehungen statt, welche von „der Bereitschaft zu außerordentlichem, unplanbarem und unerwartbarem Einsatz" (Ortmann et al. 1990, S. 510) der Beschäftigten abhängt.

2.2 Forschungsstand: Das Subjekt in der digitalen Transformation

Viele der in Unterkapitel 2.1 beschriebenen Debatten haben sich in den vergangenen zehn Jahren rund um Fragen der Digitalisierung wiederholt – inklusive ihrer Fehler und Verkürzungen (vgl. Howaldt/Kopp/Schultze 2018; Schmiede 2015; Arlt/Kempe/Osterberg 2017, S. 96). Ausnahmen finden sich bei Autor_innen, die im größeren Rahmen Kapitalinteressen als die eigentlichen Treiber der Digitalisierung benennen und damit ‚der Digitalisierung' das fehlende Subjekt verpassen (Schadt 2022; Pfeiffer 2015). Wenn Beschäftigte dabei allerdings wieder nur als „Opfer gesellschaftlicher Dynamiken" (vgl. Schimank 2002, S. 368) betrachtet werden, verlieren jene ihren Subjektstatus. Nach wie vor werden sie allzu oft als bloße Getriebene oder abhängige Variable unternehmerischer Rationalisierungsstrategien, Regelungsbedarfe und Change-Managementstrategien (vgl. Schmid 2019; Köppl/Fulde 2021) begriffen. Die Beschäftigten müssen dabei je nach Untersuchungsfeld die Folgen rigider Steuerungsformen mittragen (vgl. Altenried 2017; Boes et al. 2018), werden in „verschärfte Unmittelbarkeit von Marktabhängigkeiten" (Menz/Nies/Sauer 2019, S. 197) gesetzt und mit subjektivierten und entgrenzten Arbeitsbedingungen konfrontiert (z. B. Kleemann/Voß 1999; Kleemann 2003). Bereits früh zeigte sich, dass computerisierte Tätigkeiten Beschäftigte mit gesteigerten Anforderungen an Kommunikation und Kooperation konfrontieren sowie Anpassung und technische Implementationsleistungen von ihnen abverlangen (vgl. Knoblauch 1996; Böhle/Bolte 2002; Holtgrewe 1997).

Die eigentliche digitale „Transformationsdynamik" (Pfeiffer/Schrape 2023, S. 135) und damit auch die involvierten ko-konstituierenden, arbeitenden Subjekte und deren innere Antriebe werden häufig vernachlässigt. Dabei ist die digitale Transformation durch „Interdependenzen von Technik und Sozialem" (Kleemann/Westerheide/Matuschek 2019, S. 39) geprägt. Essenziell zum Verständnis sind zudem die Interdependenzen sozialer Akteure, d. h. zwischen Organisationen und ihren Mitgliedern. Denn Digitalisierungsprozesse sind nicht allein von organisationalen Interessen und Strategien vorbestimmt. Die eigentliche Umsetzung findet in Abhängigkeit zu subjektiven Bedeutungszuschreibungen statt. Arbeitsprozesse, Technologien, Erwartungen und Regeln sind eng gekoppelt an Stress- und Unsicherheitserfahrungen sowie subjektive Vorstellungen der Gerechtigkeit (z. B. Pfeiffer/Kawalec 2020), des Sinns (vgl. Hardering 2020) sowie der Rationalität (vgl. Nies 2021).

Auffallend wenige Untersuchungen, die sich mit Digitalisierung beschäftigen, setzen sich konkret mit den konstitutiven subjektiven Arbeitsorientierungen, -interessen und -praktiken von Anwender_innen, Arbeiter_innen und Angestellten auseinander. Vereinzelt finden sich etwa in Bezug auf Steuerung und Kontrolle (vgl. Thompson/Ackroyd 2023; Mumby 2005) Beispiele, die diesem Umstand Rechnung tragen. So analysieren z. B. Barthel, Gnisa und Stephan (2022) detailliert verschiedene Ausprägungen des Eigensinns in der Logistikarbeit, die parallel, komplementär oder divergent zur formellen digitalisierten Arbeitsorganisation stehen. Vollkommen unbeleuchtet bleibt in der bisherigen Literatur die für die Digitalisierung bedeutenden Gewährleistungsarbeiten von Sekretärinnen. Die Untersuchung setzt hier an und analysiert den subjektiven Faktor dieser Beschäftigtengruppen am Beispiel des öffentlichen Dienstes.

3. Methodik und empirische Basis

Der Beitrag stützt sich auf qualitative Daten, die im Rahmen von zwei Forschungsprojekten erhoben wurden. Das abgeschlossene Dissertationsprojekt

„Die Illusion der Leistungsgerechtigkeit: Arbeit und Entgelt von Sekretärinnen" (Westerheide 2021a) hat das hier verwendete Konzept des „Gewährleistungsstolzes" durch eine eingehende empirische Untersuchung entwickelt. Im Zentrum standen Arbeitskonflikte von Sekretärinnen um Arbeitsplatzbewertungen und ihrer „Leistungsgerechtigkeitsillusion" im Kontext gewandelter (u.a. digitalisierter) Sekretariatsarbeit. Empirische Grundlage der Studie bilden dabei die im Zeitraum von 2015 bis 2018 erhobenen 44 leitfadengestützten Interviews mit Sekretärinnen öffentlicher Hochschulen und Behörden, acht Expert_inneninterviews mit Gleichstellungsbeauftragten, Personalräten und Arbeitsplatzbewerter_innen. Daneben wurden Tätigkeitsprotokolle, Arbeitsplatzbeschreibungen und teilnehmende Beobachtungen von Arbeitskonflikten erhoben und ausgewertet (vgl. dazu auch Westerheide 2020a, Westerheide 2020b; Westerheide 2021b; Westerheide 2022).

Weitere Daten stammen aus dem laufenden Forschungsprojekt „New Normal – empirische Erhebung und Reallabore" (Ruhr-Universität Bochum/Lehrstuhl für Soziologie der digitalen Transformation). Das Projekt untersucht die Digitalisierungsstrategie des Ministeriums für Wirtschaft, Innovation, Klimaschutz und Energie des Landes Nordrhein-Westfalen und den Wandel von Arbeitsbeziehungen, Steuerungsformen und konkreten Arbeitspraktiken (s. Lenzner et al. 2023). Bisher wurden im Rahmen des Mixed-Methods-Designs 34 leitfadengestützte Einzelinterviews mit Beschäftigten des Landesministeriums geführt (Stand: 1. Dezember 2023). Hinzu kommen ausgewertete Dienstvereinbarungen, Strategiepapiere und Feldnotizen.

Der Beitrag greift auf die vorangegangenen Analysen zurück. Die Auswertung der erhobenen Interviews und Dokumente erfolgte in beiden Projekten entlang inhaltsanalytischer (vgl. Kuckartz 2018) sowie interpretativer und rekonstruktiver Verfahren (vgl. Kleemann/Krähnke/Matuschek 2013; Bohnsack 2014).

4. Empirische Ergebnisse: Digitaler Wandel in und mittels der Sekretariatsarbeit im öffentlichen Dienst

Im Zuge der untersuchten Digitalisierungsprozesse – die im öffentlichen Dienst nicht an erster Stelle Rationalisierung im Sinne einer Konkurrenzstrategie verfolgen, aber doch Kosteneinsparungen durch effektivere Abläufe und Personalabbau anstreben – gewinnt die *Gewährleistungsfunktion* von Sekretarariatsarbeit an Relevanz. Denn technische Implementationen sind grundsätzlich risikobehaftet, weshalb potenziell den betrieblichen Ablauf störende Faktoren „absorbiert und verarbeitet [...] werden müssen" (Berger/Offe 1981, S. 265 f.). Da Grad und Qualität der Reibungen bei solchen Veränderungen nicht absehbar sind, müssen Überkapazitäten bereitgehalten werden. Dieser Logik entsprechend werden Sekretärinnen in unserem Sample nicht zu unmittelbaren Opfern von personeller Rationalisierung (vgl. Rationalisierungsdilemma, ebd., S. 236), ihr Tätigkeitsbereich verändert sich aber eklatant und Sekretärinnen (müssen) diese Störfaktoren verarbeiten, um reibungslose Arbeitsabläufe zu gewährleisten (Kapitel 4.1)

Diese technisch-organisatorischen Umstrukturierungen im Rahmen von New Public Management und Arbeit 4.0 transformieren hierarchisch-bürokratische Steuerungen hin zu einer ergebnisorientierten, transparenten und dezentralen Steuerung durch die Übernahme privatwirtschaftlicher Techniken (z. B. Konkurrenz um Mittelvergabe qua Kennziffern, Anreize und Verhandlungsgeschick, und dezentralisierte Rechnungsführung), wofür digitale Systeme als geeigneter eingestuft werden. Das hat umfassende Auswirkungen auf das Anforderungsprofil und die Arbeitsbeziehungen von Sekretärinnen. Die digitalgestützten Tätigkeiten beinhalten den Umgang mit integrierten Systemen zum Campus- und Bibliotheksmanagement, Enterprise-Resource-Planning (vgl. Ambrosy/Bosbach/Schulz 2012) oder dem Einsatz elektronischer Akten und Laufmappen. Diese Softwarelösungen sind meist nicht an die betrieblichen Bedarfe angepasst, wodurch Sekretärinnen auch heute noch mit Medienbrüchen umgehen müssen und (geeignete) Technikimplementationen leisten. Hinzu kommen mit der Ausweitung mobiler Arbeitsformen neue Anforderungen zur Koordination und Kommunikation. Sekretärinnen garantieren vor diesem Hintergrund nicht nur, *dass der Laden läuft*, sondern beeinflussen auch *wie der Laden läuft*. Dabei lautet der überraschende Befund: Zu einer digitalen Rationalisierung tragen Sekretärinnen durch ihre Arbeitsorientierung bei, die sich mit ihrer betrieblichen Gewährleistungsfunktion deckt (Kapitel 4.2).

4.1 Sekretärinnen gewährleisten Digitalisierung

Sekretärinnen gewährleisten durch ihre Arbeitspraxis digitalgestützte Organisationsprozesse und -strukturen. Der Einzug und Einsatz neuer IKT wird dabei entweder (I) *kompensatorisch* durch die Beschäftigten aufgenommen oder selbst (II) *strukturierend* vorangetrieben (vgl. Kleemann 1999).

(I) Kompensatorische Gewährleistungsarbeiten

Ein charakteristisches Beispiel für kompensatorische Gewährleistungsarbeiten bildet die Überbrückung von Medienbrüchen, die dort auftreten, wo für den Informationsaustausch zwischen zwei inkompatiblen Medien oder Geräten eine zusätzliche Informationstransformation, z. B. eine durch Subjekte geleistete „Medienbruchtätigkeit“ (Götzer 1990, S. 97) erforderlich erscheint. Diese Form von Gewährleistungsarbeiten leisten Sekretärinnen in der Verwaltung etwa da, wo keine elektronischen Unterschriften möglich sind oder wo parallele Dokumentations- und Buchungssysteme in Referaten oder Lehrstühlen geführt werden sollen: „also es ist glaub ich bei allen Sekretärinnen so, dass trotz dieses SAP-Systems, dass jeder noch für sich ein eigenes Buchungssystem hier führt" (Sekretärin 1, Universität). Die Gründe für Medienbrüche sind vielfältig und werden von einer Beschäftigten als „Quintessenz" des technisch-organisatorischen Wandels bezeichnet (Regierungsbeschäftigte 2, Landesministerium). Unzureichend erprobte Systeme, die nicht den betrieblichen Bedarfen angepasst sind, bedeuten nicht nur Arbeitsverdichtung und Änderungen im Arbeitsablauf, sondern in vielen Fällen gar einen Anstieg bürokratischer Tätigkeiten: „1/3 meiner Arbeit geht damit drauf, dass ich Dateinamen mir ausdenke und Dateien abspeichere" (Sachbearbeiter, Landesministerium).

Die Effektivität der Dienstleistungen im öffentlichen Dienst wird so mittels Mehrarbeit gewährleistet, auch wenn der digitale Wandel störungsanfällig und noch nicht betriebskonform ist. Sekretärinnen verwalten darüber hinaus häufig mehrere E-Mail-Postfächer und die Kalender ihrer Vorgesetzten:

> „ich habe fünf E-Mail-Postfächer mittlerweile […]. Meistens taucht einer meiner Chefs auf und will direkt Infos und Vorschläge. Also ich habe zwei Chefs, muss man auch dazu sagen, das macht das Ganze etwas kompliziert. Der eine ist regelmäßig hier, die andere mehr im Homeoffice. Die sagt dann selten was persönlich. Das lass ich etwas länger liegen, aber das geht natürlich auch nicht immer. Naja, da hat der andere Chef dann schon irgendwie Vorrang, wenn er im Büro steht" (Sekretärin 3, Universität).

Das Beispiel zeigt, wie die Sekretärin die gestiegenen Erwartungsinkonsistenzen sowie Koordinationsbedarfe und -dilemmata im Rahmen hybrider Zusammenarbeit abfedert. Diese Beispiele verdeutlichen durchweg den subjektiven Umgang mit den durch die organisationale Digitalisierung neuen Anforderungen. Sekretärinnen vereinen immer mehr Tätigkeiten auf sich:

> „Es ist zwar schon so, dass man für das Briefeschreiben jetzt keine Sekretärin mehr braucht, sondern dass das der Mitarbeiter ma' eben selber flott da in sein Verarbeitungssystem reinklimpert, aber dann kommt SAP und da braucht er uns ja doch immer wieder. Wir sind dann auch selber damit beschäftigt, Sachen die früher in der Verwaltung stattgefunden haben, dass wir machen, damit die nur noch 'nen Haken dran machen" (Sekretärin 2, Universität).

(II) Strukturierende Gewährleistungsarbeiten

Sekretärinnen kompensieren nicht nur die Auswirkungen des organisational-technischen Wandels, sondern lenken und prägen diesen: *Sekretärinnen gestalten hier die Digitalisierung von Organisationsstrukturen und -prozessen.* Dabei eignen sie sich selbstständig neue Aufgabenfelder an und nehmen – etwa durch die Setzung von Normen sowie die Lenkung von Kommunikation – „von unten" Einfluss auf die Verhaltensweisen anderer: Eine Beschäftigte richtete sich gegen die „Unart, E-Mails mit ellenlangen Historien rumzuschicken, mit zig Anhängen [mit Informationen zum Umgang mit digitalen Tools], die dann immer weitergeschickt werden" (Regierungsbeschäftigte 1, Landesministerium) und implementierte als Ersatz selbstständig eine FAQ-Intranetseite als zentrale Anlaufstelle. Die gleiche Sekretärin setzte diese Papierlosigkeit gegenüber ihrer Vorgesetzten durch: „Nein, irgendwann müssen wir uns dran gewöhnen, wird nicht ausgedruckt, muss man halt lernen, damit umzugehen" (Regierungsbeschäftigte 1, Landesministerium) und agierte dabei auch als freiwillige Digitalisierungspromotorin im Sinne der Organisation:

> „‚Wie geht das da? Da hilf mir mal hier'. Das heißt, ich habe so viele Leute beraten, ein bisschen geschult auch, die Tools zur Benutzung der Digitalisierung" (Regierungsbeschäftigte 1, Landesministerium).

> „… und ja, dann mache ich so ein bisschen, ich sage mal Privatunterricht" (Regierungsbeschäftigte 2, Landesministerium).

Hier garantieren die niedrigrangigen Beschäftigten also die Erfüllung von Digitalisierungszielen, ohne dass dafür organisational ausreichend Umsetzungskonzepte und Ressourcen zur Verfügung gestellt worden wären.

Andererseits zeigt sich jedoch auch, dass die *Gewährleistungspraxis nicht immer im Zeichen der Digitalisierung stehen muss.* Teilweise wechseln die Beschäftigten freiwillig zwischen unterschiedlichen Medien, z. B. dann, wenn die Handhabung mehrerer komplexer Prozesse mit digitalen Technologien nicht mehr bewerkstelligt werden kann:

> „wenn ich extrem viel zu tun hatte […] ich weiß nicht, zehn Parallel-Veranstaltungen hatte. Und so weiter. Da habe ich meine Arbeit nicht mehr geschafft. Da habe ich zum Beispiel meine Mails tatsächlich ausgedruckt und habe Farben zur Priorisierung drauf gemalt mit Marker, […] wenn es wirklich dicke voll ist, dann ist es auf dem Papier auf dem Tisch besser" (Regierungsbeschäftigte 1, Landesministerium).

Dieses Beispiel deutet die Grenzen der von Sekretärinnen geleisteten Mehrarbeit an, die eine wesentliche Ressource für Überkapazitäten bei der organisationalen Digitalisierung darstellt. Gerade bei zu hohem Informationsfluss werden analoge Medienarten aufgrund ihrer Sichtbarkeit vorgezogen:

> „Und so kam ich aus dem Urlaub und da lag vielleicht hier so ein Stapel Papier und der ist einfach sichtbar […] letzte Woche [hingegen …] da hatte meine Chefin mich gebeten, einen Termin zu organisieren […]. Sie hat mir eine Mail geschickt und ich habe die Mail zur Kenntnis genommen. Und ja, dann habe ich woanders hin geklickt.

> Dann war es weg und ich habe es einfach vergessen […]" (Regierungsbeschäftigte 2, Landesministerium).

Zur strukturierenden Leistung von Sekretärinnen gehört zudem die eigeninitiierte Erweiterung von Fertigkeiten und Kompetenzen: „Also ich mache ganz andere Sachen als früher, Computersachen. Ich habe auch zig Schulungen besucht …" (Sekretärin 4, Universität). Da formale Weiterbildungen häufig als nicht ausreichend wahrgenommen werden, bilden Sekretariatsnetzwerke Austauschplattformen zur gegenseitigen Hilfe. Sekretärinnen tauschen sich hier etwa in Bezug auf regulatorische Vorschriften oder Anwendungsprobleme aus. Dies führt im Gros zu einer Arbeitserweiterung und einer ‚Professionalisierung von unten'. Dabei schieben die Beschäftigten aus eigenem Antrieb Digitalisierungs- und Rationalisierungsprozesse voran, in dem sie unentgeltlich neue Kompetenzen und Fertigkeiten erwerben und das Ideal des ‚papierlosen Büros' im Interesse der Organisation selbst umsetzen.

4.2 Gewährleistungsstolz und Rationalitätsansprüche: Warum leisten die Beschäftigten das?

Sekretärinnen gewährleisten vor dem Hintergrund gestiegener Arbeitsverdichtung, erhöhter Qualifikationserfordernisse und dem Einzug digitaler Technologien Kommunikations- und Verwaltungsprozesse in den beobachteten Bereichen der Hochschul- und Ministerialverwaltung. Der Frage, warum die Beschäftigten eigeninitiativ, freiwillig und größtenteils ohne zusätzliche Vergütung diese betrieblichen Interessen erfüllen, gehen wir im Folgenden nach. Zwei Momente subjektiver Disposition / Arbeitsorientierung der Interviewten sind dafür zentral: (I) ein, mit einem Anerkennungsstreben verknüpfter, *Gewährleistungsstolz* (Westerheide 2021a, S. 247 ff.) und (II) ein identifizierter *Rationalitätsanspruch* (vgl. Kratzer et al. 2015, S. 111 ff.) nach reibungslosen Abläufen.

(I) Gewährleistungsstolz

Die befragten Sekretärinnen zeigen eine bemerkenswerte subjektive Entsprechung zu objektiven betrieblichen Funktionen der (geforderten und geleisteten) Gewährleistungsarbeit. Das den betrieblichen Belangen gemäße Arbeitsbewusstsein bezeichnen wir als „Gewährleistungsstolz". Dies stellt einen zentralen Moment für das Handeln der Sekretärinnen dar. Das Arbeitsbewusstsein manifestiert sich in für Sekretärinnen charakteristischen Vorstellungen von Leistung und Leistungsvermögen, der Betonung von Erfahrungswissen sowie der Identifikation als Allround-Arbeitskraft. In diesem Sinne halten die Befragten ihre

Position in der Organisation im Generellen und sich selbst im Speziellen durchgängig für unersetzbar:

> „Ohne mich geht's gar nicht, genau das ist das Problem, weil wenn hier keiner sitzen würde oder auch nebenan niemand wär', dann wäre der ganze Laden kaputt, ist so" (Sekretärin, Gewerkschaft).

Als ihre wesentliche Aufgabe betrachten die Befragten, den Laden auch in Zeiten des Wandels am Laufen zu halten – also die Funktionsfähigkeit der zugeordneten Arbeitseinheit oder Abteilung zu reproduzieren. Die Implementation neuer Technologien steht für ein Beispiel, in dem die Sekretärinnen zur Erfüllung ihrer Gewährleistungsarbeit ihre konkreten Aufgaben neu justieren müssen. Der Gewährleistungsstolz tritt dabei deutlich an jenen Passagen hervor, in denen die eigene Unersetzbarkeit in den Vordergrund gestellt und gleichwohl Fragen der Anerkennung problematisiert werden. Der folgende Textabschnitt veranschaulicht den Zusammenhang von Technikaffinität und Anerkennung. Die Befragte beschreibt, wie sie aus eigener Initiative an einer EDV-Weiterbildung teilgenommen hat, deren Lernerfolge sie in ihrem Bereich eigensinnig anwendet und damit einen Digitalisierungsschub in Gang setzt, der die Arbeit mit analogen Vorlagen durch digitalintegrierte Vorlagensysteme ersetzt:

> „Ich habe vor zwei Jahren *auch noch*, also als ich jetzt hier war, an der [wirtschaftsnahe Kammer] *eine Fortbildung* gemacht zur Office-Management-Assistentin und hab da auch noch mal so ganz viele Sachen dazugelernt und hab da *sogar 'ne Projektarbeit* über diese Wiedervorlagen, die ich digitalisiert habe, geschrieben und das ist auch hier sehr gut angekommen und so arbeiten wir jetzt auch inzwischen, weil vorher war das hier so ganz, ganz viel Papierkrams [...] und da hab ich mir nur noch gedacht ‚meine Güte, das kann nicht sein so viel Papier zu verschwenden' und [...] ich arbeite wahnsinnig gern am Computer. Also hab' ich da über Excel dann so 'ne Wiedervorlagenliste erstellt, die ich dann wiederum mit ganz vielen, so mit Hyperlinks und Verknüpfungen und, und, und/Inzwischen ist das so gewachsen, dass es jetzt also zig Listen ineinander verknüpft [...] das kommt sehr gut an" (Sekretärin, Uniklinik).

Wiederkehrend betont die Befragte ihr Interesse an digitalgestützten und papierlosen Verfahren. Kursiv in der Interviewpassage hervorgehoben sind Textfragmente („auch noch ... eine Fortbildung" und „sogar 'ne Projektarbeit"), die auf ihre freiwilligen Leistungen verweisen und die aus ihrer Sicht über die an sie herangetragenen Erwartungen weit hinausgehen. Mit der sprachlichen Feinanalyse wird deutlich, dass ein ausgeprägtes Anerkennungsstreben ein zentrales Motiv für das gewährleistende, digitalisierende Arbeitshandeln darstellt. Ihr Stolz bewahrheitet sich vor allem, wenn die Gewährleistungstätigkeit wertgeschätzt wird.

(II) Rationalitätsansprüche

Das zweite handlungsleitendes Moment sind „technisch-funktionale Rationalitätsansprüche“ (Kratzer et al. 2015, S. 113) an den Arbeitsprozess. Dafür repräsentativ ist die, im oben angeführten Beispiel, Vermeidung von Papierverschwendung und das Herstellen einer effizienteren Arbeitsorganisation. Eine sich selbst als serviceorientiert beschreibende Sekretärin engagierte sich aus ähnlichen Gründen weit über ihre Stellenbeschreibung hinaus im technischen Support des Landesministeriums.

> „Oder meine Referatsleitung sagt: ‚Ach, da hat der sowieso, hat sich bedankt und es hätte ein super Support gegeben und so‘, da freue ich mich dann drüber. So kriegt man natürlich auch mit, dass es, dass ich dazu beitrage, dass das angenommen wird im Haus mit neuen Technologien. Das finde ich auch ganz wichtig. Irgendeiner muss sich kümmern und muss immer helfen. Das ist ganz wichtig, dass das, dass sie nicht frustriert sind, die Leute“ (Regierungsbeschäftigte 1, Landesministerium).

Aus dieser Textpassage gehen die subjektiven Rationalitätsansprüche an die Arbeitsorganisation hervor. Die Befragte arbeitet für das Ideal betrieblicher Funktionalität, ihre technischen Hilfestellungen schätzt sie dafür als zentral ein, weil sie in der Belegschaft die Akzeptanz für digitale Instrumente erhöhe. Diese Haltung, sich mit dem betrieblichen Zweck im Allgemeinen zu identifizieren und Digitalisierung im Speziellen ohne besondere Reibungen umzusetzen, ist charakteristisch für die Interviewten aus dem Ministerium.

Rationalitätsansprüche nach mehr Effizienz oder Praktikabilität von Arbeitsprozessen verleiten auch andere Sekretärinnen zu erheblicher Mehrarbeit unter- und oberhalb ihrer formalen Eingruppierung. Organisationen zehren von diesen Qualifikationsreserven:

> „Also am Anfang habe ich halt das Postfach betreut und dann habe ich noch ein Postfach bekommen und dann habe ich zufällig, weil ich TYPO3 kann, da habe ich mal im Intranet geholfen, dann war das mein Baby. Ich habe zum Beispiel den ganzen digitalen Auftritt von MWIKE-Digital 2022 entworfen, weil ich sowas gerne mache, weil ich so was kann“ (Regierungsbeschäftigte 1, Landesministerium).

Das Beispiel verdeutlicht, wie Sekretärinnen in subjektivierter Form ihre persönlichen Vorlieben, Erfahrungen und ihre als nützlich erlebten Fähigkeiten stolz einbringen und damit im Sinne organisationaler Rationalisierung agieren. Grenzen sind diesem Arbeitshandeln stellenweise z. B. durch das eigene Gerechtigkeitsempfinden und ausbleibende Anerkennung gesetzt: „seitdem das Projekt vorbei ist, [habe ich mich] ein bisschen wieder zurückgezogen, weil ich dachte, eigentlich werde ich ja nicht dafür bezahlt. Aber dennoch, wenn mich einer fragt, natürlich helfe ich, weil ich kann ja gar nicht anders" (Regierungsbeschäftigte 1, Landesministerium).

5. Fazit

Sekretärinnen nehmen eine zentrale, gewährleistende Funktion in der Sicherung von Arbeitsprozessen ein. Der Artikel hat den subjektiven Faktor von Sekretärinnen als Anwenderinnen und deren Beitrag zur Gewährleistung reibungsloser Verwaltungsabläufe in Digitalisierungsprozessen beleuchtet. Der Fokus lag dabei auf den konkreten Arbeitspraktiken und Arbeitsorientierungen der Beschäftigten.

In den untersuchten Digitalisierungsprojekten von öffentlichen Verwaltungen leisten Sekretärinnen sowohl kompensierende als auch strukturierende Gewährleistungsarbeiten (Kapitel 4.1). Nicht selten avancieren sie dabei zu wahren Digitalisierungsexpertinnen, die Arbeitsprozesse und die Zusammenarbeit zwischen Arbeitseinheiten effektivieren. Sie digitalisieren und rationalisieren damit nicht nur freiwillig eigene Arbeitsprozesse oder federn die an sie gestellten neuartigen Anforderungen ab, sondern stemmen autonom die Implementation digitaler Technologien, bilden sich eigenständig an den zu nutzenden Software-Systemen aus und bringen ihr betriebliches Erfahrungswissen ein – ganz zum Nutzen der jeweiligen Organisationen. Denn jene sparen sich auf diese Weise erstens Implementationskosten wie technische Anpassungen und viele Fortbildungen und können so Anpassungsschwierigkeiten und zeitweilige Dysfunktionalitäten vermeiden. Die Mehrarbeit von ebendiesen Gewährleistungsarbeiterinnen und die Ausweitung ihres Tätigkeitsspektrums wird so zu einer unerlässlichen Ressource für Digitalisierung im Sinne der organisationalen Zielstellungen.

Für staatlich organisierte Dienstleitungen gilt zwar, dass sie weder durch ihre Erträge noch durch ihre fiskalischen Kosten, sondern durch Kriterien des Bedarfs einer Gesellschaft an ihnen und der Effektivität ihrer Verrichtung gesteuert sind (vgl. Berger / Offe 2018, S. 231). Sie sind aber damit noch lange nicht frei von Rationalisierungserwägungen, die auf Effizienz gerichtet sind – nicht zuletzt, da sie als vermittelte „falsche Kosten" des gesellschaftlichen Reproduktionsprozesses vorkommen und immer ein Minus in der Staatskasse darstellen (MEW 24, S. 133 ff.). Ob Digitalisierungsprojekte im öffentlichen Dienst dennoch die Notwendigkeit von verfügbaren Überkapazitäten (vgl. Berger / Offe 2018, S. 236) – etwa um Störanfälligkeiten auszugleichen – berücksichtigen, ist in diesem Rahmen nicht festzustellen, wohl aber dass die Bereitstellung von den Sekretärinnen durch Mehrarbeit bislang geleistet wird.

Die subjektiven Gründe (Kapitel 4.2) für jenes freiwillige Digitalisieren und Rationalisieren von Arbeitsprozessen liegen vor allem in den Rationalitätsansprüchen und im Gewährleistungsstolz, den die Subjekte im Arbeitsprozess entwickeln und welcher beinahe kongruent mit dem betrieblichen Bedarf an digitalen

Verwaltungs- und Arbeitsabläufen ist. Wenngleich es im Hinblick auf mangelnde Entlohnung Widerstände gibt (Westerheide 2020), professionalisieren sie im Gros freiwillig und unentgeltlich ihren Tätigkeitsbereich. Sekretärinnen digitalisieren dabei allerdings nicht um jeden Preis. Ihr oberster Rationalitätsanspruch ist das Gewährleistungsanliegen und jenes steht über dem Ziel eines Digitalisierungfortschrittes – Technik wird von den Subjekten als ein Mittel für reibungslose Abläufe und nicht zum Selbstzweck eingesetzt. Da, wo den Subjekten der digitale Medieneinsatz überflüssig oder dysfunktional erscheint, werden analoge Medien verwendet und Medienbrüche in Kauf genommen. An jenen Stellen, wo die Subjekte die Anerkennung vermissen, treten sie zudem teilweise von bestimmten Aufgaben zurück. Das digitalisierende Arbeitshandeln ist also mittelbar auch ein Produkt der konkreten Arbeitsbeziehungen und mikropolitischen Aushandlungen gepaart mit der aus betrieblicher Sicht anfallenden Notwendigkeit der Eigenmotivation der Beschäftigten zum eigenständigen Lernen (vgl. Matuschek 2016, S. 20 f.). Der Einsatz von IKT wirkt hier also nur dialektisch als Notwendigkeit und Möglichkeit für nachhaltig veränderte Arbeitsanforderungen und -beziehungen, falls die Subjekte genug Bereitschaft haben, diese Digitalisierungsschübe mitzutragen und zu gestalten.

Gewährleistungsstolz und Rationalitätsansprüche als Kernmotive sind insofern bemerkenswert, als sie, anders als Gerechtigkeitsansprüche, kaum als unmittelbare Motive interessengeleiteten Handelns verstanden werden können.[1] Sie bedeuten stattdessen die Übernahme betrieblicher Interessen und stellen nur mittelbar einen instrumentellen Arbeitsbezug dar (vgl. Kudera et al. 1979). Denn diese Motivlagen der Beschäftigten sind dabei weniger direkt materiell bestimmt, sondern liegen hier im Besonderen in der impliziten Strategie, unersetzbar zu sein oder zu werden. In der Bestätigung, meist durch wertschätzende Vorgesetzte, misst sich dann der Erfolg dieser Art des Arbeitshandelns.

So werden die Anwenderinnen der neuen Verwaltungstechnologien tatsächlich zu unersetzbaren Erfüllungsgehilfinnen für effektive Rationalisierungsprozesse in den öffentlichen Einrichtungen – vornehmlich getrieben indessen durch ihre eigenen Arbeitsorientierungen.

1 Abweichend zu Menz und Nies (2016), die auch Rationalitätsansprüche als interessengeleitete Mobilisierungsmomente begreifen, verstehen wir betriebliche Rationalität nicht bzw. nur sehr vermittelt als kompatibel mit den Interessen der Beschäftigten.

Literatur

Ahlers, Elke / Mierich, Sandra / Zucco, Aline (2021): Homeoffice. Was wir aus der Zeit der Pandemie für die zukünftige Gestaltung von Homeoffice lernen können. In: WSI-Report, H. 65.

Altenried, Moritz (2017): Die Plattform als Fabrik. Crowdwork – Digitaler Taylorismus und die Vervielfältigung der Arbeit. In: Prokla – Zeitschrift für kritische Sozialwissenschaft 47, H. 2, S. 175–191.

Ambrosy, Rainer / Bosbach, Franz / Schulz, Susanne (2012): Campusmanagement. Aachen: Shaker.

Arlt, Hans-Jürgen / Kempe, Martin / Osterberg, Sven (2017): Die Zukunft der Arbeit als öffentliches Thema – Presseberichterstattung zwischen Mainstream und blinden Flecken. Frankfurt am Main: Otto Brenner Stiftung.

Baethge, Martin / Oberbeck, Herbert (1986): Zukunft der Angestellten. Neue Technologien und berufliche Perspektiven in Büro und Verwaltung. Frankfurt am Main: Campus.

Banscherus, Ulf / Baumgärtner, Alena / Böhm, Uta / Golubchykova, Olga / Schmitt, Susanne / Wolter, Andrä (2017): Wandel der Arbeit an wissenschaftsunterstützenden Bereichen an Hochschulen. Hochschulreformen und Verwaltungsmodernisierung aus Sicht der Beschäftigten. In: Study-Reihe, Nr. 362. Düsseldorf: Hans-Böckler-Stiftung.

Barthel, Georg / Gnisa, Felix / Stephan, Hans-Christian (2022): Eigensinn im marktgesteuerten digitalen Taylorismus: Eine empirische Untersuchung zu Aneignungsweisen im Produktionsmodell von Amazon. In: Heiland, Heiner / Schaupp, Simon (Hrsg.): Widerstand im Arbeitsprozess. Bielefeld: transcript, S. 249–276.

Berger, Johannes / Offe, Claus (2018): Die Entwicklungsdynamik des Dienstleistungssektors. In: Offe, Claus (Hrsg.): Macht und Effizienz. Studien zur kapitalistischen Rationalisierung der Arbeit. Wiesbaden: Springer VS, S. 213–252.

Berger, Ulrike / Offe, Claus (1981): Das Rationalisierungsdilemma der Angestelltenarbeit. Arbeitssoziologische Überlegungen zur Erklärung des Status von kaufmännischen Angestellten aus der Eigenschaft ihrer Arbeit als ‚Dienstleistungsarbeit'. In: Kocka, Jürgen (Hrsg.): Angestellte im europäischen Vergleich. Göttingen: Vandenhoeck & Ruprecht, S. 39–58.

Boes, Andreas / Kämpf, Tobias / Gül, Katrin / Langes, Barbara / Lühr, Thomas / Marrs, Kira / Ziegler, Alexander (2016): Digitalisierung und Wissensarbeit. Der Informationsraum als Fundament der Arbeitswelt der Zukunft. In: APuZ – Aus Politik und Zeitgeschichte 66, H. 18–19, S. 32–38.

Boes, Andreas / Kämpf, Tobias / Langes, Barbara / Lühr, Thomas (2018): ‚Lean' und ‚agil' im Büro – Neue Organisationskonzepte in der digitalen Transformation und ihre Folgen für die Angestellten. Bielefeld: transcript.

Böhle, Fritz (1992): Grenzen und Widersprüche der Verwissenschaftlichung von Produktionsprozessen. Zur industriesoziologischen Verortung von Erfahrungswissen. In: Malsch, Thomas / Mill, Ulrich (Hrsg.): ArBYTE. Modernisierung der Industriesoziologie? Berlin: edition sigma, S. 87–132.

Böhle, Fritz / Bolte, Annegret (2002): Die Entdeckung des Informellen. Der schwierige Umgang mit Kooperation im Arbeitsalltag. Frankfurt am Main / New York: Campus.

Bohnsack, Ralf (2014): Rekonstruktive Sozialforschung. Eine Einführung in qualitative Methoden. Opladen / Toronto: Barbara Budrich.

Braverman, Harry (1998): Labor and Monopoly Capital: The Degradation of Work in the Twentieth Century. NYU Press.

Briken, Kendra / Gottschall, Karin / Hils, Sylvia / Kittel, Bernhard (2014): Wandel von Beschäftigung und Arbeitsbeziehungen im öffentlichen Dienst in Deutschland – zur Erosion einer sozialstaatlichen Vorbildrolle. In: Zeitschrift für Sozialreform 60, H. 2, S. 123–148.

Brödner, Peter (1987): Technik. Sachzwang oder Gestaltungsgegenstand? In: Wechselwirkung 9, H. 35, S. 7–11.

Brödner, Peter (1997): Der überlistete Odysseus. Über das zerrüttete Verhältnis von Menschen und Maschinen. Berlin: edition sigma.

Brose, Hans-Georg (1998): Proletarisierung, Polarisierung oder Upgrading der Erwerbsarbeit? Über die Spätfolgen „erfolgreicher Fehldiagnosen „in der Industriesoziologie. In: Kölner Zeitschrift für Soziologie und Sozialpsychologie 50, H. 38, S. 130–163.

Czerwick, Edwin (2007): Die Ökonomisierung des öffentlichen Dienstes. Dienstrechtsreformen und Beschäftigungsstrukturen seit 1991. Wiesbaden: Springer VS.

Dolata, Ulrich (2011): Wandel durch Technik – Eine Theorie soziotechnischer Transformation. Frankfurt am Main / New York: Campus.

Edwards, Richards (1979): Contested terrain. The transformation of the workplace in the twentieth century. New York: Basic Books.

Frey, Benedict Carl / Osborne, Michael A. (2013): The future of employment: how susceptible are jobs to computerisation? In: Oxford Martin Programme on Technology and Employment, Working Paper.

Götzer, Klaus Georg (1990): Optimale Wirtschaftlichkeit und Durchlaufzeit im Büro. Ein Verfahren zur integrierten Optimierung der Büroinformations- und Kommunikationstechnik. Berlin / Heidelberg: Springer.

Hack, Lothar / Brose, Hans-Georg / Czasny, Karl / Hack, Ingrid / Hager, Frithjof / Moser, Roland / Vieser, Karin (1979): Leistung und Herrschaft. Soziale Strukturzusammenhänge subjektiver Relevanz bei jüngeren Industriearbeitern. Frankfurt am Main / New York: Campus.

Hardering, Friedericke (2020): Sinn in der Arbeit. Wiesbaden: Springer Fachmedien.

Holtgrewe, Ursula (1997): Frauen zwischen Zuarbeit und Eigensinn: Der EDV-Einzug in Kleinstbetriebe und die Veränderungen weiblicher Assistenzarbeit. Berlin: edition sigma.

Holtgrewe, Ursula (2002): Anerkennung und Arbeit in der Dienstleistungsgesellschaft. Eine identitätstheoretische Perspektive. In: Moldasch, Manfred / Voß, Gerd Günter (Hrsg.): Subjektivierung von Arbeit. Augsburg / München / Mering: Hampp, S. 195–218.

Howaldt, Jürgen / Kopp, Ralf / Schultze, Jürgen (2018): Zurück in die Zukunft? Ein kritischer Blick auf die Diskussion zur Industrie 4.0. In: Hirsch-Kreinsen, Hartmut / Ittermann, Peter / Niehaus, Jonathan (Hrsg.): Digitalisierung industrieller Arbeit. Berlin: edition sigma, S. 347–364.

Huchler, Norbert / Rhein, Philipp (2017): Arbeitshandeln und der digitale Wandel von kleinen und mittleren Unternehmen. Die Rolle des Menschen und die Grenzen der Formalisierung 4.0. In: Arbeit 26, H. 3–4, S. 287–314.

Ittermann, Peter / Niehaus, Jonathan / Hirsch-Kreinsen, Hartmut (2015): Arbeiten in der Industrie 4.0 – Trendbestimmungen und arbeitspolitische Handlungsfelder. Düsseldorf: Hans-Böckler-Stiftung.

Jaeggi, Urs / Wiedemann, Herbert (1963): Der Angestellte im automatisierten Büro. Stuttgart: Kohlhammer.

Kern, Horst / Schumann, Michael (1970): Industriearbeit und Arbeiterbewußtsein: Eine empirische Untersuchung über den Einfluß der aktuellen technischen Entwicklung auf die industrielle Arbeit und das Arbeiterbewußtsein. Frankfurt am Main: Europäische Verlagsanstalt.

Kern, Horst / Schumann, Michael (1984): Das Ende der Arbeitsteilung? Rationalisierung in der industriellen Produktion. München: C. H. Beck.

Kleemann, Frank (1999): Personale Technikstile im informatisierten Arbeitsalltag. In: Hebecker, Elke / Kleemann, Frank / Neymanns, Harald / Stauff, Markus (Hrsg.): Neue Medienumwelten. Zwischen Regulierungsprozessen und alltäglicher Aneignung. Frankfurt am Main / New York: Campus, S. 298–310.

Kleemann, Frank (2003): Aktuelle Debatten der Arbeitssoziologie. In: Gottschall, Karin / Voß, G. Günther (Hrsg.): Entgrenzung von Arbeit und Leben, München: Mering: Hampp, S. 59–85.

Kleemann, Frank / Krähnke, Uwe / Matuschek, Ingo (2013): Interpretative Sozialforschung. Eine Einführung in die Praxis des Interpretierens. Wiesbaden: Springer VS.

Kleemann, Frank / Voß, Gerd Günter (1999): Telearbeit und alltägliche Lebensführung. In: Büssing, André / Seifert, Hartmut (Hrsg.): Die Stechuhr hat ausgedient. Flexible Arbeitszeiten durch technische Entwicklungen. Berlin: Hans-Böckler-Stiftung, S. 147–172.

Kleemann, Frank/Westerheide, Jule Elena/Matuschek, Ingo (2019): Arbeit und Subjekt. Aktuelle Debatten der Arbeitssoziologie. Wiesbaden: Springer VS.

Knoblauch, Hubert (1996): Arbeit als Interaktion. Informationsgesellschaft, Post-Fordismus und Kommunikationsarbeit. In: Soziale Welt 47, H. 3, S. 344–362.

Köppl, Carsten/Fulde, Michael (2021): Zwischen Krisenmanagement und New Normal: Wie sich die Corona-Pandemie auf die Verwaltung auswirkt. In: Verwaltung & Management 27, H. 4, S. 187–191.

Kracauer, Siegfried (2016): Die Angestellten. Frankfurt am Main: Suhrkamp.

Krater, Nick/Menz, Wolfgang/Tullius, Knut/Wolf, Harald (2015): Legitimationsprobleme in der Erwerbsarbeit. Gerechtigkeitsansprüche und Handlungsorientierungen in Arbeit und Betrieb. Baden-Baden: Nomos.

Kuckartz, Udo (2018): Qualitative Inhaltsanalyse. 4. Auflage. Weinheim/Basel: Beltz Juventa.

Kudera, Werner/Mangold, Werner/Ruff, Konrad/Schmidt, Rudi/Wentzke, Theodor (1979): Gesellschaftliches und politisches Bewußtsein von Arbeitern. Eine empirische Untersuchung. Frankfurt am Main: Europäische Verlagsanstalt.

Lenzner, Martin/Westerheide, Jule Elena/Hertwig, Markus/Korn, Anna (2023): Nominierungslücken in der hybriden Arbeit. Postpandemische Arbeitszeitkulturen und die Repersonalisierung von Kontrolle in der öffentlichen Verwaltung. In: AiS-Studien 16, H. 2, S. 58–73.

Littler, Craig R./Salaman, Graeme (1982): Bravermania and beyond: recent theories of the labour process. In: Sociology 16, H. 2, S. 251–269.

Lutz, Burkart (1986): Das Ende des Technikdeterminismus und die Folgen – soziologische Technikforschung vor neuen Aufgaben und neuen Problemen. In: Lutz, Burkhart (Hrsg.): Technik und sozialer Wandel. Verhandlungen des 23. Deutschen Soziologentages in Hamburg 1986. Frankfurt am Main/New York: Campus, S. 34–52.

Martin, Hans (1995): CeA. Computergestützte erfahrungsgeleitete Arbeit. Berlin/Heidelberg: Springer.

Matuschek, Ingo (2016): Industrie 4.0, Arbeit 4.0 – Gesellschaft 4.0? – Eine Literaturstudie. Berlin: Rosa-Luxemburg-Stiftung.

Menz, Wolfgang/Nies, Sarah (2016): Gerechtigkeit und Rationalität – Motive interessenpolitischer Aktivierung. In: WSI-Mitteilungen 69, H. 7, S. 530–539.

Menz, Wolfgang/Nies, Sarah/Sauer, Dieter (2019): Digitale Kontrolle und Vermarktlichung. Beschäftigtenautonomie im Kontext betrieblicher Strategien der Digitalisierung. In: Prokla. Zeitschrift für kritische Sozialwissenschaft 49, H. 195, S. 181–200.

MEW (Marx-Engels-Werke), Band 23 (1968): Das Kapital, Band 1. Berlin/DDR: Dietz.

MEW (Marx-Engels-Werke), Band 24 (1963): Das Kapital, Band 2. Berlin/DDR: Dietz.

Mumby, Dennis K. (2005): Theorizing resistance in organization studies: a dialectical approach. In: Management Communication Quarterly 19, H.1, S. 19–44.

Nies, Sarah (2021): Eine Frage der Kontrolle? Betriebliche Strategien der Digitalisierung und die Autonomie von Beschäftigen in der Produktion. In: Berliner Journal für Soziologie 31, S. 475–504.

Ortmann, Günther/Windeler, Arnold/Becker, Albrecht/Schulz, Hans-Joachim (1990): Computer und Macht in Organisationen. Wiesbaden: Springer VS.

Pfeiffer, Sabine (2015): Warum reden wir eigentlich über Industrie 4.0? Auf dem Weg zum digitalen Despotismus. In: Mittelweg 36, H. 6, S. 14–36.

Pfeiffer, Sabine (2018): Technisierung von Arbeit. In: Böhle, Fritz/Voß, Gerd Günter/Wachtler, Günther (Hrsg.): Handbuch Arbeitssoziologie, Band 1. Wiesbaden: VS Verlag für Sozialwissenschaften, S. 321–358.

Pfeiffer, Sabine/Kawalec, Sandra (2020): Justice expectations in crowd and platform-mediated work. In: The Economic Labour Relations Review (ELRR) 31, H. 4, S. 483–501.

Pfeiffer, Sabine/Schrape, Jan-Felix (2023): Digitale Transformation der Arbeit. In: Bohn, Rainer/Hirsch-Kreinsen, Hartmut/Pfeiffer, Sabine/Will-Zocholl, Mascha (Hrsg.): Lexikon der Arbeits- und Industriesoziologie. Baden-Baden: Nomos, S. 134–138.

Pfeiffer, Sabine / Suphan, Anna (2018): Industrie 4.0 und Erfahrung – das unterschätzte Innovations- und Gestaltungspotenzial der Beschäftigten im Maschinen- und Automobilbau. In: Hirsch-Kreinsen, Hartmut / Ittermann, Peter / Niehaus, Jonathan (Hrsg.): In Digitalisierung industrieller Arbeit – Die Vision Industrie 4.0 und ihre sozialen Herausforderungen. Baden-Baden: edition sigma, S. 275–302.

Polanyi, Michael (1967): The tacit dimension. New York: Anchor Books.

Rammert, Werner (2007): Technik – Handeln – Wissen. Zu einer pragmatischen Technik- und Sozialtheorie. Wiesbaden: VS Verlag für Sozialwissenschaften.

Schadt, Peter (2022): Digitalisierung. Köln: Papy Rossa.

Schedler, Kuno / Proeller, Isabella (2000): New Public Management. Bern / Stuttgart / Wien: UTB.

Schelsky, Helmut (1961): Der Mensch in der wissenschaftlichen Zivilisation. Wiesbaden: VS Verlag für Sozialwissenschaften.

Schimank, Uwe (1986): Technik, Subjektivität und Kontrolle in formalen Organisationen. Eine Theorieperspektive. In: Seltz, Rüdiger / Mill, Ulrich / Hildebrand, Eckhard (Hrsg.): Organisation als soziales System. Kontrolle und Kommunikationstechnologie in Arbeitsorganisationen. Berlin: edition sigma, S. 71–92.

Schimank, Uwe (2002): Individuelle Akteure: Opfer und Gestalter gesellschaftlicher Dynamiken. In: Volkmann, Ute / Schimank, Uwe (Hrsg.): Soziologische Gegenwartsdiagnosen II. Opladen: Leske und Budrich, S. 367–389.

Schmid, Andreas (2019): Verwaltung, eGovernment und Digitalisierung: Grundlagen, Konzepte und Anwendungsfälle. Wiesbaden: Springer Vieweg.

Schmiede, Rudi (2015): Die informatisierte Arbeitsgesellschaft. In: Böhme, Gernot / Gahlings, Ute (Hrsg.): Wie lebt es sich in unserer Gesellschaft? Bielefeld: Aisthesis, S. 123–146.

Schwemmle, Michael / Wedde, Peter (2012): Digitale Arbeit in Deutschland – Potenziale und Problemlagen. Bonn: Friedrich-Ebert-Stiftung.

Stöger, Ursula / Merl, Tanja (2023): Belastungen bei digital vernetzter Dienstleistungsarbeit – widersprüchliche Arbeitsanforderungen. In: Heinlein, Michael / Neumer, Judith / Ritter, Tobias (Hrsg.): Digital vernetzte Arbeit – Merkmale und Anforderungen eines neuen Typus von Arbeit. Wiesbaden: Springer VS.

Thompson, Paul / Ackroyd, Stephen (2023): Arbeiter:innen-Handeln, vom Widerstand zum Fehlverhalten: Eine Arbeitsprozessperspektive. In: Heiland, Heiner / Schaupp, Simon: Widerstand im Arbeitsprozess. Eine arbeitssoziologische Einführung. Bielefeld: transcript, S. 53–82.

Truss, Catherine (1993): The secretarial ghetto: myth or reality? A study of secretarial work in England, France and Germany. In: Work, Employment and Society 7, H. 4, S. 561–584.

Weber, Wolfgang G. / Wehner, Theo (2001): Erfahrungsorientierte Handlungsorganisation – arbeitswissenschaftliche Ergebnisse zur computergestützten Facharbeit im Diskurs. In: Schriftenreihe Mensch – Technik – Organisation, Band 30. Zürich: vdf Hochschulverlag.

Westerheide, Jule Elena (2020a): Weibliche Angestellte erheben Einspruch – Konflikte um Leistungsbewertung in der Sekretariatsarbeit. In: Becker, Karin / Binner, Kristina / Decieux, Fabienne (Hrsg.): Gespannte Arbeits- und Geschlechterverhältnisse im Marktkapitalismus. Wiesbaden: Springer VS, S. 239–262.

Westerheide, Jule Elena (2020b): Man war doch Einzelkämpfer hier – Kollektivierung der Arbeitskonflikte von Sekretärinnen in informellen Netzwerken? In: Artus, Ingrid / Bennewitz, Nadja / Henninger, Annette / Holland, Judith / Kerber-Clasen, Stefan (Hrsg.): Arbeitskonflikte sind Geschlechterkämpfe. Münster: Westfälisches Dampfboot, S. 286–303.

Westerheide, Jule Elena (2021a): Die Illusion der Leistungsgerechtigkeit. Arbeit und Entgelt von Sekretärinnen. Frankfurt am Main / New York: Campus.

Westerheide, Jule Elena (2021b): Das Arbeitsplatzinterview als Legitimationsmoment der organisationalen Leistungsbewertung – geteilte Bewertungskriterien und asymmetrische Durchsetzungsmacht. In: Meier, Frank / Peetz, Thorsten (Hrsg.): Organisation und Bewertung. Wiesbaden: Springer VS, S. 293–319.

Westerheide, Jule Elena (2022): Materialistischer Moralismus. Relationierungen ideeller Ansprüche und materieller Interessen am Beispiel von Entgeltkonflikten in der Sekretariatsarbeit. In: AiS-Studien 15, H. 1, S. 54–69.

Will-Zocholl, Mascha (2023): Digitalisierung in der öffentlichen Verwaltung. Stagnation, Transformation oder Disruption? In: Schröer, Andreas / Blättel-Mink, Birgit / Schröder, Antonius / Späte, Katrin (Hrsg.): Soziale Innovationen in und von Organisationen. Sozialwissenschaftliche Studien zur Transformation von Organisation. Wiesbaden: Springer VS, S. 277–292.

Die Gewerkschaften als Akteure der Digitalisierung?

„Technik sollte immer den Beschäftigten dienen"

Interview mit Kai Burmeister[1], Vorsitzender des DGB Baden-Württemberg

Bitte stellen Sie kurz den DGB als Organisation vor.

Der Deutsche Gewerkschaftsbund (DGB) ist bundesweit sowie in Baden-Württemberg der Dachverband seiner acht Mitgliedsgewerkschaften und fungiert als politischer Arm der Gewerkschaften. Während es die Aufgabe der Gewerkschaften ist, in ihren jeweiligen Branchen durch Tarifverträge und mit den Betriebsräten durch Betriebsvereinbarungen für gute Arbeitsbedingungen zu sorgen, obliegt es dem DGB, die Interessen dieser Gewerkschaften zu bündeln und gegenüber der Politik sowie der Öffentlichkeit eine Stimme für alle Arbeitnehmerinnen und Arbeitnehmer[2] als *politische* Interessenvertretung zu sein. Konkret beinhaltet das den Dialog mit der Bundespolitik, für uns als DGB Baden-Württemberg geht es natürlich auch um die Landespolitik und um die Kommunen. Darüber hinaus agiert der DGB aber auch als Impulsgeber für gesellschaftliche und gewerkschaftliche Debatten, die grundlegender Natur sind, wie beispielsweise die ökologische Transformation oder eben die Digitalisierung. Dabei stellt sich die Frage, ob Arbeitsplätze und Wirtschaftswachstum mit den Herausforderungen des Klimawandels in Einklang zu bringen sind, und welche Auswirkungen Technologien wie Digitalisierung und Künstliche Intelligenz auf die Arbeitswelt haben. Zur Frage der KI haben wir erst vor kurzem eine Tagung organisiert.[3] Der DGB übernimmt die Verantwortung als politisches Sprachrohr der Gewerkschaften in Deutschland, um sich dieser Fragen anzunehmen und wirkt nach innen als politische Klammer der Gewerkschaften.

---

1 Das Interview wurde mündlich geführt und mithilfe einer Künstlichen Intelligenz transkribiert.

2 Da es sich um ein mündlich geführtes Interview handelt, verwenden wir im hier vorliegenden, überarbeiteten Transkript die mündlich verwendete Art des Genderns und sehen davon ab, die sonst im Band verwendete Schreibart auf den vorliegenden Text anzuwenden.

3 Einige der Vorträge und ein genereller Rückblick auf die Tagung vom 26. September 2023 finden sich hier: bw.dgb.de/themen/++co++2ab30436-5c5f-11ee-9d4b-001a4a160123 (Abfrage: 16.08.2024).

Welcher Rolle spielen die Gewerkschaften bei der Digitalisierung, welche der DGB?

Beispielsweise hat sich die Büroarbeitswelt sowohl in der Industrie als auch im öffentlichen Dienst sehr grundlegend verändert. In diesen Bereichen wenden sich Betriebs- und Personalräte an die jeweiligen Gewerkschaften, um die Auswirkungen neuer Technologien und Tools rund um einzelne Arbeitsplätze zu bewerten. Dabei stellen sie Fragen nach den Folgen für die Beschäftigten, wie etwa einen möglichen Jobverlust oder die Auswirkungen auf den Arbeitsalltag. Die Aufgabe von Gewerkschaften und Arbeitnehmervertretungen im Betrieb besteht darin, Gefahren für die Gesundheit der Beschäftigten, Leistungsdruck und Überwachung einzuschätzen und zu reduzieren. Dies sind konkrete praktische Fragen, die die Gewerkschaften beschäftigen, unabhängig davon, ob es um Sprachmodelle wie ChatGPT, Chatbots oder Datenbrillen geht. Konkret beobachten und begleiten wir die Anwendung von KI in Personalabteilungen. Die mögliche Diskriminierung von Frauen bei von KI unterstützten Bewerbungsverfahren zeigt beispielsweise einen Anwendungsfall, bei dem wir hellhörig werden.

Darüber hinaus findet die Digitalisierung nicht nur an einem Arbeitsplatz oder im System des Betriebs statt. Gewerkschaftlich gibt auch eine Diskussion über digitalisierte Geschäftsmodelle, den „digitalen Kapitalismus". In diesem Zusammenhang müssen Gewerkschaften diskutieren, ob es die Digitalkonzerne, die öffentliche Hand oder die Gesellschaft als Ganzes sind, die über diese wichtigen Plattformen und Technologien Einfluss und Eigentumsrechte ausüben sollten. Während die betriebliche Gestaltung vor allem Aufgabe der Gewerkschaften ist, setzen wir als DGB uns für diesen politischen Rahmen ein. Vor vielen Jahrzehnten stellte sich die Frage, wer wesentliche Basistechnologien wie Elektrizitäts- und Eisenbahnnetze kontrollieren und besitzen sollte. Diese Eigentumsfrage wird durch den digitalen Kapitalismus wieder aktuell. Sollen die Interessen von profitorientierten Konzernen bestimmen, wohin die Reise geht oder gibt es ein öffentliches Interesse an digitalen Infrastrukturen und Plattformen? Wir müssen rund um die digitale Infrastruktur mehr über die Rolle von öffentlichen Gütern nachdenken.

Das ist die Ebene der politischen Forderungen. Was ist die Praxis der Gewerkschaften?

Die gewerkschaftliche Praxis muss immer an den Konflikten rund um den Arbeitsalltag der Beschäftigten ansetzen. Und die Gewerkschaften haben es mit sehr unterschiedlichen Arbeitsrealitäten zu tun. Wo werden sich sehr grundlegende digitale Techniken als erstes durchsetzen? In den Betrieben der Privatwirtschaft oder in der öffentlichen Verwaltung? Im Krankenhaus haben digitale Technologien andere Auswirkungen als in der Lagerlogistik, im Handel oder in der industriellen Fertigung oder in der Forschung und Entwicklung.

Es stellt sich immer die Frage, wie digitale Technologien genutzt werden und inwieweit die Interessen der Beschäftigten berücksichtigt werden. Es ist wichtig, sich auch mit potenziellen negativen Szenarien auseinanderzusetzen, wie sie beispielsweise in George Orwells „1984" als Fiktion dargestellt wurden. Was damals Fiktion war, ist heute durch technologische Sprünge praktisch realisierbar. Man stelle sich vor, eine Künstliche Intelligenz könnte die Emotionen und Gedanken der Beschäftigten lesen. Wenn beispielsweise der Gedanke „Der Chef ist ein blöder Hund, weil er mir wieder die schlechtere Arbeit zugeteilt hat" auf dem Bildschirm des Vorgesetzten auftauchen würde, wäre dies eindeutig eine Verletzung der Privatsphäre. Dies wäre die totale Überwachung der Beschäftigten. Es ist daher von entscheidender Bedeutung, den destruktiven Potenzialen, die in jeder Technologie vorhanden sind, entgegenzuwirken. Technologie sollte immer dazu dienen, die Arbeitstage für die Beschäftigten gesünder, effizienter und angenehmer zu gestalten, anstatt sie zu überwachen, einzuschränken oder zu einem Anhängsel des Algorithmus zu machen. Es ist von höchster Wichtigkeit sicherzustellen: Der Einsatz von Technologie muss den Beschäftigten bei ihrer Arbeit dienen, ihre Rechte müssen erweitert und die Privatsphäre vollumfänglich geschützt werden.

Welche Handhabe haben die Gewerkschaften zur Durchsetzung dieser Vorstellung von Digitalisierung?

Gewerkschaftliche Macht hängt immer davon ab, dass sich Menschen in Gewerkschaften zusammenschließen. Da ist es gut, dass die DGB-Gewerkschaften zuletzt wieder gewachsen und damit mächtiger geworden sind. Aber aufgepasst, die gewerkschaftlichen Machtressourcen sind nicht unendlich. Noch mal konkret und wir können hier an unsere historischen Erfahrungen anschließen und den Grundsatz „verstehe und beurteile, was um dich herum passiert" wiederbeleben. Die Technologien mögen sich im Laufe der Zeit ändern, die wesentlichen Herausforderungen für die Interessenvertretung im Betrieb sind gleichgeblieben. Es ist entscheidend zu verstehen, welche konkreten Auswirkungen eine neue Maschine auf den Arbeitstag hat. Welche Gefahren sind damit verbunden, die sich direkt auf die Beschäftigten auswirken können? Gewerkschafter stellen sich seit Jahrzehnten dieser Frage, wann immer eine neue physische Maschine, die ersten Computer oder später Software eingeführt wurde. Dieses Vorgehen ist heute noch richtig. Die Interessenvertretung muss genau darauf achten, was in der Welt der Informationstechnologie geschieht, auch wenn diese nicht direkt angefasst werden kann. Oft haben Beschäftigte und Betriebsräte nur eine vage Vorstellung davon, was in der digitalen Welt des Betriebs passiert. Es kommt häufig vor, dass Beschäftigte und Betriebsräte nicht ausreichend informiert werden, wenn die IT-Abteilung etwas Neues einführt. Oft wird auf ein einzelnes Tool geschaut, aber das gesamte System der digitalen Fabrik nicht verstanden. Dies ist ein Defizit, aber von da aus müssen wir genau bewerten, welche Auswirkungen ein einzelnes Tool auf den einzelnen Arbeitsplatz und damit auf die Beschäftigten hat. Darüber gilt es mit dem Arbeitgeber ins Gespräch zu kommen. Ins Gespräch kommen heißt dann über den Einsatz mitzubestimmen. Der *§ 87 des Betriebsverfassungsge-*

setzes[4] bietet klassische Instrumente der Mitbestimmung, insbesondere in Bezug auf Tools, die zur Leistungs- und Verhaltenskontrolle geeignet sind. Jede Digitalisierungstechnologie fällt unter das Mitbestimmungsrecht des Betriebsrats. Wir verfügen damit bereits über den klassischen Werkzeugkasten der betrieblichen Mitbestimmung. Gut ist, dass das Betriebsverfassungsgesetz jüngst aktualisiert wurde.[5] Natürlich braucht es noch ein grundlegendes Update für die betriebliche Mitbestimmung, wir als Gewerkschaften haben dazu umfassende Reformvorstellungen für mehr Mitbestimmung in digitalen Zeiten. Im betrieblichen Alltag besteht die Schwierigkeit für die betrieblichen Interessenvertreter oft darin, dass sie als Laien mit einer verwirrenden Fachsprache konfrontiert werden. Nicht alle Betriebsräte sind IT-Experten. Dennoch ist es heute wichtiger denn je, dass auch betriebliche Interessenvertreter sich mit diesen Themen befassen. In den Betriebsrat-Gremien muss digitale Kompetenz raus aus der Expertenecke und stärker ins Zentrum der Interessenvertretung rücken. Wahrscheinlich brauchen Betriebsräte heute mehr externe Unterstützung durch arbeitnehmerorientierte IT-Berater oder entsprechende Fachreferenten in den großen Betriebsräten.

---

4 Betriebsverfassungsgesetz § 87 Mitbestimmungsrechte: (1) Der Betriebsrat hat, soweit eine gesetzliche oder tarifliche Regelung nicht besteht, in folgenden Angelegenheiten mitzubestimmen: 1. Fragen der Ordnung des Betriebs und des Verhaltens der Arbeitnehmer im Betrieb; 2. Beginn und Ende der täglichen Arbeitszeit einschließlich der Pausen sowie Verteilung der Arbeitszeit auf die einzelnen Wochentage; 3. vorübergehende Verkürzung oder Verlängerung der betriebsüblichen Arbeitszeit; 4. Zeit, Ort und Art der Auszahlung der Arbeitsentgelte; 5. Aufstellung allgemeiner Urlaubsgrundsätze und des Urlaubsplans sowie die Festsetzung der zeitlichen Lage des Urlaubs für einzelne Arbeitnehmer, wenn zwischen dem Arbeitgeber und den beteiligten Arbeitnehmern kein Einverständnis erzielt wird; 6. Einführung und Anwendung von technischen Einrichtungen, die dazu bestimmt sind, das Verhalten oder die Leistung der Arbeitnehmer zu überwachen; 7. Regelungen über die Verhütung von Arbeitsunfällen und Berufskrankheiten sowie über den Gesundheitsschutz im Rahmen der gesetzlichen Vorschriften oder der Unfallverhütungsvorschriften; 8. Form, Ausgestaltung und Verwaltung von Sozialeinrichtungen, deren Wirkungsbereich auf den Betrieb, das Unternehmen oder den Konzern beschränkt ist; 9. Zuweisung und Kündigung von Wohnräumen, die den Arbeitnehmern mit Rücksicht auf das Bestehen eines Arbeitsverhältnisses vermietet werden, sowie die allgemeine Festlegung der Nutzungsbedingungen; 10. Fragen der betrieblichen Lohngestaltung, insbesondere die Aufstellung von Entlohnungsgrundsätzen und die Einführung und Anwendung von neuen Entlohnungsmethoden sowie deren Änderung; 11. Festsetzung der Akkord- und Prämiensätze und vergleichbarer leistungsbezogener Entgelte, einschließlich der Geldfaktoren; 12. Grundsätze über das betriebliche Vorschlagswesen; 13. Grundsätze über die Durchführung von Gruppenarbeit; Gruppenarbeit im Sinne dieser Vorschrift liegt vor, wenn im Rahmen des betrieblichen Arbeitsablaufs eine Gruppe von Arbeitnehmern eine ihr übertragene Gesamtaufgabe im Wesentlichen eigenverantwortlich erledigt; 14. Ausgestaltung von mobiler Arbeit, die mittels Informations- und Kommunikationstechnik erbracht wird. (2) Kommt eine Einigung über eine Angelegenheit nach Absatz 1 nicht zustande, so entscheidet die Einigungsstelle. Der Spruch der Einigungsstelle ersetzt die Einigung zwischen Arbeitgeber und Betriebsrat.

5 Gemeint ist das *Betriebsrätemodernisierungsgesetz*, das zum 15. Oktober 2021 in Kraft getreten ist und das die „mobile Arbeit" wie auch den Einsatz von Künstlicher Intelligenz berücksichtigt.

Das ist der Werkzeugkasten. Welche praktischen Erfahrungen mit den Unternehmensstrategien zur Digitalisierung gibt es?

Es gibt unterschiedliche Erfahrungswerte zu diesem Thema. Die Bandbreite der Strategien reicht schließlich auch von Vorreitern bis hin zu Unternehmen, die selbst nicht auf Höhe der Zeit sind. Ich möchte darauf hinweisen, dass wir Jahrzehnte lang in den Produktionshallen Produktivitätssteigerungen erlebt haben, in denen die Beschäftigten jedes Jahr erneut einer neuen Rationalisierungswelle ausgesetzt waren und sind. Diesen Ruf nach Effizienzsteigerung beobachten wir nun auch in den Büro- und Verwaltungsbereichen. Es ist kein Geheimnis, dass viele Unternehmen ihre Rationalisierungspläne auf die Welt der Büroarbeit ausweiten bzw. konzentrieren. Die Rationalisierungswelle wird von den Unternehmensleitungen vorangetrieben, und dies müssen wir als solches benennen. Infolgedessen werden Arbeitsplätze in diesem Bereich abgebaut. Die Erfahrungen sind aber vielfältiger. Stichwort: neue Welle der Beteiligung der Beschäftigten durch vordergründig mehr Partizipation. Moderne Managementstrategien richten sich oft direkt an die Beschäftigten und laden diese dazu ein, mit den neuen Technologien zu arbeiten und sich einzubringen. Die aktuellen Managementstrategien zielen darauf ab, Mitarbeiter durch enge Kommunikation einzubinden. Dies könnte als eine Art „schöne neue Arbeitswelt" betrachtet werden, in der demokratische Werte gelebt werden. Oft ist der Schein hier größer als die Wirklichkeit. Allerdings liegt darin auch ein emanzipatorisches Potenzial, das Betriebsräte und Gewerkschaften für sich aufgreifen sollten. Wir müssen der Zeit der „New Work" in den Betrieben einen gewerkschaftlichen Stempel aufdrücken. Es geht um mehr Souveränität für die Beschäftigten hinsichtlich ihrer Arbeitszeit und -inhalte. Da bin ich nicht naiv, schließlich erleben wir heute auch, dass von Seiten des Managements Betriebsräte und Mitbestimmung oft als lästig und zu bürokratisch diffamiert werden. Tatsächlich werden Betriebsräte oft nicht angemessen informiert. Das führt zur schwierigen Rolle des Hinterherlaufens. Wir können feststellen, dass sich immer mehr Betriebsräte mit dem Thema Künstliche Intelligenz an die Gewerkschaften wenden. Noch nicht überall und flächendeckend, aber die Dynamik ist unverkennbar. Mitbestimmung muss sich mehr denn je mit Digitalisierung und KI auseinandersetzen und dabei vom einzelnen Arbeitsplatz bis zur Unternehmensstrategie denken.

Was ist mit Branchen wie den Lieferdiensten? Deren Fahrradkuriere sind nur noch über digitale Medien miteinander vernetzt, einen Betrieb für Ansprache gibt es so nicht mehr.

Das ist ein gutes Beispiel für die Dynamik rund um eine neue Realität von Betrieb. Am Beispiel von Fahrrad- und Kurierdiensten, die sich durch digitale Technologien unterstützt entwickeln, entstehen neue Modelle, in denen Menschen arbeiten. Dies ist tagtäglich auf den Straßen in Stuttgart zu beobachten. Historisch gesehen war es immer so, dass Gewerkschaften nicht erst gefragt wurden, ob etwas gegründet werden darf und dann ihren Segen dazu gegeben haben. Stattdessen entwickeln sich neue Branchen, z. B. Lieferdienste für Essen oder Lebensmittel, direkt nach Hause liefern. Unklar ist noch, wer diese letzte neue Meile beherrschen wird. Sind es die Supermärkte und/oder neue Zwischenhändler? Der entscheidende Punkt ist, dass Gewerkschaften immer dort sein müssen, wo neue Arbeitsplätze entstehen, und sie müssen eng mit den Beschäftigten kommunizieren, um die Probleme im Arbeitsalltag zu verstehen. Die Liste der Mängel bei den Kurierfahrer ist lang und eklatant. Bei Fahrern gibt es beispielsweise oft eine starke Fremdsteuerung und damit Konflikte rund um die Überwachung der Arbeitsleistung der Beschäftigten. Diese Arbeit ist stark auf Apps orientiert, und klassische Begriffe des Betriebsverfassungsgesetzes spiegeln diese Realität oft nicht wider. Gewerkschaften müssen daher zwei Dinge tun: Sie müssen organisatorisch als Gewerkschaft dort präsent sein, wo neue Arbeitsplätze entstehen, und sie müssen darauf dringen, dass das Betriebsverfassungsgesetz in dieser Hinsicht weiterentwickelt wird. Stichwort: neuer Betriebsbegriff.[6] Dies würde es ermöglichen, dass Mitbestimmung auch in diesen neuen Arbeitsformen zur Realität wird. Beide Schritte ergänzen sich und beide sind notwendig.

Nehmen wir noch eine andere Branche: Bei den Verkäuferinnen und Verkäufern ändert sich auch viel.

Hier haben wir Gewerkschaften sogar jüngst einen Digitalisierungstarifvertrag durchgesetzt.[7] Da können wir wieder historische Parallelen ziehen. In den 1970er Jahren gab es ein Rationalisierungsschutzabkommen in der Metallindustrie, und nachdem die Rationalisierungswellen bereits durch die Industrie gegangen sind, fragen wir uns jetzt beispielsweise im Handel: Wird es in ein paar Jahren überhaupt noch Kassen geben? Werden Waren künftig automatisch aus dem Supermarkt geschoben und automatisch von der Kreditkarte abgebucht? Diese Entwicklung ist absehbar, und die grundlegende Frage wird dann sein, ob wir es schaffen, nicht den Heizer auf der E-Lok durchzusetzen. Es geht darum, für die vom technologischen Wandel betroffen Beschäftigten angemessene Beschäftigungsmöglichkeiten zu finden und die Einkommen zu sichern. Ich bin diesbezüglich nicht besorgt, denn wir haben genug Beschäftigungsmöglichkeiten sowohl in den betroffenen Branchen als auch in anderen Branchen. Wenn beispielsweise nicht mehr so viel an der Kasse gearbeitet wird, gibt es immer noch Alleinstellungsmerkmale im Einzelhandel. Die Stichworte sind hier beispielsweise gute Beratung und ein besonderes Einkaufserlebnis, die eben von Menschen ausgefüllt werden müssen. Deswegen hat ver.di auch in dem besagten Tarifvertrag durchgesetzt, dass die Digitalisierung zur Unterstützung der Arbeitnehme-

6 Für eine erste Übersicht zum Thema: roedl.de/themen/moderne-arbeitswelt/digitalisierung-betriebsbegriff-veraenderung-cloud (Abfrage: 16.08.2024).

7 Digitalisierungsvertrag H&M Hennes & Mauritz B.V. & Co. KG Laufzeit 1. Oktober 2022 bis 30. September 2025 (ver.di).

rinnen und Arbeitnehmer eingesetzt werden soll und nicht zu deren Ersatz.[8] Als Gewerkschaften dringen wir darauf sicherzustellen, dass die Beschäftigten nicht arbeitslos werden. Es geht um sichere Beschäftigung und entsprechende Qualifizierungen, die selbstverständlich auf Kosten der Arbeitgeber zu erfolgen hat.

Die IG Metall hat für ihre Branchen dazu aufgerufen, mit KI zu experimentieren. „Digitalisierung first, Bedenken second"?

Auf jeden Fall müssen wir Technik für uns nutzen und sollten da keine Angst haben. Es gibt auch eine weltwirtschaftliche Dimension. Wir leben in einer Welt, in der China auf dem Weg ist, wirtschaftlich dominierend zu werden, während die USA mit dem Inflation Reduction Act versuchen, industriepolitisch ebenfalls an Boden zu gewinnen. In Deutschland und Europa müssen wir uns fragen, welche Rolle wir künftig technologisch und industriell auf der Welt spielen wollen. Gewerkschaftlicher Anspruch ist es hier, vorne mit dabei zu sein. Dies fängt mit grünen Technologien rund um die Mobilität an. Wir müssen in der Lage sein, bei Brennstoffzellen, Wasserstoff und Elektromobilität führend zu sein und auch Technologiestandards setzen zu können. Gleichzeitig müssen wir uns fragen, wer bei digitalen Geschäftsmodellen die Nase vorn hat. Die deutsche Industrie, deren Alleinstellungsmerkmal hochwertige Maschinen sind, darf nicht in eine Zulieferrolle für digitale Geschäftsmodelle gedrängt werden. Es ist die Aufgabe der Gewerkschaften, technologisch und industriepolitisch voranzugehen und darauf hinzuweisen, dass es um Spitzentechnologie geht. Viele Unternehmer sind oft zu behäbig und halten an alten Geschäftsmodellen fest, die zwar eine Weile noch betriebswirtschaftlich funktionieren, sich aber langfristig als nachteilig erweisen. Technologisch voranzugehen ist genau richtig, Abwarten ist keine Strategie für sichere Arbeitsplätze. Es wäre gut für deutsche und europäische Unternehmen, auch im Bereich der Künstlichen Intelligenz technologisch führend zu sein.

Wie ist der Stand der Digitalisierung im Gewerkschaftsapparat selbst?

Wir sind auf dem Weg, aber natürlich noch nicht am Ziel. Beispielsweise hat die IG Metall digitale Warnstreiks durchgeführt. Bei Streiks erfasst ver.di seine Mitglieder schon länger digital durch eine App und das macht das Auszahlen der Streikgelder einfacher. Die Kommunikation mit unseren Mitgliedern ist in beide Richtungen einfacher. Uns können Mitglieder eine neue Adresse unkompliziert per App mitteilen. Auch wenn wir immer noch besser werden können, sind wir heute auf einem ganz anderen Stand als noch vor ein paar Jahren.

Gleichwohl zeigt das Beispiel von KI, wie viele Menschen heute mit Anwendungen beruflich und privat experimentieren. Das betrifft auch die Zusammenarbeit von Gewerkschaften und Betrieben. Fragte früher der Betriebsrat die Ge-

8 Konkret heißt es dazu im § 2: „Technik soll dabei dienen und nutzen, Arbeitsplätze aber nicht ersetzen".

werkschaftssekretärinnen und -sekretäre nach Mitbestimmungsrechten, richten heute manche diese Fragen an ChatGPT. Mal unabhängig von der aktuellen Qualität der Antwort der KI zeigt sich, wie radikal sich Zusammenarbeit verändern wird. Kurzum: Gewerkschaften müssen sich in ihrer Arbeit dieser Herausforderung stellen: schneller werden und besser größer als kleiner denken sind hier die Maximen. Es wird nicht reichen, dass wir ein paar Informationen auf unserer Homepage bereitstellen. Wir sind gefordert, mehr Möglichkeiten zu schaffen, wie Mitglieder ihre Ideen in die Gewerkschaft einbringen können. Ich sehe eine große Chance darin, dass Menschen aus der Arbeitswelt ihre Probleme digital an uns herantragen können und wir darauf reagieren können. So können wir gemeinsam etwas bewirken. Am Ende bleibt die zwischenmenschliche Interaktion entscheidend. Digitalisierung kann uns letztendlich helfen, uns zusammen mit den Beschäftigten für bessere Arbeitsplätze, Gerechtigkeit und eine solidarische Welt einzusetzen. Die Kämpfe dafür finden in den Betrieben und auch digital statt.

Gibt es auch kritische Noten der Gewerkschaft zur Künstlichen Intelligenz?

Selbstverständlich müssen wir die destruktiven Potenziale genau betrachten, das gehört zur gewerkschaftlichen DNA. Es geht allerdings um mehr als eine kritische Kommentierung von der Seitenlinie. Erstens stellt sich die Frage nach dem wirtschaftspolitischen Potenzial. Hierbei ist es entscheidend zu überlegen, wie sich die Wirtschaft in Baden-Württemberg weiterentwickeln kann, angefangen von großen Konzernen bis hin zum Mittelstand. Wir müssen Geschäftsmodelle aus technologischen Entwicklungen generieren, um im Bereich der Software genauso führend zu sein wie bisher rund um den Verbrennungsmotor. Zweitens müssen wir noch mal über einen gewaltigen Investitionsbedarf sprechen. In der öffentlichen Verwaltung ist viel von KI zu hören, auch um näher an den Belangen von Bürgern und Unternehmen dran zu sein. Um als Staat leistungsfähiger zu werden, kommen wir mit dem bisherigen Sparkurs nicht weiter. Die digitale Ertüchtigung der öffentlichen Verwaltung genauso wie der Privatwirtschaft verlangt es, jetzt mehr Geld in die Hand zu nehmen, zu investieren. Deshalb müssen wir raus aus der Schuldenbremse, andernfalls kommen wir eine Mangelverwaltung. Drittens geht es um die beschäftigungspolitische Dimension. Wird uns der technologische Wandel Arbeitsplätze kosten? Ja, das ist unvermeidlich, da technologischer Wandel immer mit einem Wandel in den Tätigkeiten einhergeht.

Es wird darauf ankommen, die Veränderungen in den Tätigkeiten zu beeinflussen, da Künstliche Intelligenz nicht nur den Arbeitsalltag verändern, sondern auch ganze Tätigkeiten grundlegend beeinflussen könnte. Das betrifft beispielsweise die Dokumentationstätigkeit bei Ingenieuren genauso wie im Pflege- und Gesundheitsbereich. Dabei müssen wir sicherstellen, dass Beschäftigte das Potenzial haben, sich auf Tätigkeiten zu konzentrieren, die für sie bedeutsam sind. Statt monotone und oft als lästig empfundene Routinearbeiten zu konservieren geht es um die Aufwertung der Arbeit. Wie können wir dies erreichen? Indem wir eine Art Alphabetisierungskampagne in den Betrieben anstoßen. Heutzutage ist es oft so, dass alles rund um digitale Kompetenzen als Spezialistenthema hingestellt wird. Doch das wird nicht ausreichen, weder für die Unternehmen, die Beschäftigten noch für die Betriebsräte. Es muss ein breiteres Verständnis für technologische Veränderungen geschaffen werden, und sowohl Beschäftigte als auch Betriebsräte müssen dafür qualifiziert werden (siehe dazu auch den Beitrag von Jan Breier in diesem Sammelband). Es bedarf auch eines digitalen Grundverständnisses für alle Beschäftigten. Mehr Qualifizierung ist das Stichwort. Warum nicht künftig fünf Arbeitstage für die Qualifizierung im Bereich Digitalisierung und Künstliche Intelligenz in den Betrieben reservieren und das für alle Beschäftigten über alle Hierarchieebenen hinweg? Was passiert, wenn sich die Arbeit verändert und routinemäßige Tätigkeiten automatisiert werden? Die Frage, ob Programmierer ausgedient haben, mag Ängste vor Arbeitsplatzabbau auslösen. Viele Automatisierungsprozesse werden unaufhaltsam sein, umso wichtiger werden Sozialkompetenz, Kreativität, Empathie und die Beurteilung von KI-generierten Arbeitsergebnissen. Meiner Meinung nach liegt hier eine gewerkschaftliche Hoffnung: Arbeit aufwerten und höher vergütet. Aufwertung statt Rationalisierung wird eine Auseinandersetzungslinie sein. Es sind durchaus arbeitspolitische Chancen vorhanden. Aus gewerkschaftlicher Sicht ist es wichtig, nicht bei der Arbeitsplatzsicherung stehen zu bleiben. Es geht darum, sich stärker Kompetenzen anzueignen rund um die Frage, wie Prozesse in Betrieben organisiert sind und wie die Arbeitsorganisation gestaltet wird. Es gilt zu verstehen, dass KI-Prozesse kein Selbstzweck der IT-Abteilung sind, sondern wie sie sich in das gesamte Geflecht rund um Kundenorientierung, Produktivität und Wertschöpfung auf hohem Niveau einfügen können. Dieses zu verbessern, sollte der Sinn einer Digitalisierungsstrategie sein. Letztendlich leben wir davon, dass wir uns kontinuierlich weiterentwickeln und unsere Arbeitsprozesse optimieren, um wettbewerbsfähig zu bleiben.

Das versucht das deutsche Kapital auch ohne DGB. Was ist Ihr Beitrag dazu?

Wenn es so wäre, wäre ich beruhigt. Zu viele Unternehmen sind ideenlos, verharren in der Warteposition oder singen das bekannte Lied der Kostenreduzierung. Es gibt zwei gewerkschaftliche Ansatzpunkte. Zum einen sind Gewerkschaften gut beraten, die eigene Bildungsarbeit für aktive Gewerkschafterinnen und Gewerkschaften rund um die Veränderungen in der Arbeitswelt fortzuentwickeln. Dies beinhaltet die *kritische* Beurteilung sowohl im Betrieb als auch in der Gesellschaft. Wir müssen immer fragen, wem welche Technologie nützt. Kurzum: Wir müssen über den Tellerrand schauen und fragen, wie wir wirtschaften und arbeiten wollen.

Darüber hinaus müssen wir die Betriebe in die Pflicht nehmen, sonst setzen die auf Arbeitsplatzabbau. Oftmals bilden Betriebe ihre Beschäftigten entlang eines zu engen Qualifizierungsbegriffs weiter. In den Betrieben steht die Frage im

Mittelpunkt, ob Beschäftigte das Gelernte nächste Woche nutzen können und damit mehr Profit zu generieren ist. Ich glaube, wir müssen weg von diesem sehr engen Verständnis von Qualifizierung und Weiterbildung. Stattdessen müssen wir die Betriebe dazu ermutigen, einen erweiterten Weiterbildungs- und Qualifizierungsbedarf anzuerkennen. Was ich mir vorstelle, sind bezahlte Qualifizierungstage während der Arbeitszeit. Es wäre gut, wenn sich Betriebsrat und Arbeitgeber darüber verständigen und fest vereinbaren könnten, welche Qualifizierungsmaßnahmen für den jeweiligen Betrieb erforderlich sind. Dabei ist es von Vorteil, wenn dies in einer partnerschaftlichen Zusammenarbeit zwischen den Betriebsparteien und den Gewerkschaften sowie Arbeitgeberverbänden erfolgt. Dazu muss die Kompetenz in der Personalabteilung aufgebaut und gestärkt werden.

Wem das gewerkschaftspolitisch als zu anspruchslos erscheint, keine Sorge. Die Unternehmen werden den Beschäftigten Qualifizierung nicht schenken. Diesen Anspruch müssen Gewerkschaften im Konflikt mit den Unternehmen durchsetzen. Sie sind die Alternative zu Beschäftigungsabbau und Verlagerungsabsichten.

Einerseits gibt es aktuell das Stichwort der Deglobalisierung, andererseits werden durch digitale Techniken auch transnationale Zusammenarbeiten nochmal auf anderer Ebene möglich. Wie reagieren die Gewerkschaften darauf?

Im Rahmen unserer aktuellen Bildungsarbeit mit den Betriebsräten und gewerkschaftlichen Aktiven behandeln wir auch das Thema Digitalisierung, Wertschöpfungsketten und Stand der Internationalisierung. Unternehmen sind vielfach weltweit vernetzt, und Manager fühlen sich oft keinem Standort oder einer Region gegenüber verpflichtet. Gewerkschaften sind hingegen oft nur national organisiert, auch wenn der Anspruch auf gewerkschaftlichen Internationalismus natürlich vorhanden ist. Insbesondere in Unternehmen mit internationalen Teams führt dies zu unterschiedlichen Arbeitsrealitäten. Lösungen können darin bestehen, entlang der Lieferkette als auch innerhalb internationaler Konzerne arbeitspolitische Standards zu etablieren. Ein ambitioniertes Lieferkettengesetz ist ein wichtiges Instrument dafür und in Europa wurde dies gerade verabschiedet. Für mehr gute Praxis in der internationalen Zusammenarbeit zwischen Gewerkschaftern gilt es vermeintlich einfache Hürden aus dem Weg zu räumen. Stichwort sprachliche Barrieren. Wenn man nicht eine gemeinsame Sprache spricht, erschwert dies die vertrauliche Kommunikation untereinander. Da helfen Videokonferenzen und Übersetzungsprogramme kaum weiter. Mehr Sprachkompetenz, mehr persönliche Treffen über Ländergrenzen sind wichtig für Gewerkschafterinnen und Gewerkschafter, um Solidarität praktisch leben zu können.

Ein anderer Punkt bezieht sich eher auf das wirtschaftspolitische Potenzial. Baden-Württemberg hat sich als Bundesland einen selbstformulierten Führungsanspruch im Bereich der Künstlichen Intelligenz zugewiesen. Gewerkschaftlich dringen wir darauf, nicht nur technologisch verengt zu diskutieren, sondern auch auf arbeitspolitischer Ebene eine Führungsrolle zu beanspruchen. Es geht immer um den Menschen im Geflecht von Organisation und Technik. Auch unter den Bedingungen von KI geht es darum, dass Baden-Württemberg ein Land der guten Arbeit wird. Dazu gehört eine umfassende Technikfolgenabschätzung für die Arbeitswelt, um proaktiv Lösungen zu finden. Hierbei ist das baden-württembergische Wirtschafts- und Arbeitsministerium in der Verantwortung, deutlich mehr zu unternehmen.

Das Cyber Valley in Tübingen und der Innovationspark Künstliche Intelligenz in Heilbronn[9] sind vielversprechende Orte für Innovationen für diese Themen. Nun ist es entscheidend, die vorhandene arbeitspolitische Leerstelle rund um neue digitale Technologien zu füllen. Es braucht eine ganzheitliche Technikfolgenabschätzung, die von der gesamtwirtschaftlichen Sicht bis hin zum einzelnen Arbeitsplatz reichen muss. Nur so können aus vielversprechenden Ansätzen tatsächlich bessere Arbeitsbedingungen für alle Beschäftigten werden. Ich bin zuversichtlich, dass sich technologisch führende Anwendungen zusammen mit gut qualifizierten Belegschaften und der guten Tradition der gewerkschaftlichen Mitbestimmung verbinden lassen. Dies wiederhole ich immer wieder gerne gegenüber den Neoliberalen genauso wie gegenüber naiven Technikoptimisten.

9 ip.ai (Abfrage: 16.08.2024).

Antizipatorisches Erfahrungsbewusstsein für die Gestaltung der Arbeitswelt

Aus dem Praxisansatz „Der mitbestimmte Algorithmus"

Welf Schröter

1. Einleitung: Auf dem Weg zu einer Erweiterung der Mitbestimmungspraxis

Die Beschäftigtenvertretungen in Produktion, Dienstleistung und Verwaltung sehen sich mit der Herausforderung konfrontiert, ihr bisheriges Verständnis von Digitalisierung und Transformation zu überdenken und gegebenenfalls zu korrigieren. Die Themenstellungen der sogenannten ‚Künstlichen Intelligenz' gegenüber der Mitbestimmung verlangen eine Kombination von Rückbesinnung auf bereits erreichte Erkenntnisse und von Neubetrachtung der Wirkungen der algorithmischen Steuerungs- und Entscheidungssysteme in den Arbeitswelten.

Mit dem Konzept ‚Der mitbestimmte Algorithmus' verbindet das Personennetzwerk ‚Forum Soziale Technikgestaltung' (FST) – das in Kapitel 2 näher vorgestellt wird – operativ handlungsorientiert eine Änderung der Reihenfolge der betrieblichen Mitbestimmungsschritte und eine Erweiterung des Mitbestimmungsprozesses um das zusätzliche Format ‚Moderierter Spezifikationsdialog'. Dieser Dialog wird in Kapitel 4 beleuchtet. Dieses Format soll an den Anfang der Einführung sogenannter ‚Künstlicher Intelligenz',[1] deutlich vor Beschaffung und Implementierung gestellt sein. Mit der Umgewichtung der Gestaltungsschwerpunkte erfolgt der Abschied von der immer mehr als Marketing-Begriff missbrauchten Wortschöpfung „Künstliche Intelligenz" (Schröter 2021a).

Es gilt, den tradierten Transformationsansatz zu überschreiten, indem neben die erforderliche Aufwertung des Erfahrungswissens die Differenzierung der sogenannten ‚KI' in ‚Assistenz-' und ‚Delegationstechnik' gesetzt wird (siehe Kapi-

1 Wenn wir uns dem Phänomen der sogenannten „Künstlichen Intelligenz" („KI") zuwenden, müssen wir als erstes festhalten, dass es sich dabei um eine Entwicklung handelt, die ihren Ausgangspunkt im Zweiten Weltkrieg hatte. Im Kampf der Alliierten gegen die Hitler-Diktatur haben sich in den vierziger Jahren Wissenschaftlerinnen und Wissenschaftler zusammengefunden, um durch neue Wege der Informationsverarbeitung dazu beizutragen, den Nationalsozialismus zu zerschlagen. Die heutige Debatte hat eine lange Vorgeschichte. Da sei beispielhaft an den von mir sehr geschätzten Tübinger Biokybernetiker Valentin Braitenberg erinnert, der in den achtziger Jahren des letzten Jahrhunderts sein professorales Engagement für „KI" unter anderem mit dem Verweis auf das Trauma der Shoah begründete.

tel 3.1). Zudem ist die ‚Delegationstechnik' zu unterteilen, in sich durch Anwendung selbst verändernde Software-Werkzeuge (‚datengetriebene' Systeme) und solche Werkzeuge, die sich durch Anwendung nicht verändern (‚regelbasierte' Anwendung). In der Tendenz ist die sich selbst verändernde ‚Delegationstechnik' nach ihrer Implementierung kaum oder gar nicht ausreichend gestaltbar.

Das FST findet sich vor der Herausforderung, wertvolle Erbschaften des Erfahrungsansatzes und wertvolle Ansätze des Prozessdenkens antizipativ-prospektiv mit dem Format ‚Moderierter Spezifikationsdialog' so aufzuheben, dass dabei eine praktische Handlungsorientierung entstehen kann. Zur Basis des neuen Handelns gehören ein aktualisierter ‚Mitbestimmungsplan' wie auch eine anwendungsnahe ‚Checkliste' für Betriebs- und Personalräte (vgl. Schröter 2023a). In der Neuaufbereitung des Erfahrungsansatzes und des Prozessdenkens sowie deren Verschmelzung mit Gestaltungspotenzialen algorithmischer Steuerungs- und Entscheidungssysteme erkennt das FST einen strategisch relevanten Forschungs- und Praxisansatz. Der traditionelle Transformationsansatz ist relevant, bleibt aber häufig dem Denken alter Digitalisierungsverständnisse verhaftet.

‚Der mitbestimmte Algorithmus' will nicht nur Gestaltungskriterien in Betriebs- und Dienstvereinbarungen verankern, sondern die Anforderungen auch direkt in die algorithmischen Systeme softwaretechnisch einbauen. Denn eine sich selbstverändernde ‚Delegationstechnik' kümmert sich weder um den Willen der Beschäftigten noch um den Willen der Geschäftsleitung.

Nachfolgende Überlegungen zeichnen den Weg zu einer sich wandelnden Praxis sozialpartnerschaftlicher Aushandlungsprozesse nach.

2. Das Netzwerk „Forum Soziale Technikgestaltung"

Vor mehr als dreißig Jahren wurde am 7. Oktober 1991 im Kleinen Saal des Stuttgarter Gewerkschaftshauses der Startschuss für eine besondere soziale Innovation gegeben: Das gewerkschaftliche und gewerkschaftsnahe Netzwerk mit dem Namen ‚Forum Soziale Technikgestaltung' (FST)[2] wurde gegründet. Das FST sah

2 Mit der politischen Unterstützung prominenter Köpfe fanden auf Initiative des Autors rund 120 Frauen und Männer aus Betriebs- und Personalräten, aus Belegschaften und Gewerkschaften zusammen, um einen neuen Weg emanzipatorischen Umgangs mit Techniken, Technologien und Technikentwicklungen einzuschlagen. Zu den Unterstützenden gehörten unter anderen die damalige Bundesvorsitzende der Gewerkschaft ÖTV, Monika Wulf-Mathies, der damalige Bezirksleiter der IG Metall Baden-Württemberg und späterer Bundesarbeitsminister, Walter Riester, der damalige Vorsitzende der GEW Baden-Württemberg, Rainer Dahlem, und der damalige Vorsitzende des DGB Baden-Württemberg, Siegfried Pommerenke. Welf Schröter ist seit der Gründung des „Forum Soziale Technikgestaltung" dessen Moderator und Leiter. Mehr als dreißig Jahre später ist das Netzwerk deutlich angewachsen: Unter dem Dach des horizon-

und sieht in seinen Hauptaufgaben die Vermittlung von Orientierungswissen und den Aufbau bzw. die Stärkung der Gestaltungskompetenz ‚von unten'. Das FST will dazu beitragen, autoritäres Technikdekretierungsverhalten in mitbestimmte Gestaltungskulturen zu verwandeln.[3]

Nach mehr als drei Jahrzehnten Netzwerkarbeit bestätigt sich, dass für eine erfolgreiche Einmischung in Technikgestaltungsprozesse nicht allein technische Kenntnisse und entsprechende Sachkenntnis bedeutsam sind. Nicht die ‚harten', sondern die ‚weichen' Faktoren geben zuletzt den Ausschlag. Die Kompensation des Nicht-ernst-genommen-Werdens der Wahrnehmung der Anwendenden im Dialog mit der Technikseite ist – neben der Frage der Entscheidungshoheit – ein zentraler Erfolgspunkt. Das Schlüsselwort zur interessengeleiteten sozialen Technikgestaltung lautet immer wieder: Ermutigung, Ermutigung, Ermutigung. Sich selbst zuzutrauen, Widerspruch einzulegen, eigene Positionen zu vertreten und diese durchzuhalten, benötigen Selbstbewusstsein und immer wieder den Mut, gemeinsam aus Fehlern zu lernen. Wer betroffen ist, hat ethisch das Recht zur Einmischung.

Wer Technikentwicklung nur als methodische Assoziation von dürren Zahlen und Fakten ansieht, verkennt die immense Bedeutung psychologischer und sozialpsychologischer Zusammenhänge. Soziale Technikgestaltung als soziale Innovation zu verankern und als exemplarisches Lernen vermittelbar werden zu lassen, muss stärker als bisher auf den Wandel des Bewusstseins setzen. Das Bewusstsein des Menschen aber ist nicht wie viele technische Lösungen parzelliert und fragmentiert. Das menschliche Bewusstsein folgt in sich einem ganzheitlichen Ansatz. Wer Technikimplementierungen nur technikzentriert vorantreibt, wird daher keinen nachhaltigen Wandel ermöglichen.

3. Betriebs- und Personalräte stärken – aber wie?

Der Erwerb und die Stärkung von Gestaltungskompetenz auf Seiten der Betriebs- und Personalräte, der Vertrauensleutekörper und Belegschaften angesichts einer sich beschleunigenden Implementierung von algorithmischen Steuerungs- und Entscheidungssystemen in den Arbeitswelten fußen im ‚Forum Soziale Technikgestaltung' auf der wechselseitigen Bündelung von Impulsen in Richtung des ‚mitbestimmten Algorithmus', von Impulsen der Aufwertung des implizi-

tal agierenden Forums versammeln sich heute mehr als 5.000 Kolleg_innen von Beschäftigtenvertretungen und Teams von Mitarbeitenden aus Produktion, Dienstleistung, Verwaltung, Bildungs- und Sozialträgern sowie Wissenschaft und Forschung.

3 Das FST versteht sich zugleich als Dialogpartner für Wissenschaft und Forschung wie auch als „Über-Setzer" in beide Richtungen zwischen akademisch-technischem Sachwissen und arbeitsweltlichem Erfahrungswissen.

ten wie expliziten Erfahrungswissens, von Impulsen basisorientierter sozialer Technikgestaltung, von Impulsen einer Ausweitung der Mitbestimmung und Demokratisierung sowie von Impulsen zugunsten deutlich stärkerer Akzentuierungen des ‚Lernens-in-Prozessen-zu-denken'.

Das FST greift für eine verändernde betriebliche Mitbestimmungspraxis auch auf interdisziplinäre und diskursive Beerbungen sozialwissenschaftlicher, arbeitswissenschaftlicher und informationstechnischer Forschungen zurück. Dabei finden Bausteine der ‚konstruktiven Technikgestaltung', der Erkenntnisse aus dem Ansatz ‚Humanisierung der Arbeitswelten' sowie partiell der Aktionsforschung Eingang. Ein handlungsorientiertes und praxisbezogenes ‚Lernen lernen' unterstreicht den emanzipatorisch demokratisierenden Ansatz.

3.1 Auf dem Weg zur ‚Vorausschauenden antizipierenden Arbeitsgestaltung'

In vielen Prozessen von Technikimplementierungen sind die Frauen und Männer aus den Betriebs- und Personalräten in die Reaktionsfalle gedrängt. Die Geschäftsleitung ergreift die Initiative und kündigt eine technikinduzierte Modernisierung von Arbeitsabläufen an. Betriebsräte bzw. Personalräte nutzen ihre – noch immer in vielen Punkten unzureichenden – Mitbestimmungsrechte gemäß Betriebsverfassungsgesetz bzw. gemäß den jeweiligen Landespersonalvertretungsgesetzen und reagieren. Dieses Handlungsmuster stößt angesichts neuester Digitalisierungsentwicklungen an seine Grenzen. Wer sich in den letzten drei Jahrzehnten auf Prozesse der Technikgestaltung aufklärend emanzipatorisch einließ, folgte unwillkürlich dem einst von dem Soziologen Oskar Negt mitprojektierten ‚Erfahrungsansatz'. Negt stellte dem ‚Kältestrom' des Sach- und Fachwissens den ‚Wärmestrom' des reflektierten und des intuitiven Erfahrungswissens (Negt 1971) zur Seite. Arbeitsprozesse sind nicht vollständig durch explizites Wissen beschreibbar. Immer spielt das Subjektive eine wesentliche Rolle. Digitale Lösungen und IT-gestützte, sogenannte ‚kluge' Werkzeuge können dem Menschen als Assistenz zur Hand gehen, jedoch werden sie niemals die menschliche Subjektivität ersetzen können. Diese produktive Spannung zwischen Wissen und Erfahrung wollen einseitig überzeugte IT-Teams in Richtung des Expliziten auflösen, um somit alles ‚Wissen' und alle ‚Erfahrung' in Wissensdatenbanken zu verankern. Von dort sollen sie buchstäblich per Mausklick auf zukünftig Lernende transferiert werden. Ansätze dieser Art sind erfahrungsbezeugt immer wieder zum Scheitern verurteilt.

Angesichts dieser Polarität (vgl. Klumpp 2020) ist eine weitere Ausdifferenzierung relevant. Oberflächlich werden die seit dreißig Jahren sich vertiefenden Digitalisierungsdiskurse von groben Werbe-Schlagworten geprägt, die sich vor allem an jeweiligen technischen Innovationen orientieren. Seit Ende der achtziger

Jahre wechseln in einem ungefähren Fünfjahresrhythmus die Marketing-Begriffe, um den Hype des Neuen anlässlich der früheren ‚CeBIT' oder der jeweiligen ‚Hannover Messe' aufrechtzuerhalten.[4] Blickt man hinter diese Worthülsen finden sich zumeist identische Inhalte: mobiles Arbeiten, mobile Endgeräte, digitale Prozessunterstützungen, interne und externe Plattformen für Transaktionen, Bildung und Verwaltungsabläufe.

Drei Viertel bis vier Fünftel der derzeitigen Technikeinführungen haben aus dem Blickwinkel der Technikentwicklung ihre Basis in Ansätzen der neunziger Jahre. Ich nenne diesen Vorgang daher eine ‚nachholende Digitalisierung'. Es werden digitale Lösungen eingebracht, deren Einführung längst hätten passieren müssen. Neu ist bei diesen Technikeinführungen in der Regel nur die Überraschung der Nutzerinnen und Nutzer, denen man z. B. erklärt, dass ‚Homeoffice'Kennzeichen der Pandemie des Jahres 2020/2022 sei. Dabei wurde der erste Tarifvertrag für mobiles Arbeiten und alternierende Telearbeit bereits 1996 abgeschlossen. Unter dem Marketing-Mantel von ‚Vier-Null' oder ‚KI' werden alte Modelle als ‚Arbeit 4.0' oder vermeintliches ‚New Work' oder ‚Homeoffice' als ‚New Normal' präsentiert. Elektronische Lernplattformen der späten neunziger Jahre finden heute in den Schulen als ‚Lernen 4.0' Aufmerksamkeit. Ähnliches gilt für die in der Regel fast zwei Jahrzehnte alten Konzepte des ‚Internets der Dinge', der ‚Agenten', der ‚Angereicherten Realität' (Augmented Reality) oder der ‚Smart Glasses'. Alte ‚Expertensysteme' oder Cloud-Plattformen erscheinen plötzlich als Bestandteile des neuen ‚KI'-Hypes.

In der Fixierung auf Vorgänge der ‚Nachholenden Digitalisierung'[5] werden tatsächliche Kontinentalverschiebungen für die Arbeitswelt nicht erkannt. Seit der Jahrtausendwende experimentieren IT-Labors am Paradigmenwechsel weg von der humanzentrierten ‚Assistenztechnik' hin zur menschenunabhängigen – von mir so benannten – „Delegationstechnik" (Schröter 2003). Dahinter verbirgt sich der Techniktraum, dass es im arbeitsweltlichen Alltag möglich werde, komplexe Arbeitsprozesse auf ein algorithmisches System zu delegieren, das in Echtzeit hinter dem Rücken des Menschen immer vollständiger werdende Vorgän-

---

4 Vom ‚Computer der 5. Generation' zum ‚Web 2.0', von der ‚Informatisierung der Arbeit' zu ‚Multimedia', von ‚E-Business' und ‚E-Commerce' zur ‚Smart Factory', von der ‚Industrie 4.0' zur sogenannten ‚KI'. Bald wird alles ‚Neuro' und danach wohl ‚Organic' sein.

5 Um keine Missverständnisse zu erzeugen: Die ‚nachholende Digitalisierung' ist notwendig. Sie ist das Fundament für weitere Digitalisierungsstufen. Doch sollte man das nachträgliche Erledigen von einst weggeschobenen Hausaufgaben nicht mit digitaler Zukunft verwechseln. In den Betrieben, Dienstleistungszusammenhängen und Verwaltungen empfinden die betroffenen Kolleg_innen die jetzt nachholend eingeführten digitalen Werkzeuge und Infrastrukturen subjektiv als neu. Deshalb benötigen sie zweifellos Hilfe, Unterstützung und Beratung. Mit dem Begriff ‚nachholende Digitalisierung' lässt sich unterscheiden, ob derzeitige Implementierungsbemühungen nur die Vergangenheit aufheben oder ob sie wirklich auf zukünftige sozialtechnische Innovationen zielen.

ge nicht nur für den Menschen zur Entscheidung vorbereitet (‚Assistenz'), sondern die Vorgänge rechtsverbindlich transaktiv selbst ‚entscheidet' und vollzieht. Hinter der ‚Delegationstechnik' befindet sich aber kein künstliches Wesen, kein Bewusstsein und kein ‚Ich'. Dieser Typ „Delegationstechnik" stellt die Weiterentwicklung und Verknüpfung hoch spezialisierter mathematischer und mathematisierender Regeln der Vorabschätzung dar. Letztere wirken auf den Menschen, als ob sie ‚denken' bzw. ‚lernen', aber die Technik ‚denkt' und ‚lernt' nicht. Die vermeintliche ‚Künstliche Intelligenz' ist keine Intelligenz. Sie vollzieht nur brillante mathematische Prozesse. Die Kontinentalverschiebung für die Arbeitswelt steckt in der Übergabe der Vollmacht an ein Software-System. Diese Bevollmächtigung (‚Delegation') verändert in gravierender Weise die Umgangsformen mit Technik, ihre Perzeption durch den Menschen und dessen Möglichkeit, gestaltend einzugreifen.

Aus den Gestaltungserfahrungen mit ‚algorithmischen Steuerungs- und Entscheidungssystemen' geht für die Diskussionen im ‚Forum Soziale Technikgestaltung' unzweideutig hervor, dass die sozialen Interventionen der Beschäftigtenvertretungen nicht wie bisher in der Zeit *nach* der Technikeinführung auf der Basis experimentierender Erfahrungsbündel erfolgen kann. Wesentliche Ausfertigungen von komplexen ‚algorithmischen Steuerungs- und Entscheidungssystemen' sind nach ihrem Start nicht mehr oder nur mit allergrößtem Aufwand gestaltbar und korrigierbar. Die Gestaltung solcher Konstrukte muss *vorher* (!) geschehen. Das Ziel sind der „mitbestimmte Algorithmus" (Schröter 2019a; Schröter 2019b) und das ‚mitbestimmte algorithmische Steuerungs- und Entscheidungssystem'. Um dies leisten zu können, müssen Kolleg_innen aus Betriebs- und Personalräten sowie Belegschaften vorausschauend vorausdenkend (antizipierend) handeln. Solche ‚Vorausschauende antizipierende Arbeitsgestaltung' greift auf bisherige Erfahrungen der Zähmung von ‚Assistenzsystemen' zurück und überschreitet sie zugleich.

‚Vorausschauende antizipierende Arbeitsgestaltung' als Methode zur Anpassung von ‚algorithmischen Steuerungs- und Entscheidungssystemen' darf nicht allein aus der Vergangenheit denken. Sie muss neben der dialektischen Erbschaft alter Prozesse die Perspektive des ‚Aus-der-Zukunft-in-die-Gegenwart-Denkens' einnehmen. Es gilt, nicht mehr nur reaktiv sondern bewusst auch proaktiv zu handeln. Technische Lösungen dieses Typs erfordern einen anderen, einen weitergespannten Blick, eben ein selbstbewusst in die Zukunft gerichtetes ganzheitliches Denken. Es bedarf des Mutes zu einem antizipierenden zukunftsverliebten Bewusstsein.

Dabei bleibt festzuhalten: Technische Entwicklungen sind niemals neutral. Im gesellschaftspolitischen Sinne ist Technik immer politisch, ist der Algorithmus politisch. In technischen Konstrukten werden soziale Beziehungen und Herrschaftsverhältnisse vergegenständlicht. Die Ausformung von Technik ist eine Ausformung von Interessen. Wer Technik in demokratische gesellschaftliche Kontexte einbringen will, muss den Prozess der interessengeleiteten Ausformung von Technik pluralisieren und demokratisieren.

3.2 Technik muss demokratisiert werden

Mit dem Aufkommen des World Wide Web kam der Traum einer anderen Technikentwicklung wie einst bei ‚Lucas Aerospace' oder ‚LIP' bei mehr Menschen zurück. Die frühe ‚Graswurzelwelt' des Internets bildete eine Hoffnung ab, man könne durch Basisbewegungen und Bottom-up-Strategien eine demokratisierte, eine demokratische Technik hervorbringen. Nicht die autoritäre Top-down-Durchsetzung von Technikkonzepten in den Fabriken, sondern eine Technikentwicklung unter Beteiligung kommender Anwender_innen sollte als Technikleitbild Geltung erlangen. Dabei unterstützten sozialwissenschaftliche Impulse diesen Weg, die hervorhoben, dass Technik nie neutral sei. Durch Partizipation und Mitbestimmung kann Technik an den Interessen der Nutzerinnen und Nutzer ausgerichtet werden. Mit diesen Gedanken erwuchs das Feld der Technikentwicklung zu einem Handlungsort der Demokratisierung und der Pluralisierung von Interessen (Schröter 2017).

Unter dieser Perspektive wurde offensichtlich, dass man die Möglichkeiten der Verfestigung von Dominanzinteressen in der Gestalt der Technik nicht den Geschäftsleitungen überlassen darf. Betriebs- und Personalrät_innen waren gefordert, sich das Terrain der Technologie zu erschließen. Mitbestimmung muss nun nicht nur über den Technikeinsatz erfolgen, sie muss auch in der technischen Ausformung von Maschinen, Geräten, Netzen ihren Platz bekommen. Die Einmischung in die Technikentwicklung durfte nicht nur ‚von außen', sie musste vielmehr auch ‚von innen' erfolgen. Mit einem solchen Beteiligungs- und Mitbestimmungsansatz verband sich zugleich die Idee der umweltschonenden Nachhaltigkeit: Die Idee der sozialen Technikgestaltung durch die Betroffenen selbst wollte nicht Wachstum schlechthin, sondern ‚qualitatives Wachstum'.

Der Ansatz solcher Technikgestaltung erhielt eine starke Unterstützung durch die feministische Frauenforschung und die entstandenen Frauen-Kompetenz-Netzwerke. Das Kriterium der Gleichstellung der Geschlechter in der Technikentwicklung und der Faktor ‚Gender' in interdisziplinären Kultur-, Technik- und Sozialforschungen eröffnete der Technikdebatte neue Horizonte (Bath/Kleinen 1997; Heymann/Mauß/Schuster/Venn 2018). Nun benötigten derartige soziale, emanzipatorische, inklusive und ökologische Innovationen einen kommunikativen offenen Ort des öffentlichen Denkens und des gemeinsamen Lernens. Zudem verbreitete sich die nüchterne Einsicht, dass die Freiheit der Wissenschaft keine Freiheit zur ungestalteten Anwendung von Forschungsergebnissen bedeute.

3.3 Sich selbst verändernde Software-Werkzeuge

Aus den Zeiten und Anwendungszusammenhängen der Assistenztechnik haben wir ein sehr tradiertes Verständnis von Software behalten. Es handelt sich zumeist um starre Softwarelösungen, die auch bei zigtausendfacher Nutzung als Werkzeuge unverwandelt bleiben. Natürlich gibt es Updates oder Upgrades, aber die Anwendung der Software bleibt im Kern stabil.

Unter dem Dach der Delegationstechnik und der ‚Algorithmischen Steuerungs- und Entscheidungssysteme' entstehen mehr und mehr Variationen von komplexen Software-Werkzeugen, die sich – vereinfacht ausgedrückt –durch Anwendung verändern. Ich bezeichne sie als ‚Sich-selbst-verändernde-Software-Werkzeuge'. Zu ihnen zählen immer häufiger auch Anwendungsszenarien für generative Softwaresysteme.

Unter komplexen Software-Systemen sowie algorithmischen Steuerungs- und Entscheidungssystemen sind vor allem jene Anwendungen zu fassen, die größere Teile eines Arbeitsvorganges oder den kompletten Arbeitsvorgang selbst steuern oder entscheiden können.

Darunter fallen:

a) starre regelbasierte Software-Anwendungen, die sich durch Nutzungen nicht verändern und stets wiederholend immer dieselben komplexen Vorgänge abwickeln, oder
b) starre Software-Anwendungen, die durch Nutzung und ständige Verarbeitung neuer Daten ihre Anwendungstiefe und Anwendungsbreite vertiefen, ohne den Rahmen der vorgegebenen Zusammenhänge zu verlassen (z. B. Gesichtserkennungssoftware), oder
c) dynamische Software-Systeme, die durch ständige Datenaufnahme und Datenverarbeitung den Arbeitsprozess selbststeuernd neu anlegen und damit neue Abläufe schaffen (z. B. horizontale Wertschöpfungsketten), oder
d) dynamische Software-Systeme, die durch ständige Datenaufnahme und Datenverarbeitung ihren eigenen Algorithmus selbstständig verändern und dadurch völlig neue Abläufe kreieren.

Die Systeme unter a) und b) sind technisch entwickelt, bereits vorhanden oder werden an verschiedenen Orten eingeführt. Die Systeme unter c) sind in der operativen Experimentierphase. Die Systeme aus d) sind noch nicht praxistauglich.

Aus diesen Perspektiven heraus entstand die Idee ‚Der mitbestimmte Algorithmus'. Die Gestaltung ‚Algorithmischer Steuerungs- und Entscheidungssysteme' und die Schaffung eines mitbestimmten Algorithmus benötigen auf der Seite der Betriebs- und Personalräte ein erweiterndes Konzept. Ich nenne es ‚Antizipierende vorausschauende Arbeitsgestaltung'. Es geht darum, vorabschätzen zu können, was ein algorithmisches System leisten kann und leisten darf und was nicht. Antizipierendes Denken und präventives Handeln auf der Ebene des Algorithmus kommt somit in die bisherige gewerkschaftliche Technikgestaltungsarbeit als innovative Erweiterung hinzu (vgl. Schröter 2019a; 2021b; 2024b).[6]

Aus Sicht des ‚Forum Soziale Technikgestaltung' gelingt der algorithmisch induzierte Wandel vor allem dann, wenn das in Menschen angehäufte implizite und explizite Erfahrungsprozesswissen mit dem software-technisch abgebildeten Fach- und Sachwissen auf gleicher Augenhöhe gehandhabt wird. Einseitigkeiten erbringen keinen dauerhaften Erfolg.

In diesem Zusammenhang steckt eine Herausforderung für die Sozialwissenschaften.[7] Das soziotechnisch-analytische Dreigestirn ‚Mensch-Technik-Organisation' ist in der Zeit analog-physischer Technikentwicklung entstanden. Es wurde perspektivisch auf den Prozess der Digitalisierung ausgedehnt. Das Dreigestirn deckt die ‚nachholende Digitalisierung' partiell ab. Es bleibt aber unzureichend für die Anwendung ‚algorithmischer Steuerungs- und Entscheidungssysteme'. So manche sozialwissenschaftliche Weigerung, sich auf die Nutzungszusammenhänge komplexer, sich selbst verändernder Software-Systeme einzulassen, rührt in dem Klammerungsverhalten, das Dreigestirn nicht anpassen zu müssen. Es ist jedoch dringend erforderlich, die Erfahrungen (z. B. auch aus der Arbeit des FST im Hinblick auf die Differenzierung des Technikbegriffes in ‚Assistenztechnik' und ‚Delegationstechnik') sozialwissenschaftlich aufzunehmen, um das veraltete Technikverständnis zu erneuern.[8] Komplexe, sich selbst verändernde Software-Systeme sind nicht mit einer nur tradierten Wahrnehmung des Maschinenbaus gestaltbar.

---

6 Einen zentralen Baustein für die „Antizipierende vorausschauende Arbeitsgestaltung" stellt die im FST erarbeitete Liste von dreißig generischen Kriterien zur Gestaltung und Zulassung „Algorithmischer Steuerungs- und Entscheidungssysteme" dar. Diese ergeben ein Orientierungsraster bei der Konfrontation mit den neuen Systemen (Schröter 2019a; Schröter 2022 f.).

7 Im Rahmen der Abschlusstagung des BMBF-geförderten Projektes „„KI – Mensch – Gesellschaft" (KIMeGe) am 14./15. November 2022 in München wurden vom Autor ausgewählte FST-Anforderungen an die Forschung artikuliert: „1. Wir benötigen neue gesellschaftswissenschaftliche Analysen zum Wandel des impliziten und expliziten Erfahrungswissens. 2. Die Verschiebungen der Handlungsträgerschaften innerhalb der Arbeitswelten bedürfen der intensiveren Erforschung. 3. Es gilt die Potenziale der „Spezifikationsdialoge" zu untersuchen und handlungsorientiert aufzubereiten".

8 Einen dahingehend bedeutsamen Fortschritt im Diskurs zwischen FST und Arbeitsforschung konnte im Rahmen des BMBF-Projektes ‚KARL Kompetenzzentrum Künstliche Intelligenz für Arbeit und Lernen in der Region Karlsruhe' erreicht werden. Die seitens des FST eingebrachten erfahrungsgeleiteten Definitionen zu ‚Assistenztechnik', ‚Delegationstechnik' (vgl. Schröter 2024), ‚Der mitbestimmte Algorithmus', ‚Komplexitätskompetenz' und ‚Moderierter Spezifikationsdialog' fanden Eingang in ein neues arbeitswissenschaftliches Glossar der CoCo-Begleitforschung (vgl. Richter/Bernhard-Skala/Kinkel 2024) zu den bundesweiten diesbezüglichen ‚KI'-Kompetenzzentren.

4. Moderierter Spezifikationsdialog

Erforderlich ist ein neuer Praxisbaustein in der Mitbestimmung, den ich als ‚Moderierten Spezifikationsdialog' bezeichne. Notwendig ist auf betrieblicher Ebene (Produktion, Dienstleistung, Verwaltung) ein zu verankernder transparent strukturierter Aushandlungsprozess, in dem die Beschäftigten und ihre Beschäftigtenvertretungen auf der Basis ihrer arbeitsweltlichen Prozesserfahrungen ihre Anforderungen an ‚Algorithmische Steuerungs- und Entscheidungssysteme' artikulieren und in hohem Maße präzisieren.

Die Beschäftigtenseite muss ihre Anforderungen nicht in der Sprache der Informatik oder der Programmierung ausdrücken. Die ‚Über-Setzung' der aus Sicht der Beschäftigten interessengeleiteten Erfahrungswelten ist Aufgabe der IT-Seite. Sie erstellt Module, MockUps und Prototypen, die dann von der Beschäftigtenseite korrigiert, weitergetrieben und irgendwann ‚abgenommen' werden. Solcherart extern moderierter Spezifikationsverläufe verankern die Anforderungen der kommenden Anwenderinnen und Anwender in frühester Phase vor (!) der Implementierung in den kommenden Software-Systemen neuester mathematischer Generationen.[9]

4.1 Eckpunkte für die Durchführung eines „Moderierten Spezifikationsdialoges"

Im Rahmen des von der Hans-Böckler-Stiftung geförderten Projektes „Protis-Bit" (vgl. Schröter 2023c) und in Kooperation mit der virtuellen Arbeitsgruppe des FST wurden im Sommer 2023 neue „Eckpunkte für die Durchführung eines Moderierten Spezifikationsdialoges" diskutiert. Darin heißt es:

Eckpunkte für die Durchführung eines Moderierten Spezifikationsdialoges

I. Für die mitbestimmte Gestaltung komplexer algorithmischer Steuerungs- und Entscheidungssysteme („Delegationstechnik") schlägt das „Forum Soziale Technikgestaltung" die Einfügung des zusätzlichen Handlungsformates „Moderierter Spezifikationsdialog" in den Mitbestimmungsprozess vor.

9 Im Sommer des Jahres 2022 ist es dem Gesamtpersonalrat (GPR LHS) der Landeshauptstadt Stuttgart mit Unterstützung des FST gelungen, eine geradezu epochale Rahmendienstvereinbarung mit dem öffentlichen Arbeitgeber abzuschließen. In dem insgesamt 22 Seiten umfassenden rechtsgültigen Dokument wird der ‚moderierte Spezifikationsdialog' in strukturierter Weise verankert. Das Dokument ist öffentlich (vgl. Schröter 2022a). Der GPR LHS erhielt dafür den ‚Personalrätepreis 2022' in Silber.

II. Dieses Format dient dazu,

- das Erfahrungswissen der Beschäftigten aufzuwerten,
- die Beschäftigten zu unterstützen, in technischen Dialogen sprechfähig zu werden,
- die Beschäftigten zu stärken, in Prozessen denken zu lernen (Arbeitsprozesse, Arbeitsorganisation, Lieferketten etc.),
- sowie einen Ort und einen Zeitpunkt zu schaffen, bei dem ethische, rechtliche, ökologische und soziale Gestaltungskriterien für die Anpassung komplexer Technik praktisch angewandt werden können.

III. Eine der zentralen Aufgaben des „Moderierten Spezifikationsdialoges" besteht darin, das hohe Gut des Erfahrungs- und Prozesswissens der Beschäftigten auf gleicher Augenhöhe mit dem Fach- und Sachwissen der IT-Teams in einen klärenden Aushandlungsprozess (Spezifikation) hinüber zu führen.

IV. Es geht also nicht primär um technikbezogene „Requirements" im Sinne von Recht und Norm sondern um die Einbettung des erfahrungsgeleiteten „Lernens-in-Prozessen-zu-denken" und um die „Über-Setzung" von Erfahrungskenntnissen in die Entwicklungswelt und umgekehrt.

V. Dabei ist es nicht die Aufgabe der „Erfahrungs"-Seite, sich in Programmiersprachen und IT-Begriffen auszudrücken. Das Ziel des Dialoges ist es, dass die IT-Seite die erfahrungsgeleiteten Anforderungen aus der Arbeitsprozessperspektive heraus verstehen lernt und in die IT-Sprachen übersetzt. Die Aufgabe der „Erfahrungs"-Seite besteht vor allem darin, ihre Anforderungen so präzise wie möglich zu artikulieren. Die bloße Formel einer „ethischen KI" oder einer „sozialen KI" ist nur wenig hilfreich.

VI. Soziale Technikgestaltung erhält hierbei eine für die Mitbestimmung ergänzende Rolle, denn die Anforderungen werden nicht nur in Betriebs- oder Dienstvereinbarungen festgelegt, sondern zudem direkt im algorithmischen System verankert. IT-Teams, die diesen Denkansatz verstanden haben, reagieren sehr erfreut, da sie zwar über brillante Kenntnisse in der Technikentwicklung aber selten über Kenntnisse von den Arbeitsverläufen bei den später Anwendenden verfügen.

VII. Es ist erforderlich, dass die Moderation von externen, unabhängigen Personen durchgeführt wird. Wichtig sind dabei eine aktive Kommunikationsbereitschaft und eine offene Kommunikationskultur, um diesen Weg einer ergänzenden Interessenaushandlung zu gewährleisten.

VIII. Für die Organisation von diesem Typ „Spezifikationsdialog“ sollten verschiedene Intensivierungsvarianten berücksichtigt werden:

- Dialog Beschäftigtenseite / Beschäftigtenvertretung mit IT-Seite;
- Dialog Beschäftigtenseite / Beschäftigtenvertretung mit IT-Seite und mit Geschäftsleitung;
- Dialog Beschäftigtenseite / Beschäftigtenvertretung mit IT-Seite und mit Sachverständigen; (Datenschutz, Arbeitsschutz, Gesundheitsschutz, Gefährdungsbeurteilung, Schwerbehindertenvertretung, Weiterbildung ...);
- Gemeinsame Austausch- und Kommunikationsräume schaffen;
- Prinzipien der Agilität (z. B. scrum) als Methode nutzen,
- Jeweils mit externer, „neutraler“ Moderation.

IX. Ein „Moderierter Spezifikationsdialog“ muss, um Erfolg zu haben, vor (!) der Beschaffung und vor (!) der Einführung (Implementierung) von „Delegationstechnik“ stattfinden.

X. Fünf empfohlene Handlungsschritte für den „Moderierten Spezifikationsdialog“:
Erster Schritt: Befassung mit folgenden drei Aspekten:

- Es gilt zunächst zu erkennen, welche innerbetrieblichen und zwischenbetrieblichen Arbeits- und Geschäftsprozesse von den ins Auge gefassten Software-Systemen beeinflusst und verändert werden.
- Danach ist zu prüfen, welche Entscheidungshoheit auf welche Weise auf diese Systeme delegiert wird.
- Drittens sind die Folgen für die Arbeitsorganisation vorabzuschätzen.

Zweiter Schritt: Die Beschäftigten und die Beschäftigtenvertretung beraten auf der Grundlage der eigenen Erfahrungen die Veränderungen der Arbeitsabläufe / Arbeitsprozesse und der Arbeitsorganisation. Die Beschäftigten und die Beschäftigtenvertretung benennen aus ihrer Sicht, wie die Abläufe zukünftig sein sollen. Sie beschreiben sehr konkret ihre Anforderungen und Wünsche.
Dritter Schritt: Aus den Beschreibungen der zukünftigen Arbeitsabläufe / Arbeitsprozesse und der Arbeitsorganisation ergeben sich Anforderungen an die software-technische Gestaltung der „Delegationstechnik“. Die Beschreibung, wie es sein soll, und die Liste der Gestaltungskriterien bringen Beschäftigte und Beschäftigtenvertretungen in den „Moderierten Spezifikationsdialog“ ein.
Vierter Schritt: Die externe Moderation ordnet die Anforderungen aus der Sicht der Beschäftigten und die Anforderungen aus Sicht der IT-Seite in den Dialog ein und schlägt ein Verfahren zur Konsensfindung vor. Es finden mehrere Beratungen mit einer sich wiederholenden (iterativen) Schrittfolge statt.
Fünfter Schritt: Die ausgehandelten Ergebnisse werden zur Grundlage der Software-Beschaffung und der Gestaltung (Anpassung) der Software. Das Software-

Team übernimmt die Aufgabe, die vereinbarten Anforderungen im algorithmischen System zu verankern. Es wird vereinbart, in welcher zeitlichen Abfolge die Zielstellungen der Software überprüft werden (Reviews).

Die aus dem FST entwickelten Eckpunkte werden durch die genannte Rahmendienstvereinbarung bekräftigt. In Anlage 6 der Rahmen-DV wurde von den Sozialpartnern vereinbart:[10]

> „In den Spezifikationsdialogen werden verbindlich Anforderungen an die Gestaltung von ‚vertrauenswürdiger Künstlicher Intelligenz' formuliert. Es soll sichergestellt werden, dass:
> – diese Systeme auf ihre Anwendung als Assistenztechnik beschränkt bleiben und nicht selbst rechtsverbindliche Entscheidungen treffen,
> – die Nutzung dieser Systeme eine Verbesserung der Arbeitsbedingungen und der Arbeitsqualität gemäß sozialer Standards der Rahmendienstvereinbarung ermöglicht.
> Aus den gemeinsamen Erfahrungen der Spezifikationsdialoge wird eine Anforderungs-Checkliste für die Gestaltung und Zulassung von KI-Systemen erstellt, um die Einführung zu erleichtern. Jeweils an einem konkreten Fall/Beispiel soll Klarheit geschaffen und Anforderungen am konkreten Vorhaben entwickelt werden. Für jedes Vorhaben wird festgelegt, ob eine befristete Experimentierphase zur Prüfung der Software durchgeführt werden soll. […]
> Vor dem Beschaffungsvorgang: Sollen komplexe Software-Systeme beschafft werden, deren algorithmische Vorgaben durch die Landeshauptstadt Stuttgart nicht verändert und angepasst werden können, findet vor dem Beschaffungsvorgang ein Spezifikationsdialog mit dem Gesamtpersonalrat statt, bei dem dieser seine Anforderungen an die Software und deren Leistungsbreite artikulieren kann. Die Anforderungen werden verbindlich geprüft und einvernehmlich als Anforderung in den Beschaffungsvorgang eingefügt.
> Vor dem Implementierungsvorgang: Sollen komplexe Software-Systeme implementiert werden, deren algorithmische Vorgaben durch die Landeshauptstadt Stuttgart verändert und angepasst werden können, findet vor dem Implementierungsvorgang ein Spezifikationsdialog mit dem Gesamtpersonalrat statt, bei dem dieser seine Anforderungen an die Software und deren Leistungsbreite artikulieren kann. Die Anforderungen werden verbindlich geprüft und einvernehmlich als Anforderung in den

---

10 Nach mehrjähriger Vorarbeit ist es dem Gesamtpersonalrat der Landeshauptstadt Stuttgart (GPR LHS) gelungen, einen außergewöhnlichen und epochalen Erfolg auf dem Weg der mitbestimmten Gestaltung der Digitalisierung und der sogenannten „Künstlichen Intelligenz" („KI") zu erringen. Die Rahmen-DV wurde im Mai 2022 unterschrieben. Zur DV in der Länge von 11 Seiten gehören rechtlich gleichgestellte acht Anlagen mit abermals zusammen 11 Seiten Umfang (Schröter 2022a).

> Beschaffungsvorgang eingefügt. Gegebenenfalls wird in einem begrenzten Experimentierfeld die Vorgaben getestet und überprüft".

In der DV heißt es unter anderem:

> „Aus den gemeinsam gewonnenen Erfahrungen in den Dialogen werden verbindliche Anforderungen formuliert. Diese stellen die Grundlage für zukünftige Einführungsprozesse dar und sollen diese erleichtern".

Für nur regelbasierte Softwareanwendungen im Sinne der Assistenztechnik ist der Spezifikationsdialog nicht zuständig. Zu den Spezifikationsdialogen hat der GPR ein Initiativrecht. Im genau beschriebenen Verlaufsmuster, wie neue IT-Technik im Mitbestimmungsprozess zu behandeln ist, wurde zugunsten des GPR ein faktisches Vetorecht verankert:

> „Wenn die Personalvertretung dem Antrag bei Erfordernis einer Zustimmung nicht zustimmt, dann kann die Anforderung/der Change nicht umgesetzt werden".

Die Initiative zur Rahmen-DV ging von den Kolleg_innen im Gesamtpersonalrat mit Unterstützung durch das FST aus (vgl. Schröter 2023b; 2022b). Mit einem intensiv und qualifiziert ausgearbeiteten Entwurf überraschte das Gremium den Arbeitgeber, der an vielen Stellen noch in althergebrachten Vorstellungen von Techniknutzungen befangen war. Durch einen strategischen Dialog der Beschäftigtenvertretung mit der IT-Abteilung der Stadt und der Berücksichtigung von Interessen der IT-Teams durch den GPR konnte ein hochkompetentes Aushandlungsergebnis und eine Zustimmung der Spitze der Stadtverwaltung erreicht werden.

5. Schlussbetrachtungen: Antizipierendes ‚Möglichkeitsbewusstsein' als Treiber sozialer Technikgestaltung

Der Perspektivwechsel in der sozialen Technikgestaltung von der Assistenz- zur Delegationstechnik bietet den gestaltenden Akteuren ‚von unten' die Möglichkeit, einen nur technikzentrierten Blick zu überwinden und ein ganzheitliches Herangehen zu erlauben. ‚Vorausschauende antizipierende Arbeitsgestaltung' setzt in diesem Sinne nicht die technisch-digitale Vorgabe in die Mitte des Handlungsansatzes. Es bedarf der Rückkehr eines emanzipatorischen Menschenbildes ins Zentrum des gemeinsamen öffentlichen Gestaltungslernens (vgl. Schröter 2014). Die Frage, welche Entscheidungen will der Mensch auf ein Software-System übergeben, stellt die Frage nach dem Menschenbild selbst. Hier kann die soziale Technikgestaltung an Gehalte der politisch-praktischen Philosophie, an die philosophische Anthropologie (vgl. Fahrenbach 2020)[11] anknüpfen. Kennzeichen des Menschen ist sein Bewusstsein. Dieses fehlt der Technik. Mit Technik kann man auf künstliche Weise explizit definierte Prozesse nachbauen – (dies meint der Begriff ‚artificial intelligence' (AI) eigentlich) –, aber kein Bewusstsein künstlich erzeugen. An dieser Stelle zeigt sich auch, dass eine so verstandene Technikgestaltung gerade nicht technikaffirmativ ist und eine Angelegenheit des Managements darstellt, sondern dass die Humanisierung der Technik nicht losgelöst werden kann von der auf gesellschaftliche Emanzipation angelegten Humanisierung des Menschen. Nicht Resignation, sondern Ermutigung zur Einmischung steht somit auf der Tagesordnung.

Der Tübinger Philosoph Helmut Fahrenbach liefert – in Anlehnung an Ernst Bloch – wertvolle Impulse für den seit über zwanzig Jahren laufenden Diskurs ‚Arbeitswelt trifft Philosophie – Philosophie trifft Arbeitswelt':

> „Denn die Differenzierung zwischen Erfahrung und Handeln spiegelt sich in dem für die Selbstgegebenheit des Menschen grundlegenden Doppelaspekt von Daseinsbestimmtheit (Daseinswirklichkeit, Daseinsgegebenheit) und Selbstbestimmung (Möglichkeit, Aufgabe) oder – wenn die Basiskonzeption am Bewusstseinsbegriff orientiert wird – in der Differenz und Beziehung von Gegebenheits- bzw. Erfahrungsbewusstsein und Möglichkeits- bzw. Handlungsbewusstsein" (Fahrenbach 2020, S. 147).

Die Verschiebung der Technikkultur von der ‚Assistenz' zur ‚Delegation' bringt in der Kritik dialektisch ein größeres Möglichkeitspotenzial des Handelns in die Gestaltungsprozesse ein. Aus einem zukunftszugewandten Perspektivmilieu und angesichts der auch auf der Seite der Unternehmensleitungen feststellbaren tiefgreifenden Irritation ob der Wirkungskraft der ‚Delegation' entfaltet sich eine neue Gestaltungssicht, die – Kraft eines ungleichzeitigen Bewusstseins – neue Ganzheitlichkeit provoziert. Fahrenbach erkennt, „dass dieses kein geschlossenes Feld bloßer Gegebenheiten bildet, sondern vielmehr selbst schon vom Möglichkeitsbewusstsein durchsetzt ist bzw. auf diesen Bewusstseinsmodus hin ständig überschritten wird" (vgl. Fahrenbach 2020, S. 218).

---

11 „Das Erkenntnisinteresse der Philosophie ist aber letztlich nicht theoretisch, sondern praktisch motiviert, d. h. auf Selbstverständigung und Handlungsorientierung des Menschen in seiner Welt gerichtet. Die eigentliche Sinnbestimmung des Philosophierens kann demgemäß unter den Titel einer philosophischen Anthropologie in praktischer Absicht – oder einer praktisch relevanten Philosophie des Menschen – gebracht werden. Diese praktische Absicht muss im Kommunikationsmedium der Sprache ansetzen, zumal dann, wenn sie Bewusstseinsveränderung intendiert. Damit werden Sprachreflexion und Sprachkritik in einen Zusammenhang mit Problemen des Handelns, des normativen Bewusstseins und der Ideologiekritik gesetzt" (Fahrenbach 2020, S. 133).

Die soziale und humane Gestaltung algorithmischer Steuerungs- und Entscheidungssysteme kann auch in einen technikphilosophischen und politisch-philosophischen Diskurs beheimatet werden, in dem mit methodischer Hilfe der Bloch'schen Kategorie der „Ungleichzeitigkeit" (Schröter 2021d) das öffentlich-gesellschaftliche Bewusstsein besser identifizierbar und für Gestaltungsansätze handhabbar wird.

Aus den Ungleichzeitigkeitserfahrungen menschlichen Bewusstseins destilliert die praktische Philosophie Ernst Blochs einen Zukunftsbezug, der selbst wieder im heutigen Gestaltungsprozess der Delegation auf der Basis algorithmische Steuerungs- und Entscheidungssysteme schärfende Relevanz aufträgt:

> „Mit dem ‚antizipierenden Bewußtsein' bezeichnet Bloch die für die menschliche Lebenstätigkeit grundlegende Bewusstseinsform, in deren Richtungsbestimmung der für das zeitliche Dasein als tätiges Werden vorrangige Zukunftsbezug erschlossen und das Möglichkeitsfeld der Praxis bestimmbar wird. Das geschieht in einer Vielzahl von Weisen des (antizipierenden) Vorgriffs auf Mögliches und Künftiges – in Tagträumen, Wünschen, Utopien, Hoffnungen, Prognosen, Entwürfen, Plänen –, worin sich die ‚utopische Funktion' des antizipierenden Bewusstseins für die Erhellung und Gestaltung der Zukunft als der Dimension des Noch-Nicht-Seienden, aber Möglichen differenziert und aufbaut" (Fahrenbach 2020, S. 397 f.)

Die durch technische Herausforderungen ausgelöste Zurückgeworfenheit auf die Frage des Menschseins und dessen fortschreitender Humanisierung kann der Gestaltungsprozess delegativer Systeme die Utopiefähigkeit einer lebenswerten Gesellschaft ohne Entfremdung erneut auf die Tagesordnung setzen. Dies sei nach Fahrenbach „die Bewusstseinsfunktion, in der der Mensch sich vorgreifend zur Zukunfts- und Möglichkeitsdimension seiner Existenz (Fahrenbach 2024) verhält und sich diese erschließt" (Fahrenbach 2017). Niederschlag findet die Aufhebung dieser entfremdeten Lage unter anderem in der Neudefinition der Zielgerichtetheit menschlichen Gestaltungshandelns und in deren prospektiver Haltung. Fahrenbach plädiert wie Bloch für ‚konkrete Utopie':

> „Durch die Forderung ‚konkreter Antizipation' bzw. ‚konkreter Utopie' wird das antizipierende Bewusstsein entgegen einem phantastischen Überfliegen der Realität – ‚Utopismus' – in die Wirklichkeit des gesellschaftlich-geschichtlichen Seins zurückbezogen, ohne den umfassenderen utopisch-prospektiven Horizont preiszugeben oder ihn auf das jetzt real Mögliche bzw. möglich Erscheinende zu verkürzen" (Fahrenbach 2017, S. 80).

Aus dem strukturierten Dialog ‚Arbeitswelt trifft Philosophie – Philosophie trifft Arbeitswelt', der im Rahmen der Aktivitäten des FST jahrelang begleitend forciert wurde, tritt der unumwundene Appell hervor, der das soziale, emanzipatorische Menschenbild gegen dessen Dekonstruktion zu verteidigen sucht. Umgesetzt in den Prozess der sozialen Gestaltung algorithmischer Steuerungs- und Entscheidungssysteme unterstreicht dieser Ansatz die Forderung, dass Delegations-Werkzeuge nicht Träger von Entscheidungen über Menschen sein bzw. werden dürfen (vgl. Schröter 2022c;2022d). Die Handlungsträgerschaft Mensch darf zu dessen eigener Bewahrung seiner Sozialität nicht übergehen auf die Handlungsträgerschaft delegativer Systeme (vgl. Schröter 2022e; 2021c). In diesem Sinne bleibt Technik politisch, bleibt der delegative Algorithmus politisch

Literatur

Bath, Corinna / Kleinen, Barbara (1997) (Hrsg.): Frauen in der Informationsgesellschaft. Fliegen oder Spinnen im Netz. Mössingen: Talheimer.

Fahrenbach, Helmut (2017): Ernst Blochs Philosophie der Hoffnung und Utopie – im Kontext und Diskurs. Mössingen: Talheimer.

Fahrenbach, Helmut (2020): Philosophische Anthropologie, Band 1. Mössingen: Talheimer.

Fahrenbach, Helmut (2024): Existenzanalyse und Sprachreflexion. Mössingen: Talheimer.

Heymann, Dagmar / Mauß, Bärbel / Schuster, Claudia / Venn, Astrid (2018) (Hrsg.): Feministisch_4.40. 40 Jahre Frauen in Naturwissenschaft und Technik. Mössingen: Talheimer (NUT – Schriftenreihe, Band 13, hrsg. von Frauen in Naturwissenschaft und Technik e. V. in Kooperation mit der Stiftung Deutsches Technikmuseum Berlin).

Klumpp, Dieter (2020): Technikwandel und Volksparteien. Technologiepolitische Strategien von SPD und CDU für Kommunikationssysteme vor der Jahrtausendwende. Mössingen: Talheimer.

Negt, Oskar (1971): Soziologische Phantasie und exemplarisches Lernen. Zur Theorie und Praxis der Arbeiterbildung. Frankfurt: Europäische Verlagsanstalt.

Richter, Dennis / Bernhard-Skala, Christian / Kinkel, Steffen (2024) (Hrsg.): Glossar Künstliche Intelligenz für die interdisziplinär vernetzte Arbeitsforschung. Bonn und Karlsruhe. coco-projekt.de/wp-content/uploads/2024/03 / Richter_et-al_2024_Glossar_KI-und-Arbeitsforschung.pdf (Abfrage: 06.04.2024).

Schröter, Welf (2003): Agenten in neuen Arbeitswelten. Ein Paradigmenwechsel. In: Weiss, Manfred / Busch, Christoph / Schröter, Welf (Hrsg.): Multimedia Arbeitsplatz der Zukunft. Assistenz und Delegation mit mobilen Softwareagenten. Mössingen: Talheimer, S. 99–118.

Schröter, Welf (2014): Identität in der Virtualität. Virtuelle Lebenslagen unter Industrie 4.0 und Identität als neuer ganzheitlicher Gestaltungsansatz. In: Schröter, Welf (Hrsg.): Identität in der Virtualität. Einblicke in neue Arbeitswelten und Industrie 4.0. Mössingen: Talheimer, S. 119–136.

Schröter, Welf (2017): Selbstbestimmung zwischen nachholender Digitalisierung und autonomen Software-Systemen. Wenn Betriebsräte vorausschauende Arbeitsgestaltung erproben. In: Schröter, Welf (Hrsg.): Autonomie des Menschen – Autonomie der Systeme. Humanisierungspotenziale und Grenzen moderner Technologien. Mössingen: Talheimer, S. 187–256.

Schröter, Welf (2019a): Der mitbestimmte Algorithmus. Arbeitsweltliche Kriterien zur sozialen Gestaltung von Algorithmen und algorithmischen Entscheidungssystemen. In: Schröter, Welf (2019) (Hrsg.): Der mitbestimmte Algorithmus. Gestaltungskompetenz für den Wandel der Arbeit. Mössingen: Talheimer, S. 101–150.

Schröter, Welf (2019b): Auf dem Weg zum „mitbestimmten Algorithmus". Warum der Begriff „KI" nicht als „künstliche" sondern nur als „kleine" oder „keine Intelligenz" ausgeschrieben werden sollte. Eine kleine nachdenkliche Polemik. In: Der Künstliche Mensch? Menschenbilder im 21. Jahrhundert. Latenz – Journal für Philosophie und Gesellschaft, Arbeit und Technik, Kunst und Kultur, 4, S. 109–116.

Schröter, Welf (2021a): Ist die Bezeichnung „Künstliche Intelligenz" sinnvoll? blog-zukunft-der-arbeit.de/ist-die-bezeichnung-kuenstliche-intelligenz-sinnvoll (Abfrage: 06.04.2024).

Schröter, Welf (2021b): Soziale Kriterien für die Gestaltung algorithmischer Steuerungs- und Entscheidungssysteme zwischen Assistenz- und Delegationstechnik. Beitrag für den Fachworkshop: Ethische und soziale Kriterien zur Gestaltung algorithmischer Steuerungs- und Entscheidungssysteme. Ein Dialog zwischen dem „Forum Soziale Technikgestaltung" (FST), dem Fraunhofer-Institut für Arbeitswirtschaft und Organisation IAO und Cyber Valley anlässlich des Jubiläums „Dreißig Jahre Forum Soziale Technikgestaltung" (1991–2021).

Schröter, Welf (2021c): Zur notwendigen Demokratisierung des Algorithmus. Politisch-philosophische Impulse anlässlich „Dreißig Jahre Forum Soziale Technikgestaltung". In: Irene Scherer, Welf Schröter (Hrsg.): Latenz – Journal für Philosophie und Gesellschaft, Arbeit und Technik, Kunst und Kultur, 5. Ist der Liberalismus am Ende? Mössingen: Talheimer, S. 169–184.

Schröter, Welf (2021d): Zur Demokratisierung des Algorithmus. Online-Vortrag in der Reihe „Arbeitswelt trifft Philosophie – Philosophie trifft Arbeitswelt" im Rahmen der „Langen Nacht der Philosophie Zürich". youtube.com/watch?v=92_MYzyvIRU (Abfrage: 06.04.2024).

Schröter, Welf (2022 f.): Vierzig FST-Kriterien zur Gestaltung der sogenannten „KI". blog-zukunft-der-arbeit.de/vierzig-fst-kriterien-zur-gestaltung-der-sogenannten-ki (Abfrage: 06.04.2024).

Schröter, Welf (2022a): Gesamtpersonalrat erreicht epochale Vereinbarung zur Gestaltung der Digitalisierung und der sogenannten „KI". blog-zukunft-der-arbeit.de/gesamtpersonalrat-erreicht-epochale-vereinbarung-zur-gestaltung-der-digitalisierung-und-der-sogenannten-ki (Abfrage: 06.04.2024).

Schröter, Welf (2022b): Wie gestalten wir die sogenannte „Künstliche Intelligenz"? – Einladung zur Mitwirkung. Vier Screencast-Videos zum Thema Mitbestimmung bei der Einführung sogenannter „Künstlicher Intelligenz". blog-zukunft-der-arbeit.de/wie-gestalten-wir-die-sogenannte-kuenstliche-intelligenz-einladung-zur-mitwirkung (Abfrage: 06.04.2024).

Schröter, Welf (2022c): Gestaltungskompetenz für Betriebsräte im Spannungsverhältnis von Assistenz- und Delegationstechnik. Erfahrungen aus dreißig Jahren „Forum Soziale Technikgestaltung". In: Magazin erwachsenenbildung.at: Das Fachmedium für Forschung, Praxis und Diskurs, 44–45. erwachsenenbildung.at/magazin/22-44u45/15_schroeter.pdf (Abfrage: 06.04.2024).

Schröter, Welf (2022d): Digitalisierung und Mitbestimmung. Neue Technologien erfordern neue Wege sozialer Gestaltung. Aufzeichnung eines frei gehaltenen Online-Vortrages am 25. 1. 2022 auf Einladung der IG Metall Wolfsburg, der IG Metall Südost-Niedersachen und der Kooperationsstelle Hochschule-Gewerkschaften Südost-Niedersachen an der TU Braunschweig. youtube.com/watch?v=HC_IR5xCyzA (Abfrage: 06.04.2024).

Schröter, Welf (2022e): „Der mitbestimmte Algorithmus" – Ein erweiternder Ansatz zur Gestaltung der sogenannten „Künstlichen Intelligenz". Beitrag für das gemeinsame Online-Magazin „DENK-doch-MAL" von IG Metall und Ver.di. http://denk-doch-mal.de/wp/welf-schroeter-der-mitbestimmte-algorithmus-ein-erweiternder-ansatz-zur-gestaltung-der-sogenannten-kuenstlichen-intelligenz (Abfrage: 06.04.2024).

Schröter, Welf (2023a): „Mitbestimmungsplan" und „Checkliste" zur Gestaltung sogenannter „Künstlicher Intelligenz". blog-zukunft-der-arbeit.de/mitbestimmungsplan-und-checkliste-zur-gestaltung-sogenannter-kuenstlicher-intelligenz (Abfrage: 06.04.2024).

Schröter, Welf (2023b): Warum die Einführung neuer Technologien auch neue Wege der Gestaltung und Mitbestimmung benötigt. youtu.be / ZGBKaVLPHX8 (Abfrage: 06.04.2024).

Schröter, Welf (2023c): Der mitbestimmte Algorithmus. Mitbestimmungsportal der Hans-Böckler-Stiftung. Wissen kompakt. mitbestimmung.de/html/der-mitbestimmte-algorithmus-42789.html?code=18d28100608df6f1cebfefb6a312ca16&c=&cmsid=# (Abfrage: 06.04.2024).

Schröter, Welf (2024a): Delegationstechnik. In: Richter, Dennis / Bernhard-Skala, Christian / Kinkel, Steffen (Hrsg.): Glossar Künstliche Intelligenz für die interdisziplinär vernetzte Arbeitsforschung. Bonn und Karlsruhe. coco-projekt.de/wp-content/uploads/2024/03/Richter_et-al_2024_Glossar_KI-und-Arbeitsforschung.pdf (Abfrage: 06.04.2024).

Schröter, Welf (2024b): Gestaltungshilfen für die Mitbestimmungspraxis. blog-zukunft-der-arbeit.de/gestaltungshilfen (Abfrage: 06.04.2024).

III. Entwicklung von Konkurrenzverhältnissen in ausgewählten Branchen

Digitale Geschäftsmodelle im Handwerk zwischen Konkurrenz und Kooperation

Lianara Dreyer

1. Einleitung

Die Gesellschaft braucht das Handwerk: Handwerker_innen werden gerufen, wenn der Abfluss im Badezimmer defekt oder ein Backofen einzubauen ist. Ebenso sind es Handwerker_innen, die medizinische Schuheinlagen, Zahnimplantate oder Brillen anfertigen. Doch auch über die individuellen Bedarfslagen hinausgehend leisten die Handwerker_innen mit dem Einbau von Solarpanelen und dem energieeffizienten Umbau von Gebäuden einen Beitrag zum Klimaschutz und der Energiewende. Vor diesem Hintergrund ist offensichtlich, dass die zahlreichen Entwicklungen im Handwerk von gesellschaftlicher Relevanz sind. Eine dieser Entwicklungen ist die Digitalisierung, deren Wirkungen auf das Handwerk in Bezug auf den Wandel von Wettbewerbsbedingungen und Veränderungen des Kundenverhalten diskutiert werden (vgl. Cupok 2000, S. 23; vgl. Welzbacher et al. 2015, S. 18–20; vgl. Ax 2016, S. 28). Einerseits sind die Kundenerwartungen hinsichtlich kurzer Rückmeldezeiten und Lieferzeiten gestiegen (vgl. Bitkom Research 2022). Trotz Zunahme der Preissensibilität werden individualisierte Lösungen gewünscht sowie die ständige Erreichbarkeit von Anbietern. Andererseits wächst die Konkurrenz zu industriellen Herstellern und neuen Akteuren wie IT-Unternehmen und Plattformanbieter, die mit neuen Technologien und Dienstleistungen in die Märkte eindringen (vgl. Cupok 2000, S. 23; vgl. Welzbacher et al. 2015, S. 18–20). Die Digitalisierung unterstützt diese Entwicklungen dahingehend, dass über Onlineplattformen beispielsweise industrielle Hersteller unmittelbaren Zugang zu den Endkunden erlangen (vgl. Alhusen et al. 2021).

In der Handwerksforschung zur Digitalisierung richtet sich der Blick vornehmlich auf die betriebliche Ebene, indem der Digitalisierungsstand von Betrieben sowie dessen strukturelle Determinanten wie die Betriebsgröße oder räumliche Verortung der Betriebe untersucht werden (exemplarisch Runst et al. 2018; Proeger et al. 2020; Runst/Proeger 2020). Weitestgehend ausgeblendet wird die Einbettung der Handwerksbetriebe in die Strukturen des Handwerks. Der Beitrag bezieht sich mit dem Begriff der „Struktur" auf die spezifische Interessenorganisation von Arbeitgebern und Arbeitnehmern im Handwerk auf der

Grundlage der Handwerksordnung (HWO).[1] Dazu gehören die auf der regionalen Ebene operierenden Handwerkskammern, die sich auf Landesebene in Landesarbeitsgemeinschaften und auf Bundesebene im Handwerkskammertag (DHKT) zusammenschließen (vgl. Kluth 2012, S. 15). Auf der Seite der Arbeitgeber_innen schließen sich die Betriebsinhaber_innen eines Gewerks innerhalb eines Kammerbezirks freiwillig in Innungen zusammen (vgl. Glasl 2010, S. 5; vgl. Kluth 2012, S. 14). Diese verfügen von der Landes- bis zur Bundesebene über weitere Zusammenschlüsse zu Landesinnungs- bzw. Zentralfachverbänden (vgl. Glasl 2010, S. 5) und stellen die Vertragspartner von Gewerkschaften in Tarifverhandlungen dar. In der Literatur zu industriellen Beziehungen und Gewerkschaften zeigt sich jedoch, dass nur in seltenen Fällen das Handwerk als Untersuchungsgegenstand betrachtet wurde (vgl. Scholz 2013; vgl. John/Perner 2022), geschweige denn, dass Strukturveränderungen vor dem Hintergrund der Digitalisierung reflektiert werden. Diese Leerstellen greift der Beitrag auf und untersucht, wie digitale Geschäftsmodelle die Vermittlung von handwerklichen Dienstleistungen beeinflussen und welche arbeitspolitischen Aushandlungen zwischen den branchenspezifischen Interessenvertretungen stattfinden. Im Zentrum stehen die Chancen und Herausforderungen, die sich im Rahmen der Entwicklungen zeigen und die daraus resultierenden Verhältnisse von Konkurrenz und Kooperation zwischen externen Anbietern und Handwerksbetrieben, aber auch den Handwerksorganisationen und Vertretungen der Arbeitnehmer_innen.

Die Thematik wird in drei Schritten angegangen: Zunächst wird anhand des Forschungsstands aufgearbeitet, was unter Digitalisierung im Handwerk zu verstehen ist, wobei der Fokus auf der Entwicklung digitaler Geschäftsmodelle liegt. Davon ausgehend werden im zweiten Schritt die Veränderungen der Akteurskonstellationen exemplarisch anhand der Beispiele der Unternehmen *MyHammer* und *Thermondo* beschrieben. Während die Online-Plattform MyHammer handwerkliche Dienstleistungen vermittelt (vgl. MyHammer 2023a), hat sich Thermondo auf die Installation von Heizungsanlagen spezialisiert und nutzt digitale Technologien zur Abwicklung des gesamten Leistungsprozesses (vgl. Thermondo 2023a). Der wesentliche Unterschied zwischen den beiden Unternehmen besteht darin, dass Thermondo nach Unternehmensgründung zunächst die Aufträge an selbstständige Handwerker_innen vermittelte und im Zeitverlauf durch die Festanstellung von Handwerker_innen die Rolle als Arbeitgeber übernommen hat (vgl. Alhusen et al. 2021). Anhand von MyHammer und Thermondo wird mit Bezugnahme auf die handwerkliche Organisation in

1 Die Handwerksordnung legt fest, welche Tätigkeiten zum Handwerk gehören und vollzieht damit die Abgrenzung des Handwerks von Industrie und Handel (vgl. BMJ 2017). Weitergehend wird durch die Regelung des Marktzugangs, der Altersvorsorge, der Aus- und Weiterbildung sowie den Bestimmungen zur handwerklichen Selbstverwaltung der ordnungspolitische Rahmen des Handwerks gebildet.

Deutschland verdeutlicht, wie sich solche Geschäftsmodelle auf die Strukturen im Handwerk (beispielsweise Handwerkskammern und Innungen) auswirken und welche Handlungsfelder sich für die Organisationen des Handwerks, aber auch die Arbeitnehmervertretungen abzeichnen. Eine solche Analyse ist notwendig, um die aktuellen Herausforderungen wie den Ausbau der Infrastrukturen für erneuerbare Energien oder die energetische Sanierung von Gebäuden in Zusammenarbeit zwischen den Organisationen des Handwerks und den Vertretungen von Arbeitnehmer- und Arbeitgeber_innen anzugehen und gemeinschaftlich die Zukunft des und die Arbeit im Handwerk zu gestalten.

2. Digitalisierung im Handwerk

Zum Handwerk gehören etwa eine Million Handwerksbetriebe, in denen rund 5,6 Million Beschäftigte tätig sind (vgl. ZDH 2022). Nicht nur aufgrund seiner arbeitsmarktpolitischen Bedeutung nimmt das Handwerk eine zentrale Stellung in der deutschen Wirtschaft ein, sondern Handwerksbetriebe fungieren als Zulieferer für die Industrie, erbringen Dienstleistungen für Privatkunden und sind im Bau- und Ausbaugewerbe tätig (vgl. ZDH 2022). Die Arbeitsfelder verweisen bereits auf die Heterogenität des Handwerks: Die Breite handwerklicher Leistungen umfasst sowohl personennahe Dienstleistungen wie die des Friseurhandwerks als auch Gesundheitsleistungen der Zahntechniker_innen (vgl. ebd.). Als charakteristisch für das Handwerk gilt die kleinbetriebliche Struktur – der Großteil an Handwerkbetrieben (79,6 Prozent) zählt zur Größenklasse der Kleinstbetriebe und hat weniger als zehn Beschäftigte (vgl. Destatis 2023) – sowie die Nähe zu den Endkunden (vgl. Cupok 2000, S. 9). Dennoch sind Handwerksbetriebe vielfach in Wertschöpfungsketten eingebunden (vgl. ebd; Dürig et al. 2012, S. 31 f.). Eine enge Verflechtung zur Industrie besteht exemplarisch im Kfz-Gewerk, das Bestandteil der automobilen Wertschöpfungskette ist (vgl. ebd.). Die Existenz des Kfz-Gewerks begründet sich in Outsourcing-Entscheidungen von Herstellern, sodass Hersteller Abhängigkeitsbeziehungen in der Vergangenheit mitunter zur Druckausübung auf die Handwerksbetriebe genutzt haben. Anders gestaltet sich das Verhältnis zur Industrie in Dienstleistungsgewerken, wo die Betriebe die industriellen Produkte verbauen oder auch in den Gewerken, in denen Betriebe selbst Endprodukte herstellen und vermarkten wie in den Lebensmittelgewerken. Doch gerade in letzterem stehen Handwerksbetriebe in unmittelbarer Konkurrenz zu industriellen Produzenten, dem Handel als Verteiler industrieller Produkte und der Systemgastronomie, die sich im Zuge veränderter Lebens- und Ernährungsformen Marktanteile sichern konnten (vgl. ebd., S. 205).

Doch nicht nur Änderungen des Kundenverhaltens führen zu Veränderungen der Wertschöpfungsketten[2] handwerklicher Betriebe, sondern auch die zunehmende Nutzung digitaler Technologien. Ein Beispiel hierfür ist die Nutzung von Tablets in Handwerksbetrieben, welche die bisherige Informationsübermittlung per Papierausdrucken ersetzen und von Betriebsinhaber_innen zum Zweck der Effizienzsteigerung eingesetzt werden. Wird den Angaben des Bundesministeriums für Wirtschaft und Klimaschutz gefolgt, so sieht die Zukunft des Handwerks digital aus (vgl. BMWK o. J.). Dem stehen Studienergebnisse gegenüber, die einen bisher vergleichsweise langsame technische Anpassungsprozesse feststellen (vgl. Cupok 2000, S. 23). Gemessen an der Nutzung digitaler Technologien zeigt sich, dass urbane, größere, umsatzstärkere sowie industrienahe Betriebe stärker digitalisiert sind (vgl. Thonipara et al. 2020). Die Nutzung von IT-Hardware ist bereits verbreitet, wohingegen neuere Technologien wie Clouddienste oder Sensortechnik selten sind. Die Bitkom-Befragung von 503 Handwerksbetrieben hat ergeben, dass digitale Geschäftsmodelle bisher in geringerem Ausmaß verfolgt werden (vgl. Bitkom Research 2022). Lediglich bei einem Fünftel (20 Prozent) aller Betriebe verändert die Digitalisierung das Geschäftsmodell und neue Produkte und Dienstleistungen werden von 30 Prozent der Betriebe angeboten (vgl. Bitkom Research 2022). Verbreitet sind digitalgestützte Geschäftsmodelle vor allem im Bauhaupt- und Ausbaugewerbe sowie im Schornsteinfegerhandwerk (vgl. Welzbacher et al. 2015, S. 23). Dort stehen neue Produkte in den Bereichen Smart Home und der Gebäudetechnik im Zentrum sowie auf Digitaltechnik aufbauende Dienstleistungen wie die Ferndiagnose und -wartung in den Elektro- und Schornsteinfegerhandwerken sowie in den SHK-Gewerken. Die Relevanz der digitalen Sichtbarkeit scheint hingegen im Handwerk angekommen zu sein. Der Bitkom-Studie zufolge nutzen 97 Prozent der Betriebe eine eigene Internetseite, um auf sich aufmerksam zu machen.[3] Branchendifferenzierte Betrachtungen zeigen Nutzungsunterschiede zwischen den Gewerken (vgl. Proeger et al. 2019a). Beispielsweise ist im Gesundheitsgewerbe eine eigene Internetseite deutlich verbreiteter ist als in den Lebensmittelhandwerken und den Handwerken für den privaten Bedarf (vgl. ebd.).

---

2 Der Bezeichnung Wertschöpfung liegt ein ökonomisches Verständnis in Anlehnung an Porter (2013) zugrunde, demnach es sich bei dem Mehrwert um den Wert handelt, den ein Unternehmen für seine Produkte und Leistungen erhält abzüglich der vorausgegangenen Leistungen. Zur Wertschöpfungskette gehören in dieser Perspektive all jene Prozesse, die zur Wertsteigerung beitragen und sich mit der Herstellung des Produkts befassen (vgl. Porter 2013).

3 Diese Ergebnisse stehen in Kontrast zu Proeger et al. (2019a), welche die Nutzung einer Internetseite bei 30 Prozent der Betriebe ermittelten. Eine mögliche Erklärung hierfür sind methodische Unterschiede: Während Bitkoms Studie auf der Befragung von 503 Handwerksbetrieben aufbaut, haben Proeger et al. (2019a) eine Webscraping-Analyse von 345.000 Betriebseinträgen auf den Gelben Seiten und 105.000 damit verknüpften Internetseiten durchgeführt.

Mit der Digitalisierung wird weitergehend die Etablierung von Onlineplattformen assoziiert (vgl. Dürig/Weingarten 2019, S. 31). Übereinstimmend wird von der Zunahme des Angebots von Handwerksleistungen über Plattformen ausgegangen (vgl. Ax 2016, S. 35). Die Plattformarten reichen von Vermittlungs- und Bewertungsplattformen über digitale Marktplätze und Mobilitätsplattformen bis hin zur Integration von digital vernetzten Produkten in neue Wertschöpfungsketten (vgl. Alhusen et al. 2021, S. 1, 14).[4] Die Ausrichtung von Plattformen ist entweder branchenübergreifend oder auf bestimmte Bereiche beschränkt (vgl. Ax 2016, S. 35). Zwar finden sich unter den Plattformenbetreibenden auch Dachverbände, doch stammt der Großteil nicht aus dem Handwerk (vgl. ebd.). In Bezug auf die Vermittlungsplattform MyHammer zeigt sich, dass tendenziell kleinere Betriebe, die nach der Novellierung der HWO 2004[5] gegründet worden sind und eine geringere Qualifikation aufweisen, auf der Plattform vertreten sind (vgl. Fredriksen/Runst 2016). Im Vergleich dazu haben die selteneren Meisterbetriebe einen größeren Erfolg, erhalten höhere Kundenbewertungen und verbleiben länger auf der Plattform (ebd.). In räumlicher Hinsicht zeigt sich ein ausgeprägter Stadt-Land-Unterschied, der auf andere Informations- und Reputationsmechanismen im ländlichen Raum zurückgeführt wird (vgl. Proeger et al. 2019b).

Die Auswirkungen der Plattform-Ökonomie auf das Handwerk werden unterschiedlich eingeschätzt (vgl. Ax 2016, S. 35). Während einerseits 63 Prozent der Handwerksbetriebe überwiegend Vorteile in der Plattformnutzung sehen, sehen andererseits 27 Prozent ihre Unternehmensexistenz von Plattformen bedroht (vgl. Bitkom 2022). Abhängigkeitsrisiken werden gesehen, wenn sich eine oder wenige Plattformen rasch etablieren und Marktanteile gewinnen (vgl. Alhusen et al. 2021). Ein Beispiel aus dem Augenoptikerhandwerk ist Mister Spex, der mit einem Umsatz von 210 Millionen europaweit zu den führenden Online-Augenoptikern zählt (vgl. Statista 2024). Inzwischen zeichnet sich Mister Spex durch die Omnichannel-Strategie aus (vgl. Mister Spex SE 2024), die auf die Verbindung von Online- und Offlinekanälen zielt, doch ist das Unternehmen bei seiner Gründung zunächst als reiner Onlinehändler auf den Markt getreten. Ebenfalls kritisch werden solche Plattformen eingeschätzt, die in Konkurrenz zum Handwerk arbeiten und die Wertschöpfung vollständig für sich vereinnahmen (vgl. Ax 2016, S. 36). Dies scheint insbesondere in solchen Fällen von Brisanz zu sein, wenn es an Alternativangeboten für das selbstständige Handwerk mangelt

---

4 Eine detaillierte Übersicht zu Plattformen im Handwerk und einer Typenbildung findet sich bei Trenkle (2019) sowie im Plattformkompass Handwerk vom Baden-Württembergischen Handwerkstag e. V. (2022).

5 Im Zuge der Novellierung der HWO wurden unter anderem durch die Abschaffung der Meisterpflicht für mehr als die Hälfte der Gewerke die Zugangsbedingungen zum Handwerk erleichtert (vgl. Koch/Nielen 2017, S. 72).

(vgl. ebd.). Eine wechselseitige Abhängigkeit zwischen Handwerksbetrieben und Plattformen wird im Bereich der Dienstleistungen gesehen, in dem Plattformbetreiber auf die Mitwirkung der Handwerksbetriebe angewiesen sind (vgl. ebd.). Trotz genannter Risiken und Vorteile ist darauf zu verweisen, dass sich nicht alle Handwerksleistungen in gleichem Maße für die Vermittlung über Plattformen eignen (vgl. Alhusen et al. 2021). Dies trifft vor allem auf Branchen mit vorrangig personenbezogenen Dienstleistungen wie dem Friseur-, Fleischer- und Bäckerhandwerk zu (vgl. ebd.). In Bereichen hingegen, wo hinter den Dienstleistungen skalierbare Industrieprodukte stehen oder die Fertigung digital unterstützt wird, wird durch die Datenverfügbarkeit und Anbindungsmöglichkeiten an Plattformen von einer hohen Zugänglichkeit zu diesen ausgegangen (vgl. ebd.). Plattformen bieten in diesen Feldern der Industrie den direkten Zugang zum Endkunden und das Potenzial Marktanteile im After-Sales-Bereich zu gewinnen. Diese Befunde werden zumeist in Anbetracht der geringen Durchsetzung von Plattformen im Handwerk relativiert (vgl. Alhusen et al. 2021). Dass sich dies in Zukunft ändern dürfte, lässt sich aus der Zunahme der Plattformnutzung schließen (vgl. Bitkom Research 2022). Während noch 2020 14 Prozent der Handwerkbetriebe auf Plattformen aktiv waren, ist der Anteil bis 2022 auf 22 Prozent gestiegen (vgl. ebd.).

Vor diesem Hintergrund erscheint die tiefere Auseinandersetzung mit den Wirkungen der Digitalisierung auf das Handwerk und im Speziellen die Wirkungen von Plattformen angebracht. Zwar haben bisherige Studien erste Erkenntnisse über die Plattformtypen im Handwerk und betrieblichen Nutzungsmuster hervorgebracht, doch zeigt sich eine Leerstelle in der überbetrieblichen Betrachtung der Wirkungen mit Bezug auf die Akteure im Handwerk, der sich im nächsten Kapitel aus einer regulationstheoretischen Perspektive (Boyer / Freyssenet 2003) genähert wird. Das Konzept kommt in der Analyse zur Anwendung, indem die beiden Fallbeispiele und ihre Geschäftsmodelle entlang der Dimensionen der Produktions- und Arbeitsorganisationen, Produktpolitik und Arbeitsbeziehungen analysiert werden und deren Wirkungen auf andere Handwerksbetriebe in Bezug auf die Veränderung der Wertschöpfungsketten betrachtet werden.

3. Digitale Vermittlung von Handwerksdienstleistungen: MyHammer

3.1 Ein Vermittler, der nicht unerlässlich ist? Das Geschäftsmodell von MyHammer

Über die Plattform MyHammer werden Handwerksdienstleistungen vermittelt (vgl. MyHammer 2023a). MyHammer gibt an, sich seit seiner Gründung 2005 zum europäischen Marktführer entwickelt zu haben. Auf der Plattform werden deutschlandweit monatlich rund 80.000 Aufträge inseriert und die rund 40.000 registrierten Handwerker_innen decken über 35 Tätigkeitsbereiche ab (vgl. MyHammer 2023a).

Die digitale Plattform als Produktionsorganisation bringt Angebot und Nachfrage zusammen: Die Kund_innen erstellen einen Auftrag mit Angaben zum Ort, Art und Umfang der Tätigkeit sowie das Zeitfenster. Wenn ein Auftrag inseriert wird, ordnet MyHammer aus den registrierten Handwerker_innen potenzielle Auftragnehmer zu (vgl. MyHammer 2023a). Auch können Kund_innen eigenständig Betriebe anfragen. Nach Erhalt der Rückmeldungen wählen Auftraggebende aus, mit wem sie den Auftrag besprechen möchten. Dabei handelt es sich um das Produkt von MyHammer, nämlich die Interaktion der Kund_innen und Handwerker_innen. Als Vermittlungsplattform übernimmt MyHammer in der Wertschöpfungskette einen Teil der Aktivitäten in der Kundenakquise, indem digital der Kontakt zwischen Kund_innen und Handwerker_innen hergestellt wird. Der Wert dieses Produkts liegt für die Handwerker_innen in dem Zugang zu Kunden und die Abnahme von Akquisearbeiten. Diese Vermittlungsleistung lässt sich MyHammer von den Handwerker_innen bezahlen: Zwar ist die Registrierung auf der Plattform kostenfrei, doch bezahlen die Handwerker_innen für die Herstellung eines Kontakts (vgl. MyHammer 2023a). Die Höhe der Kontaktgebühr ist abhängig von der Art und dem Umfang des Auftrags sowie dem Fachgebiet, Fläche, Menge und Saison. In der Wertschöpfungskette der handwerklichen Betriebe verbleibt der wesentliche Anteil der Wertschöpfungsaktivitäten durch die Kundenabsprache sowie der Erbringung der Handwerksleistungen, bei welchen die Betriebe unter Zuhilfenahme von Materialien und Werkzeugen Produkte herstellen oder Leistungen bei den Kund_innen erbringen. Folglich bleiben die Wertschöpfungsaktivitäten der Logistik, Operationen und Kundendienst unberührt. Die eingesetzten Materialien haben dabei einen höheren Wert als die verwendeten Inputs, wodurch der Wert generiert wird. Allerdings verringert sich aufgrund der zuvor geleisteten Gebühr für die Vermittlung der Gewinn der

Betriebe, sodass in dieser Perspektive ein Anteil am Gewinn von dem Vermittler MyHammer abgeschöpft wird.[6]

Die Handwerker_innen tragen einerseits das Risiko, dass ein Kontakt nicht in der Auftragsvergabe mündet. Andererseits eröffnet MyHammer den Zugang zu einem Pool an potenziellen Kunden, der gerade für Jungunternehmen und Solo-Selbstständige von Bedeutung ist. Betriebe können MyHammer nutzen, um Kunden über ihre Stammkundschaft hinaus zu erreichen und diese zu erweitern, indem sich aus einem ersten Auftrag weitere ergeben. Dies verweist bereits auf eine Lücke der digitalen Infrastruktur von MyHammer: Nach einer ersten Kontaktherstellung können Auftraggeber und Auftragnehmer außerhalb von MyHammer vertraglich zusammenkommen und sind nicht mehr auf MyHammer angewiesen. Auch ist MyHammer auf die Mitarbeit von Kund_innen angewiesen, die Inserate einstellen, sowie auf Handwerker_innen, die bereit sind die Aufträge zu übernehmen. Trotz dieser Verflechtungen besetzt MyHammer als Vermittlungsplattform eine Kontrollposition in der Wertschöpfungskette, indem die Plattform die Kontaktherstellung reguliert: Die Plattform bestimmt, welche Anbieter mit Kund_innen in Kontakt gebracht werden. Die Zuordnung erfolgt mittels eines Algorithmus. Welche Kriterien ausschlaggebend sind, bleibt für Außenstehende weitestgehend ungeklärt. Bekannt ist nur der Einbezug verschiedener Faktoren, „unter anderem das Leistungsangebot, der Firmensitz und die bisherige Aktivität des Anbieters" (MyHammer 2023b). Beispielsweise würden Anbieter vorschlagen werden, die in der Vergangenheit bereits gleiche oder ähnliche Aufträge in der Umgebung ausgeführt haben. Daraus folgt, dass es für (Neu-)Anbieter sinnvoll ist zunächst Aufträge unabhängig von der Bezahlung anzunehmen, um vom Algorithmus vorgeschlagen zu werden.

Eine weitere Machtressource von MyHammer stellt die Zugangskontrolle zum Markt dar (vgl. MyHammer 2023a). Diese Vorgehensweise entspricht dem Ziel der Schaffung eines proprietären Marktes (Staab 2019). Der Theorie der proprietären Märkte zufolge erwirtschaften Unternehmen wie Google und Amazon ihren Gewinn nicht aus der Produktion nachgefragter und geringverfügbarer Güter, sondern indem sie Märkte erschaffen, deren Zugang sie gegenüber externen Produzenten und Anbieter kontrollieren. Diesen Ansatz übertragen auf MyHammer zeigt sich, dass das Unternehmen den Marktzugang kontrolliert, als „Gatekeeper", die Zulassungsbedingungen zu diesem Markt bestimmen und den Preis festlegen, auf diesem Markt überhaupt verkaufen zu dürfen. Die Plattform verdient somit an jedem Geschäft, dass über sie abgewickelt wird, wodurch im Sinne Staabs, ein Markt für Handwerksdienstleistungen „in Privatbesitz" von MyHammer entstehen kann/könnte. Umgekehrt besitzt ein solcher Gatekeeper die

6 In einzelnen Zeitungsartikeln wird Kritik von Handwerker_innen bezüglich der Gebührenhöhe sowie deren Schwankungen geäußert (exemplarisch Ermisch 2022). Wissenschaftliche Quellen/Studien hierzu finden sich nicht.

Macht, Unternehmen auszuschließen, wenn Nutzendende der Dienstleistungen ihre Unzufriedenheit mit Leistungen über Bewertungen zum Ausdruck bringen. Es handelt sich insofern um einen vergleichbaren Mechanismus. Allerdings ist in Abgrenzung zu Unternehmen wie Google die Marktposition von MyHammer deutlich schwächer, denn Betriebe können außerhalb der digitalen Vermittlung traditionelle Akquisewege nutzen und sind nicht zwingend auf MyHammer angewiesen. Dennoch ist davon auszugehen, dass die Bewertungsfunktion und Ausschlussmöglichkeit insbesondere Druck auf Unternehmen und Solo-Selbstständige ausübt, die einen Großteil ihrer Aufträge über die Plattform akquirieren und deren Existenz durch einen Ausschluss unmittelbar bedroht wäre. An dieser Stelle ist anzumerken, dass bei analog vermittelten Aufträgen es ebenso zu Differenzen zwischen Kund_in und Auftragnehmer_in kommen kann. Jedoch verlieren Handwerker_innen in einem solchen Fall möglicherweise eine_n Kund_in. Bei MyHammer geht mit dem Negativverlauf eines Auftrags jedoch das Risiko einer schlechten Bewertung und damit das Risiko eines rasanten Verlusts weiterer Kunden einher. Die Bewertungen haben auf der Plattform eine Vertrauensfunktion. Positive Bewertungen stellen eine Art Vertrauenskapital und Visitenkarte gegenüber anonymen Kund_innen dar (vgl. Lorig 2015, S. 60 f.). Der Unternehmenserfolg ist folglich davon abhängig, dass Handwerker_innen positive Bewertungen erhalten. Die Studie von Lorig (2015) über Solo-Selbstständige auf MyHammer zeigt, dass die Bedeutung von Bewertungen Solo-Selbstständige dazu bewegt, unentgeltlich zusätzliche Arbeiten zu leisten und sich „im Modus des ‚vorauseilenden Gehorsams‘ gegenüber den Kunden“ (Lorig 2015, S. 60) zu verhalten (vgl. ebd.).

3.2 Vom Vermittler zum Arbeitgeber? Die arbeitspolitischen Auseinandersetzungen um MyHammer

Nach dem Launch von MyHammer hat das Unternehmen Kritik erhalten, in dessen Zentrum das Bieterverfahren als Mechanismus der Auftragsvergabe stand. In einer Rückwärtsauktion konnten die Anbietenden Gebote abgeben und jeweils die Gebote der Konkurrenten einsehen (vgl. Dürig et al. 2012, S. 89 f.; vgl. Lorig 2015, S. 58 f.). Der niedrigste Preis als Determinante der Auftragsvergabe (vgl. Dürig et al. 2012, S. 115 f.) führte zu einem Unterbietungswettbewerb zwischen den Anbietenden.[7] Die Kritik richtete sich darauf, dass über diesen Mechanismus Lohndumping und Schwarzarbeit gefördert werden würden (vgl. Arnold et al. 2016, S. 24). Nach der Umstellung zur Angebotsauktion können Anbieter_innen nun die Angebote der Konkurrenz zwar nicht einsehen, doch zeigt die Studie von Lorig (2015), dass damit die Konkurrenzsituation auf der Plattform fortbe-

---

7 Die Studie von Dürig et al. (2012) zeigte, dass mit der Abgabe des niedrigsten Preises die Wahrscheinlichkeit des Auftragserhalt um 21 Prozent steigt (vgl. Dürig et al. 2012, S. 115 f.).

steht und durch das Ausblenden der Angebote anderer Bewerbender lediglich verschleiert wird (vgl. Lorig 2015, S. 61 f.). Als weitere Maßnahme ist MyHammer 2013 dazu übergegangen die Qualifikation durch den Nachweis einer Handwerkskarte[8] oder Gewerbekarte im Zuge der Registrierung auf der Plattform zu überprüfen (vgl. HWK Potsdam 2013).

Trotz der strukturellen Anpassungen bleibt die gewerkschaftliche Kritik bestehen, dass Vermittlungsplattformen wie MyHammer sich anstatt als Arbeitgeber lediglich als vermittelnde Instanz zwischen Kund_in und Anbieter_in verstehen (vgl. IG Metall 2019, S. 30).[9] Die Anbietenden agieren als selbstständige Handwerksbetriebe oder sind als Ein-Personen-Unternehmen solo-selbstständig. Solo-Selbstständige im Handwerk sind aufgrund der wirtschaftlichen Instabilität wegen Schwankungen der Auftragslage teilweise auf eine weitere Einnahmequelle angewiesen (vgl. Cordes 2020, S. 9). In der Erwerbsform der Solo-Selbstständigkeit ist es den Unternehmer_innen selbst überlassen für Krankheitsfälle, Arbeitsunfähigkeit und die Absicherung im Alter vorzusorgen. Jedoch ist es einem Teil der Solo-Selbstständigen nicht möglich, monatliche Rücklagen zu bilden und sich sozial abzusichern (vgl. Cordes 2020, S. 10). Somit beruht der Unternehmensgewinn von MyHammer auf den Handwerker_innen, ohne, dass MyHammer Verantwortung und die aus unternehmerischer Sicht lästigen Kosten für Arbeits-, Kranken- und Unfälle für diese übernimmt (vgl. IG Metall 2019, S. 30). Gewerkschaften sehen deswegen Vermittlungsplattformen in der Pflicht zur Rollenübernahme als Arbeitgeber und, sollte dies nicht eigenständig erfolgen, gesetzlichen Regelungsbedarf (vgl. ebd.). Doch auch der Zentralverband des Deutschen Handwerks (ZDH), die gemeinsame Dachorganisation des Handwerkskammertags (DHKT) und der Zentralfachverbände, positioniert sich kritisch gegenüber der Zunahme der Anzahl an Solo-Selbstständigen. Es wird vorgehalten, dass über die missbräuchliche Nutzung der Erwerbsform gezielt Unterbietungsstrategien verfolgt werden, die dem fairen Leistungswettbewerb schaden (vgl. ZDH / DGB 2020, S. 1). So wird argumentiert, dass Anbieter Dienstleistungen ohne Abgabe von Sozialversicherungsbeiträgen zu deutlich günstigeren Preisen offerieren und dadurch eine Wettbewerbsverzerrung gegenüber den Betrieben vorliegt, die ihre Mitarbeiter_innen sozialversicherungspflichtig beschäftigen. Während Arbeitgeber und Handwerksorganisationen Wettbe-

8 Die Handwerkskarte erhalten Betriebe beim Eintrag in die Handwerksrolle von der Handwerkskammer (vgl. John / Perner 2022, S. 250 f.). Die Eintragung wird gesetzlich durch die Handwerksordnung (HWO) für die Tätigkeiten vorgegeben, die zum Handwerk gehören (vgl. BMJ 2017).

9 Die für das Handwerk zuständigen Gewerkschaften (IG Bau, IG BCE, IG Metall, NGG, ver.di) bündeln auf der Bundesebene im Arbeitskreis Handwerk die gewerkschaftliche Arbeit für das Handwerk (vgl. DGB 2000). Auf dieser Ebene nimmt der DGB Einfluss auf die Handwerksgesetzgebung und hat beispielsweise an der Novellierung der Handwerksordnung 2004 mitgewirkt (vgl. Cupok 2000, S. 47).

werbsverzerrungen fürchten, richtet sich der gewerkschaftliche Protest auf die geringe Entlohnung und fordert faire Entlohnung der Handwerkerinnen. Es ließe sich argumentieren, dass Solo-Selbstständigkeit gerade im Handwerk Tradition besitzt und nicht erst durch MyHammer entstanden ist.[10] Jedoch ist dem entgegenzuhalten, dass die Verbreitung der Erwerbsform „durch die zunehmenden Möglichkeiten der digitalen Vermittlung handwerklicher Dienstleistungen auf Online-Plattformen begünstigt" (ZDH/DGB 2020, S. 1) wird. Vor diesem Hintergrund sprechen sich ZDH und DGB gemeinsam für die Regelungen zur Altersvorsorge, gesetzlichen Unfall-, Kranken- und Pflegeversicherung für Soloselbstständige aus (vgl. ZDH/DGB 2020, S. 1) und Werben für den Abschluss von Tarifverträgen (vgl. ebd., S. 2). Diese Partnerschaft auf Bundesebene besitzt jedoch Distanz zu der realen tarifpolitischen Situation im Handwerk, wo die Zahl der Innungsmitglieder sinkt. Im Unterschied zur Pflichtmitgliedschaft in der Handwerkskammer ist der Beitritt zu einer Innung freiwillig (vgl. Glasl 2010, S. 5).

Beim Organisationsgrad bestehen deutliche Unterschiede zwischen den Gewerken: Während im Schornsteinfegerhandwerk 99 Prozent der Betriebe organisiert sind, liegt der Organisationsgrad im Friseurhandwerk lediglich bei 19 Prozent (vgl. Glasl 2010, S. 14 f.). Gewerkeübergreifend haben die Innungen jedoch mit sinkenden Mitgliederzahlen zu kämpfen (vgl. Glasl 2010, S. 5). Der abnehmende Organisationsgrad der Arbeitgeberseite im Handwerk stellt ein Problem für die Gewerkschaften dar, die auf die institutionelle Macht der Arbeitgeberseite angewiesen sind (vgl. Scholz 2013, S. 199). Doch auch die Gewerkschaften sind mit dem Rückgang der Mitgliederzahlen im Handwerk konfrontiert sowie fehlender tarifpolitischer Handlungsfähigkeit (vgl. ebd.). Dies mag mitunter an der kleinbetrieblichen Struktur und dem damit verbundenen hohen Arbeits- und Betreuungsaufwand liegen (vgl. Frerichs et al. 2004, S. 18 f.). Übergreifend zeigen Angaben der IG Metall, dass im Zeitraum von 1990 bis 2010 die Tarifbindung und Flächentarifverträge im Handwerk erodiert sind (vgl. Scholz 2013, S. 200). Deutlich wird diese Entwicklung anhand des Elektrohandwerks, wo 2010 nur noch in sechs westdeutschen Bundesländern bzw. Tarifbezirken Flächentarifverträge zwischen der IG Metall und den Innungsverbänden des Sanitär-, Heizungs- und Klimagewerks bestanden, während diese 1990 alle Bundesländer abdeckten (vgl. ebd.). Zudem kritisiert die Gewerkschaftsseite, dass Innungen immer wieder Tarifflucht begehen, sich weigern mit DGB-Gewerkschaften Tarifverträge auszuhandeln und Betriebe nicht den tarifvertraglich gesetzten Lohn zahlen (vgl. DGB 2021, S. 5 f.). Auf betrieblicher Ebene hingegen fehlt es an der Vertretung der Arbeitnehmerinteressen über Betriebsräte, die ebenfalls in geringem Ausmaß im Handwerk zu finden sind (vgl. Cupok 2000, S. 46). Eine andere Positionierung von digitalge-

10 Eine ausführliche Analyse zur Solo-Selbstständigkeit im Handwerk findet sich bei Müller und Vogt (2014).

stütztem Handwerksbetrieb auf der anderen Seite und Handwerksinnung und -betriebe auf der anderen Seite findet sich im Fall Thermondo. Der Betrieb hat eine andere Entwicklungsrichtung als MyHammer eingeschlagen, wie das nächste Kapitel zeigen wird.

4. Digitalgestützte Geschäftsmodelle im Handwerk: Thermondo

4.1 Der Versuch der Beherrschung sämtlicher Wertschöpfungsschritte

Thermondo wurde 2013 in Berlin gegründet und bezeichnet sich selbst als Deutschlands größten Heizungsinstallateur (vgl. Thermondo 2023a). Das Unternehmen beschäftigt in Deutschland mehr als 800 Personen, davon 450 festangestellte Handwerker_innen. Im Geschäftsjahr 2020 erzielte das Unternehmen einen Umsatz in Höhe von 45,3 Millionen Euro (vgl. Hüsing 2022). Zu dem Investorenkreis gehört unter anderem E.ON (vgl. Thomas 2016, S. 83) und seit 2021 hält Brookfield Investments die Mehrheitseignerschaft (vgl. Thermondo 2023a). Das Leistungsspektrum umfasst den kompletten Prozess des Heizungswechsels und -wartung, unter anderem die Beratung, Planung, Informierung über Finanzierungs- und Fördermöglichkeiten sowie die Installation und Entsorgung der vorherigen Heizung (vgl. Thermondo 2023a). Das Geschäftsmodell baut auf der digitalen und zentralen Kundenbetreuung und Auftragssteuerung auf. Dafür hat Thermondo eine eigene Software-Plattform entwickelt, mittels derer die Prozesse rund um den Heizungswechsel standardisiert, digitalisiert und zum Teil automatisiert worden sind: Nach Eingabe der Kundendaten in ein Online-Planungstool vergleicht ein von Thermondo entwickelter Algorithmus die Kundenanforderungen mit geeigneten Lösungen. Die Kunden erhalten mit dem Angebot einen Festpreis. Nach der Auftragsvergabe übernimmt die zentrale Planungsstelle die Verteilung an die Regionalteams und die Terminkoordination mit Kund_innen und den Handwerker_innen anderer Gewerke. Die Montierenden auf den Baustellen bekommen per App die Auftragsdaten übermittelt und führen die Arbeiten bei den Kund_innen aus.

Nach dem Markteintritt von Thermondo wurden zunächst die Leistungen des Heizungsaustauschs und -einbaus von selbstständigen Handwerksunternehmen durchgeführt, die mit Thermondo kooperierten (vgl. Alhusen et al. 2021, S. 15). In dieser Konstellation ist Thermondo als Akteur in die Wertschöpfungskette der SHK-Betriebe eingetreten. Zuvor baute die Wertschöpfung der SHK-Betriebe auf der Zusammenarbeit mit industriellen Zulieferern der Heizungen und ergänzenden Produkten auf. Die SHK-Unternehmen verwenden die industriell gefertigten Bauteile und erzielen die Wertschöpfung aus der kundenindividuellen Produktanpassung, Installation und Wartung. Mit dem Eintritt von Thermondo in die Wertschöpfungskette werden die Aktivitäten der Kundenakquise und Betreuung den Handwerksbetrieben abgenommen. Vergleichbar mit der Plattform MyHammer behält Thermondo dafür einen Teil des Verkaufswerts der Leistungen für sich ein, wodurch sich die Höhe der Wertschöpfung der Handwerksbetriebe verringert. Besonders in auftragsschwachen Zeiten erscheint es jedoch für Handwerksbetriebe ökonomisch sinnvoll, mit Thermondo zu kooperieren. Zudem werden den Betrieben Wertschöpfungsaktivitäten wie die Akquise, Angebotserstellung und Lagerhaltung abgenommen, indem die Materialien unmittelbar zum Kunden geliefert werden. Im Gegenzug haben die Betriebe Gestaltungsfreiheiten abgegeben, da sie an die Vorgaben von Thermondo gebunden waren. Diese Kooperation mit Handwerksbetrieben stellte Thermondo aufgrund der Unzuverlässigkeit der beauftragen Monteure ein, die ihre eigenen Aufträge jenen von Thermondo vorzogen (vgl. Müller 2019). Durch die Festanstellung von Handwerker_innen im Montagebereich werden nun alle Wertschöpfungsaktivitäten der Fachbetriebe bei Thermondo vereint. Thermondo positioniert sich damit einerseits in Konkurrenz zu selbstständigen SHK-Betrieben. Gerade Kleinst- und Kleinbetriebe verfügen nicht über die Ressourcen zur Entwicklung einer Software wie jene von Thermondo und das Angebot von weitergehenden Services wie Finanzierungsoptionen oder eine 24-Stunden-Telefonhotline. Andererseits ist aufgrund der Standardisierungen der Produkte für eine große Anzahl an Kunden die Produktvielfalt begrenzt (vgl. Thermondo 2023b, S. 26). Darin liegt die Chance für Fachbetriebe den eigenen Mehrwert zu erhalten und nicht von Thermondo ersetzt werden zu können.

4.2 Mitbestimmung und Qualifikation

Der Arbeitsprozess wird von Thermondo in einzelne Arbeitsschritte aufgeteilt. Dies ermöglicht dem Unternehmen den Einsatz von Montagehelfer_innen für diejenigen Tätigkeiten, die keiner Fachkraft bedürfen. So gibt Thermondo an, dass „ein Großteil der Tätigkeiten keine formale Qualifikation" (Thermondo 2023b, S. 7) erfordern würden und vereinzelt Handwerker_innen ohne formalen Berufsabschluss eingesetzt werden (vgl. ebd.). Offen bleibt, welchen Anteil Angelernte im Verhältnis zu den Fachkräften ausmachen sowie unter welchen Arbeitsbedingungen die Belegschaft auf den Baustellen arbeitet. Zumindest ist bekannt, dass die Arbeitsteilung die Tätigkeiten der Monteur_innen auf die Arbeit vor Ort beschränkt. Wie dies von den Monteur_innen bewertet wird, lässt sich außenstehend nicht beantworten. Es wäre einerseits möglich, dass die Beschäftigten sich durch die Abnahme von nicht-handwerklichen Tätigkeiten wie Planung und Einkauf entlastet fühlen. Eine andere Interpretation wäre, dass die modulare Bauweise bei einer großen Kundenzahl zur Eintönigkeit der Arbeit führt. Aufgrund der Unternehmensgröße könnte die Belegschaft über einen Betriebsrat im Unternehmen mitbestimmen. Allerdings liegen keine Informationen vor, dass ein Betriebsrat im Unternehmen gewählt wurde. Für Gewerkschaften besteht neben der Einflussnahme über Gewerkschaftsmitglieder im Betriebsrat die Möglichkeit zur Zusammenarbeit mit der Innung, um mittels eines Tarifvertrags die Arbeitsverhältnisse zu gestalten. Jedoch hat die SHK-Innung Berlin nicht mit der IG-Metall als DGB-Gewerkschaft, sondern mit der Christlichen Gewerkschaft Metall (CGM) einen Tarifvertrag abgeschlossen (vgl. IG Metall Berlin 2023).[11, 12]

Obwohl Thermondo als Heizungsbauunternehmen Mitglied der Innung ist und sich damit in die Strukturen der Interessenvertretung im Handwerk einfügt, zeigt die aktuelle Auseinandersetzung um die Wärmepumpe, wie sich das Verhältnis zwischen dem Unternehmen und den traditionellen Akteuren im Handwerk gestaltet. Zur Umsetzung des politischen Ziels der Klimaneutralität bis 2045 verfolgt die Bundesregierung das Ziel des jährlichen Einbaus von 500.000 Wärmepumpen ab 2024 (vgl. Bundesregierung 2022). In Kooperation mit LG hat Thermondo sein Produktangebot um Wärmepumpen erweitert und verbaut diese seit dem Sommer 2022. Diese strategische Entscheidung zeigt, wie zügig Thermondo auf die von der Politik angestoßene Wärmepumpenoffensive reagieren konnte und in der Lage ist das Produktportfolio der Nachfrage anzupassen. Dabei profitiert das Unternehmen von Skaleneffekte, denn nach der Einrichtung der digitalen Infrastruktur lassen sich mit geringerem Aufwand Veränderungen im Produktportfolio integrieren.

Mit Bezug auf ein Gutachten von Thermondo hat das Wirtschaftsministerium die Verkürzung der Ausbildung in der Heizungsmontage von 3,5 auf zwei Jahren vorgeschlagen (vgl. Wetzel 2023). In dem Gutachten argumentiert Thermondo, dass die Produktivität in der Installation neben Standardisierung und Digitalisierung durch den verstärkten Einsatz geringqualifizierter Montagehelfer_innen verzehnfacht werden könnte und plädiert für eine verkürzte Ausbildung (vgl. Thermondo 2023b).

Die Bestimmung der Ausbildungsdauer ist hochpolitisch. Von der Politik dürfte die beschleunigte Maßnahmenumsetzung positiv aufgenommen worden sein, so wären damit die politischen Ziele zum Klimaschutz realistischer zu erreichen. Damit stehen der Politik industrielle Anbieter zur Seite, die von höheren Umsätzen profitieren würden. Gemeinsame Kritik an dem Vorschlag wird jedoch vom Zentralverband des Deutschen Handwerks (ZDH), Arbeitgeber-

11 Es ist unbekannt, inwiefern der Tarifvertrag beim Thermondo zur Anwendung kommt. Dies würde voraussetzen, dass Mitarbeitende Gewerkschaftsmitglied sind oder eine Bezugnahme zum Arbeitsvertrag vorliegt.

12 Von Seiten der IG Metall wird Kritik an der CGM geübt, da diese aufgrund der geringen Mitgliederzahlen nicht fähig wäre die Arbeitnehmerinteressen gegenüber Arbeitgebern zu verhandeln (vgl. IG Metall-Vorstand o. J.).

und Arbeitsnehmerverbänden geäußert. Der Zentralverband Sanitär Heizung Klima (ZVSHK) sieht in der Verkürzung die Gefahr der Reduzierung der Ausbildungsinhalte, was langfristig zu Qualifikationslücken führen könne (vgl. Wetzel 2023). Vielmehr solle aus Sicht des ZVSHK ein nationales Kompetenzzentrum zur Fachkräftestärkung klimaschutzrelevanter Handwerke gegründet werden, dass Maßnahmen rund um Nachwuchs-, Fachkräfterekrutierung und -qualifizierung unterstützt (ZVSHK 2022). In der Kritik steht dem Zentralverband die IG Metall zur Seite, die unter den DGB-Gewerkschaften für den Bereich Sanitär, Heizung und Klima zuständig ist. Auch die Gewerkschaft lehnt die Verkürzung zur Lösung des Fachkräftebedarfs ab (vgl. IG Metall Bezirk Nieder-Sachsen-Anhalt 2023).

Die Maßnahme sei zu kurzfristig gedacht, denn es mangle an Beschäftigungsmöglichkeiten, wenn es beispielsweise zu Lieferengpässen bei den Wärmepumpen komme. Auch fehle es an einem gesetzlich verbrieften Recht einer Aufstiegsqualifizierung, sodass Kurzqualifizierung zur beschäftigungspolitischen Sackgasse werden könne. Aus Sicht der Gewerkschaften liegt der Schlüssel in guten tariflichen Arbeitsbedingungen, um die Attraktivität der Branche zu steigern, Fachkräfte zu halten und junge Menschen für Ausbildung zu gewinnen (vgl. IG Metall 2019). Vor der genannten Konfliktlinie bleibt abzuwarten zu welcher Einigung die Beteiligten kommen. Die aktuelle Debatte ist nur ein Beispiel für Gedankenspiele über beschleunigte Ausbildungen, Teilqualifikationen, Zertifikaten oder Qualifikationen in mehreren Stufen.[13] Diese Überlegungen stehen in Konflikt zu der bisher traditionell verfolgten Ordnungspolitik der Handwerksorganisationen und Gewerkschaften, die auf die Qualitätssicherung auf mehreren Ebenen abzielt: Die handwerkliche Ausbildung dient aus gewerkschaftlicher Perspektive als Grundlage für qualifizierte Beschäftigung und aus Handwerkssicht als Garant für die Sicherung des Nachwuchses, der Qualität handwerklicher Leistungen und damit der Wettbewerbsfähigkeit des Handwerks.

5. Schlussbetrachtung

Der Fachkräftemangel im Handwerk und die Angewiesenheit der Arbeitgeberseite auf Personal stärkt die gewerkschaftliche Position und eröffnet Chancen, Verbesserungen der Arbeitsbedingungen für die Beschäftigten durchzusetzen. Wird der Pool an Arbeitskräften durch kurzfristig Qualifizierte erweitert, wird einerseits diese Verhandlungsmacht unterwandert und andererseits das Risiko einer zunehmenden Dequalifizierung in den Tätigkeitsfeldern erhöht. Gewerk-

13 Deutlich werden diese Überlegungen anhand der Initiative *Ohne Hände keine Wende*, dem sich Thermondo angeschlossen hat (vgl. OHKW o. J.). Die Initiative zielt darauf Migrant_innen, Langzeitarbeitslose und Berufsumsteiger_innen in Arbeitsfeldern der Energiewende einzusetzen.

schaftlicher Einfluss könnte aufgrund der Betriebsgröße von Thermondo über einen Betriebsrat ausgeübt werden oder über die Aushandlung eines Tarifvertrags mit dem Fachverband. Hierfür ist jedoch eine Voraussetzung und Notwendigkeit die gewerkschaftliche Mitgliederbasis zu stärken, um über Legitimationsmacht für tarifpolitische Auseinandersetzungen mit der Arbeitgeberseite zu verfügen.[14] Zumindest eröffnet die Zunahme von Großbetrieben wie Thermondo Mitbestimmungschancen im Vergleich zum sonst kleinbetrieblich strukturierten Handwerk.

Für die Handwerksorganisationen stellt sich die Frage, wie der Umgang mit Unternehmen wie Thermondo zu gestalten ist. Einerseits operieren solche Unternehmen zum Teil als Handwerksunternehmen und sind Mitglied in der Innung. Andererseits wird die Nähe zur Industrie sowie Orientierung an Investoreninteressen deutlich, wenn der bisherige Ausbildungsrahmen durch die Forderung von verkürzten Ausbildungen infrage gestellt wird. Die Handwerksorganisationen, Verbände und Betriebe sind insofern herausgefordert sich mit diesen Akteuren auseinanderzusetzen, zu kooperieren oder eigene Digitalangebote zu entwickeln, um solchen Unternehmen gegenüber konkurrenzfähig zu bleiben und dem politischen Druck wie im Fall der Wärmepumpe mit eigenen Lösungen entgegenhalten zu können. Dabei stehen die Innungen vor der Herausforderung der abnehmenden Mitgliederzahlen, welche die Legitimität der Interessenvertretung infrage stellen dürfte sowie gemeinschaftliches Handeln einschränkt. Die Handwerkskammern sind herausgefordert in Anbetracht der Heterogenität der Mitglieder alle Interessengruppen in die Selbstverwaltungsstrukturen einzubeziehen, gerade vor dem Hintergrund, dass Solo-Selbstständige eine größere Distanz zu den Kammern aufweisen (vgl. Müller/Vogt 2014, S. 47; vgl. Cordes 2020, S. 32). Zur Interessenartikulation und -bündelung ist eine solche Einbindung jedoch unerlässlich.

Die Vorstellung von MyHammer und Thermondo zeigt die Veränderungen in den Wertschöpfungsketten im Zuge der Etablierung von digitalgestützten Unternehmen und Plattformen im Handwerk. Diese Veränderungen wirken sich auf die Akteurskonstellationen aus, befördern Kooperationen und Konfliktlinien.[15]

Die Vermittlung von Handwerksleistungen über Plattformen eröffnet Handwerker_innen den Zugang zu Kunden, Optionen auf zusätzliche Aufträge und

---

14 Die Mitgestaltung von betrieblichen Digitalisierungsprozessen stellt neben den genannten ein weiteres Handlungsfeld für Gewerkschaften und Handwerksorganisationen dar, welches in dem Beitrag nicht thematisiert wurde. Eine Übersicht zu den Herausforderungen mit Bezug zur betrieblichen Ebene findet sich bei Dürig/Weingarten (2019).

15 Zur Übersichtlichkeit hat der Beitrag sich auf die Hauptakteure im Handwerk konzentriert. In umfangreicheren Analysen sind weitere Interessengruppen einzubeziehen wie beispielsweise der Verband der Gründer und Selbstständigen Deutschland e. V., der sich gegen die Erklärung vom ZDH und DGB (2020) positioniert hat (vgl. Verband der Gründer und Selbstständigen Deutschland e. V. 2020).

die Erweiterung des Absatzradius. Doch darf bei diesen Vorteilen nicht übersehen werden, dass damit auch Abhängigkeiten von der Plattform, Konkurrenz zwischen den Betrieben sowie prekäre Beschäftigung gefördert werden können. Zum aktuellen Zeitpunkt die Bedeutung solcher Plattformen (gemessen am Umsatz im Verhältnis zum Gesamtumsatz des Handwerks) als gering einzuschätzen (vgl. Dürig et al. 2012, S. 92–95). Dem Wachstumspotenzial steht entgegen, dass bestimmte Auftragsformen wie Aufträge der öffentlichen Hand oder der Industrie aus juristischen Gründen nicht für die Onlinevergabe geeignet sind oder Produkte wie die aus den Gesundheitsgewerken nur in geringem Maß online vermittelt werden können (vgl. ebd.). Insofern ist anzunehmen, dass auch zukünftig traditionelle Vertriebskanäle Relevanz besitzen werden. Dennoch stellen für Arbeitnehmervertretungen und Handwerksorganisationen die über die Plattform vermittelte Schwarzarbeit, Lohndumping und die Zunahme von Solo-Selbstständigen im Handwerk zentrale Handlungsfelder der Zukunft dar. Auch wenn sich die Motive der Akteure unterscheiden dürften, ist gemeinsames Handeln an dieser Stelle notwendig.

Anders verhält es sich im Fall von Thermondo, wo das Unternehmen seit seiner Gründung einen hohen Marktanteil für sich einnehmen konnte. Dabei steht das Unternehmen exemplarisch für eine ganze Reihe digitalgestützter Unternehmen der Energiewirtschaft, die sich durch die digitale Bündelung von Leistungen auszeichnen (vgl. Guthardt 2023).[16] Andere SHK-Betriebe können nicht mit dem Leistungsumfang und Konditionen von Thermondo konkurrieren und auch nicht in einer solchen Geschwindigkeit neue Produkte in das Produktportfolio aufnehmen. Jedoch bleibt den Handwerksbetrieben als Alleinstellungsmerkmal die Fachkompetenz zur Erbringung individualisierter Lösungen, welche Thermondo nicht in der Lage ist umzusetzen. Langfristig ist die Nachhaltigkeit von Thermondos Geschäftsmodell fraglich, wenn beispielsweise einzelne Produkte wie die Wärmepumpe nicht mehr den notwendigen Umsatz erzielen und die Rendite gefährdet ist. Das Beispiel von Thermondo zeigt, wie sich die Interessen des Unternehmens und der Kapitalgeber, der Industrie und der Politik im Bereich der Energiewende treffen. Auch hier vertreten Gewerkschaften, Handwerksorganisationen (Handwerkskammern, Innungen und Fachverbände) eine gemeinsame Position und plädieren für die Aufrechterhaltung der bisherigen ordnungspolitischen Rahmen der Ausbildung.

Vor diesem Hintergrund bleibt abzuwarten, wie die Akteure Einfluss auf die Politik nehmen, um die Position des Handwerks in den Wertschöpfungsketten und die Interessen der Beschäftigten zu vertreten. Auf Bundesebene zumindest benennen im Rahmen des *Zukunftsdialog Handwerk* der DGB, ZDH und BMWK

---

16 Weitere Fallbespiele sind Enpal, das zunächst mit Handwerksunternehmen kooperierte und inzwischen eine eigene Handwerksfirma betreibt sowie 1Komma5°, das Handwerksunternehmen zu Wachstumszwecken aufkauft (vgl. Guthardt 2023).

gemeinsame Ziele, beispielsweise die Unterbindung von Lohndumping und Schwarzarbeit sowie die Stärkung der Tarifbindung (vgl. BMWK 2023).[17] Ausgehend von dem gemeinsamen Diskussionspapier der Sozialpartner werden mit den Beteiligten des Handwerks (Handwerkskammern, Innungen, Betriebe und Beschäftigten) auf lokaler Ebene Maßnahmen erarbeitet und umgesetzt. Um welche Maßnahmen es sich handeln wird und in welchem Ausmaß die Beschäftigteninteressen Berücksichtigung finden, wird die Zukunft ebenso zeigen wie, ob aus der Interessensbekundung an der Stärkung der Tarifbindung auf Bundesebene lokales Handeln der Fachverbände und Gewerkschaften folgt.

Literatur

Alhusen, Harm / Bizer, Kilian / Dilekoglu, Kübra / Meub, Lukas / Proeger, Till / Thonipara, Anita (2021): Plattformökonomie im Handwerk: Entwicklungen, Chancen und Herausforderungen aus ökonomischer Perspektive. In: Göttinger Beiträge zur Handwerksforschung, 57. Göttingen.

Arnold, Michael / Pavel, Ferdinand / Weber, Katharina (2016): Arbeiten auf Onlineplattformen: selbstständig oder abhängig? In: DIW Berlin (Hrsg.): Vierteljahrshefte zur Wirtschaftsforschung, 85. Jahrgang, S. 19–35.

Ax, Christiane (2016): Erhalt und Verbesserung der Wettbewerbsfähigkeit des Handwerks – unter besonderer Berücksichtigung der Digitalisierung. landtag.nrw.de/Dokumentenservice/portal/WWW/dokumentenarchiv/Dokument/MMI16-396.pdf;jsessionid=B60D6BC7BEF29CAD1F46857A658483E6 (Abfrage: 02.05.2024).

Baden-Württembergischer Handwerkstag e. V. (2022): Digitale Plattformen vom und für das Handwerk. handwerk2025.de/wp-content/uploads/Studie-Plattformkompass-Handwerk.pdf (Abfrage: 02.05.2024).

Bitkom Research (2022): Die Digitalisierung des Handwerks. zdh.de/fileadmin/Oeffentlich/Wirschaft_Energie_Umwelt/Themen/Digitalisierung/BitkomZDH_DigitalisierungHandwerk_Charts_final.pdf (Abfrage: 02.05.2024).

Boyer, Robert / Freyssenet, Michel (2003): Produktionsmodelle: eine Typologie am Beispiel der Automobilindustrie. Berlin: edition sigma.

Bundesministerium der Justiz (2017): Gesetz zur Ordnung des Handwerks. gesetze-im-internet.de/hwo/index.html (Abfrage: 02.05.2024).

Bundesministerium für Wirtschaft und Klimaschutz (BMWK) (2023): Diskussionspapier Zukunftsdialog Handwerk. bmwk.de/Redaktion/DE/Downloads/XYZ/zukunftsdialog-handwerk-2023.pdf?__blob=publicationFile&v=2 (Abfrage: 02.05.2024).

Bundesministerium für Wirtschaft und Klimaschutz (BMWK) (o. J.): Handwerk 4.0. de.digital/DIGITAL/Navigation/DE/Magazin/Handwerk-4-0/handwerk-4-0.html (Abfrage: 02.05.2024).

Bundesregierung (2022): Mit Wärmepumpen Tempo machen für die Klimawende. bundesregierung.de/breg-de/suche/kanzler-viessmann-2070096 (Abfrage: 02.05.2024).

Cordes, Anja (2020): Soloselbstständige im Handwerk: Erwerbsverläufe soloselbstständiger Personen und die Situation sozialer Absicherung. Ergebnisse einer qualitativen Studie und Empfehlungen für das Handwerk. In: Karlsruher Schriften zur Handwerksforschung, Band 2.

Cupok, Uta (2000): Lokales Handwerk: Dienstleistungen und Unternehmensnetzwerke. In: Wissenschaftszentrum für Sozialforschung Berlin (Hrsg.): WZB Discussion Paper, No. P 00–513.

17 Der Start des *Zukunftsdialog Handwerk* erfolgte im Frühjahr 2023 und stellt die Fortsetzung des *Branchendialog Handwerk* dar (vgl. BMWK 2023).

Destatis (2023): Anteile kleiner und mittlerer Unternehmen beim Handwerk 2021. destatis.de/DE/Themen/Branchen-Unternehmen/Handwerk/Tabellen/kleine-mittlere-unternehmen-handwerk.html (Abfrage: 02.05.2024).

Deutscher Gewerkschaftsbund (2020): Gewerke im Handwerk. dgb.de/handwerk/welche-gewerkschaft-ist-fuer-welches-handwerk-zustaendig (Abfrage: 02.05.2024).

Deutscher Gewerkschaftsbund (2015): Mitbestimmen im Handwerk. Tipps für Mitglieder in der Selbstverwaltung des Handwerks. igmetall.de/download/203048_Mitbestimmen_im_Handwerk_06_03_2015_Einzelseiten_5d357af674612c98718b90a2300e5bbab4e71438.pdf (Abfrage: 02.05.2024).

Deutscher Gewerkschaftsbund (2021): Für gute Renten im Handwerk. Fakten und Argumente. dcm-bestellportal.de/dgb/downloads/DGB-0060-1.pdf (Abfrage: 02.05.2024).

Dürig, Wolfgang/Eckl, Verena/Grunert, Paul/Lageman, Bernhard/Preistrup, Matthias/Trettin, Lutz (2012): Entwicklung der Märkte des Handwerks und betriebliche Anpassungserfordernisse – Teil I. Endbericht – November 2012. econstor.eu/bitstream/10419/72589/1/741119625.pdf (Abfrage: 02.05.2024).

Dürig, Wolfgang/Weingarten, Jörg (2019): Das Handwerk wird digital. Bedeutung für Betriebe, Beschäftigte und Marktstrukturen. In: Friedrich-Ebert-Stiftung (Hrsg.): WISO-Diskurs, Heft 4.

Ermisch, Steffen (2022): „Myhammer interessiert nur der eigene Profit". wiwo.de/erfolg/gruender/handwerksportale-in-der-kritik-myhammer-interessiert-nur-der-eigene-profit/28073252.html (Abfrage: 02.05.2024).

Fredriksen, Kaja/Runst, Petrik (2016): Digitalisierung im Handwerk – Wer profitiert und wer verliert. In: Göttinger Beiträge zur Handwerksforschung, 8. Göttingen.

Frerichs, Petra/Pohl, Wolfgang/Fichter, Michael/Gerster, Jochen/Zeuner, Bodo (2004): Zukunft der Gewerkschaften, Arbeitspapier 44. Düsseldorf: Hans-Böckler-Stiftung.

Glasl, Markus (2010): Erfolgsfaktoren von Innungen. Ergebnisse einer Befragung von Innungen und Betrieben in den Kammerbezirken Halle und Erfurt. lfi-muenchen.de/wp-content/uploads/2017/08/2010_gesamtes_Dokument_Erfolgsfaktoren-von-Innungen.pdf (Abfrage: 02.05.2024).

Guthardt, Steffen (2023): Das umstrittene Geschäft von Start-ups mit der Energiewende. deutsche-handwerks-zeitung.de/das-umstrittene-geschaeft-von-start-ups-mit-der-energiewende-316832 (Abfrage: 02.05.2024).

Handwerkskammer Potsdam (2013): MyHammer verlangt Handwerkskarte. hwk-potsdam.de/artikel/myhammer-verlangt-handwerkskarte-9,0,1698.html (Abfrage: 02.05.2024).

Hüsing, Alexander (2022): Verluste bei Thermondo steigen wieder – auf 10,1 Millionen Euro. deutsche-startups.de/2022/06/15/thermondo-zahlencheck-2020 (Abfrage: 02.05.2024).

IG Metall (2019): Ein neuer Ordnungsrahmen für das Handwerk. Wirtschaftspolitischen und sozialpolitischen Handlungsbedarf zusammendenken. igmetall.de/download/20190709_2019_06_19_Diskussionspapier_neuer_Ordnungsrahmen_HW_fin_6f8c7ede3fe8c8ec559a9b3d17b94edf45c7da98.pdf (Abfrage: 02.05.2024).

IG Metall Berlin (2023): Sanitär-Heizung-Klima (SHK-Handwerk/HKS-Industrie). igmetall-berlin.de/gruppen/handwerk/sanitaer-heizung-klima (Abfrage: 02.05.2024).

IG Metall Bezirk Nieder-Sachsen-Anhalt (2023): Schmalspurausbildung von Quereinsteigern im SHK-Handwerk löst Fachkräftebedarf nicht. igmetall-nieder-sachsen-anhalt.de/home-aktuelles/news-details/schmalspurausbildung-von-quereinsteigern-im-shk-handwerk-loest-fachkraeftebedarf-nicht (Abfrage: 02.05.2024).

IG Metall-Vorstand (o. J.): CGM bleibt ohnmächtige Organisation. igmetall.de/download/0016291_CGM-Info_750c8ed5aab7990990118741d5e7e4df6c74aa81.pdf (Abfrage: 02.05.2024).

John, Peter/Perner, Detlef (2022): Mitbestimmung im Handwerk. In: Hans-Böckler-Stiftung (Hrsg.): Study 478.

Kluth, Winfried (2012): Arbeitnehmermitbestimmung in der Selbstverwaltung des Handwerks im Bereich der Interessenvertretung – unter besonderer Berücksichtigung der Entscheidung des Bundesverwaltungsgerichts zur ‚Limburger Erklärung'. In: Hans-Böckler-Stiftung (Hrsg.): Arbeitspapier 265.

Koch, Andreas/Nielen, Sebastian (2017): Ökonomische Wirkungen der Handwerksnovelle 2004: Ergebnisse einer Kontrollgruppenanalyse. In: Perspektiven der Wirtschaftspolitik, 18, H. 1, S. 72–85.

Lorig, Philipp (2015): Soloselbstständige Internet-Dienstleister im Niedriglohnbereich: Prekäres Unternehmertum auf Handwerksportalen im Spannungsfeld zwischen Autonomie und radikaler Marktabhängigkeit. In: Arbeits- und industriesoziologische Studien, 8, H. 1, S. 55–75.

Mister Spex SE (2024): Unternehmensstrategie. corporate.misterspex.com/de/#unsere-strategie (Abfrage: 02.05.2024).

Müller, Anja (2019): Thermondo wird zum Heizungsentwickler. handelsblatt.com/unternehmen/mittelstand/familienunternehmer/philipp-pausder-thermondo-wird-zum-heizungsentwickler/24360368.html (Abfrage: 02.05.2024).

Müller, Klaus/Vogt, Nora (2014): Soloselbstständigkeit im Handwerk. In: Göttinger handwerkswirtschaftliche Studien, Band 95. Duderstadt: Mecke Druck.

MyHammer (2023a): Internetseite des Unternehmens. my-hammer.de (Abfrage: 02.05.2024).

MyHammer (2023b): Support des Unternehmens. support.my-hammer.de/s/article/Wie-ermittelt-MyHammer-welche-Handwerker-Dienstleister-fuer-meinen-Auftrag-geeignet-sind (Abfrage: 02.05.2024).

Ohne Hände keine Wende (o. J.): Internetseite der Initiative. ohkw.de (Abfrage: 02.05.2024).

Porter, Michael Eugene (2013): Wettbewerbsstrategie: Methoden zur Analyse von Branchen und Konkurrenten. Aus dem Englischen von Volker Brandt/Thomas Carl Schwoerer. 12., aktualisierte und erweiterte Auflage. Frankfurt am Main/New York: Campus.

Proeger, Till/Meub, Lukas/Thonipara, Anita/Bizer, Kilian (2019b): Digitale Plattformen im Handwerk – eine Analyse von MyHammer und ProvenExpert. In: Göttinger Beiträge zur Handwerksforschung, 32. Göttingen.

Proeger, Till/Thonipara, Anita/Bizer, Kilian (2019a): Homepage-Nutzung im Handwerk. Eine sektorale und regionale Analyse. In: Göttinger Beiträge zur Handwerksforschung, 27. Göttingen.

Proeger, Till/Thonipara, Anita/Bizer, Kilian (2020): Mechanismen, Erfolgsfaktoren und Hemmnisse der Digitalisierung im Handwerk. In: Göttinger Beiträge zur Handwerksforschung, 35. Göttingen.

Runst, Petrik/Bartelt, Karen/Fredriksen, Kaja/Meyer-Veltrup, Linda/Pirk, Walter/Proeger, Till (2018): Der Digitalisierungsindex für das Handwerk. Eine ökonomische Analyse des Digitalisierungs-Checks des Kompetenzzentrums Digitales Handwerk. In: Göttinger Beiträge zur Handwerksforschung, 24. Göttingen.

Runst, Petrik/Proeger, Till (2020): Digitalisierungsmuster im Handwerk – Eine regionale und sektorale Analyse des Digitalisierungs-Checks des Kompetenzzentrums Digitales Handwerk. In: Göttinger Beiträge zur Handwerksforschung, 39. Göttingen.

Scholz, Jendrik (2013): Krise des korporatistischen Arrangements und gewerkschaftliche Revitalisierungsansätze im Handwerk. In: Schmalz, Stefan/Dörre, Klaus (Hrsg.): Comeback der Gewerkschaften? Neue Machtressourcen, innovative Praktiken, internationale Perspektiven. Frankfurt am Main: Campus, S. 199–212.

Staab, Philipp (2019): Digitaler Kapitalismus. Markt und Herrschaft in der Ökonomie der Unknappheit. Berlin: Suhrkamp.

Statista (2024): Statistiken zu Mister Spex. de.statista.com/themen/9845/mister-spex (Abfrage: 25.02.2024).

Thermondo (2023a): Internetseite des Unternehmens. thermondo.de (Abfrage: 02.05.2024).

Thermondo (2023b): 10 x beim Wärmepumpen-Hochlauf. Gutachten für die Bundesagentur für Sprunginnovationen SPRIND. media.thermondo.de/media/documents/thermondo_Gutachten_SPRIND_230418.pdf (Abfrage: 02.05.2024).

Thomas, Peter (2016): Branchenanalyse SHK-Handwerk. In: Hans-Böckler-Stiftung (Hrsg.): Working Paper Forschungsförderung, Nummer 010, April 2016.

Thonipara, Anita / Höhle, David / Proeger, Till / Bizer, Kilian (2020): Digitalisierung im Handwerk – ein Forschungsüberblick. In: Göttinger Beiträge zur Handwerksforschung, 36. Göttingen.

Trenkle, Johannes (2019): Plattformen für Handwerksbetriebe. Ergebnispräsentation – Version 1–5. August 2019. lfi-muenchen.de/wp-content/uploads/2019/08/201906_Plattform%C3%B6konomie_Ergebnispr%C3%A4sentation_vf.pdf (Abfrage: 02.05.2024).

Verband der Gründer und Selbstständigen Deutschland e. V. (2020): Unheilige Allianz – Warum DGB und ZDH gemeinsam Solo-Selbstständige angreifen. vgsd.de/kommentar-per-video-unheilige-allianz-dgb-und-zdh-greifen-gemeinsam-solo-selbststaendige-an (Abfrage: 02.05.2024).

Welzbacher, Christian / Pirk, Walter / Ostheimer, Anne / Bartelt, Karen / Bille, Jens / Klemmt, Markus (2015): Digitalisierung der Wertschöpfungs- und Marktprozesse – Herausforderungen und Chancen für das Handwerk. hpi-hannover.de/dateien / Projektberichte / Studie_Digitalisierung_der_Wertschpfung.pdf (Abfrage: 02.05.2024).

Wetzel, Daniel (2023): Handwerk und Gewerkschaften lehnen verkürzte Heizungslehre ab. welt.de/wirtschaft/article245788528 / Heizungsmonteur-Handwerk-und-Gewerkschaften-lehnen-verkuerzte-Heizungslehre-ab.html (Abfrage: 02.05.2024).

Zentralverband des Deutschen Handwerks (2022): Wirtschaftlicher Stellenwert des Handwerks 2022. zdh.de/daten-und-fakten/kennzahlen-des-handwerks/wirtschaftlicher-stellenwert-des-handwerks-2022 (Abfrage: 02.05.2024).

Zentralverband des Deutschen Handwerks / Deutscher Gewerkschaftsbund (2020): Gemeinsame Erklärung des ZDH und DGB zur Situation von Soloselbstständigen im Handwerk. dgb.de/presse/++co++66977c4a-53ba-11ea-911f-52540088cada (Abfrage: 02.05.2024).

Zentralverband Sanitär Heizung Klima (2022): „Fachhandwerk steht bereit“. zvshk.de/presse/medien-center/pressemitteilungen/details/artikel/7650-fachhandwerk-steht-bereit (Abfrage: 02.05.2024).

Die Lage der radelnden Klasse in Deutschland

Zur Rolle der Arbeit bei Plattform-Lieferdiensten am Beispiel von Lieferando

Philipp Weisenburger

1. Einleitung

Am Abend des 28. Februars 2023 versammelten sich Fahrradkuriere aus ganz Deutschland vor dem Lieferando-Hauptquartier in Berlin. Die Demonstration markierte den Auftakt der Tarifauseinandersetzung zwischen der Gewerkschaft NGG (Nahrung, Genuss, Gaststätten) und dem Konzern. Nach einigen Reden setzte sich die Menge in Bewegung, umrundete das Bürogebäude auf der Suche nach einer Gelegenheit, ihrem Ärger Ausdruck zu verleihen. Schließlich wurde sie an der Fensterfassade in einer Seitengasse fündig. Dies kann als sinnbildliche Szene für die Arbeit in der heutigen Plattform-Ökonomie bezeichnet werden. Als die Kuriere die Fenster erreichten, unterbrachen die Angestellten auf der Innenseite ihr Poolspiel und wandten sich kurz ihren Kolleg_innen auf der Außenseite zu. Diese wiederum hielten ihre Transparente hoch, damit sie durch die Fenster des leicht erhöhten Erdgeschosses gesehen werden konnten. Die Insider begannen, ihre Gegner zu inspizieren, die inzwischen an die Fenster geklopft und Slogans skandiert hatten – „Riders unite! Together we fight!"; „15 Euro" oder „Hier regiert die NGG". Rote Leuchtfackeln wurden gezündet und die Parolen hatten Derbycharakter angenommen. Die Gruppe der Insider hatte sich inzwischen aufgelöst. Der einzig verbleibende Kollege in Business Casual begann, Fotos von der Menge zu machen und mit zwei Fingern zwischen seinen Augen und einzelnen Outsidern hin und her zu zeigen. Seine „I see you"-Geste war eher von Big-Brother-Impetus als von dem eines Kollegen, der die Forderungen seiner Kolleg_innen erkennt. Als die Atmosphäre zunehmend angespannt wurde, schritten die Organisatoren der Demonstration ein und dirigierten die Gruppe zurück zu ihrem Ausgangspunkt, wo sich die Versammlung auflöste.[1]

In der jüngeren Vergangenheit ist Lieferando wiederholt in die Schlagzeilen geraten, insbesondere im Kontext von Berichten über schlechte Arbeitsbedingungen. Es wurden Vorwürfe der „systematischen Überwachung" von Beschäftigten

1 Darstellung entspricht der Wahrnehmung des Autors.

(Zeit online 2021), von mangelhafter Arbeitsausrüstung (vgl. Brack-Pena 2021; Beucker 2022) sowie der Behinderung von Betriebsratswahlen (vgl. Wyputta 2020) erhoben. Lieferkuriere – sogenannte Rider – verdienen kaum über Mindestlohnniveau und waren bis vor kurzem Kettenbefristungen ausgesetzt (vgl. Grüneberg 2021).

Ungeachtet dieser Kritik ist es der niederländischen Muttergesellschaft *Just Eat Takeaway.com* gelungen, zu Deutschlands beliebtester Lieferplattform anzuwachsen und ein „Quasi-Monopol“ (Brack-Pena 2021) aufzubauen. Die Belegschaft in Deutschland ist dabei auf über 10.000 Kurieren angewachsen (vgl. Beucker 2022). In Anbetracht der wachsenden Bedeutung von Plattform-Lieferdiensten und gehäufter Berichterstattung über schlechte Arbeitsbedingungen und Arbeitnehmerrechtsverletzungen beschäftigte sich auch sozialwissenschaftliche Forschung zuletzt vermehrt mit dem Thema (jüngst Albicker 2023; Overts 2023; Vandael 2023). Eine explizite Befassung mit der Rolle der Kuriere für den Wertschöpfungsprozess der Lieferplattformen wurde dabei vernachlässigt. Der vorliegende Beitrag will die Diskussion um diesen notwendigen Aspekt ergänzen. Am Fall von Lieferando soll dabei für den deutschen Plattformliefermarkt gezeigt werden, dass die Kuriere nicht direkt zum Revenueflow beitragen, vielmehr eine bloße Unkost für die Aufrechterhaltung des Monopols darstellen.

Dafür wird zunächst das Geschäftsmodel von Lieferando betrachtet und die Rolle der Kuriere darin herausgearbeitet. Anschließend werden bestehende Probleme für Kuriere in der Plattform-Ökonomie aufgezeigt und geprüft, inwiefern diese auf die Rolle der Arbeit im Wertschöpfungsprozess zurückzuführen sind.

2. Businessmodell Lieferando: Ein Lieferdienst, der nicht liefert

Lieferando ist Deutschlands beliebtester Lieferdienst (vgl. Statista 2023) und gehört zum niederländischen Konzern *Just Eat Takeaway.com*. Die App-basierte digitale Infrastruktur ermöglicht die Interaktion zwischen Restaurants und Kund_innen und koordiniert die Lieferung. In seinem Buch „Platform Capitalism“ definiert Srnicek Plattformen wie Lieferando als „digital infrastructure that enables two or more groups to interact. They therefore position themselves as intermediaries“ (Srnicek 2017, S. 43).

Seinen Umsatz bezieht *Just Eat Takeaway.com* hauptsächlich aus Kommissionen, die Restaurants für die Nutzung der Plattform zu entrichten haben (vgl. Just Eat Takeaway.com 2023, S. 60). Die Höhe entspricht dabei einem prozentualen Anteil des Bestellwerts. Der Intermediärscharakter stellt dabei das zentrale Element des Businessmodells dar. Die Plattform schiebt sich zwischen Restaurant und *deren* Kund_in und macht somit beide Akteure zu Kund_innen von *sich*. Dafür berechnet die Plattform einen Anteil Wertschöpfung der Gastronomie. Auch von den Kund_innen der Restaurants wird in manchen Fällen eine zusätzliche

Liefergebühr verlangt.[2] Unter „Ancilliary revenue", also zusätzlichen Einnahmen, fasst der Geschäftsbericht Einkünfte aus dem Verkauf von Merchandise, Promotion Placements und Subscription Fees zusammen (Just Eat Takeaway.com 2022, S. 185). Die primäre Einnahmequelle des Unternehmens basiert auf der Ausnutzung der Intermediärsstellung, wie aus Tabelle 1 ersichtlich ist.

Tabelle 1: Umsatz von Just Eat Takeaway.com 2020–2023

€ millions	2019	2020	2021	2022	2023
Order-driven revenue*	374 (89,9 %)	1,885 (91,4 %)	4,314 (95,9 %)	5,315 (95,6 %)	4,933 (95,5 %)
Ancillary revenue	44	157	181	246	234
Total	416	2,042	4,495	5,561	5,315

*Anteil am Gesamtumsatz in Klammer.
Quelle: Geschäftsberichte Just Eat Takeaway.com 2020–2023

Der Lieferdienst verfolgt dabei zwei unterschiedliche Geschäftsmodelle, die als „Marketplace" und „Delivery Model" bezeichnet werden (Just Eat Takeaway.com 2022, S. 11). Wie der Name nahelegt, übernimmt die Plattform nur bei letzterem die Lieferung, während es bei ersterem lediglich einen ‚digitalen Marktplatz' zur Verfügung stellt. Die Lieferdienstleistung wird dabei durch das Restaurant selbst übernommen.[3] Davon abhängig variiert auch die Höhe der Kommission. Im Marktplatzmodell liegt der Anteil bei zwölf Prozent, wird die Lieferleistung durch die Plattform übernommen (Liefermodell) bei 30 Prozent (vgl. Schreyer / Schrape 2021, S. 300).

Gemäß dem Geschäftsbericht von Just Eat Takeaway aus dem Jahr 2022 wurden weltweit 984 Millionen Bestellungen bearbeitet, wobei ein Gross Transaction Value (GTV) von 28,2 Milliarden Euro bewegt wurde. Die durchschnittliche Belegschaft im Lieferbereich belief sich auf 8.000 vollzeitäquivalente Stellen (vgl. Just Eat Takeaway.com 2022, S. 11). Ein durchschnittlicher Kurier hätte demnach

2 Zuletzt führte *Just Eat Takeaway* in seinem Geschäftsbericht von 2020 seinen Umsatz getrennt nach Kommissionen und Liefergebühren auf. Damals machten Kommissionen 80,1 Prozent des Gesamtumsatzes und 87,7 Prozent des „order-driven revenue" aus (Just Eat Takeaway.com 2020, S. 76).

3 Auch andere Restaurant- und Lebensmittel-Lieferdienste unterscheiden zwischen Marketplace und Delivery Modell. Anbieter in Deutschland (neben Lieferando beispielsweise UberEats und Wolt) bieten in der Regel neben eigener Lieferung auch das Marketplace Modell an (vgl. UberEats Deutschland 2024; Wolt 2024), während reine Lebensmittel-Lieferdienste (in Deutschland beispielsweise Getir, welches 2022 Gorillas übernahm und aktuell die Übernahme des Konkurrenten Flink vorbereitet) zumeist nur aus eigenen Lagern liefern und entsprechend kein Marketplace-Modell anbieten können.

Essen im Wert von ca. 3,5 Millionen Euro ausgeliefert (abzüglich Liefergebühren). Das entspricht einem Wert über 15.000 Euro, die ein Kurier durchschnittlich täglich ausliefern müsste (bei 230 Arbeitstagen p. a., wieder abzüglich Liefergebühren). Dass die Arbeitsbelastung für die Kuriere von Lieferando außerordentlich hoch ist, steht außer Frage. Doch die Zahlen machen deutlich, dass die angestellten Kuriere einen Umsatz in dieser Größenordnung unmöglich allein erwirtschaften können.

Tatsächlich entfallen in Deutschland nach eigenen Angaben 90 Prozent der von Lieferando bearbeiten Bestellungen auf das Marktplatzmodell (vgl. Forbes.at 2022). Dieser Anteil entspricht dem Ansatz einer „Lean Platform", die Srnicek als „asset-less companies" (Srnicek 2017, S. 75) beschreibt, die durch „hyper-outsourcing" (Srnicek 2017, S. 76) die für den Dienstleistungsprozess notwendige Arbeit, Kapital und Infrastruktur komplett auf ihre Partner abwälzen. Srnicek hält fest, dass diese für ihre Profitabilität auf einen Monopolstatus angewiesen sind (vgl. Srnicek 2017, S. 87). Neben der Zahlungsabwicklung liefert die Plattform im Marktplatz Modell keinen Beitrag zur Dienstleistung selbst. Ihre Beteiligung an der Wertschöpfung besteht lediglich in dem Abzug, den es den Partner-Restaurants zumuten kann. Um dazu in der Lage zu sein, muss die Plattform ein Monopol nach zwei Seiten aufbauen und aufrechterhalten. Um für Restaurants unumgänglich zu werden, muss ein Monopol auf Kund_innenseite geschaffen werden, jede oder zumindest fast jede Bestellung also über die Plattform abgewickelt werden. Für Kund_innen muss wiederum prinzipiell das gesamte Angebot an Restaurants auf der Plattform zur Verfügung stehen. Im Ergebnis muss also ‚Essen bestellen' gleichgesetzt werden mit der Plattform.[4]

Just Eat Takeaway.com hat im Laufe der 2010er Jahre eine monopolistische Stellung im deutschen Liefermarkt vor allem durch Akquisitionen aufgebaut. 2007 erfolgte der Markteintritt des niederländischen Konzerns. 2014 erwarb das inzwischen in *Takeaway.com* umbenannte Unternehmen die Markte Lieferando. Im Jahr 2019 folgte die Übernahme der Marken *Lieferheld*, *pizza.de* und des Deutschlandgeschäfts von *Foodora* (‚Delivery Hero'), die unter dem Label *Lieferando* vereinigt wurden (vgl. Just Eat Takeaway.com 2022, S. 13). Das so erreichte Monopol profitiert von einem „Network effect" (Just Eat Takeaway.com 2022, S. 11), der Konsument_innen und Restaurants den Umstieg zu alternativen Plattformen erschwert, da sie sich bereits in ihrer Mehrheit auf Lieferando versammelt haben.

Nur bei den zehn Prozent verbleibenden Bestellungen agiert Lieferando als Lieferdienst im Sinne des Wortes. Für diesen Fall rechnet Gründer Jörg Gerbig

4 So wird schließlich selbst für Restaurants im ländlichen Raum, also fernab des Bereichs, in dem Lieferando sein Liefermodell mit eigenen Kurieren anbietet, eine Präsenz auf der Plattform unabdingbar, um die eigene Sichtbarkeit zu erhöhen. Was den Restaurants früher ein Telefonanschluss gewesen oder noch heute ein Eintrag bei Google Maps ist, geht nun als digitaler Auftrag über die App ein – mit dem Unterschied, dass sie jetzt eine Provision pro Bestellung zahlen.

vor, warum die Lieferung durch angestellte Kuriere sogar ein Verlustgeschäft ist: „Ein Fahrer kostet im deutschsprachigen Raum um die 20 € pro Stunde, schafft binnen dieser etwa zwei Bestellungen. Eine Bestellung kostet also rund 10 €. Bei einem Bestellwert von 25 € und einer Marge von 30 Prozent generiert sie aber nur 7,50 € Umsatz, zuzüglich der Liefergebühr“ (Forbes.at 2022). Wozu beschäftigt Lieferando also in Deutschland mittlerweile über 10.000 Kuriere?

In seinem Geschäftsbericht für das Jahr 2022 spricht *Just Eat Takeaway.com* über die „Last Mile Visability“ (Just Eat Takeaway.com 2022, S. 27), also den Werbeeffekt für die Plattform, der über die entsprechend auffällig gekleideten Kuriere erreicht wird. Die Ergänzung der omnipräsenten Werbestrategie ist dabei sicherlich ein gern gesehener Nebeneffekt. Der tatsächliche Grund besteht jedoch darin, dass die Lieferplattform für ihre Monopolstellung darauf abzielt, zumindest im Prinzip das gesamte Restaurant-Angebot abzudecken. Dies umfasst auch Restaurants, die selbst nicht liefern. Die Kuriere sind für Lieferando also eine notwendige Unkost zur Eroberung und Erhaltung seiner Monopolstellung durch die Aufrechterhaltung und Ausweitung des Netzwerkeffekts.[5] Entsprechend fallen die Bedingungen für die Kuriere aus.

3. Lieferarbeit in der Plattform-Ökonomie

Der Bereich der Plattform-Ökonomie verzeichnete in den letzten Jahren ein rasantes Wachstum (vgl. Ellmer et al. 2019). Daher beschreiben Joyce et al. (2020) Plattformarbeit als einen der dynamischsten und aufregendsten Bereiche der Arbeitsorganisation.

Definiert man Plattformarbeit als bezahlte Arbeit, die über Online-Plattformen verwaltet wird (vgl. Huws et al. 2016), erfasst man zwar eine wesentliche Gemeinsamkeit, erfährt zugleich allerdings wenig neues und wird der hohen Variabilität und konstanten Weiterentwicklung des Phänomens (vgl. Heiland 2020) nicht gerecht. Heiland weist darauf hin, dass der Charakter der Plattformarbeit in höchstem Maße abhängig ist von dem Raum, in dem sie angesiedelt ist und den Qualifikationen der Arbeitnehmer (vgl. Heiland 2020, S. 6). Die gängige Unterscheidung zwischen ortsunabhängiger *Clowdwork* und ortsgebundener *Gigwork* (vgl. Schreyer / Schrape 2021, S. 287) ergänzt Heiland daher um eine Differenzierung in niedrigqualifizierte Arbeiten (*Microwork*), wie etwa Reinigungs- oder Lie-

5 Netzwerkeffekt beschreibt hier einen selbstverstärkenden Effekt, bei dem der bisherige Erfolg der Plattform in der Monopolisierung beider Marktseiten zu dessen Fortbestand bzw. Ausweitung beiträgt. Mehr Kund_innen führen zu mehr Bestellungen, was wiederum mehr Partnerrestaurants anzieht, sodass sich das Angebot verbessert und noch mehr Kund_innen anlockt usw. (vgl. Just Eat Takeaway.com 2023, S. 24). Staab spricht in diesem Zusammenhang von einem „Matthäus-Effekt“ (Staab 2019, S. 227): Denn wer da hat, dem wird gegeben.

ferdienstleistungen, und hochqualifizierte Arbeiten (*Macrowork*) (vgl. 2020, S. 5), beispielsweise Software-Development.

Die Lieferarbeit stellt eine niedrig qualifizierte, lokal zu verrichtende Tätigkeit dar und wird mit Heilands Typologie daher am besten als *App-Arbeit* klassifiziert. Dabei handelt es sich um klassische Dienstleistungen, die in einem engen lokalen Bereich angesiedelt sind und innerhalb eines engen Zeitrahmens ausgeführt werden müssen (Heiland 2020, S. 5).

In der vorhandenen Forschungsliteratur und journalistischen Berichterstattung wurden drei Problemfelder für Arbeitnehmer_innen in der Plattform-Ökonomie identifiziert. Im Folgenden soll für den Fall Lieferando geprüft werden, ob und inwiefern die besprochenen Probleme Produkt der Rolle der Kuriere als nur mittelbar rentable Kost für die Aufrechterhaltung der Monopolstellung sind.

3.1 Der Arbeitnehmerstatus – Senkung der absoluten Lohnkosten

Literatur zur Arbeit bei Plattform-Lieferdiensten setzt sich dezidiert mit dem Status von Kurieren als ‚Arbeitnehmer_innen' im Gegensatz zu ‚selbstständigen Auftragnehmer_innen' auseinander. Letzteres ist in der Plattform-Ökonomie weit verbreitet (vgl. Heiland 2020, S. 6). De Stefano (2016) untersucht beispielsweise die Allgemeinen Geschäftsbedingungen digitaler Plattformen bezüglich Selbstständigkeit und Vertragsunabhängigkeit – ebenso Rosenblat und Start (2016) in ihrer Fallstudie zu *Uber* und Griesbach et al. (2016) für den Lieferdienstsektor im Allgemeinen. Unisono wird die Selbstständigkeit dabei als „illusorisch" (vgl. Griesbach et al. 2019) oder selbstwidersprüchlich beschrieben, da die Verträge häufig zwar ein Beschäftigungsverhältnis nicht ausschließen, zugleich jedoch jeden direkten Vertrag zwischen Kurier und Kund_in verbieten (vgl. De Stefano 2016).

In Bezug auf die Lieferarbeit in der Plattform-Ökonomie in Deutschland wurde die Praxis der ‚Scheinselbstständigkeit' zunächst von *Foodora* (Deliveroo) angewandt (vgl. Heiland/Schaupp 2021, S. 140), und zwar bis zu ihrem Rückzug aus dem deutschen Markt im Jahr 2019 (vgl. Kapalschinski 2019). Foodora hatte diese Strategie adaptiert, um gewerkschaftliche Organisierungsbemühungen zu untergraben (vgl. Ovetz 2023, S. 287).

Just Eat Takeaway.com hingegen setzt weltweit seinen Labor-Supply sowohl aus Angestellten, Arbeitnehmerüberlassung als auch selbstständigen Kurieren zusammen. Die unsichere Rechtsgrundlage, auf welcher der Konzern weltweit Kuriere in Scheinselbstständigkeit beschäftigt, reflektiert er regelmäßig selbst in seinen Geschäftsberichten. Das Gig-Economy-Model führt er dort als Risikofaktor auf (vgl. Just Eat Takeaway.com 2023, S. 114). In Deutschland stellt *Just Eat Takeaway.com* seinen ‚Labor Supply' vorwiegend durch angestellte Kuriere sicher (vgl. Just Eat Takeaway.com 2022, S. 41) und beschäftigt dabei schätzungsweise

10.000 Kuriere, zumeist in Teilzeit (vgl. Beucker 2022). Die Konsolidierung der Monopolstellung begründet auch ein Spezifikum des deutschen Lieferarbeitsmarkts: In Deutschland genießen verhältnismäßig viele Kuriere im Lieferbereich Arbeitnehmerstatus.

Scheinselbstständige Beschäftigungsformen sind in Deutschland verboten (vgl. Wissenschaftliche Dienste Bundestag 2020, S. 15). Ein deutsches Arbeitsgericht entschied 2019 jedoch, dass Plattformarbeiter_innen durch die Annahme und Vermittlung von Aufträgen über eine App nicht automatisch Arbeitnehmer_innenstatus beanspruchen können (vgl. Heiland 2020, S. 45). Als Konsequenz des Urteils ist die ‚scheinselbstständige' Beschäftigung de facto noch immer Teil des deutschen Lieferarbeitsmarktes. Konkurrierende Unternehmen, die versuchen die Monopolstellung von Lieferando anzugreifen, wie beispielsweise *UberEats*, setzten unter anderem auf selbstständige Kuriere (vgl. Kapalschinski 2021). Heiland attestiert der Legislative in diesem Zusammenhang eine zögerliche Reaktion auf Regulierungsdefizite (vgl. Heiland 2020, S. 45), was bei einigen Plattformunternehmen eine Strategie des „Don't ask permission, ask forgiveness" (Kenney / Zysman 2016, S. 67) befördere.[6]

Ihr Interesse an der Aufrechterhaltung eines Nicht-Arbeitnehmer-Status ist in einem grundlegenden Regulierungsprinzip begründet: „Arbeit ist rechtlich geschützt, das Unternehmertum nicht" (Prassl 2018, S. 9). So können grundlegende Schutzmechanismen für Arbeitnehmer_innen wie Mindestlohn, Sozialversicherungsbeiträge, Antidiskriminierung, Lohnfortzahlung im Krankheitsfall, Urlaub, Arbeitslosengeld oder Mutterschaftsurlaub umgangen werden (vgl. De Stefano 2016, S. 5 ff.). Die scheinselbstständige Beschäftigung ist also eine Strategie die absoluten Lohnkosten zu senken. Gezahlt wird dann lediglich pro ausgeführtem Auftrag. Wartezeiten während Auftragsflauten gehen zu Lasten der selbstständigen Kuriere. Ebenso müssen in diesem Fall keine Lohnnebenkosten bezahlt werden. Entsprechend beschreibt *Just Eat Takeaway.com* die Benefits seiner angestellten Kuriere mit Weiterbildungen, Sozialversicherung, bezahltem Urlaub und Krankengeld, während für seine ‚independent contractors' nur die Flexibilität genannt wird, sich die Arbeitszeit frei einteilen zu können (vgl. Just Eat Takeaway.com 2022, S. 11).

Dass Lieferando auf angestellte Kuriere setzt, ist als Resultat des deutschen Arbeitsrechts und gewerkschaftlicher Organisierungsbemühungen zu verstehen. Auch mit diesen Widerständen und Vorgaben weiß das Unternehmen umzuge-

6 Die kanadische Tochter von Just Eat Takeaway.com *SkipTheDishes* beispielsweise sieht sich seit 2018 mit einem Class Action Law Suite bezüglich des Arbeitnehmerstatus ihrer Kuriere konfrontiert. Der Konzern berichtet darüber in seinem Geschäftsbericht seit 2020 wortgleich: „The relevant court has not yet determined if the claim will be certified" (Just Eat Takeaway.com 2020, S. 235; Just Eat Takeaway.com 2021; S. 237; Just Eat Takeaway.com 2022, S. 238; Just Eat Takeaway.com 2023, S. 169).

hen: Um die absoluten Lohnkosten gering zu halten, beschäftigt Lieferando daher vermehrt Angestellte mit Minijob- und Werkstudent_innen-Verträgen, um auf diesem Wege Lohnnebenkosten reduzieren zu können. Darüber hinaus setzte das Unternehmen lange Zeit auf Kettenbefristungen (vgl. Grüneberg 2021). Dabei wurden den Angestellten mehrfach lediglich befristete Verträge angeboten, wodurch der Kündigungsschutz und damit auch die Organisationsfähigkeit der Arbeitnehmer_innen unterminiert wurden. Bei Lieferando wurde diese Praxis auf Druck von Betriebsrät_innen und Gewerkschaft 2021 aufgegeben. Zuvor hatten Betriebsräte lokal Neueinstellungen blockiert, sofern diese erneut befriste Verträge umfassen sollten (vgl. Henning 2021). Außerdem hatte die NGG eine Sammelklage vorbereitet, um befristete Verträge abzuschaffen (vgl. Grüneberg 2021), was Lieferando dazu veranlasste, eigenständig Verträge zu entfristen, um gewerkschaftlichen Organisierungserfolgen zuvorzukommen.

3.2 Algorithmisches Management und Auftragsboni – Senkung der relativen Lohnkosten

Neben der Senkung der absoluten Ausgaben zur Aufrechterhaltung der Monopolstellung sind Lieferplattformen wie Lieferando auch bestrebt, die Lohnkosten pro Lieferung zu senken. Dazu bedient sich das Unternehmen zweier Mechanismen.

Der Erste wird unter dem Stichwort ‚algorithmisches Management' diskutiert (vgl. Van Doorn 2017, S. 902 ff.; Wood et al 2019, S. 61 f.; Griesbach et al. 2019; Cant 2020 insbesondere Kapitel 3; Schreyer/Schrape 2021). Im Gegensatz zur versprochenen Flexibilität und Selbstständigkeit ist der tatsächliche Arbeitsprozess in der Lieferarbeit durch enge digitale Schranken bestimmt (vgl. Heiland 2020, S. 10). Der unternehmenseigene Logistik-Algorithmus (vgl. Schreyer/Schrape 2021, S. 289) vermittelt die Aufträge dabei an verfügbare Kuriere und navigiert so die gesamte Flotte durch die Stadt.

Wenn Entscheidungen von einem Algorithmus getroffen werden und die Kommunikation von Mensch zu Mensch auf ein Minimum reduziert ist (vgl. Heiland 2020, S. 24), können sich die Arbeitnehmer nicht mehr beschweren. Sie können nicht mit einem Algorithmus verhandeln (ebd.). Der Mangel an Transparenz, der Algorithmen wie eine „digitale Blackbox" erscheinen lässt (vgl. Pasquale 2015), ist hier also Teil des unternehmerseitigen Bestrebens, antizipierte Beschwerden der Kuriere bezüglich ihrer Arbeitsbedingungen zu kanalisieren und zu ignorieren. Das ökonomische Interesse der Unternehmerseite *erscheint* hier als technische Spezifikation, die sie in der praktischen Anwendung am Ende auch *ist*. Dennoch bleibt der Grund für die Uneinsichtigkeit, wie der Algorithmus funktioniert das Ergebnis einer politökonomischen Kalkulation, selbst wenn es sich als technische Eigenschaft der App manifestiert (vgl. Einleitung zu diesem Sammelband).

Darüber hinaus ermöglicht das algorithmische Management den Plattformen eine „‚always-on‘-Form der Kontrolle“ (Gandini 2018, S. 1051). Die Leistungen der Fahrer für zugewiesene Lieferungen können über GPS-Tracking und obligatorische Bestätigungsanfragen, wie die Bestätigung der Ankunft im Restaurant sowie der Abholung und Fertigstellung der Lieferung nachverfolgt werden. Durch die sorgfältige Überwachung werden individualisierte Leistungsdaten gesammelt. Lieferplattformen nutzen diese Informationen, um Kurieren auf direkte oder indirekte Weise Anreize zur Leistungssteigerung zu geben: *Foodora* hat beispielsweise ein leistungsorientiertes Schichtsystem eingeführt, bei dem die Kuriere mit den besten Leistungen die begehrtesten Schichten erhalten (vgl. Heiland 2020, S. 31 f.). Dies hat potenziell selbstverstärkende Effekte, da Kuriere mit schwachen Leistungen so von Schichten mit höherem Zustellvolumen ausgeschlossen werden können. Im Ergebnis führt dies insbesondere bei befristeten Verträgen zu einer „endlosen Probezeit“ (Aloisi 2016, S. 671). Ebenfalls werden Kuriere, die durch eine App-basierte Stoppuhr in einen ständigen Wettbewerb mit ihren Kollegen gestellt werden, zu einem riskanten Fahrverhalten angeregt, was dazu führt, dass fast jeder zweite Kurier in Deutschland bereits einmal in einen Unfall verwickelt war (vgl. Heiland 2019, S. 303).

Darüber hinaus bietet Lieferando, wie andere Lieferdienste, monetäre Anreize. So stellen Auftragsboni einen substanziellen Lohnzusatz dar. Das Unternehmen bewirbt seine Stellen mit einem, nach eigenen Angaben, durchschnittlichen Stundenlohn von 14,10 Euro, wobei vertraglich lediglich 12 Euro Grundgehalt und damit der Mindestlohn vereinbart sind (vgl. lieferando.de/fahrer; Stand: 14.08.2023). Der beworbene durchschnittliche Stundenlohn umfasst die Auftragsboni, die nach dem 25. Auftrag im Monat als Stücklohn für jeden weiteren absolvierten Auftrag gezahlt werden. Dieser Bonus steigt stufenweise, sodass ab dem 200. Auftrag zwei Euro zusätzlich gezahlt werden. Bei einem Vertrag als Werkstudent_in mit 20 Wochenstunden beläuft sich der kumulierte Auftragsbonus auf knapp über 90 Euro im Monat, sofern durchschnittlich zwei Aufträge pro Stunde erledigt werden (vgl. Forbes.at 2022) und damit etwa zehn Prozent des Grundgehalts. Wer von dem Gehalt seines Nebenjobs also leben möchte, ist zum Strampeln angehalten. Mit Blick auf die Verkehrssicherheit ist ein Akkordlohn beispielsweise für LKW-Fahrer_innen verboten (vgl. FPersG § 3). Da allerdings auch der so aufgestockte Lohn häufig noch nicht genügt, verweist Lieferando auf die Möglichkeit, dass zusätzlich Trinkgeld verdient werden kann.

Das Unternehmen senkt die Lohnkosten pro Lieferung also weiter, indem es die Lohnzahlung teilweise an die Großzügigkeit der Kund_innen auslagert und gleichzeitig ein System von Auftragsboni einführt, das die Kuriere dazu anhält, ihre Aufträge so schnell wie möglich zu erledigen. Da die Mehrheit der Kuriere nicht in Vollzeit beschäftigt ist, wird die Möglichkeit des Zuverdienstes durch die Staffelung des Bonussystems weiter eingeschränkt. Schließlich liegt die Auftragsvergabe nicht in der Hand der Kuriere, sodass selbst bei schneller Erledigung kein Folgeauftrag garantiert ist.

Um die relativen Lohnkosten zu mindern, setzt der Konzern auf zwei weitere Strategien, welche für den deutschen Markt jedoch noch nicht flächendeckend umgesetzt werden. Durch Erhöhung des *Average Transaction Value* (ATV), also des durchschnittlichen Transaktionswerts, fallen die Lohnkosten in Relation, selbst wenn diese absolut nicht vermindert werden. Konkret soll das erreicht werden durch ‚upsell', also die Verleitung der Kund_innen mehr oder größere Produkte zu kaufen und „brand-partnerships", also den Vertrieb teurerer Markenprodukte, die mehr Umsatz generieren (Just Eat Takeaway.com 2022, S. 42) sowie Liefergebühren und Mindestbestellwert (vgl. Just Eat Takeaway.com 2023, S. 32). Hinzu kommt, in Deutschland bislang jedoch nur in ausgewählten Städten, die Aufnahme von Non-Food Produkten (Business Insider 2023). Lieferando gewann hierfür Technikmärkte, deren Produkte erwartbar teurer sein werden als die durchschnittliche Restaurantbestellung. Der zweite Ansatz besteht im „pooling" (Just Eat Takeaway.com 2023, S. 32), also der Verbindung von Bestellungen bei unterschiedlichen Restaurants oder von unterschiedlichen Kund_innen zu einer Lieferung. Dabei hofft der Konzern durch ein möglichst großes Netzwerk an Partnerrestaurants und Kund_innen die Zeit pro Auslieferung reduzieren und so Skaleneffekte erzielen zu können.

3.3 Vereinzelung, Nebenjobcharakter und ‚Union Busting' – Eingeschränkte Konfliktfähigkeit

Die Auswirkungen der algorithmischen Steuerung und der digitalen Koordination der Arbeit schlagen sich dabei auch in der Organisationsfähigkeit nieder. Die Kuriere der Plattform haben keinen gemeinsamen Arbeitsplatz. Wenn sie ihre Schicht bequem am Küchentisch beginnen, indem sie sich in der App einloggen und sie nach der letzten Lieferung am anderen Stadtrand beenden, bleiben die Kuriere „atomisiert" (Heiland/Schaupp 2021, S. 140). De Stefano beschreibt die Arbeiternehmer_innen auf den Plattformen als „unsichtbar" (De Stefano 2016, S. 4). Auch wenn die Kuriere in ihren quietschorangenen Outfits im Stadtbild sehr gut sichtbar sind, werden sie doch durch die Plattform verstreut und isoliert.

Das ist allerdings nur eine Seite des Bildes. Trotz des Fehlens eines gemeinsamen Produktionsortes treffen die Kuriere regelmäßig aufeinander, beispielsweise in Restaurants oder, während Auftragsflauten, an bestimmten Bereichen der Lieferzone (vgl. Tassinari/Maccarrone 2019, S. 45). Mehr als die Hälfte gibt an, oft oder sehr oft mit Kolleg_innen zu interagieren (vgl. Heiland/Schaupp 2021, S. 140).

Bei der weiteren Analyse der Konfliktfähigkeit wendet sich die vorhandene Literatur auch sozioökonomischen Merkmalen der Beschäftigten von Lieferdiensten zu. Kuriere bei Plattform-Lieferdiensten sind mehrheitlich Migrant_innen (vgl. Altenried 2021, S. 2), was zu einer Überschneidung des prekären Arbeitsverhältnisses mit anderen Benachteiligungen wie dem systemischen Rassismus (z. B. Verknüpfung von Aufenthalts- und Beschäftigungserlaubnis) führt.

Da Teilzeitverträge bei vielen Plattformen die Norm waren und auch heute noch sind (vgl. Altenried 2021, S. 9) und ein hoher Anteil an befristeten Verträgen besteht, scheint die Kündigung oft ein probater Weg, um mit Unzufriedenheit umzugehen. Eine Umfrage aus dem Jahr 2019 zeigt, dass 86 Prozent der befragten Kuriere in den Arbeitsbedingungen einen Kündigungsgrund sehen. Lediglich 31 Prozent planen, länger als fünf Jahre im Job zu bleiben, während 51 Prozent bereits aktiv nach einer Veränderung suchen (vgl. Heiland 2019, S. 302). Die Abwanderung der Unzufriedenen hat auch eine disziplinierende Wirkung auf die Verbleibenden, wodurch die Konfliktfähigkeit weiter eingeschränkt wird.

Die so strukturell geschwächte Belegschaft traf auf angeschlagene Gewerkschaften. Kuriere in Deutschland sahen sich zunächst mit einer ungeklärten Zuständigkeit auf gewerkschaftlicher Seite konfrontiert. Während Ver.di die Zuständigkeit für den Dienstleistungsbereich beansprucht, ist die NGG für die Gastronomie zuständig. Hinzu kam das Engagement der syndikalistische FAU (Freie Arbeiter_innen Union) (vgl. Ovetz 2023, S. 287). Dies geschah in einer Zeit von rückläufigen Mitgliederzahlen bei den etablierten Gewerkschaften, was diese dazu veranlasste, die Priorität der Organisation einer insgesamt relativ kleinen Beschäftigtengruppe niedrig anzusetzen (vgl. Heiland 2020, S. 39).

Hinzu kamen Bemühungen auf Seiten der Plattformen gewerkschaftliche Organisierung durch ‚Union Busting' zu verhindern (vgl. ebd., S. 32) oder die Wahl und Arbeit von Betriebsräten (Albicker 2023, S. 1) zu behindern.

Auf Gewerkschaftsebene versucht die NGG seit Beginn 2023 Tarifverhandlungen mit Lieferando zu führen. Die Gewerkschaft fordert eine Erhöhung des Stundenlohns auf 15 Euro, die Zahlung eines 13. Gehalts, Zuschläge für Überstunden, Sonn- und Feiertagsschichten sowie die Anrechnung der letzten Heimfahrt als Arbeitszeit (vgl. NGG 2023a). Das Unternehmen ignoriert Forderungen der Gewerkschaft jedoch nachhaltig. Daran konnten auch Streiks in mehreren deutschen Städten nicht verändern (vgl. NGG 2023b; 2023c).

Bemühungen, die Gründung von Betriebsräten zu behindern, sind eine gängige Strategie, derer sich auch *Lieferando* immer wieder bedient. Das Unternehmen ignorierte zunächst die von Deliveroo übernommenen Betriebsräte und versucht, die Gründung neuer Betriebsräte zu blockieren (vgl. Vandaele 2023, S. 213). In Berlin wurden Mitglieder des Wahlvorstands entlassen (vgl. Wenzel 2022). Zudem sind Fälle von Einschüchterung dokumentiert und zur Wahl wurde konkurrierende unternehmensfreundliche Listen aufgestellt (vgl. Wyputta 2020). Gewählte Betriebsräte werden teilweise gezielt angegriffen, indem sie mit Abmahnungen für kleinere Vergehen bestraft werden, wie die anonymen ‚Lieferando X Files' dokumentieren.

Nichtsdestotrotz konnten Lieferando auf diesem Wege Zugeständnisse aufgenötigt werden. Wie bereits besprochen, wurden Lieferando auf Grundlage der weitreichenden Mitbestimmungsrechte des Betriebsrats in Personalangelegenheiten das Ende der Kettenbefristungen abgerungen. Auf Druck der Gewerkschaften und des Betriebsrats und nach einem Urteil des Hessischen Landesarbeitsgerichts haben die Kuriere zudem einen Anspruch darauf, dass Lieferando ihnen die notwendige Arbeitsausrüstung zur Verfügung stellt (vgl. Krempl 2022). Das Bundesarbeitsgericht bestätigte darüber hinaus das Recht der Kuriere auf ein Mobiltelefon mit Internetvertrag. Die „Bereitstellung geeigneter essentieller Arbeitsmittel" (BAG 5 AZR 335/21) ist in der Plattform-Lieferökonomie offensichtlich keine Selbstverständlichkeit.

Bereits vor NGG und Betriebsräten war ein weiterer Akteur bei Lieferando aufgetaucht. Das Lieferando Workers Collective (LWC) kann als Teil eines breiteren Trends von „organisierten [...] grassroots rider collectives" (Heiland 2020, S. 33) gesehen werden. Es wurde im Jahr 2021 in Zusammenarbeit mit der FAU gegründet. Das Kollektiv agiert außerhalb des rechtlichen Rahmens, den das Betriebsverfassungsgesetz bietet und seine Mitglieder genießen somit keinen besonderen Schutz. Dennoch füllten sie eine Lücke und organisierten die ersten Kuriere auf betrieblicher Ebene und über soziale Medien (vgl. Nehls 2022). Des Weiteren bereitete das LWC die Wahl eines Betriebsrats bei Lieferando in Berlin vor und errang dort elf von siebzehn Sitzen (vgl. Windisch 2022). Es fungiert damit als Geburtshelferin und Ergänzung der betrieblichen Mitbestimmung.

Die aufgezählten Erfolge stellen eine Verbesserung der Arbeitsbedingungen für die Kuriere dar. Mit den etablierten Betriebsräten verfügen sie zusätzlich über eine rechtlich geschützte Beschwerdeinstanz im Betrieb. Dass es sich bei diesen Erfolgen jedoch hauptsächlich um die rudimentärsten Aspekte handelt, die notwendig sind, um die Tätigkeit als Lieferkurier überhaupt ausführen zu können, wie etwa ein verkehrstaugliches Fahrrad und dessen Reparatur, Dienstkleidung oder ein Smartphone, welche die Kuriere bisher selbst stellen mussten, unterstreicht das prekäre Niveau des Arbeitskampfes und die Nachhaltigkeit, mit der sich Lieferando gegen jede Verbesserung für seine Beschäftigten wehrt.

4. Schlussbetrachtung

Die Lieferarbeit in der Plattform-Ökonomie ist durch schlechte Bezahlung und Arbeitsbedingungen gekennzeichnet. Dazu zählen mangelhafte oder nicht-bereitgestellte Arbeitsmitteln, systematische Überwachung und ein erheblicher Leistungsdruck. In der Branche kommen viele Übel zusammen: eine strukturell geschwächte Arbeitnehmerschaft, die Ausnutzung und Aushöhlung arbeitsrechtlicher Regelungen, schwache Gewerkschaften und neue Möglichkeiten der Überwachung und Arbeitsverdichtung.

Will man sich ein Urteil über die besonderen Widrigkeiten in dieser Branche bilden, kommt man nicht umhin, einen Blick auf die Rolle der Arbeit im Wertschöpfungsprozess von Plattform-Lieferdiensten zu werfen. Am Fall von Lieferando stellte sich dabei heraus, dass der Lieferdienst seinen Umsatz primär dort macht, wo er gar nicht selbst liefert. Das Geschäft besteht vielmehr in der Ausnutzung der Monopolisierung des Liefermarkts, die es ermöglicht, eine Kommission von Restaurants auch dort zu verlangen, wo diese alle Kosten tragen. Die Kuriere sind für das Unternehmen daher eine notwendige Ausgabe zur Erhaltung dieser Monopolstellung. Ein notwendiger, aber eben selbst nicht rentabler Kostenpunkt.

Bisherige Diskussionen der Lieferarbeit in der Plattform-Ökonomie haben die Widrigkeiten zwar erkannt und ihre Verbindung zur technischen Seite der Plattformen hergestellt. Die Rolle der Arbeit für die Wertschöpfung wurde dabei allerdings kaum explizit betrachtet. Der vorliegende Beitrag ist ein erster Versuch, diese Lücke zu schließen.

Gezeigt werden sollte, inwiefern die Rolle der Arbeit als bloße Unkost des Monopols die Senkung der absoluten und relativen Lohnkosten und eine aggressive Bekämpfung gewerkschaftlicher Organisierung und betrieblicher Mitbestimmung notwendig macht. Erfolge für die Kuriere sollen dabei nicht unterschlagen werden, der Charakter der Errungenschaften macht allerdings deutlich, dass hier auf einem prekären Niveau gekämpft wird.

Eine Fallstudie zieht die Frage nach der Allgemeinheit des entwickelten Arguments nach sich. So wäre beispielsweise zu klären, inwiefern sich die Rolle der Arbeit bei Plattformen unterscheidet, welche die Lieferdienstleistung hauptsächlich selbst ausführen, wie Getir und andere Lebensmittellieferdienste. Ebenso verdienen die Konkurrenz der Plattformen um eine Monopolstellung, die Strategien von Unternehmen und Venture Kapitalen sowie deren Auswirkung auf die Arbeit bei Plattform-Lieferdiensten gesonderte Betrachtung.

Literatur

Albicker, Stephanie (2023): Gewerkschaften im Plattformkapitalismus. Arbeitskämpfe und gewerkschaftliche Organisierung bei Lieferando. In: Young Academics: Soziologie, Band 7.

Aloisi, Antonio (2015): Commoditized Workers: Case Study Research on Labor Law Issues arising from a set of „On-Demand/Gig Economy“ Platforms. In: Comparative Labor Law & Policy Journal, 37(3), S. 653–690.

Altenried, Moritz (2021): Mobile workers, contingent labour: Migration, the gig economy and the multiplication of labour. In: EPA: Economy and Space, 0(0), S. 1–16.

Beucker, Pascal (2022): Arbeitsbedingungen bei Lieferando. Es sind Selbstverständlichkeiten. taz.de/Arbeitsbedingungen-bei-Lieferando/!5825287 (Abfrage: 26.11.2023).

Brack-Pane, Andrea/Hennig, Philip/Seekamp, Mirco (2021): Bringdienst Lieferando: Schlechte Arbeitsbedingungen ndr.de/fernsehen/sendungen/panorama3/Bringdienst-Lieferando-Schlechte-Arbeitsbedingungen-Lieferando102.html (Abfrage: 26.11.2023).

Bundesarbeitsgericht (BAG): 5 AZR 335/21 – Urteil vom 10.11.2021. Bereitstellung essentieller Arbeitsmittel – AGB-Kontrolle.

Business Insider (2023): Neues Geschäftsmodell. Lieferando will nun auch Non-Food-Produkte ausliefern. businessinsider.de/gruenderszene/food/neues-geschaeftsmodell-lieferando-will-nun-auch-non-food-produkte-ausliefern (Abfrage: 23.03.2024).

Cant, Callum (2020): Riding for Deliveroo. Resistance in the New Economy. Cambridge: Polity Press.

De Stefano, Valerio (2016): The rise of the „just-in-time workforce“: On-demand work, crowdwork and labour protection in the „gig-economy“. Geneva: ILO. = Conditions of Work and Employment Series No. 71.

Ellmer, Markus / Herr, Benjamin / Klaus, Dominik / Gegenhuber, Thomas (2019): Platform workers centre stage. Taking stock of current debates and approaches for improving the conditions of platform work in Europe. HBS Working Paper 140.

Forbes (2022): Lieferando – Last Man Standing. forbes.at/artikel/lieferando-last-man-standing.html#:~:text=Unser%20 Marktplatz%2 DModell%20ist%20profitabel,binnen%20dieser%20etwa%20zwei%20Bestellungen (Abfrage: 26.11.2023).

Gandini, Alessandro (2019): Labour process theory and the gig economy. In: human relations, 72(6), S. 1039–1056.

Griesbach, Kathleen / Reich, Adam / Elliott-Negri, Luke / Milkman, Ruth (2019): Algorithmic Control in Platform Food Delivery Work. In: Sociological Research for a Dynamic World, (5), S. 1–15.

Grüneberg, Anne (2021): Lieferando: Alle Kurierfahrer bekommen überraschend unbefristete Verträge. rnd.de/wirtschaft/lieferando-kurierfahrer-ab-sofort-unbefristet-aber-warum-so-ploetzlich-P2P5FMZLKRA5DDCPZ5XSKAAP3U.html (Abfrage: 26.11.2023).

Heiland, Heiner (2020): Workers' Voice in Platform Labour. An overview. Düsseldorf: Hans-Böckler-Stiftung. = WSI Study. wsi.de/de/151341.html (Abfrage: 26.11.2023).

Heiland, Heiner / Schaupp, Simon (2021): Breaking Digital Atomisation: Resistant Culture of Solidarity in Platform-Based Courier Work. In: Moore, Phobe / Woodcock, Jamie (Hrsg.): Augmented Exploitation. Artificial Intelligenc, Automation and Work. London: Pluto Press, S. 138–148.

Henning, Maximilian (2021): Abmahnung nach öffentlicher Kritik. netzpolitik.org/2021/lieferando-abmahnung-nach-oeffentlicher-kritik (Abfrage: 14.08.2024).

Huws, Ursula / Spencer, Neil H. / Syrdal, Dag S. / Holst, Kaire (2016): Work in the European Gig Economy. Research results from the UK, Sweden, Germany, Austria, The Netherlands, Switzerland and Italy. Brussles: Foundation for European Progressive Studies (FEPS).

Joyce, Simon / Neumann, Denis / Trappmann, Vera / Umney, Charles (2020): A global struggle. Worker protest in the platform economy. In: ETUI Policy Brief (2).

Just Eat Takeaway.com (2020): Annual Report 2020. justeattakeaway.com/annual-reports (Abfrage: 26.11.2023).

Just Eat Takeaway.com (2021): Annual Report 2021. justeattakeaway.com/annual-reports (Abfrage: 26.11.2023).

Just Eat Takeaway.com (2022): Annual Report 2022. justeattakeaway.com/annual-reports (Abfrage: 26.11.2023).

Just Eat Takeaway.com (2023): Annual Report 2023. justeattakeaway.com/annual-reports (Abfrage: 25.03.2024).

Kapalschinski, Christoph (2019): Deliveroo zieht sich aus Deutschland zurück – und überlässt Lieferando den Markt. handelsblatt.com/unternehmen/handel-konsumgueter/essenslieferdienst-deliveroo-zieht-sich-aus-deutschland-zurueck-und-ueberlaesst-lieferando-den-markt/24895030.html (Abfrage: 26.11.2023).

Kapalschinski, Christoph (2021): Uber bringt Essenslieferdienst „Eats“ nach Deutschland – Lieferando bekommt Konkurrenz. handelsblatt.com/unternehmen/dienstleister/fahrdienst-vermittler-uber-bringt-essenslieferdienst-eats-nach-deutschland-lieferando-bekommt-konkurrenz/27115988.html (Abfrage: 26.11.2023).

Kenney, Martin / Zysman, John (2016): The Rise of the Platform Economy. In: Issues in Science and Technology, S. 61–69.
Krempl, Stefan (2022): Lieferando Kuriere erhalten mehr Lohn, Smartphones und Fahrräder. heise.de/news / Lieferando-Kuriere-erhalten-mehr-Lohn-Smartphones-und-Fahrraeder-6321732.html (Abfrage: 26.11.2023).
Nehls, Anja (2022): Neue Arbeitswelt, altes Arbeitsrecht. deutschlandfunk.de/lieferando-gorillas-flink-lieferdienste-100.html (Abfrage: 26.11.2023).
NGG (2023a): Lieferando ignoriert Aufforderung zu Tarifverhandlungen. (Press statement) ngg.net/presse/pressemitteilungen/2023/adjan-wir-erwarten-eine-zeitnahe-antwort-von-lieferando (Abfrage: 26.11.2023).
NGG (2023b): Erster Streik bei Lieferando. Das gab's noch nie. (Pressemitteilung). ngg.net/alle-meldungen/meldungen-2023/das-gabs-noch-nie (Abfrage: 26.11.2023).
NGG (2023c): Dresden ‚Lieferando-Rider' treten in den Streik. Rider lassen nicht locker. (Pressemitteilung) ngg.net/alle-meldungen/meldungen-2023/rider-lassen-nicht-locker (Abfrage: 26.11.2023).
Ovetz, Robert (2023): Prop 22 and lessions for gig workers organizing against algorithmic management. In: Ness, Immanuel (Hrsg.): The Routledge Handbook of the Gig Economy. New York: Routledge, S. 276–294.
Pasquale, Frank (2015): The Black Box Society. The secret algorithms that control money and information. Cambridge: Harvard University Press.
Prassl, Jeremias (2018): Collective Voice in the Platform Economy: Challenges, Opportunities, Solutions. Brussels: European Trade Union Confederation (ETUIC). etuc.org/sites/default/files/publication/file/2018-09 / Prassl%20report%20maquette.pdf (Abfrage: 26.11.2023).
Rosenblat, Alex / Stark, Luke (2016): Algorithmic Labor and Information Asymmetries. A Case Study of Uber's Drivers. In: International Journal of Communication, 10, S. 2758–3784.
Schreyer, Jasmin (2021): Algorithmic work coordination and workers' voice in the Covid-19 pandemic. The case of Foodora / Lieferando. In: Work organization, labour & globalization, 15(1), S. 69–84.
Schreyer, Jasmin / Schrape, Jan-Felix (2021): Plattformzentrierte Arbeitskoordination im kommerziellen und kooperativen Fahrradkurierwesen. In: Arbeit, 30(4), S. 284–306.
Staab, Philipp (2019): Digitaler Kapitalismus: Markt und Herrschaft in der Ökonomie der Unknappheit. Berlin: Suhrkamp.
Statista (2023): Beliebteste Online-Lieferservices in Deutschland im Jahr 2022 (Graph). de.statista.com/prognosen/999836/deutschland-beliebteste-online-lieferservices (Abfrage: 26.11.2023).
Statista (2020): Prognose der Umsätze für Online Food Delivery in Deutschland für die Jahre 2017 bis 2024 (Graph). de.statista.com/prognosen/642308/online-food-delivery-umsatz-in-deutschland (Abfrage: 26.11.2023).
Tagesschau.de (2023): Moderne Technik, modern Sklaven? tagesschau.de/investigativ/swr/lieferando-ueberwachung-mitarbeiter-lieferdienst-100.html (Abfrage: 23.03.2024).
Tassinari, Arianna / Maccarrone, Vincenzo (2020): Riders on the Storm: Workplace Solidarity among Gig Economy Couriers in Italy and the UK. In: Work, Employment and Society, 34(1), S. 35–54.
UberEats Deutschland (2024): Allgemeine Geschäftsbedingungen für Händler. uber.com/legal/de/document/?country=germany&lang=de&name=uber-eats-merchant-terms-and-conditions#kix.xm55e5vbpd6) (Abfrage: 23.03.2024).
Van Doorn, Niels (2017): Platform labor: on the gendered and racialized exploitation of low-income service work in the ‚on-demand' economy. In: Information, Communication & Society, 20(6), S. 898–914.
Vandaele, Kurt (2023): Vulnerable food delivery platforms under pressure: protesting couriers seeking ‚algorithm justice' and alternatives. In: Ness, Immanuel (Hrsg.): The Routledge Handbook of the Gig Economy. New York: Routledge, S. 205–219.

Wenzel, Simon (2022): Wenn die Betriebsratswahl vor Gericht endet. rbb24.de/wirtschaft/beitrag/2022/09/berlin-lieferando-betriebsrat-wahl-kuendigungen-vorstaende-arbeitsgericht.html (Abfrage: 26.11.2023).

Windisch, Maria (2022): Lieferando: Kuriere wählen Betriebsrat in Berlin. berliner-zeitung.de/news/lieferando-kuriere-waehlen-ersten-betriebsrat-in-berlin-unter-widrigen-umstaenden-li.255591 (Abfrage: 26.11.2023).

Wissenschaftliche Dienste Bundestag (2020): Verfassungsrechtliche Aspekte eines Verbots von Werkverträgen und Leiharbeit in der Fleischwirtschaft. Ausarbeitung WD 6–3000–053/20.

Wolt (2024): Wolt for Merchants. explore.wolt.com/en/deu/merchant (Abfrage: 21.03.2024).

Wood, Alex/Graham, Mark/Lehdonvirta, Vili/Hjorth, Isis (2019): Good Gig, Bad Gig: Autonomy and Algorithmic Control in the Global Gig Economy. In: Work, Employment and Society, 33(1), S. 56–75.

Wyputta, Andreas (2020): Lieferando torpediert Betriebsratswahl. Ausgelieferte Mitarbeiter. taz.de/Lieferando-torpediert-Betriebsratswahl/!5676689 (Abfrage: 26.11.2023).

Zeit online (2021): Datenschutz. Lieferando soll Fahrer systematisch überwacht haben. zeit.de/arbeit/2021-05/lieferando-fahrerueberwachung-scoober-tracking-daten-dsgvo (Abfrage: 26.11.2023).

Was ist digital an Tesla?

Teslas „internet communication devices" als Vehikel eines auf Dauer gestellten Innovationsprozesses

Timo Daum

1. Einleitung

Die Verwendung des Begriffs ‚Digitalisierung' im Kontext von Produkten, Prozessen oder Branchen suggeriert, dass es sich um einen Prozess handelt, der einer intrinsischen Mutation ähnelt, wie die Verwandlung einer Raupe in einen Schmetterling. Dies erschwert jedoch die Identifizierung derjenigen, die diesen Prozess vorantreiben. Im deutschen Sprachgebrauch manifestiert sich dieses Problem, das Englische ist demgegenüber wie so oft klarer: Es unterscheidet Digitalisierung im engeren Sinne, also die Umwandlung analoger Daten in digitale (‚digitization') von Digitalisierung als politökonomischem Phänomen (‚digitalization'). Der erste Begriff bezeichnet den Prozess der Umwandlung von Informationen in ein digitales Format, das von Computern verarbeitet werden kann („Wikipedia: Digitization" 2023). Der zweite Begriff wird vom Gartner Wirtschaftslexikon (auf Englisch) als der „Einsatz digitaler Technologien, um ein Geschäftsmodell zu verändern und neue Umsatz- und Wertschöpfungsmöglichkeiten zu schaffen" (Gartner Glossary 2023) definiert. In der deutschen Sprache werden beide Phänomene mit demselben Wort belegt, was mitverantwortlich für das Grundproblem ist, das der vorliegende Band adressiert.

Auch im Kontext der Automobilindustrie manifestiert sich dieses Phänomen. Während in der deutschsprachigen Literatur viel über die Digitalisierung des Automobils, der Automobilproduktion sowie der gesamten Automobilbranche diskutiert wird, ist im angelsächsischen Sprachraum eher von den drei Großtrends ‚Elektrifizierung', ‚autonomes Fahren' und ‚geteilte Nutzung' die Rede (Sperling 2018). Des Weiteren wird eine Differenzierung zwischen technischen Lösungen wie ‚connected car' und solchen, die die Wertschöpfung bzw. Kapitalverwertung betreffen, vorgenommen, welche als ‚digital tranformation' bezeichnet werden.

In der Automobilindustrie gilt insbesondere das ehemalige Silicon-Valley-Start-Up Tesla als Treiber sowohl der digitalen Neukonzeption von Fahrzeugen als auch als Vorreiter digitaler Geschäftsmodelle. Branchenexperten zufolge hat Tesla einen mehrjährigen Vorsprung in technologischen Schlüsselbereichen wie Batterien, Batteriemanagement und Software herausgearbeitet. Dies gilt ebenfalls für die Gestaltung von Kundenbeziehungen sowie für digitale Geschäftsmodelle (Floemer 2020; Johanson 2020; Schmidtutz 2020). Im Folgenden soll erörtert werden, inwiefern die Zuschreibung als role model bei der Elektrifizierung und Digitalisierung des Autos und der gesamten Branche gerechtfertigt ist.

Das EV-Start-Up wird gemeinhin und auch richtigerweise als konkurrierender Autohersteller betrachtet. Für Liu ist Tesla ein „einflussreicher Autohersteller" (Liu 2021), dem die „Neuerfindung des Sportwagens" (Milosheska 2013) gelungen sei. Auch heute noch betont William, Tesla sei „nur ein Autohersteller", allerdings an der Börse überbewertet (William 2024). Teslas Wirkung auf die Autoindustrie im Rahmen der Innovationsdebatte konzentriert sich ebenfalls auf Produkt- und Marktstrategien eines „neuen Autoherstellers" innerhalb einer existierenden Industrie (Ahmad 2019). Daher merken Boes und Ziegler richtigerweise an, in den Augen „viele Beobachter" sei Tesla in erster Linie „ein konventioneller Autobauer, der genuin auf Elektromobilität setzt" (Boes/Ziegler 2021, S. 226, FN 15). Im Gegensatz dazu und in Anschluss an Boes und Ziegler argumentiert dieser Artikel, dass Tesla insbesondere auch als digitales Unternehmen verstanden werden muss.

Ein wesentlicher Grund für diese Rolle bzw. diesen Vorsprung liegt in der Konzeption des Produkts als digitales Gerät, das durch Software definiert wird und ein wesentliches Element eines Strom- und Informationsnetzes darstellt. Als Automobilhersteller *und* zugleich digitale Plattform kann es als Beispiel eines „digital-industrielle[n] Hybriden" (Valentin 2019, S. 27) charakterisiert werden. Traditionelle Automobilhersteller orientieren sich bis heute an einer technischen Perspektive und konstruieren das Automobil um einen Motor herum. Dabei werden Softwarefunktionen als Extras und Add-ons zur Erweiterung des Kernprodukts betrachtet, das hauptsächlich durch seine Hardware definiert wird. Der „Geräteblick" (Canzler/Knie 2016, S. 30) dominiert. Im Folgenden wird anhand ausgewählter Beispiele dargelegt, wie Tesla gegenüber den etablierten Automobilherstellern einen Vorsprung erarbeitet hat.

Bis heute scheint Tesla den Geist der ständigen Verbesserung aufrechtzuerhalten, Industriestandards infrage zu stellen und der ‚Philosophie' der ‚first principles' zu folgen. Dieses Prinzip besteht darin, nur die Gesetze der Physik als gegeben zu akzeptieren, nicht jedoch tradierte ‚best practices' in der Industrie. Die Implementierung neuer Gusstechnologien in die laufende Produktion kann als riskante und experimentelle Vorgehensweise bezeichnet werden (vgl. Evannex 2022). Die ‚Giga Press' stellt eine Schlüsselinnovation dar, welche es erlaubt, das hintere Modul des Fahrzeugs (zukünftig auch das Frontmodul und den Batteriesockel) in einem Prozessschritt zu gießen. Der deutsche Gussexperte Wolfram Volk von der Technischen Universität München erachtet den ‚Gigaguss' als vielversprechend, um den Karosseriebau „neu zu erfinden" (Fuchslocher 2022). Auch im eigentlichen Kernbereich des Automobilbaus setzt Tesla somit neue Maßstäbe. Diese These wird durch die Analyse der Produktinnovationen des jüngsten Modells von Tesla, des seit November 2023 in Nordamerika erhältlichen Cybertrucks, bestätigt.[1]

2. Teslas Digitalisierung

2.1 Zentrale Rechenpower statt Schwarm an Steuergeräten

Die Fahrzeuge von Tesla stellen eine neuartige Form von Automobil dar, die sich auf den ersten Blick kaum von den Fahrzeugen anderer etablierter Hersteller unterscheiden. Bei näherer Betrachtung zeigt sich jedoch, dass sie grundlegend anders konzipiert sind. Im Zentrum steht ein Hochleistungsrechner, der sämtliche Funktionen der Automobil-Hardware steuert. Tesla hat das Auto rund um einen zentralen Computer mit einem eigenen Betriebssystem konzipiert, wenige Komponenten und kurze Kommunikationswege zu realisieren. Der Zentralrechner steuert sämtliche peripheren Funktionen des Fahrzeugs. Die sonst üblichen bis zu einhundert autonomen Steuergeräte (ECUs) mit gekapselter Hardware und proprietärer Software, die meist outgesourced und von Zulieferern gebaut werden, entfallen weitgehend. Bei Volvo sind es ca. 120 ECUs, die kombiniert das Ensemble der Software- und Elektronik-Architektur ergeben (vgl. Charette 2021). Die McKinsey-Berater Burkacky et al. (2016) bezeichneten diese Architektur als „add a feature, add a box"-Modell, das zu einer kontinuierlichen Steigerung der Komplexität des Gesamtmodells geführt habe.

Im Gegensatz zu den üblicherweise implementierten ECUs, die lediglich ein spezifisches Spektrum an Funktionalitäten während des Produktlebenszyklus des Fahrzeugs erfüllen und nicht modifiziert oder erweitert werden können, verfolgt Tesla einen alternativen Ansatz. Die zentralisierte Architektur der Software ermöglicht es, Funktionalitäten in Form von ‚patches' und ‚bug fixes' kontinuierlich während der Lebenszeit vorzunehmen (Shipley 2020). Diese werden zu einem aktiven Teil im Lebenszyklus von Produkten, da sie in den Prozess der Weiterentwicklung der von ihnen verwendeten Produkte eingebunden werden. Die Software- und Hardwarekompetenz Teslas – das Unternehmen versteht sich als Tech-Unternehmen, das seine Chips und seine Software in-house entwickelt – macht es auch unabhängiger von externen Zulieferern. Im Zuge der Corona-Pandemie kam es zu Lieferengpässen bei Computerchips, welche von Tesla abge-

1 Dass Tesla auch bei der Entwicklung neue Wege geht, habe ich hier untersucht (Daum 2022). Darin zeige ich, wie agile Methoden aus der Softwarentwicklung bei Tesla experimentelle Anwendung fanden. Darin habe ich aufgezeigt, dass Tesla auch im Bereich Produktion und Produktionssystem zu Brancheninnovationen in der Lage ist, die den Kernbereich von Autoingenieur-Expertise betreffen.

mildert werden konnten: „Der OEM hat zwar auch unter dem Halbleitermangel leiden müssen, war aber aufgrund seiner Kompetenzen dazu in der Lage, die wenigen verfügbaren Chips so umzuprogrammieren, dass man die Krisensituation besser abfedern konnte (zit. n. Nagel/Tiedemann 2022).

2.2 Fahrzeuge als Clients von Teslas Servern

Seit Beginn der Eigenmontage des Model S im Jahr 2012 stehen alle nachfolgenden Fahrzeuge über das Internet in ständiger Verbindung mit den Servern von Tesla (Wikipedia: Tesla Model S 2022). Tesla war der erste Automobilkonzern, für den die Internetanbindung seiner Fahrzeuge von zentraler Bedeutung war. Im Ergebnis haben wir es mit einem „software-defined car" zu tun (Magney 2020). Die Internetverbindung stellt ein zentrales Feature bei Tesla dar. Die Fahrzeuge sind als „internet communications devices" konzipiert, wie der ehemalige Apple Chef Steve Jobs bei der Erstpräsentation des iPhones dies beschrieben hat (Protectstar Inc. 2007).

> „Der Charakter des Model S ist als ein mit dem Internet vernetztes Fahrzeug nicht hinreichend beschrieben – *es handelt sich um ein vom Internet her definiertes Fahrzeug*" (Boes/Ziegler 2021, S. 8, Hervorhebung im Original).

Durch seinen softwarezentrierten Ansatz hat Tesla weitgehende Zugriffsmöglichkeiten auf das Fahrzeug, auch nachdem es an den Kunden ausgeliefert worden ist und sich in deren Besitz befindet. Des Weiteren ist Tesla in der Lage, das Fahrzeug fernzusteuern, beispielsweise indem Funktionen wie die Batteriekapazität und damit die Reichweite je nach aktuellem Abonnement des Kunden (im Rahmen der technischen Möglichkeiten) frei- oder abgeschaltet werden. Diese Möglichkeit basiert auf der softwaregesteuerten Differenzierung verschiedener Reichweiten der Batterie sowie unterschiedlicher Stufen der Fahrerassistenz (Usborne 2017). Der Vorgang des Öffnens des Fahrzeugs durch den Fahrer veranschaulicht dies: Das Öffnen des Automobils per Smartphone ist nur möglich, wenn ein Benutzer ordnungsgemäß auf der Plattform von Tesla registriert und angemeldet ist. Diese Vorgehensweise ist für den Fahrer von Vorteil, da kein Schlüssel erforderlich ist. Zudem wird bereits vor Fahrtbeginn eine Verbindung zwischen dem Tesla-Besitzer und den Tesla-Rechenzentren hergestellt. Dabei wird ein softwarezentrierter Ansatz verfolgt, der bei digitalen Geräten mit ihren Betriebssystemen, App-Stores und Update-Funktionen bereits etabliert ist.

Der Versuch, Kundendaten zu sammeln, beispielsweise über das Lade- und das Nutzungsverhalten sowie die Fahrdaten, stellte in der Anfangszeit von Tesla einen wesentlichen Unterschied zu anderen Autoherstellern dar. Mittlerweile haben jedoch alle Autohersteller nachgezogen. Ein ehemaliger Tesla-Manager erklärt hierzu: „Die Grundidee besteht darin, Geld zu verdienen, wie Apple es mit dem App Store tut" (zit. n. Freitag/Rest 2022). Auch der Automotive-Berater Steffen Gänzle stimmt zu: „Das Plattformmodell ist die eigentliche Gefahr für die Konkurrenz" (zit. n. Freitag/Rest 2022). Tesla-Kunden sind – ganz wie in der Welt digitaler Plattformen – gleichzeitig User_innen, Kund_innen und Versuchskaninchen. Zudem generieren Teslas Produkte während der Nutzung durch die Kund_innen ihrerseits Daten. Diese dienen als Grundlage für neue Produkte bzw. Geschäftsmodelle, die das Unternehmen profitabel machen kann. Die doppelte Funktionsweise von Produkten, die gleichzeitig als Produktionsmittel fungieren, kann als ‚Dual Use' bezeichnet werden (Schadt 2020, S. 19). Tesla liefert ungeniert Betaversionen aus, die darauf ausgerichtet sind, dass die Fahrzeuge erst im laufenden Betrieb durch das Feedback der Nutzer verbessert werden, sowie durch Erweiterungen und Features, die dann als Updates zum Download bereitstehen.

2.3 Fehler als Feature, Korrektur aus der Ferne

Die Aktualisierung der Software erfolgt bei Tesla-Fahrzeugen mittels ‚Over-the-Air-Updates (OTA) oder Fernwartung, wie es bei digitalen Geräten bereits üblich ist. Tesla war der erste Automobilhersteller, der Serienfahrzeuge mit einem Betriebssystem ausgestattete, das OTA-Updates ermöglichte. Tesla hat mit der Einführung des Model S im Jahr 2012 Over-the-Air-Updates für seine Software integriert. Bei OTA-Updates handelt es sich um eine Methode zur Übertragung von Software-Updates auf ein mobiles Gerät, welches in der Regel über Wlan oder mobile Datenübertragung erfolgt. Bisher wurde die Methode hauptsächlich zum Hochladen neuer Firmware auf Smartphones verwendet. Nur wenige Automobilhersteller liefern Software-Updates für ihre Fahrzeuge, und wenn doch, dann in der Regel alle ein bis zwei Jahre. Die Updates müssen beim Händler installiert werden und beheben in der Regel lediglich Fehler, anstatt neue Funktionen bereitzustellen. Für traditionelle Hersteller waren ständige Updates, Korrekturen und Mikroverbesserungen auch kulturell ein No-Go. Bei traditionellen Automobilherstellern ist die Produkthistorie größtenteils abgeschlossen, sobald das Auto an den Kunden verkauft wird. Daher wird ein Automobil in Perfektion hergestellt und bleibt anschließend im Idealfall unverändert. Das einzige Ziel der Wartung besteht in der Erhaltung des ursprünglichen Zustandes. Updates, Fehlerbehebungen und geringfügige Änderungen werden vor allem als Kostenfaktor, als Ressourcenfresser und als Bedrohung für den normalen Ablauf betrachtet: „Was der Kunde am Tag des Kaufs bekommt, das nutzt er oder sie für den Rest der Lebensdauer des Autos unverändert. Der Kunde verlangte sonst nichts" (Denning 2020, Übersetzung durch den Autor).

Die kontinuierlichen Produktverbesserungen stellen für Tesla ein wesentliches Instrument dar, um die Attraktivität der eigenen Produkte zu steigern.

Updates sind für Tesla – wie für jedes andere softwareorientierte Unternehmen – notwendige und selbstverständliche Bestandteile des täglichen Betriebs. Tesla liefert regelmäßig Updates, teilweise auch Beta-Versionen, damit die Fahrzeuge durch Nutzerfeedback im laufenden Betrieb verbessert werden können. Die verbesserte Version wird dann in einem kommenden Update enthalten sein. Mit dem Update auf Version 8 des Tesla-Betriebssystems wurden über 200 neue Funktionen bereitgestellt, darunter die Temperaturüberwachung bei längerem Parken des Automobils, ein neuer Mediaplayer und Verbesserungen des Autopiloten (Lawley 2016).

2.4 Das Fahrzeug als Datenlieferant – after sales

Die Rolle der Nutzer_innen bzw. der Kund_innen für das Unternehmen hat sich verändert. Tesla-Kunden müssen akzeptieren, dass sie zunächst eine unfertige, rohe Betaversion eines Produkts oder einer Dienstleistung erhalten, die sich im Verlauf der Nutzung – so die Hoffnung – immer weiter verbessert und Kinderkrankheiten hinter sich lässt. Das Produkt aktualisiert sich und verfügt über neue oder verbesserte Funktionen, wie es ein Smartphone-Nutzer erwarten würde.

Die Einbeziehung der Kund_innen und ihres Nutzungsverhaltens in den Innovationsprozess sowie die Stärkung der Kundenbeziehungen sind wesentliche Faktoren, die Tesla zu einem Vorreiter der Automobilindustrie machen. Teslas Beta-Testfahrer werden – und dies offenbar freiwillig – zu Hybridnutzern, wie von Crawford (2021) beschrieben. Dies führt zu einem sich ständig verändernden, kontinuierlich aktualisierten Produkt. Die Tesla-Plattform zeichnet die Aktivitäten des Fahrers auf, während das Auto im Einsatz ist, ähnlich wie jede Internetplattform die Aktivitäten des Benutzers aufzeichnet.

Die Unternehmensberatung Morgan Stanley schätzt im Jahre 2020, dass der Tesla-Wert „nur noch zur Hälfte auf seinem Kerngeschäft“ basiere. Bei einer Unternehmenswertschätzung auf Basis einer ‚Sum-of-the-Parts‘-Methode, bei der verschiedene Bereiche eines Unternehmens getrennt bewertet werden, um zu einer Gesamtbewertung zu gelangen, kommt Morgan Stanley zu dem Schluss, dass „Netzwerkdienste“ einen Anteil von 30 Prozent der Bewertung ausmachen, während „Mobilität/Mitfahrgelegenheit“ bei sieben Prozent, „Auto“ bei 49 Prozent, Versicherung bei drei Prozent, „Teilelieferant“ bei elf Prozent liegt (Powell 2020). Der verbleibende Anteil soll durch Zusatzgeschäfte wie digitale Lösungen und Mobilitätsdienstleistungen generiert werden.

2.5 ‚Full Self Driving' als Schwarm-Innovation

Ein Paradebeispiel für Teslas Crowdsourcing-Innovation ist die Strategie rund um die Funktionalität des autonomen Fahrens oder ‚Full Self Driving' (FSD), wie Teslas breitschultrige Bezeichnung lautet. Tesla hat sich zu einem Spitzenreiter in den Bereichen fortschrittliche Fahrassistenz und autonomes Fahren entwickelt, ohne dass es in diesem Bereich kaum Forschungspersonal und Testbetriebe gibt. Seit 2012 werden Neufahrzeuge mit den für das autonome Fahren notwendigen Sensoren und einem Bordcomputer zur Verarbeitung der Daten ausgeliefert. Darüber hinaus nutzen alle Benutzer beim Fahren der Autos entweder verschiedene Betaversionen autonomer Fahrfunktionen oder fahren einfach selbst mit eingeschalteten Kameras und Sensoren, wodurch Testdaten generiert werden, die zur Optimierung des verwendeten Systems beitragen.

Upgrades und Verbesserungen werden als Update geliefert, wobei die Zeitspanne zwischen Produktlieferung an die Kund_innen und Update mehrere Jahre betragen kann. Für die Nutzung der Funktionalität ist eine Anzahlung von 10.000 US-Dollar fällig. Zusätzlich wird eine monatliche Abonnementgebühr von 99 US-Dollar erhoben (Find My Electric 2022). Derzeit haben sieben Prozent der Tesla-Besitzer in den USA FSD aktiviert (Goreham 2022). Die Beta-Version der Software wird im laufenden Betrieb getestet, wobei Trainingsdaten der Kund_innen in Echtzeit an Teslas Server übermittelt werden. „Es sammelt Daten von Hunderttausenden Autos" (Krachten 2021, S. 164). Tesla hat mittlerweile mehr als 100.000 Menschen in seinem Full Self-Driving Beta-Programm registriert (Lambert 2021).

Das Unternehmen erfasst individuelles Fahrverhalten, Grenzfälle und seltene Begegnungen. Im Vergleich zu professionellen Testfahrern oder Simulationen ist diese Methode des maschinellen Lernens deutlich kostengünstiger. Ausgehend von diesen realen Daten kann sich das Entwicklungsteam auf die Behebung der aufgezeichneten Fehler konzentrieren. Schließlich wird nach einer gewissen Zeit das neue Update fertiggestellt, welches alle Erkenntnisse und verbesserten Funktionalitäten enthält. Der Crowdsourcing-Innovationskreis schließt sich. Auf diese Weise kann das Unternehmen – beispielsweise im Falle von Beschwerden von Nutzern oder Regulierungsbehörden – innerhalb weniger Stunden Fehler in der bereits eingesetzten Software der gesamten bestehenden Flotte von rund zwei Millionen Autos beheben.

3. Teslas digitaler Systemansatz für elektrisch betriebene Fahrzeuge

3.1 Laden als Plattform-Service

Tesla hat sich bereits in einer frühen Phase der Unternehmensentwicklung dafür entschieden, nicht auf öffentliche Ladeinfrastruktur oder Ladeinfrastruktur Dritter zu setzen, sondern ein eigenes, proprietäres Netzwerk von Grund auf aufzubauen. Bis heute besitzt und betreibt Tesla das größte Schnellladenetzwerk der Welt mit mehr als 36.165.000 Ladegeräten an 3.971 Stationen (Wikipedia: Tesla Supercharger 2022). Die Fahrzeuge sind permanent mit den Servern von Tesla verbunden, sodass das Unternehmen ihren Status (frei, belegt, reserviert und beschädigt) aus der Ferne überwachen kann. Dies gilt ebenfalls für den Status von rund zwei Millionen Tesla-Fahrzeugen auf der Straße (geladen, Standort, geplante Route etc.). Darüber hinaus bietet Tesla das mit Abstand reibungsloseste Nutzererlebnis beim Laden (‚Plug and Charge'). Nach dem Einstecken des Ladekabels erfolgt ein automatischer Handshake, durch den die Ladestation die Identität des Autos bzw. seines Besitzers verifiziert. Der Lade- und Abrechnungsvorgang ist so weitgehend automatisiert. Dieser Ökosystem-Ansatz steht im Gegensatz zur Sichtweise und nachfolgenden Strategie traditioneller, aus der fossilen und analogen Produktion stammender Automobilunternehmen. Die Versorgung der Fahrzeuge mit Treibstoff gehört in diesem ‚mindset' nicht zu den Aufgaben eines Autoherstellers.

Die Routenplanungsanwendung von Tesla beinhaltet Vorschläge für Ladestopps, wie sie auch von anderen Elektrofahrzeugherstellern angeboten werden. Allerdings verfügt Tesla gegenüber der Konkurrenz über einen erheblichen Informationsvorsprung, der aus der Kombination von Echtzeit-Standortdaten aller Teslas sowie deren aktuellem Ladezustand auf der einen Seite und Informationen über die Ladesäulen auf der anderen Seite resultiert. Diese Informationen verschaffen dem Unternehmen einen Vorteil gegenüber Lösungen von Drittanbietern oder öffentlicher Ladeinfrastruktur, bei denen weder der Benutzer noch der Automobilhersteller Zugriff auf Echtzeitdaten haben, geschweige denn auf die erwartete Belegung in der Zukunft. Die Erfahrung von Tesla mit dem globalen Supercharger-Netzwerk von Ladestationen resultiert in einer konkurrenzlosen Benutzerfreundlichkeit des Produkts. Der Netzwerkeffekt verschafft Tesla einen nachhaltigen Wettbewerbsvorteil, den das Unternehmen bis heute behauptet und sogar auszubauen konnte.

Die Durchsetzung des Tesla-eigenen Ladesteckers als Quasi-Standard, zumindest in den USA, kann als Beleg für die Rolle Teslas in diesem Kontext betrachtet werden. Im Dezember 2023 erklärte das US-amerikanische ‚Joint Office of Energy and Transportation' den nordamerikanischen Ladestandard-Anschluss

(NACS) von Tesla zum neuen Standard. Dieser „stellt sicher, dass jeder Zulieferer oder Hersteller von Fahrzeugen oder Ladegeräten den Steckverbinder verwenden, herstellen oder einsetzen kann, und erweitert den Ladezugang für aktuelle und zukünftige Fahrer von Elektrofahrzeugen im ganzen Land" (U. S. Joint Office of Energy and Transportation 2023).

3.2 Das Strom-Auto als zweiseitige Ware

In den vergangenen Jahren haben zahlreiche Unternehmen damit begonnen, Elektroautos zu produzieren. Bis auf den chinesischen Konzern ‚Build your Dreams' (BYD) ist es keinem Unternehmen gelungen, die Führungsrolle von Tesla ernsthaft zu gefährden. Der Erfolg von BYD ist dabei sektoral, das chinesische Unternehmen konnte Tesla lediglich bei den Stückzahlen übertreffen.

Der entscheidende Unterschied zwischen Tesla und der Konkurrenz – auch BYD – ist der systemische Ansatz. Der Erfolg von Elektroautomobilen am Markt erfordert eine funktionierende Ladeinfrastruktur. Während die Konkurrenz sich auf die Perfektionierung ihrer Fahrzeuge konzentrierte, betrachtete Tesla seine Fahrzeuge als Bestandteile eines digital-elektrischen Ökosystems. Parallel zum ersten Massenmarktfahrzeug, dem ab 2012 verfügbaren ‚Model S', baute Tesla eine eigene Ladeinfrastruktur auf, zunächst in den USA, dann global.

Der systemische Wettbewerbsvorteil von Tesla ist auch zwölf Jahre nach der Vorstellung des Model S erhalten geblieben. Volkswagen wurde in den USA durch den in Folge des Dieselbetrugs auferlegten Auflagen dazu gezwungen, ein Netzwerk an Ladestationen aufzubauen (‚Electrify America'). Die traditionellen Hersteller hingegen pochen weiterhin darauf, dass es nicht ihre Aufgabe sei, für „Stromtankstellen" zu sorgen, und argumentieren damit ähnlich wie bei den Verbrennern.

Parker zufolge ist das E-Auto ein „zweiseitiges Plattformgut". Zweiseitige Plattformen spielen eine Vermittlerrolle zwischen zwei Nutzergruppen, beispielsweise Verkäufer_innen und Käufer_innen (Eisenmann 2006). Aus Sicht der Plattform müssen beide Seiten gleichermaßen entwickelt werden, damit der Netzwerkeffekt eintreten kann. Der Verkauf von Elektroautos erfordert ein robustes Ladenetzwerk. Allerdings machen Investitionen in den Aufbau eines umfangreichen Ladenetzwerks nur dann Sinn, wenn eine hinreichend große Nutzerbasis und Nachfrage nach diesen Ladegeräten besteht. Die eine Seite ist die Menge an Autokäufer_innen bzw. Nutzer_innen der Ladeinfrastruktur, die andere das Netzwerk geografisch verteilter Schnellladestationen selbst (Parker 2016). Tesla hat seit 2012 eine zweiseitige Plattform betrieben, die sowohl den Vertrieb von Automobilen als auch den Betrieb von Ladeinfrastruktur umfasste. Tesla kann somit als Infrastruktur-Betreiber bezeichnet werden.

Die unzureichende Entwicklung der Ladeinfrastruktur war Bakker zufolge bei den Elektroautos zu Beginn des 20. Jahrhunderts ein verbreitetes Phänomen. Neben den seinerzeit noch gravierenden technischen Mängeln der Batterien selbst stellte die unzureichende Ladeinfrastruktur einen limitierenden Faktor für die weitere Verbreitung dar. Er betont:

> „Bei der Verbreitung von Innovationen gibt es seit langem eine Debatte darüber, was zuerst kommt, das Produkt oder das System, das es unterstützt: Seeschiffe oder moderne Häfen, Geräte oder das Stromnetz, Autos oder befestigte Straßen, Flugzeuge oder Flughäfen. Dieses Timing-Problem ist besonders wichtig für Technologien, die eine neue Infrastruktur erfordern, um eine Masseneinführung zu erreichen, wie z. B. Elektrofahrzeuge (EVs), die ein Netzwerk von Ladestationen benötigen" (Bakker 2021, S. 947).

Auch der Historiker Kirsch betont, dass das Scheitern der frühen E-Autos weniger an den Eigenschaften, sondern vielmehr auf das mangelhafte mangelhaften „System aus Elektrizität, Infrastruktur und Lademöglichkeiten" zurückzuführen ist. Das „batteriebetriebene Transportsystem für Elektrofahrzeuge scheiterte im Wettbewerb mit dem Verbrennungssystem" (Kirsch 2000, S. 24). Die Kombination aus Elektroautos und Ladeinfrastruktur macht Tesla zu einem Systemanbieter, was für die Kund_innen des Unternehmens einen deutlichen Nutzungsvorteil bedeutet. Dadurch kann Tesla seine führende Stellung am Markt konsolidieren.

3.3 Digitale Innovationen beim Cybertruck

Die Innovationsdynamik des Unternehmens Tesla scheint ungebrochen. Im Cybertruck finden sich neben den gerade für europäische Maßstäbe monströsen Dimensionen und einem apokalyptisch anmutenden Design eine ganze Reihe an technischen Innovationen. Dazu zählen, neben der Karosserie aus Edelstahl, insbesondere drei digital-elektrische Neuerungen: ‚Steer-by-Wire', ‚48-Volt-Bordsystem' und ‚Ethernet Ring'. Steer-by-Wire bezeichnet eine Lenkung, bei der die mechanische Kopplung zwischen Lenkrad und Rädern aufgehoben ist. Die Signale von der Eingabeeinheit für die Lenkungssteuerung werden ausschließlich elektronisch über Kabel oder kabellos an eine Antriebseinheit, üblicherweise Elektromotoren an den Rädern, übertragen. Die Vorteile der Entkopplung liegen in der Möglichkeit, die Wirkung des Lenkungs-Inputs je nach Fahrsituation oder -geschwindigkeit frei zu programmieren.

> „Tesla hat die Fähigkeit, das alles zu ändern, [...] wenn etwas nicht in Ordnung ist oder wenn sie bessere Algorithmen haben oder etwas ändern möchten" (Munro Live 2024).

Die Technologie ist im Prinzip seit einhundert Jahren bekannt und wird beispielsweise in Flugzeugen und Schiffen standardmäßig eingesetzt. Auch gibt es bereits Fahrzeuge, die über eine Steer-by-Wire-Steuerung verfügen, zu nennen sind hier die Fahrzeuge von Daimler und Infinity, allerdings mit elektromechanischem bzw. hydraulischem Backup (Munro Live 2024). In Teslas Cybertruck wurde erstmals ein solches System integriert, welches ohne mechanisches Backup auskommt und über eine dreifache Redundanz verfügt. Dies soll der Erhöhung der Sicherheit dienen, ähnlich wie in der kommerziellen Luftfahrt (Munro Live 2024). Der Lieferant ist der deutschen Hersteller Zahnradfabrik Friedrichshafen (ZF), der das System in Zusammenarbeit mit Tesla entwickelt hat (Perkins 2024).

Seit den 1950er Jahren verfügen Fahrzeuge über ein einheitliches Bordnetz mit einer Niederspannung von 12 Volt. Der Vorteil einer höheren Bordspannung ist die Möglichkeit, dünnere Kabel zu verwenden, um dieselbe Menge Strom zu übertragen. Dies führt zu einer Gewichts- und Materialeinsparung sowie zu geringeren Wärmeverlusten.

In der Automobilindustrie wurde wiederholt der Umstieg auf eine höhere Spannung diskutiert, jedoch letztlich nie umgesetzt (Huang 1999). Auch bei Hybrid- und Elektrofahrzeugen, die über Hochspannungs-Antriebsbatterien verfügen, wird stets eine 12-Volt-Batterie verbaut, welche elektrische Funktionen wie Fensterheber, Scheinwerfer und Entertainment-Systeme versorgt. Tesla ist das erste Unternehmen, das bei einem reinen Elektrofahrzeug auf 48 Volt umsteigt (Perkins 2024). Der Tear-Down-Experte Munro prognostiziert, dass Teslas Umstellung auf 48 Volt Schule machen wird: „Dies ist wahrscheinlich das, was Sie in der ganz neuen Zukunft in jedem Auto sehen werden" (Munro Live 2024).

Bei Kraftfahrzeugen hat sich der CAN-Bus (Controller Area Network) für den seriellen Datenaustausch zwischen Steuergeräten als Standard etabliert. Im Cybertruck wird stattdessen eine sogenannte ‚Etherloop'-Technologie verwendet. Etherloop ist eine Hybridtechnologie, die Aspekte von Ethernet mit anderen Technologien kombiniert. Etherloop basiert auf einem Halbduplex-Kommunikationsmodell, welches eine bidirektionale Kommunikation ermöglicht, jedoch stets nur in eine Richtung, nicht gleichzeitig (vgl. Wikipedia: Etherloop). Das System verbessert die Kommunikationsgeschwindigkeit und erhöht den Datenfluss mit einer Latenz im Millisekundenbereich. Ein Gigabit-Ethernet-2-Draht-physikalisches Netzwerk mit einem proprietären zeitgeteilten Netzwerkprotokoll für nahezu Echtzeit-Steuerung und Feedback wird für alle Kraftfahrzeug-Subsysteme verwendet, einschließlich Steer-by-Wire, Motorsteuerungen sowie alle Fahrzeug-Controller (vgl. Visconti 2023).

3.4 Teslas „Unboxed"-Produktionssystem

Tesla plant in Zukunft, seine Fahrzeuge zunächst in größeren Modulen zu bauen und diese erst später zusammenzufügen. Vor gut einem Jahr stellte der Vizepräsident für Fahrzeugtechnik bei Tesla, Lars Moravy, das neue „Unboxed"-System erstmals am Tesla-Investorentag vor. Derzeit wird im Tesla-Werk in Austin (Texas) an der Umsetzung gearbeitet. Der Nachteil des üblichen Verfahrens der Fließbandproduktion besteht darin, dass auf dem Fließband stets das gesamte Fahrzeug, die sogenannte ‚große Box', bewegt werden muss, obwohl lediglich punktuell daran gearbeitet wird bzw. alle übrigen Komponenten eingebaut werden. Die Architektur von Elektroautos – eine große Batterie im Unterboden und eine deutlich geringere Anzahl an Aggregaten – ermöglicht nicht nur die Neukonzeption der Fahrzeuge selbst, sondern auch ihres Herstellungsprozesses. Anstelle einer großen Karosseriebox, die sich entlang eines linearen Förderbands bewegt, werden die Teile gleichzeitig in dafür vorgesehenen Bereichen zusammengebaut und am Ende dann alle zusammengefügt. Die Konsequenz ist die Etablierung mehrerer Unter-Produktionslinien, an denen gleichzeitig an großen Teilen gearbeitet werden kann. Mit dem derzeit in Austin (Texas) entwickelten und getesteten Unboxed-Produktionsverfahren bricht Tesla mit dem über einhundert Jahre alten Prinzip in der Fahrzeugmontage, bei dem zuerst die Karosserie montiert und dann nacheinander sämtliche weiteren Komponenten hinzugefügt werden. Tesla stellt somit – einmal mehr – Branchentraditionen infrage. Die Methode ist für die Autoindustrie neu, in der Flugzeugindustrie hingegen wird seit Jahrzehnten eine ähnliche Methode eingesetzt, was auf die Größe der Flugzeuge zurückzuführen ist.

Die jüngste Produktionsinnovation bei Tesla ist das Resultat einer langfristigen Strategie. Bislang ging jeder Modellwechsel bei Tesla mit einer Skalierung hin zu größeren Stückzahlen und günstigeren Preisen sowie einer umfassenden Veränderung der Produktionsmethoden einher. Das Image von Tesla als Hersteller teurer Elektroautos steht im Widerspruch zu der Tatsache, dass es sich bei Tesla um ein Unternehmen handelt, das sich zum Ziel gesetzt hat, günstige E-Autos in großen Stückzahlen zu produzieren. Für das Jahr 2026 ist die nächste Skalierungsstufe geplant, der günstige Einstiegs-Tesla für etwa 25.000 US-Dollar. Tesla hat seine Zulieferer über Pläne informiert, mit der Produktion eines neuen Massenmarkt-Elektrofahrzeugs mit dem Codenamen ‚Redwood' zu beginnen. Das neue Fahrzeug soll die Tesla-Architektur der nächsten Generation, intern als ‚NV9X' bekannt, im Unboxed-Verfahren zum Einsatz bringen. Mit der neuerlichen Prozessinnovation strebt Tesla eine Behauptung seiner Technologieführerschaft nicht nur im Bereich der Fahrzeugtechnik, sondern auch in der Herstellung an.

Die Implementierung dieser Innovationen, die seit Jahrzehnten Gegenstand von Diskussionen innerhalb der Branche sind und wiederholt Gegenstand von Experimenten waren, stellt für Tesla einen Schritt dar, der von anderen Automobilherstellern bislang vermieden wurde. Der Tear-Down-Experte Munro urteilt über Tesla: „Sie stellen Autos her, sind aber ein Technologieunternehmen“ (Munro Live 2024).

4. Fazit

Die Analyse der Unternehmensstrategie von Tesla ergibt, dass der Konzern als Technologieunternehmen zu betrachten ist, welcher den Informationsraum profitabel macht, indem er seine Kund_innen als Ressource für kontinuierliche Verbesserungen ausnutzt. Dies wird anhand einiger konkreter Produkt- und Geschäftsmodellinnovationen verdeutlicht. Tesla betrachtet sein Produkt als ein digitales Gerät, welches durch Software definiert wird und ein wesentliches Element eines Strom- und Informationsnetzes darstellt. Die Bereitstellung von Updates der Software und Funktionen über das Internet stellt einen zentralen Bestandteil der Benutzererfahrung dar. Die Kund_innen erhalten eine permanent aktualisierte Version des Produkts, wobei ihnen zukünftige Verbesserungen und Bugfixes in Aussicht gestellt werden. Auf diese Weise entwickelt sich das Produkt kontinuierlich weiter, wobei die Benutzer_innen mit den in der digitalen Sphäre vertrauten Methoden und Funktionen konfrontiert werden. Auch die Rolle der Kund_innen verändert sich und nähert sich derjenigen aus der Digitalwirtschaft an. Das Nutzererlebnis beim Autokauf, beim Updaten des Geräts, An- und Abmelden von Features wie Full Self Driving ähnelt eher Amazon oder Netflix.

Merkmale von Plattformen in internetbezogenen und informationslastigen Geschäftsbereichen sind in Teslas Geschäftstätigkeit deutlich präsent: Ein software- und hardwarezentriertes Plattformmodell, eine Strategie der massiven Skalierung und die Perspektive auf das Produkt als Datenquelle. Insofern kann Tesla als Beispiel für den Einzug der Logiken des digitalen Kapitalismus in die Automobilbranche angesehen werden.

Literatur

Ahmad, Salma / Khan, Mohd Azmi (2019): Tesla: Disruptor or Sustaining Innovator. In: Journal of Case Research, 10(1), S. 12.

Bakker, Gerben (2021): Infrastructure killed the electric car. In: Nature Energy, 6, S. 947–948.

Boes, Andreas / Ziegler, Andreas (2021): Umbruch in der Automobilindustrie. Analyse der Strategien von Schlüsselunternehmen an der Schwelle zur Informationsökonomie, ISF München.

Canzler, Weert / Knie, Andreas (2016): Die Digitale Mobilitätsrevolution: Vom Ende des Verkehrs, wie wir ihn kannten. München: oekom.

Charette, Robert N. (2021): How Software is Eating the Car. spectrum.ieee.org/software-eating-car#togglegdpr (Abfrage: 07.12.2023).

Crawford, Kate (2021): Atlas of AI: Power, Politics, and the Planetary Costs of Artificial Intelligence. New Haven: Yale University Press.

Daum, Timo (2022): Agile Methods on the Shop Floor. Towards a ‚Tesla Production System'? Weizenbaum discussion paper. weizenbaum-institut.de/media/Publikationen/Weizenbaum_Series/Weizenbaum_Series_31.pdf (Abfrage: 15.07.2024).

Denning, Steve (2020): Why Hardware Must Embrace Agile Principles. forbes.com/sites/stevedenning/2020/06/21/why-hardware-must-embrace-agile-principles (Abfrage: 07.12.2023).

Eisenmann, Tom/Geoffrey G. Parker/Van Alstyne, Marshall W. (2006): Strategies for Two-Sided Markets. In: Harvard Business Review, Oktober 2006.

Evannex (2022): Learn About Tesla's Giga Press From IDRA.. insideevs.com/news/563005/tesla-giga-press-idra-documentary (Abfrage: 07.12.2023).

Find My Electric (2022): Tesla FSD Beta (Full Self Driving) Explained. findmyelectric.com/blog/tesla-fsd-beta-full-self-driving-explained (Abfrage: 07.12.2023).

Floemer, Andreas (2020): 2 bis 3 Jahre Vorsprung vor Konkurrenz: Tesla ist absatzstärkster Elektroautobauer. t3n.de/news/2-3-jahre-vorsprung-konkurrenz-1249390 (Abfrage: 07.12.2023).

Freitag, Michael/Rest, Jonas (2022): Wie Elon Musk Apple übertrumpfen will. In: Manager Magazin, 2.

Fuchslocher, Götz (2022): Wolfram Volk, TU München: ‚Gigacasting ist geeignet, den Karosseriebau neu zu denken'.automobil-produktion.de/interviews-734/gigacasting-ist-geeignet-den-karosseriebau-neu-zu-denken-501.html (Abfrage: 07.12.2023).

Gartner Glossary (2023): Digitalization. gartner.com/en/information-technology/glossary/digitalization (Abfrage: 07.12.2023).

Goreham, John (2022): Tesla's Low FSD Take Rate Offers Growth Opportunity. torquenews.com/1083/teslas-low-fsd-take-rate-offers-growth-opportunity (Abfrage: 07.12.2023).

Huang, Henry/Miller, John M./Nicastri, Paul R. (1999): Automotive Electrical System in the New Millennium. In: SAE Transactions 108, S. 607–614. jstor.org/stable/44723086 (Abfrage: 15.07.2024).

IDRA Group (2021): Wichtige Ankündigung – Giga Press (YouTube). teslamag.de/news/kompletter-tesla-rahmen-guss-idra-giga-presse-mehr-kraft-47170 (Abfrage: 07.12.2023).

Johanson, Davie (2020): Compilation: Best of Sandy Munro on Tesla (YouTube). youtube.com/watch?v=NhVvFThHwIQ (Abfrage: 07.12.2023).

Kirsch, David. A (2000): The Electric Car and the Burden of History. New Brunswick: Rutgers University Press.

Lambert, Fred (2022): Tesla has now more than 100,000 people in its Full Self-Driving Beta program – is an accelerated rate of improvement coming? electrek.co/2022/04/20/tesla-number-people-full-self-driving-beta-program-an-accelerated-rate-improvement-coming (Abfrage: 07.12.2023).

Lawley, Brian (2016): Tesla Agile Development: Product Management at its Best. 280group.com/product-management-blog/tesla-agile-development (Abfrage: 07.12.2023).

Liu, Shiyong (2021): Competition and Valuation: A Case Study of Tesla Motors. In: IOP Conference Series: Earth and Environmental Science, 692, S. 022103).

Milosheska, Daniela (2013): Tesla Motors, The Reinvention Of The Luxury Sports Car Industry. In: Hoffmann, Jonas/Coste-Manière, Ivan (Hrsg.): Global Luxury Trends. Palgrave Macmillan, London.

Munro Live (2023): An Engineering Analysis of the Tesla Cybertruck. youtube.com/watch?v=u95V_n_6qcM (Abfrage: 07.06.2024).

Munro Live (2024): Tesla Cybertruck Steer-by-Wire System. youtube.com/watch?v=daZVl2VuxD8 (Abfrage: 07.06.2024).

Nagel, Pascal/Tiedemann, Yannick (2022): Stefan Bratzel, Direktor des CAM: „Die Konsolidierung wird weiter voranschreiten". automotiveit.eu/interviews/die-konsolidierung-wird-weiter-voranschreiten-310.html (Abfrage: 07.12.2023).

Parker, Geoffrey/Van Alstyne, Marshall W./Choudary, Sangeet Paul (2016): Platform Revolution. New York: W. W. Norton & Company, Incorporated.

Perkins, Chris (2024): The Tesla Cybertruck's 48-Volt Architecture Is No Revolution. motor1.com/features/704878/tesla-cybertruck-48-volts (Abfrage: 15.07.2024).

Powell, Jamie (2020): Morgan Stanley go all in on Tesla. In: Financial Times. ft.com/content/42509bb8-a816-4d24-8b40-292402b23c00 (Abfrage: 07.12.2023).

Protectstar Inc. (2013): iPhone 1 – Steve Jobs MacWorld keynote in 2007 – Full Presentation. YouTube. youtube.com/watch?v=VQKMoT-6XSg (Abfrage: 07.12.2023).

Schadt, Peter (2020): Die Digitalisierung der deutschen Autoindustrie. Kooperation und Konkurrenz in einer Schlüsselbranche. Köln: Papy Rossa.

Schmidtutz, Thomas (2020): Autopapst über E-Autos: „Der größte Wettbewerbsvorteil von Tesla ist nicht die Batterie, sondern …" merkur.de/wirtschaft/bmw-tesla-e-autos-vw-batterie-dudenhoeffer-mercedes-autopapst-muenchen-wolfsburg-zr-90051784.html (Abfrage: 07.12.2023).

Shipley, Lou (2020): How Tesla Sets Itself Apart. In: Harvard Business Review. hbr.org/2020/02/how-tesla-sets-itself-apart (Abfrage: 07.12.2023).

Sperling, Daniel (2018): Three Revolutions: Steering Automated, Shared, and Electric Vehicles to a Better Future. Washington, DC: Island Press/Center for Resource Economics.

Tran, Martino/Banister, David/Bishop, Justin D. K./McCulloch, Malcolm D. (2012): Realizing the electric-vehicle revolution. In: Nature Climate Change, 2(5), S. 328–333.

U. S. Joint Office of Energy and Transportation (2023): Biden-Harris Administration, U. S. Joint Office of Energy and Transportation Applaud Critical Milestone for SAE J3400 EV Charging Connector Standard. driveelectric.gov/news/j3400-ev-charging-connector-standard (Abfrage: 07.12.2023).

Usborne, S. (2017): „How did Tesla make some of its cars travel further during Hurricane Irma?" The Guardian. 11.09.2017.

Valentin, Michaël (2019): Le modèle Tesla. Du Toyotisme au Teslisme: La Disruption d'Elon Musk. Paris: Malakoff.

Visconti, Zachary (2023): Tesla executives detail Cybertruck ‚Etherloop' wiring system. teslarati.com/tesla-executives-cybertruck-etherloop-wiring (Abfrage: 07.06.2024).

Wikipedia (2023): Digitization.en.wikipedia.org/wiki/Digitization (Abfrage: 07.12.2023).

Wikipedia (o. J.): Etherloop.en.wikipedia.org/wiki/Etherloop (Abfrage: 07.06.2024).

Wikipedia (2022): Tesla Model S. en.wikipedia.org/wiki/Tesla_Model_S (Abfrage: 07.12.2023).

Wikipedia (2022): Tesla Supercharger. de.wikipedia.org/wiki/Tesla_Supercharger (Abfrage: 07.12.2023).

Williams, Sean (2024): Tesla Is Just a Car Company, and It's Time Wall Street Valued It as Such. fool.com/investing/2024/01/26/tesla-is-just-a-car-company-wall-street-valued-it (Abfrage: 08.07.2024).

Ziegler, Andreas (2020): Der Aufstieg des Internet der Dinge. Wie sich Industrieunternehmen zu Tech-Unternehmen entwickeln. Frankfurt am Main/New York: Campus.

Produktivitätssteigerungen und Subventionen

Zur politischen Ökonomie der Digitalisierung der Landwirtschaft[1]

Nathan Weis, Natalie Laibach und Johannes Kopton

1. Einleitung

Die Bauernproteste in Deutschland im Winter 2023/2024 rückten einmal mehr das Subventionswesen in der Landwirtschaft in den Fokus der Aufmerksamkeit. Auslöser der Proteste war die Streichung der Steuerbegünstigung auf Agrardiesel. Darüber hinaus thematisierten die Landwirt_innen die Regularien in Bezug auf Düngemittel und Umweltschutz. Zudem wurde die größere gesellschaftliche Wertschätzung der Arbeit in der Landwirtschaft ebenso diskutiert wie der Erhalt der Wettbewerbsfähigkeit. In der öffentlichen Diskussion wird wiederholt darauf verwiesen, dass die Landwirtschaft in Deutschland eine der am stärksten staatlich subventionierten Branchen ist. Dies führe bei den Landwirten zu einer Anspruchshaltung, die der Staat nicht erfüllen könne.

Parallel dazu wird die Digitalisierung als eine Lösung für die verschiedenen Herausforderungen der Landwirtschaft besprochen. Der technische Fortschritt ist bereits weit in den Bereich der Lebensmittelproduktion vorgedrungen. Dazu zählen modernste Landtechnik, Robotik und digitale Datenanwendungen. Laut einer Umfrage des Bitkom (vgl. Rohleder et al. 2020) nutzen bereits acht von zehn Betrieben digitale Technologien; 73 Prozent der Befragten sehen in der Digitalisierung eine Chance für ihre Betriebe.[2] Als Chancen werden eine nachhaltigere, transparentere und effizientere Produktion, die Ersetzung körperlich schwerer und monotoner Arbeit, ein schonenderer und effizienterer Umgang mit Ressourcen sowie die Verbesserung des Tierwohls genannt. Als Risiko werden steigende Anforderungen an die Arbeit aufgrund höherer Dynamik und einer Beschleunigung der Abläufe gesehen, die mit den digitalen Hilfsmitteln einhergehen und neue Qualifizierungen erfordern (vgl. BMEL 2022a). Wie andere Branchen unter-

---

1 Dieser Beitrag wurde teilweise finanziert von der DFG im Rahmen der Exzellenzstrategie, EXC-2070–390732324 (PhenoRob).

2 Wobei kleinere Betriebe „die Digitalisierung noch nicht umfassend als Chance nutzen, da häufig hohe Einstiegshürden hinsichtlich Investitionsbedarf und/oder schneller und einfacher Benutzbarkeit bestehen" (Bartels et al. 2021, S. 10).

liegt also auch die Landwirtschaft mit all ihren Akteuren dem „Megatrend“ (Wendl 2017) der Digitalisierung.[3]

Einerseits ist eine fortgeschrittene Automatisierung in der Branche zu beobachten, die zu steigender Produktivität führt, andererseits werden nach wie vor enorme Subventionen gewährt, weil die Landwirtschaft unrentabel ist. Wie lassen sich diese beiden Feststellungen vereinbaren? Und wie entwickelt sich dieses Verhältnis im Kontext der Digitalisierung?[4]

Im Folgenden wird zunächst erörtert, warum Subventionen in Form staatlicher Transferleistungen in dieser Branche eine so existenzielle Rolle spielen.[5] Im Anschluss wird ein Überblick über verschiedene Dimensionen der Digitalisierung der Landwirtschaft, insbesondere der verschiedenen technischen Aspekte und der daran beteiligten Akteure gegeben. Daraufhin wird untersucht, welche Ziele und Strategien die politischen Akteure bei diesem Thema verfolgen. Der Beitrag ist explorativ angelegt und verfolgt das Anliegen die Fortentwicklung der politischen Regulierung und Förderung der Landwirtschaft in Bezug auf die Digitalisierung zu bestimmen. Die Analyse zielt darauf ab, die technische und biophysikalische Seite bei der Entwicklung und Einführung digitaler Techniken in der Landwirtschaft durch eine politökonomische Betrachtung zu ergänzen. Dabei wird auf umfangreiche Forschungsarbeiten Bezug genommen, die technische Machbarkeit, ökonomische Rentabilität und ökologischen Folgen unter Berücksichtigung von ‚Potenzialen und Risiken‘ untersuchen (vgl. Kliem et al. 2022).

2. Subventionen als Lebenselixier: die politökonomischen Besonderheiten der Agrarbranche

Im Folgenden wird zunächst eine Analyse der Akteure und Interessen im Feld der landwirtschaftlichen Produktion vorgenommen. Dabei werden sowohl regulations- als auch feldtheoretische Ansätze berücksichtigt. Die feldtheoretische Betrachtungsweise (vgl. Fligstein / McAdam 2015) ermöglicht eine Identifizierung der Akteure im Feld und eine Einordnung entlang ihrer Ressourcen sowie der

3 Zur Kritik der Digitalisierung als „Megatrend“ siehe (Schadt / Weis 2022).

4 Wir bedanken uns an dieser Stelle herzlich bei Anna Massfeller (Institut für Lebensmittel und Ressourcenökonomik, Universität Bonn) und Moritz Peter Fritschle (Umweltökonomie, Universität Osnabrück) für ihre hilfreichen Anmerkungen und Hinweise zu diesem Artikel.

5 Unter dem Begriff Subventionen werden hier politische Instrumente gefasst, die Direktzahlungen nach den Regelungen der Gemeinsamen Agrarpolitik (GAP) der EU beinhalten sowie staatliche Beihilfen (u. a. Steuervergünstigungen). Davon getrennt genannt werden Fördermittel, die z. B. im Rahmen von Förderrichtlinien Forschungs- und Entwicklungsvorhaben finanziell unterstützen (siehe auch Abschnitt 2).

sich daraus ergebenden hierarchischen Positionen.[6] Bei der Bestimmung der landwirtschaftsspezifischen Beziehungen wird auf den Begriff des Agrarexzeptionalismus (vgl. Feindt 2022) zurückgegriffen.

Das Produzieren in der Landwirtschaft ist von natürlichen Wachstumsprozessen bei Tieren und Pflanzen abhängig. Die erste zentrale Akteursgruppe sind *die landwirtschaftlichen Erzeuger_innen*, welche die natürlichen Wachstumsprozesse in Gang bringen und steuern. Die Bearbeitung des Bodens, die Bestellung der Felder, die Bearbeitung und Ernte der Pflanzen sowie die Aufzucht und Haltung der Tiere stellen die zentralen Arbeiten dar, durch welche die landwirtschaftlichen Erzeugnisse produziert werden. Dabei haben natürliche Faktoren wie Klima, Niederschlag und Bodenbeschaffenheit einen zentralen Einfluss auf die Produktion. Die Abhängigkeit von Naturbedingungen stellt einen entscheidenden Faktor für dieses Geschäft dar.[7] Die Abhängigkeit von Wetter- und anderen Umweltbedingungen, deren Vorherseh- und Steuerbarkeit begrenzt sind, führt zu spezifischen Aufwendungen für die Erzeuger_innen von Naturprodukten, die sich gegen derartige Ertragsausfälle versichern müssen. Dies kommt zu den Ausgaben für die materiellen Mittel der Bewirtschaftung sowie Angestellte hinzu und erfordert einen vergleichsweise langen Zeithorizont bei Investitionen, um kurzfristige Risiken auszugleichen. Letztlich bleibt die grundlegende ökonomische Herausforderung bestehen: Produzieren für einen Markt, der nur saisonal bedient werden kann, während kontinuierliche Ausgaben notwendig sind und der Ernteertrag von den Witterungen abhängt. Aus betriebswirtschaftlicher Sicht ist es daher vernünftig, die Produktionsbedingungen möglichst kontrollierbar zu machen und natürliche Wachstumsprozesse zu intensivieren, was in der Regel mit negativen ökologischen Folgen verbunden ist. Zu den nicht intendierten Folgen der Intensivierung gehören Bodenverdichtung, steigende Gefahren für Wasser- und Winderosionen sowie der Verlust der Bodenfruchtbarkeit. Dies unterminiert das Interesse der landwirtschaftlichen Erzeuger_innen selbst nach guten ökologischen Bedingungen für ihr Geschäft (vgl. Umweltbundesamt 2024).[8] Des Weiteren sehen sich landwirtschaftliche Betriebe in preislicher Konkurrenz mit globalen Produzent_innen, die eine weitere Intensivierung einerseits und auf Dauer

---

6 Regulationstheoretische Ansätze gehen davon aus, dass jede bestimmte Art und Weise des Wirtschaftens und Erzielens von Gewinn (Akkumulationsregime) von entsprechenden politischen Rahmenbedingungen und Institutionen begleitet ist (Regulationsregime), die sich entlang der Wertschöpfungsketten auf Produktion, Distribution und Konsumtion beziehen (vgl. Langthaler 2014).

7 Aus Sicht des Unternehmens in der Produktion: Das Kapital, das er gerade in Maschinen und Arbeitskraft ausgelegt hat, wirkt im produktiven Prozess. Gleichzeitig kann aber an anderer Stelle verkaufen, erneut in Produktionsmittel auslegen werden etc. Das kann der Landwirt nicht. Er nimmt so lange nichts ein wie seine Pflanzen wachsen.

8 Hinzu kommen die unmittelbare Nutzfläche übersteigende Folgeerscheinung wie eintönige Landschaften durch Monokulturen, durch die die Biodiversität abnimmt, sowie die Nitratbelastung des Grundwassers und Nährstoffüberversorgung von Flüssen, Seen und Meeren (ebd.).

geleistete finanzielle Förderungen andererseits zum Bestehen erforderlich machen.

Obgleich 14 Prozent der Betriebe 62 Prozent der landwirtschaftlich genutzten Fläche bewirtschaften, hat die Zahl der Betriebe in den letzten 25 Jahren ab- und die Durchschnittsgröße pro Betrieb zugenommen. Dies führt zu einer im Gegensatz zu anderen produzierenden Branchen außergewöhnlich kleinteiligen Struktur der Landwirtschaft in der BRD (vgl. Destatis 2021).[9] Eine Vielzahl kleiner (Familien-)Betriebe produziert selbstständig. Ihr Geschäft ist in Marktverhältnisse eingebettet, in denen ihnen kapitalstarke *Zulieferer* wie auch *Abnehmer* gegenüberstehen. Zu den Landtechnikherstellern gehören global agierende Konzerne wie John Deere oder Claas, die jährlich mehrere Milliarden umsetzen (vgl. agrarheute 2019). In Bezug auf Pflanzenschutzmittel lässt sich feststellen, dass vier Konzerne, namentlich Syngenta, Bayer, Corteva und BASF, einen globalen Marktanteil von 70 Prozent aufweisen (vgl. Hoinkes 2022). Den Handel mit Agrarrohstoffen am Weltmarkt dominieren vier als „ABCD-Gruppe“ bezeichnete Konzerne,[10] die ebenfalls einen Weltmarktanteil von 70 Prozent aufweisen. Für den Handel, Transport und die Verarbeitung vieler Rohstoffe besitzen die Unternehmen Hochseeschiffe, Häfen, Eisenbahnen, Raffinerien, Silos, Ölmühlen und Fabriken (vgl. Herre 2017). Auch in Deutschland wird der Lebensmitteleinzelhandel von einigen wenigen Konzernen dominiert. Edeka, Rewe, Schwarz (Lidl, Kaufland) und Aldi teilen sich zusammen 76 Prozent des Marktanteils (vgl. LP 2024).

Dies resultiert in einer schwachen Verhandlungsposition der Erzeuger_innen, die ihre Produktionskosten oftmals nicht an die Abnehmer weitergegeben können.[11] Folglich erzielen die Produzenten oft keinen Gewinn aus den landwirtschaftlichen Erzeugnissen.[12] Stattdessen eignen sich Handel und verarbeitende Industrie, die oft in oligopolartigen Strukturen konzentriert sind, die Gewinne an. Auch die Hersteller von Landmaschinen, Saatgut oder Düngemittel sind an dieser Stelle zu nennen. Folglich sind landwirtschaftliche Produzenten ökonomisch zwischen Bereitstellern landwirtschaftlicher Betriebsmittel einerseits und Abnehmern der Produkte andererseits eingebunden. Diese Zulieferer sowie das Handelskapital sind daher zwei weitere, für die Branche zentrale Akteure.

---

9 Etwa 937.900 Arbeitskräfte arbeiten in rund 262.800 Betrieben (vgl. Destatis 2024). 46 Prozent der Arbeitenden stellen Familienarbeitskräfte (rund 434.400) dar.

10 Archer Daniels Midland, Bunge, Cargill, Louis Dreyfus Company.

11 In anderen EU-Ländern wie beispielsweise Spanien ist das anders, wo per Gesetz der Kaufpreis von Produkten an den unmittelbaren Käufer der Erzeugnisse die Produktionskosten widerspiegeln muss (vgl. AbL 2021).

12 Anders verhält sich das bei den weltweit größten Agrarbetrieben, die mittels der Anwendung rentabler Arbeit mehr als eine Million Hektar Farmland bewirtschaften oder 100.00 Milchkühe halten. Solche befinden sich z. B. in den USA, Australien, China oder Brasilien (vgl. agrarheute 2020b).

Um trotz dieser ungünstigen ökonomischen Lage eine landwirtschaftliche Produktion unter marktwirtschaftlichen Verhältnissen zu gewährleisten, wird die Branche aus politischen Gründen staatlich subventioniert. Das durchschnittliche Einkommen in Haupterwerbsbetrieben in Deutschland belief sich im Wirtschaftsjahr 2021/2022 auf 46.118 Euro (Gewinn plus Personalaufwand). Dabei machten allein 45 Prozent davon Direktzahlungen und Zuschüsse aus (vgl. BMEL 2023a). *Staatliche Akteure* stellen daher die dritte bedeutende Akteursgruppe im Gefüge der agrarischen Produktion dar. Der Begriff ‚Subventionen' umfasst politische Instrumente wie die Direktzahlungen nach den Regelungen der Gemeinsamen Agrarpolitik (GAP) der EU sowie staatliche Beihilfen, beispielsweise Steuervergünstigungen. Zu diesen zählen auch die Agrardieselvergütung, die aus dem Bundeshaushalt finanziert wird, sowie Zuschüsse zu einzelbetrieblichen Investitionen, welche Bund und Länder im Rahmen der Gemeinschaftsaufgabe zur Verbesserung der Agrarstruktur und des Küstenschutzes (GAK) bereitstellen. Von den zuvor genannten Fördermitteln sind diejenigen zu separieren, die im Rahmen von Förderrichtlinien Forschungs- und Entwicklungsvorhaben finanziell unterstützen (vgl. BMEL 2024a; 2024b). Die entsprechenden digitalisierungsbezogenen Projekte werden in Punkt 4 vorgestellt.[13]

Landwirtschaftliche Produkte sind notwendig für die Versorgung der Bevölkerung und insofern Grundlage einer jeden gesellschaftlichen Produktion und Reproduktion. Neben der Versorgung der Bevölkerung mit Produkten wird von der Landwirtschaft die Pflege des volkswirtschaftlich wichtigen Produktionsmittels Boden sowie die Erhaltung einer an diverse Anforderungen angepassten Kulturlandschaft erwartet. Da die Branche unter marktwirtschaftlichen Bedingungen aus eigener Kraft nicht in der Lage ist, am Weltmarkt zu bestehen und somit dieser für jede weitere gesellschaftliche Aktivität unerlässliche Grundlage der Ernährung ausreichend und zuverlässig zu liefern, bezieht sich die Politik darauf und macht sie zu einem besonderen Betreuungsfall. Dafür ist ein eigenes Ministerium zuständig, dessen Regulierungs- und Unterstützungsmaßnahmen sich von der allgemeinen Wirtschaftspolitik unterscheiden. Die Grundlage hierfür bildet die gemeinsame Agrarpolitik (GAP) der Europäischen Union (EU), deren Leitlinien im Jahr 1957 in Artikel 39 des Vertrags der Europäischen Wirtschaftsgemeinschaft (EWG) von Rom festgelegt wurden. Das Ziel der GAP ist, „die Produktivität der Landwirtschaft durch Förderung des technischen Fortschritts, Rationalisierung der landwirtschaftlichen Erzeugung und den bestmöglichen Einsatz der Produktionsfaktoren, insbesondere der Arbeitskräfte, zu steigern."

13 Neben den staatlichen Zuwendungen haben auch markt-basierte Mechanismen wie z. B. Bio-Siegel den Charakter von Anreizprogrammen über die die Erzeuger_innen für die Einhaltung bestimmter Standards durch ein Preispremium kompensiert werden (vgl. Fritschle et al. 2022).

Die Gründerväter der GAP gehen davon aus, dass eine gesteigerte Produktivität der Landwirtschaft nicht notwendig bedeutet, dass ihre Produzenten davon leben können. Vielmehr ist es ihr Ziel, „der landwirtschaftlichen Bevölkerung, insbesondere durch Erhöhung des Pro-Kopf-Einkommens der in der Landwirtschaft tätigen Personen, eine angemessene Lebenshaltung zu gewährleisten" (vgl. EWG 1957). In §1 des Landwirtschaftsgesetzes von 1955 findet sich eine ähnliche Formulierung: „Um der Landwirtschaft die Teilnahme an der fortschreitenden Entwicklung der deutschen Volkswirtschaft und um der Bevölkerung die bestmögliche Versorgung mit Ernährungsgütern zu sichern, ist die Landwirtschaft mit den Mitteln der allgemeinen Wirtschafts- und Agrarpolitik – insbesondere der Handels-, Steuer-, Kredit- und Preispolitik – in den Stand zu setzen, die für sie bestehenden naturbedingten und wirtschaftlichen Nachteile gegenüber anderen Wirtschaftsbereichen auszugleichen und ihre Produktivität zu steigern. Damit soll gleichzeitig die soziale Lage der in der Landwirtschaft tätigen Menschen an die vergleichbarer Berufsgruppen angeglichen werden" (LwG 1955).

Die Besonderheiten der Branche und des politischen Bezugs auf sie wurden unter dem Begriff des Agrarexzeptionalismus diskutiert. Zu den Merkmalen exzeptionalistischer Politik gehört, dass ein Sektor besonderer staatlicher Unterstützung bedarf und auf dieser Basis sektorspezifische Institutionen entstehen. Des Weiteren wird sektorspezifischen Interessengruppen ein strukturell privilegierter Zugang zu Entscheidungsträgern und -prozessen ermöglicht und besondere Programme und Instrumente etabliert, welche den Sektorakteuren und -gruppen besondere Vorteile verschaffen. Lange Zeit wurde die Agrarpolitik als Extremfall des Exzeptionalismus betrachtet. Der exzeptionalistische Charakter der Agrarpolitik wurde jedoch in den vergangenen drei Jahrzehnten durch die Liberalisierung der Agrarmärkte, die Internationalisierung der Agrarpolitik sowie ihre politikfeldübergreifenden Verflechtungen erheblich unter Druck gesetzt. Dies führte zu tiefgreifenden Veränderungen der Agrarpolitik, ohne dass das Politikfeld jedoch vollständig ‚normalisiert' wurde. Verschiedene Studien belegen, dass trotz zahlreicher Policy-Innovationen wesentliche Elemente einer exzeptionalistischen Politik aufrechterhalten wurden (vgl. Grohmann et al. 2021).

In der Tat hat sich der Charakter der Förderung der Agrarbranche im Rahmen der GAP seit den 1990er Jahren signifikant verändert. Während in der Vergangenheit Preisgarantien im Mittelpunkt standen, werden heute Direkthilfen gewährt, die durch Mittel zur Entwicklung des ländlichen Raums und die Förderung umweltverträglicher Bewirtschaftungsmethoden ergänzt werden (Europäische Kommission 2024). Diese Entwicklung verdeutlicht, dass trotz der fortschreitenden Liberalisierung der Agrarmärkte die Notwendigkeit von Subventionen und Förderung ein bestimmendes Moment der politischen Ökonomie der Landwirtschaft bleibt. Aus regulationstheoretischer Perspektive stellt dieser Gesichtspunkt einen entscheidenden Aspekt dar, der die weitere Analyse leitet. Dafür findet der bereits vorgestellte Begriff des Agrarexzeptionalismus Verwendung.

Die Aufrechterhaltung einer landwirtschaftlichen Produktion, die ihren Produzenten ein Einkommen und die Versorgung der Bevölkerung mit Lebensmitteln sichert, erfolgt in Deutschland und der EU nur unter Aufwendung staatlicher Finanzhilfen. Dadurch wird der Berufsstand der Landwirt_innen erhalten. Einige Landwirt_innen sind jedoch nicht in der Lage, das Höfesterben zu überdauern, da sie gleichzeitig dem Zwang unterliegen, sich durch ihre Konkurrenzfähigkeit als im Prinzip wirtschaftlich und damit förderungswürdig zu erweisen. Dafür müssen sie Vorgaben erfüllen, unter anderem Produktmengen in bestimmter Qualität, welche die Abnehmer_innen vorgeben, bei gleichzeitig steigenden gesetzlichen Auflagen, von denen die Förderung abhängt. In der Diskussion zum Agrarexzeptionalismus entspricht dies dem *produktivistischen Paradigma*: Aufgrund der essenziellen Bedeutung der Landwirtschaft für die Ernährungssicherung werden die Produzent_innen zu kontinuierlichen Erhöhungen der Produktivität verpflichtet. Dies macht wiederum weitere staatliche Interventionen notwendig, um strukturell bedingte Einkommensnachteile der landwirtschaftlichen Bevölkerung auszugleichen. Dazu seien erhebliche Eingriffe in die Agrarmärkte gerechtfertigt, da freie Märkte aus dieser Sicht nicht geeignet sind, eine sichere und bezahlbare Ernährung der Bevölkerung zu gewährleisten (vgl. Feindt 2022).[14]

3. Dimensionen der Digitalisierung in der Landwirtschaft

In den vergangenen Jahrzehnten wurden in der landwirtschaftlichen Produktion erhebliche Produktivitätsfortschritte erzielt, die sich in der Anzahl der pro Landwirt_in ernährten Menschen ausdrücken lässt. Diese Zahl ist seit 1950, als eine Bäuer_in noch zehn Menschen ernährte, auf 140 im Jahre 2020 gestiegen (vgl. Krenn 2020). Die Digitalisierung stellt die aktuell neueste Stufe des Technikeinsatzes in der Landwirtschaft dar und kann eingebettet werden in den größeren Kontext der Automatisierung der Landwirtschaft. Dieser umfasst neben der hier diskutierten Digitalisierung auch die historisch vorangehenden Schritte der Mechanisierung und Motorisierung. Die Ernährungs- und Landwirtschaftsorganisation der Vereinten Nationen (Englisch: Food and Agriculture Organization of the United Nations, FAO) definiert fünf Phasen der landwirtschaftlichen Automatisierung nach dem Einsatz der jeweiligen Betriebsmittel: Handwerkzeuge, Zugtiere, motorisierte Maschinen, digitale Systeme und Roboter. Die beiden letzten

14 Marktliberale Überlegungen halten die Landwirtschaft hingegen für grundsätzlich konkurrenzfähig und fechten die Notwendigkeit der staatlichen Unterstützung der Landwirtschaft an (vgl. ebd.).

Phasen können als „digitale Automatisierung“ oder kurz Digitalisierung zusammengefasst werden. Zur Charakterisierung automatisierter Systeme verwendet die FAO ein zyklisches Modell, welches die drei Schritte Diagnose, Entscheidung und Handlung umfasst. Während bei Mechanisierung und Motorisierung lediglich der Schritt Handlung in steigendem Maße an die Maschine übergeben wird, kommen nun Diagnose und Entscheidung als weitere Betätigungsfelder technischer Geräte und Anlagen hinzu (vgl. FAO 2022). Im Folgenden erfolgt eine Auseinandersetzung mit den technischen Aspekten des Begriffs sowie deren Anwendungen in verschiedenen ausgewählten Teilbereichen der Landwirtschaft.

Die Deutsche Landwirtschaftsgesellschaft (DLG) definiert den Begriff der Digitalisierung als Oberbegriff über drei in der Branche gebräuchliche Trendbezeichnungen: „Precision Farming“, „Smart Farming“ und „Digital Farming“ (vgl. Griepentrog 2019). Diese weisen starke Überschneidungen auf. Der Begriff „Precision Farming“ beschreibt im Wesentlichen Sensor-Aktor-Systeme, welche die operative Genauigkeit von Arbeitsschritten erhöhen.[15] Die Begriffe „Smart Farming“ und „Digital Farming“ werden häufig synonym verwendet. Sie umfassen zusätzlich zu den genannten Techniken des Precision Farming noch weitreichendere Systeme der Entscheidungsunterstützung und insbesondere mobile oder stationäre autonome Systeme (Agrarroboter). Sensorbasierte Echtzeitsysteme zur Dünger- und Pflanzenschutzapplikation, die in der Regel unter dem Begriff „Smart Farming“ subsumiert werden, stellen eine Kombination aus Automatisierung der Verfahren und Entscheidungsunterstützung dar. Im Rahmen des „Digital Farming“ werden diese Systeme auf Grundlage von Vernetzung über Internettechnologie und Datennutzung zu einer Systemtechnik erweitert. Dazu gehören Maschine-zu-Maschine-Kommunikation („Internet of Things“), das maschinelle Lernen oder die Analyse größerer Datenmengen („Big Data“).

Die Einteilung des Einsatzes digitaler Informationstechnologie kann nach der Art der Hardware vorgenommen werden. So können bestehende Geräte durch die Verknüpfung über Apps als moderne „farm management information systems“ (FMIS) genutzt werden. In anderen Fällen wird klassische landwirtschaftliche Maschinerie mit neuen Fähigkeiten der Automatisierung ausgestattet, etwa selbstlenkende Traktoren, vollautomatische Melkanlagen oder mobile Roboter, aber auch dezentrale Messsysteme wie z. B. Sensoren im Boden, Drohnen oder der Einsatz von Satellitenbildern. Eine dritte Möglichkeit stellen neuartige halb- oder vollautonome Systeme dar, etwa vollautomatische Melkanlagen oder mobile Roboter.

Der Einsatz digitaler Hilfsmittel trifft auf die der Landwirtschaft eigenen und bereits skizzierten technischen, sozialen und ökonomischen Realitäten. Die Frage, an welcher Stelle eine Weiterentwicklung, Ersetzung oder Neuheit stattfin-

15 Dazu gehören etwa selbstlenkende Traktoren, GPS-gestützte Applikationsmaschinen (vgl. Pößneck 2011), aber auch Sensor-basierte Fütterungs- oder Melkmaschinen.

Abbildung 1: Ebenen der Digitalisierung der Landwirtschaft

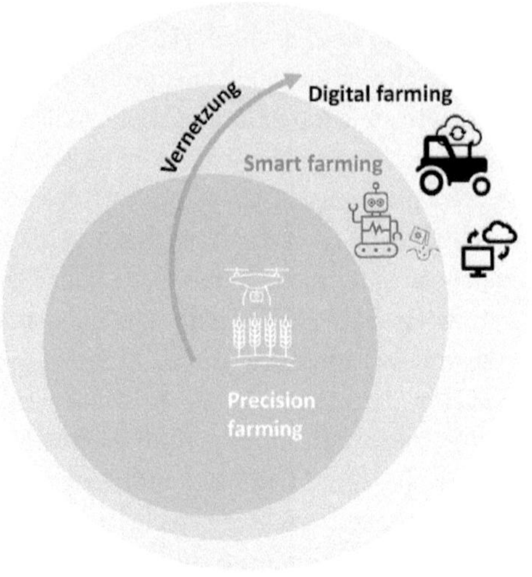

Eigene Darstellung auf Grundlage von Griepentrog 2019

det, lässt sich für die verschiedenen Werkzeuge sehr unterschiedlich beantworten, mit entsprechenden Implikationen für die sozialen und ökonomischen Verhältnisse. Ernteroboter im deutschen Obstbau ersetzen beispielsweise menschliche Arbeitskraft, insbesondere ausländische Saisonarbeiter_innen. Im Obst- und Gemüsebau macht der Lohnaufwand bis zu 40 Prozent des Betriebsaufwands aus (vgl. Dirksmeyer 2013). Entsprechend hoch sind die Investitionen in Technologien, die versprechen, gleichwertige Arbeitsschritte bei deutlich reduziertem Arbeitsaufwand zu realisieren. Die Substitution klassischer durch GPS-unterstützte Traktoren hat nur einen geringen Einfluss auf den Bedarf an landwirtschaftliche (Lohn-)Arbeit.

Im Kontext der präziseren Berechnung von Düngebedarfen gewinnen Fernerkundungsdaten, beispielsweise Satellitenbilder, zunehmend an Bedeutung. Hierbei handelt es sich um eine praktisch neue Technologie ohne direkten Vorgänger. Der Einsatz von Techniken des „Precision Farming" dient in der Regel einer Effizienzsteigerung, also einer Verbesserung des Verhältnisses zwischen „Inputs" an landwirtschaftlichen Produktionsmitteln, etwa Saatgut, Pflanzenschutzmittel oder Treibstoff und „Outputs" der landwirtschaftlichen Erzeugnisse, etwa Lebensmittel oder Biogas. Der präzise Einsatz der Produktionsmittel in exakter Abstimmung mit den Witterungsverhältnissen zielt nicht nur darauf ab, die natürlichen Wachstumsprozesse zu optimieren und somit die Erträge zu steigern, sondern kann auch zu einer verbesserten ökologischen Nachhaltigkeit führen (vgl. Bongiovanni/Lowenberg-Deboer 2004). Ein Beispiel hierfür ist die Möglichkeit, Behandlungsmittel punktuell statt flächendeckend einzusetzen. Zudem kann der Zeitpunkt der Saat anhand von Satellitenbildern optimal abgepasst werden (vgl. Storm et al. 2024).[16]

Neben diesen Techniken ohne direkte Vorgänger können digitale Technologien auch völlig neue oder wiederentdeckte alte Agrarsysteme ermöglichen. Zu diesen zählen beispielsweise kleinskalige Mischkulturen oder Tierhaltungssysteme, die auf die individuellen Bedürfnisse der Tiere eingehen. Diese Systeme sind zwar nicht auf digitale Werkzeuge angewiesen, scheitern in kapitalistischen Gesellschaften jedoch an vergleichsweise hohen Arbeitsintensitäten und Kosten der Bewirtschaftung. Diese, bisher am wenigsten ausgeprägte Art des Einsatzes digitaler Technologien kann als Gegenentwurf zu einer techno-ökologischen Effizienzsteigerung betrachtet werden. Die Optimierung von Prozessen sowie die Erhöhung der Arbeitsproduktivität stellen wesentliche Ziele dar. Im Folgenden wird der vorwiegend unter Gesichtspunkten der ökonomischen Effizienzsteigerungen motivierte und vorangetriebene Einsatz digitaler Hilfsmittel betrachtet.

Im marktwirtschaftlichen Wettbewerb der Erzeuger setzen diese Effizienzsteigerungen unter ökonomischen Gesichtspunkten einen neuen Standard, wodurch weniger effiziente, nicht-digitale Systeme unter Druck geraten. Den potenziellen Effizienzsteigerungen stehen auf der anderen Seite Kosten und Aufwand bei der Umstellung und Instandhaltung ihrer Arbeitsmittel und -schritte gegenüber. Für kleinere Betriebe stellen die hohen fixen Investitionskosten eine zusätzliche erhebliche Belastung dar, die zu Auslagerungen von Wertschöpfungsbereichen an externe Dienstleister oder zu einem Verlust an Wettbewerbsfähigkeit führen könnte (vgl. Finger et al. 2019; Kliem et al. 2022). Die Instandhaltung technischer Hilfsmittel sowie die Generierung, Nutzung und Speicherung von Daten stellen weitere wesentliche Aspekte im Kontext der Digitalisierung dar. Dabei ist zu berücksichtigen, dass die Unternehmen auf die Dienste derjenigen Anbieter angewiesen sind, die Infrastrukturen, Produktionsmittel und Daten als Rohstoffe bereitstellen. Diese für die Digitalisierung grundlegende Sphäre wird im Folgenden weiter beleuchtet.

---

16 Dieses Versprechen wird, wie wir später sehen werden, ausgiebig zur Bewerbung des gesamten Begriffsfeldes genutzt. Bisher jedoch sei der Erhalt von Biodiversität und Ökosystemen kein primäres Ziel der Digitalisierung, sondern lediglich ein möglicher Nebeneffekt (vgl. Kliem et al. 2022).

4. Akteure und Interessen an der Digitalisierung der Landwirtschaft

4.1 Neue Geschäftsfelder und etablierte Landtechnik

Die Digitalisierung der Landwirtschaft stellt für Anbieter_innen innovativer digitaler Produkte und Dienstleistungen ein lukratives Geschäftsfeld dar. Konventionelle Anbieter_innen knüpfen an bestehende gute Wachstumsraten an und führen auf Grundlage ihrer bisher erreichten Kapitalmacht die Konkurrenz um die neuen Geschäftsfelder (vgl. produktion.de 2024): „[W]enn es um Innovation und Wachstum in der globalen Landwirtschaft geht, führt kein Weg an den europäischen Landtechnikherstellern vorbei" (vgl. VDMA 2023). In diesem Kontext wird der Landtechnik bereits eine Vorreiterrolle in der Entwicklung digitaler Geschäftsmodelle attestiert. Hier werden Fahrzeuge mit Kameras und Sensoren ausgestattet, um Daten über Böden, Saatgut, Dünger, Pestizide oder Unkraut zu sammeln und an Agrarchemiekonzerne wie BASF weiterzugeben. Daraufhin liefern die Agrarchemiekonzerne passgenaue Düngemittel für die nächsten Einsätze. Die dadurch ermöglichten Produktivitätssteigerungen für die Anwender haben selbstverständlich ihren Preis und schlagen sich in hohen Margen von 20 bis 30 Prozent bei den Anbietern profitabel nieder (vgl. FAZ 2023). Bis 2033 wird eine globale Marktgröße von etwa 55 Milliarden US-Dollar für digitale Anwendungen in der Landwirtschaft erwartet (vgl. Bhutani / Kumar 2023).

Das Geschäftspotenzial zieht bisher branchenfremde Akteure aus der IT, wie SAP, IBM, Amazon oder Alphabet auf den Markt (vgl. Kehl et al. 2022) und ermutigt die Gründung von und Investition in Start-up-Unternehmen (vgl. Reinhardt 2023), wodurch die Zahl der Unternehmen, die um die Wertschöpfung in diesem Bereich konkurrieren, steigt. Im Vergleich zu anderen Gründungen und Risikokapital-Investitionen aus dem landwirtschaftlichen Bereich hat die Digitalisierung hier einen hohen Anteil von ca. 30 Prozent. Für den Anstieg des Investitionsniveaus werden vor allem Agrarrohstoffpreise und erfolgreiche Exits verantwortlich gemacht (vgl. Graff et al. 2020).

Um den dominanten Herstellern Marktanteile streitig zu machen, setzen Hersteller auf firmenübergreifende Aktivitäten, etwa zwischen Ag-Tech und anderen Technologieunternehmen in Form von Joint Ventures (z. B. Smart-Spraying von Bosch und BASF) oder Netzwerken.[17] Solche Netzwerke sollen die Vernetzung zwischen Maschinen verschiedener Hersteller gewährleisten und die Nutzung eines diverseren Fuhrparks als bisher ermöglichen. Der Industrie-

17 Beispiele für solche Netzwerke sind DataConnect zwischen CLAAS, 365FarmNet, John Deere und CNH sowie Nevonex unter anderem von Bosch, wobei letzteres bereits wieder eingestellt wurde (vgl. profi 2023).

verband Agrar (IVA) identifizierte jedoch weiterhin digitale Kommunikationsprobleme zwischen Softwaresystemen und Landtechnik, welche auf fehlende rechtliche Sicherheiten, Standards und mangelnden Zugang zu öffentlichen Daten zurückgeführt werden (vgl. IVA 2022). An dieser Stelle wird ersichtlich, dass die unternehmerische Konkurrenz im Bereich der digitalen Geschäfte nicht lediglich eine Erweiterung existierender Geschäfte darstellt. Vielmehr findet das Geschäft selbst auf einer veränderten Basis statt.

Der gesellschaftliche Charakter dieser auf Grundlage von Daten vernetzten Geschäftsmodelle evoziert einen besonderen Regulierungs- und Bereitstellungsbedarf. Dieser betrifft sowohl die Nutzungsrechte von und den Zugriff auf Daten als auch die technischen Infrastrukturen, über die der Datenverkehr abgewickelt wird. Ein Beispiel für die Nutzung staatlicher Open-Source-Plattformen ist die GeoBox-Initiative, eine Kooperation von sechs Bundesländern. Ziel ist die Schaffung einer „offene[n], freizugängliche[n] Quelle von Geodaten [...], in der dennoch Datensicherheit und Datenhoheit gewahrt bleiben“ (GeoBox-I. o. J.). Dies ist jedoch nur einer der Gesichtspunkte des staatlichen Bezugs auf die Digitalisierung der Landwirtschaft, der im Folgenden betrachtet wird.

4.2 Regulierung der Datennutzung als Grundlage des Geschäfts damit

Die digitale Vernetzung stellt daher ein zentrales Thema innerhalb der Digitalisierung der Landwirtschaft dar, welchem sich die Politik als regulierende Instanz annimmt und als größte Herausforderung bezeichnet. Das Thema umfasst dabei mehrere Aspekte.

Erstens ist damit die Generierung, Verarbeitung, Nutzung und Übertragung sowie die Vergleichbarkeit und Übertragbarkeit der Datensätze gemeint. Des Weiteren ist die Verfügbarkeit und Bereitstellung öffentlicher Daten in den Bundesländern nicht einheitlich geregelt, was den Einsatz digitaler Techniken im Bereich der Landwirtschaft erschwert. Zudem sind die Datensicherheit und ausreichende Datenverfügbarkeit, Datensouveränität und Transparenz von landwirtschaftlichen Betrieben von Relevanz. Die Bereitstellung von Geo- und Wetterdaten sowie Transparenz über vorhandene Geoinformationen und deren Mehrfachnutzung soll gewährleistet werden, beispielsweise im Rahmen des europäischen Fernerkundungssatelliten „Copernicus“. Dies soll mit der Erhebung, Verfügbarkeit, Anwendung und Verknüpfung von Daten aus Wirtschaft, Wissenschaft und von gesellschaftlichen Interessengruppen als Beitrag zur Wertschöpfung einhergehen. Die Einheitlichkeit von Daten ist dabei von entscheidender Bedeutung. Allerdings schränken lizenzrechtliche Bestimmungen und Gebühren für Geobasisdaten in einigen Bundesländern die kreative und wertschöpfende Nutzung von Geodaten erheblich ein.

Bisher gibt es lediglich „lückenhafte“ rechtliche Rahmenbedingungen für Agrardaten im B2B-Bereich. „In der Praxis gestalten die Vertragsparteien Rechte und Pflichten an Agrardaten vertraglich aus. Die meisten Anbieter von Agrartechnologien verwenden hierzu standardisierte Vertragsbedingungen (sogenannte Allgemeine Geschäftsbedingungen). Die Bestimmungen dieser Verträge sind komplex und für juristische Laien oft kaum verständlich“ (BMEL 2022b). Stattdessen soll ein echter Binnenmarkt für Daten geschaffen werden, in dem diese auf transparente Art und Weise ausgetauscht und auf diese zugegriffen werden können: Ein Multi-Stakeholder-Governance-System für den Datenraum. Die Schaffung eines solchen Raums setzt jedoch voraus, dass die Erzeuger_innen ihre Daten dafür bereitstellen, denn „Landwirtinnen und Landwirte haben in der Regel nur dann ein Interesse, ihre Daten weiterzugeben, wenn sie einen Vorteil davon haben“ (BMEL 2023b).

Der grundlegende Widerspruch der Vernetzung besteht also darin, dass der Zugriff auf Wissen über Prozesse, die außerhalb der eigenen Verfügung liegen, nur zu dem Preis zu erhalten ist, dass man dafür die ausschließliche Verfügung über eigene Informationen abgeben muss. Vernetzung und Gemeinschaftlichkeit werden somit zum Mittel für die Steigerung privaten Gewinns.[18] Der Landwirt wird als Datenurheber anerkannt, muss aber Zustimmung zur Datennutzung durch Intermediäre erteilen. Der Bund verfolgt – unter Berücksichtigung datenschutzrechtlicher Bestimmungen – ebenfalls grundsätzlich das Interesse, Verwaltungs-, aber auch Forschungs- und statistische Daten möglichst kostenfrei weiterzugeben, da die mehrfache Nutzung eine höhere Produktivität verspricht.

Die rechtliche Regulierung des Datenverkehrs, die Erfassung und das Verfügbarmachen von Daten stellen dabei eine zentrale Aufgabe der Politik dar. Dies ist auch deshalb von Bedeutung, da es in Hinblick auf die Gewinnung, Weitergabe und Nutzung von Daten „zum Teil eine konkurrierende Interessenlage“ (ebd.) gibt. In diesem Kontext ist das Ordnungsrecht des Staates gefragt, beispielsweise bei der Frage, wie mit Daten verfahren werden darf, die über eine gemeinsam genutzte Maschine erhoben wurden. Es gibt auch privatwirtschaftliche Initiativen, wie z. B. der ‚EU Code of conduct on agricultural data sharing by contractual agreement‘ von mehreren europäischen Netzwerken. Dieser legt *freiwillige* Standards zur Datenhoheit, Transparenz und Nutzung fest. Die Verfügbarkeit und Nutzung von Daten sind zudem aus Umwelt- und Verbraucherperspektive von Relevanz. Die Sammlung von Daten ermöglicht die Nachverfolgbarkeit von Produkten über den gesamten Lebenszyklus und somit die Entwicklung nachhaltiger Geschäftsmodelle. Auf EU-Ebene wurde das Projekt ‚AgriDataSpace‘ damit beauftragt, diesen Datenraum zu schaffen (vgl. Fraunhofer IESE 2022).

---

18 Zum Widerspruch der Konkurrenz um die Festlegung von Standards in der Digitalisierung siehe auch Schadt (2022, S. 35 f.).

4.3 Steigerung der Wettbewerbsfähigkeit für mehr deutsche und europäische Agrarmacht

Das BMEL betrachtet die Digitalisierung als Mittel zur Steigerung der Wettbewerbsfähigkeit der deutschen Landwirtschaft sowie als Mittel für Nachhaltigkeit und Klimaschutz. Unterpunkte dazu sind die Anpassung an die Klimakrise, der 30-Prozent Öko-Landbau und die gute Ernährung. „Um einen breiten Einsatz [digitaler Lösungen] zu finden und Kosten einzusparen, sollten neue Entwicklungen interoperabel und flexibel anpassbar sein" (BLE 2023). Die Politik sieht sich in der Pflicht, durch umfangreiche Finanzierung, Pilotprojekte etc. das Gelingen der Digitalisierung zu ermöglichen und aktiv mitzugestalten.

Dabei spielt sowohl die Erforschung des Potenzials der Nutzung von Daten und digitalen Systemen eine gewichtige Rolle als auch der Aufbau der dafür notwendigen Infrastruktur, etwa durch den Ausbau von 5G oder Datenplattformen (vgl. Tabelle 1). Die Regierung verlässt sich dabei nicht auf privatwirtschaftliche Initiativen, sondern tritt selbst als Investor auf, um die notwendigen materiellen Rahmenbedingungen herzustellen. Im Haushalt des BMEL sind für das Jahr 2024 insgesamt 6,93 Milliarden Euro vorgesehen (vgl. Bundestag 2024). Im Jahr 2023 standen dem Ministerium 53 Millionen Euro für den Bereich „Digitalisierung Landwirtschaft (inklusive Künstliche Intelligenz)" zur Verfügung (vgl. BMEL 2023b).

Universitäten und Forschungsinstituten kommt bei der Entwicklung von Technologien eine zentrale Rolle zu. Diesbezüglich ist insbesondere die interdisziplinäre Zusammenarbeit von ingenieurwissenschaftlichen Disziplinen mit Natur- und Agrarwissenschaften von Bedeutung. Hier sollen insbesondere die Grundlagenforschung sowie die Entwicklung offener Plattformen und Standards stattfinden, die für Unternehmen wenig lukrativ sind. Dies wird von staatlicher Seite durch speziell angelegte Förderprogramme und geförderte Exzellenzcluster vorangetrieben. Auf EU-Ebene werden Konsortien gefördert, die sich aus privaten Akteuren, Netzwerken und Forschungseinrichtungen zusammensetzen und die Entwicklung digitaler Datenerhebung und Plattformen zur Entscheidungsfindung und Optimierung im wirtschaftlichen wie ökologischen Sinne anstreben (vgl. EU-FarmBook 2024; QuantiFarm 2023). Zusätzlich gibt es digitale Experimentierfelder in der Landwirtschaft. Diese sollen dazu dienen, die praktische Anwendbarkeit digitaler Technologien sowie deren Wirkung auf Umweltschutz, Tierwohl und mögliche Arbeitserleichterungen zu evaluieren. Als Beispiele können das Experimentierfeld ‚DigiSchwein', welches eine Software zum Monitoring und Unterstützung in der Schweinehaltung entwickelt, sowie das Experimentierfeld ‚FarmerSpace' zum besseren, datengestützten Management von Unkräutern und Blattkrankheiten in Weizen und Zuckerrübe angeführt werden (vgl. BLE 2023).

Tabelle 1: Überblick über staatliche Förderung der Digitalisierung der Landwirtschaft in Deutschland (eigene Darstellung auf Grundlage von BMEL 2024c; BMDV 2022; BMWK 2022; Bundesregierung 2020)

	Maßnahme	**Ziele**	**Laufzeit**	**Volumen (Ministerium)**
Infra-struktur	Mobilfunkstrategie der Bundesregierung: Ausbau Breitbandnetz in unterversorgten ländlichen Gebieten	Digitale Techniken und die Nutzung von leistungsfähigem Mobilfunk und Breitband in der Landwirtschaft und den ländlichen Regionen		60 Mio. € (BMDV, gesamt: 6,6 Mrd. €)
FuE	14 Experimentierfelder	Untersuchung des Einsatzes digitaler Techniken in der Landwirtschaft, begleitet von Kompetenznetzwerk „Digitalisierung in der Landwirtschaft"	Seit 2019	50 Mio. €
	DFG-finanziertes Exzellenzcluster PhenoRob	„Robotik und Phänotypisierung für Nachhaltige Nutzpflanzenproduktion"	Seit 2019	27 Mio. €
	28 Projekte im Bereich KI in Landwirtschaft, Lebensmittelkette, gesundheitliche Ernährung und ländlichen Räumen	Davon 24 im Bereich Pflanzenproduktion (Pflanzenzüchtung, Pflanzenschutz, Unkrautkontrolle, Nachhaltigkeit, vernetzte Landtechnik); weitere vier Projekte Nutztierhaltung	Seit 2020	45 Mio. €
	Investitionsprogramm Landwirtschaft	Technology Adoption: Betriebe, die in moderne Technologie investieren, um mehr Klima-, Natur- und Umweltschutz umzusetzen (Emissionsminderung, Erhalt der Artenvielfalt, Steigerung der Ressourceneffizienz)	2021 –2024	816 Mio. €
Daten	Schaffung digitaler Datenplattformen für die Landwirtschaft: staatliche Datenplattform für Landwirt_innen, auf der relevante staatliche Daten bereitgestellt werden	Anbindung an europäische Dateninfrastruktur (Gaia-X)		
	Richtlinie zur Förderung von Innovationen in der Agrartechnik zur Steigerung der Ressourceneffizienz	Förderung von 31 Verbundvorhaben zur Umsetzung von Big Data in der Landwirtschaft		30 Mio. € (Stand 2020)
	KI-Ökosystem Agri-Gaia			12 Mio. € (BMWK)

Die Investitionen in Forschung und Infrastruktur zielen darauf ab, die Grundlage für die Steigerung der Wettbewerbsfähigkeit der Betriebe zu schaffen. Die Förderung zielt darauf ab, die Ernährungssicherheit zu gewährleisten und die internationale Wettbewerbsfähigkeit der europäischen Agrarindustrie zu stärken (vgl. ZKL 2021). Dies dient dem weiteren Ausbau der bereits erzielten Fortschritte im Agrarhandel. Im Jahr 2022 belief sich der Anteil der EU-27 an den globalen Exporten landwirtschaftlicher Erzeugnisse auf 13,8 Prozent. Damit lag die Union hinter China (18,3 Prozent) und vor den USA (10,5 Prozent) weltweit auf Platz zwei. Im Jahr 2022 wurden Agrarerzeugnisse im Wert von 93 Milliarden US-Dollar von Deutschland exportiert, während im selben Zeitraum Importe im Wert von 114 Milliarden US-Dollar getätigt wurden (vgl. BDV 2023). Die Implementierung neuer technologischer Verfahren zielt darauf ab, die Produktion von Gütern in jenen Bereichen zu ermöglichen, in denen Deutschland und die EU eine bedeutende Rolle als Exporteure einnehmen. Dazu zählen insbesondere Getreide, Milch und Fleisch, aber auch Bier, Wein und Spirituosen. Die angestrebte Entwicklung soll es ermöglichen, zu Marktpreisen zu produzieren, wodurch die eigene Marktmacht gegenüber anderen Produzenten behauptet werden kann.

4.4 Digitalisierung als Beitrag zu Umweltschutz

Eine Intensivierung der Landwirtschaft, die auf das Erzielen wirtschaftlicher Profite ausgerichtet ist, beansprucht in steigendem Maß die Umwelt, von der sie lebt. Gleichzeitig erschwert der Klimawandel die Bedingungen des landwirtschaftlichen Produzierens zusätzlich. Vor diesem Hintergrund verpflichtet die Politik die landwirtschaftlichen Produzenten auf Beiträge zum Klimaschutz. Zur Einsparung von 1,1 bis 2,7 Millionen Tonnen CO_2-Äquivalenten bis 2025 sollen Maßnahmen wie die Senkung der Stickstoffüberschüsse, die Minderung der Ammoniakemissionen, die Verbesserung der Stickstoffeffizienz und Steigerung der Energieeffizienz beitragen (vgl. BMEL 2023c). Das BMEL reflektiert damit erstens auf die bisherige Vernutzung, d. h. schädigende Nutzung der Umwelt, die Bestandteil der auf Ertragssteigerung ausgerichteten Landwirtschaft ist. Zweitens sind die Klimaschutzmaßnahmen in der Landwirtschaft auf die übergeordneten klimapolitischen Ziele der Bundesregierung im Rahmen des Klimaschutzprogramms 2030 ausgerichtet. Dieses zielt auf die Verringerung der CO_2-Emissionen durch die Loslösung von fossilen Energieträgern ab. Auch die Landwirtschaft soll zu diesem energiepolitischen Programm beitragen. Das Umweltbundesamt, welches dem BMUV unterstellt ist, erkennt zwar ebenfalls die genannten Chancen durch Monitoring und Effizienzsteigerungen sowie Ressourcenschonung, weist jedoch auch auf Risiken wie Abhängigkeiten von Providern sowie eine Erhöhung der negativen Umwelteinflüsse durch Unterlassung entsprechender Anreize hin, insbesondere wenn diesen nicht durch entsprechende Regularien entgegengewirkt wird (vgl. Umweltbundesamt 2019).

In der Debatte um den Einsatz technologischer Anwendungen in der Landwirtschaft sind Nichtregierungsorganisationen wie Greenpeace oder NABU sehr aktiv und prominent in der Medienlandschaft vertreten. Bei der Digitalisierung erkennen WWF, NABU, Greenpeace und BUND sowohl in der Robotik, Datennutzung als auch in der Präzisionslandwirtschaft Chancen zur Einsparung von Agrarchemikalien sowie zur Einschränkung von Lebensmittelverschwendung und erhoffen sich dadurch positive Effekte auf die Umwelt (vgl. Greenpeace 2019; NABU 2024; WWF 2019). Allerdings werden auch hier Risiken angemahnt, die den Ausbau von Marktmacht bestehender Großkonzerne und Vertiefung von Abhängigkeiten des Globalen Südens, Greenwashing und weitere Industrialisierung der Landwirtschaft umfassen. Der Weg hin zu „agrarökologischen Systemen" sei möglicherweise in Gefahr (vgl. BUND 2019). Hilfswerke wie ‚Brot für die Welt' attestieren eine bislang enttäuschende Bilanz, da die Digitalisierung auf die privatwirtschaftlichen Geschäftsmodelle der großen Konzerne ausgerichtet ist, Landwirt_innen in weniger entwickelten Ländern diese jedoch kaum nutzen, da dafür in den meisten Fällen die Infrastruktur fehlt (vgl. Brot für die Welt 2024).

Die vorhergehende Bundesregierung hat im Jahr 2020 die „Zukunftskommission Landwirtschaft" (ZKL) einberufen, welche die Systemrelevanz von Landwirtschaft als ‚grundlegende wirtschaftliche Tätigkeit des Menschen'" (ZKL 2021, S. 3) verdeutlicht. Die Digitalisierung stellt einen integralen Bestandteil der von der ZKL erarbeiteten Zukunftsvisionen, um eine nachhaltige Transformation zu erreichen, die sich der Einhaltung klimapolitischer Ziele verschreibt. Der technische Fortschritt, der neben Pflanzenzüchtung und Agrarchemie die Digitalisierung beinhaltet, wird dabei als notwendige Bedingung für eine nachhaltige Landwirtschaft angesehen. Die ZKL bezieht dabei auch Biobetriebe mit ein, deren Wettbewerbsfähigkeit, Produktivität und Nachhaltigkeit unter anderem mithilfe der Digitalisierung gesteigert werden soll. Die ZKL betrachtet die Digitalisierung als ein Werkzeug, welches unter Daten- und Nutzungshoheit der landwirtschaftlichen Betriebe dazu beitragen kann, „die Bedürfnisse von Mensch, Tier, Umwelt und Natur in Einklang" (ebd., S. 58 f.) zu bringen. Bemerkenswert ist der Gegensatz zwischen „Mensch, Tier, Umwelt und Natur", von dem die Darstellung ausgeht. In der Tat sind Bodenverdichtungen oder Massentierhaltung unübersehbare Bestandteile der intensiven Landwirtschaft. Aus ökonomischer Perspektive ist das Ziel, das Verhältnis zwischen den Kosten für die Produktion und den mit dieser zu erzielenden Gewinnen zu optimieren, um die geldlichen Erträge zu steigern. Dies geht jedoch nicht nur auf Kosten von Tier, Umwelt und Natur, sondern auch „des Menschen", zumindest der Konsument_innen. In der öffentlichen Diskussion wird so das Interesse von Agrarkonzernen an steigenden Gewinnen mit dem Bedürfnis von Anwohner_innen nach einer intakten Umwelt oder von Konsument_innen nach gesunden Lebensmitteln unterschiedslos amalgamiert. Die ZKL postuliert in ihrer einseitigen Auflösung der Digitalisierung in ihre technischen Möglichkeiten sowie der unterschiedlichen Akteure in die *Totalabstraktion Mensch* (vgl. Einleitung des Bandes) eine ‚richtige' Anwendung der Technik als ‚Lösung' der ökonomischen Widersprüche, welche mit den digitalen Mittel gerade verschärft werden. Dabei werden die marktwirtschaftlichen Bedingungen, unter denen die Hilfsmittel eingesetzt werden und die der Grund für Umweltschäden und Tierleiden sind, außer Acht gelassen.

4.5 Landwirtschaftliche Anwender: machen oder sind sie Geschäft?

Als primäre Anwender_innen sind Landwirt_innen zentraler Bestandteil bei der Umsetzung der Digitalisierung und aktiv an der Mitgestaltung und Nutzung von Technologien beteiligt (vgl. Monteiro Moretti et al. 2023). Bei der aktuellen Umsetzungslage gibt es Bedenken, dass die Digitalisierung Ungleichheiten zwischen den Betrieben fördert, unter anderem dadurch, dass Investitionen in neue, autonome Landtechnik oder cloudbasierten Dienstleistungen sehr teuer sind. Des Weiteren lässt die jahreszeitenabhängige Aktivität nur wenig zeitlichen Spielraum, um mit neuen Lösungen zu experimentieren und sich durch ‚Trial and Error' an die gegebenen Umstände anzupassen. Modelle, dieses Problem zu umgehen, wie etwa gemeinschaftliche Investitionen in digitale Anwendungen, sind bisher wenig organisiert (vgl. Reinhardt 2023).

Als ein weiteres Umsetzungshemmnis wird die Veränderung der Identität der Landwirt_innen vermutet, die sich aus der Abnahme von Entscheidungen zu Ernte, Düngung etc. durch digitale Technologien ergeben kann. Diesbezüglich steht insbesondere die Übertragung von Entscheidungen auf Algorithmen im Fokus (vgl. Hackfort 2021; Klerkx et al. 2019). Landwirt_innen wird häufig eine eher konservative Haltung und damit eine einhergehende Skepsis gegenüber Neuerungen zugeschrieben. Diese Ablehnung digitaler Technik wird teilweise durch die Annahme begründet, dass damit die Hoheit über den eigenen Betrieb aufgegeben werde. Das betrifft im Kontext der Digitalisierung insbesondere die Hoheit über betriebliche Daten. Entsprechend wird die Datenhoheit und -verfügbarkeit als zentraler Bestandteil einer für Landwirt_innen vorteilhaften Digitalisierung angesehen.

Dennoch werden auch in diesem Zusammenhang Chancen in der Digitalisierung gesehen, beispielsweise in Form von Einsparpotenzialen bei Betriebsmitteln durch eine bessere Datenerfassung und -auswertung (vgl. Griepentrog 2019). Zudem soll eine bessere Reaktion auf widrige Naturverhältnisse durch eine frühzeitige Erkennung ermöglicht werden, um so auch zukünftig die Produktionsleistung erhalten zu können. Verschiedene Faktoren für die Adaption digitaler Technologien wurden identifiziert: 1.) die Größe des Betriebes sowie 2.) die Erfahrungen anderer Landwirt_innen, 3.) der erwartete Nutzen der Technologie sowie 4.) die Innovativität und positive Einstellung des Landwirtes/der Landwirtin selbst (vgl. Massfeller/Storm 2022; Shang et al. 2021). Das Weiteren lässt sich aus der aktuellen agrarökonomischen Forschung ableiten, dass der Einsatz von Hilfsmitteln, welche dazu führen, dass Landwirt_innen zeitlich und örtlich weniger an den Betrieb gebunden sind, ein wesentlicher Aspekt für die Einführung digitaler Techniken sein kann. Der primäre Nutzen für die Landwirt_innen ist in diesem Fall nicht monetär, sondern besteht in mehr verfügbarer Freizeit oder körperlicher Entlastung (vgl. Martinsson et al. 2024; Howley 2015). Verhaltensökonomische Studien haben zudem aufgezeigt, dass der Wunsch von Landwirt_innen, als rücksichtsvoll gegenüber der Umwelt wahrgenommen zu werden, zu den wesentlichen Entscheidungsfaktoren für die Einführung neuer, umweltschonender Verfahrensweisen gehört.

Den genannten Erwartungen und mitunter nicht-monetären Anreizen steht gegenüber, dass immer wieder geringe Einnahmezuwächse im Vergleich zu Investitionskosten und Aufwand genannt werden. Dies geht auf die zunächst hohen Ausgaben für die digitale Vernetzung zurück. Die bessere Kontrollierbarkeit der natürlichen Wachstumsprozesse, etwa durch die Nutzung von Wetterdaten oder detailliertes Wissen über die Bodenbeschaffenheit, sowie der gezieltere und damit sparsamere Einsatz von Pflanzenschutzmitteln, emanzipiert die Landwirt_innen nicht aus ihrer ökonomischen Lage, die darin besteht, dass sie grundsätzlich von natürlichen Faktoren abhängig, deren Bearbeitung einen Kostenvorschuss erfordert. Dieser steigt mit zunehmender Technisierung tendenziell an. Zudem können die Erzeugnisse nur saisonal und müssen dann, mit Ausnahmen, so schnell als möglich verkauft werden.

Auffallend ist, dass eine Reduktion bezahlter Arbeitskraft, unter anderem von Erntehelfer_innen, kaum von Bauernverbänden oder dem BMEL angesprochen wird. Ähnlich ist die Haltung bezüglich der notwendigen Verwaltungsarbeit. Eine von Seiten der Landwirtschaft oft gewünschte digitale Automatisierung der als unangenehm und ‚unlandwirtschaftlich' empfundenen Büroarbeit, etwa um gesetzlichen Anforderungen nachzukommen oder Förderungsfähigkeit nachzuweisen, ist bis heute erstaunlich wenig verbreitet. In diesem Zusammenhang wird erwartet, dass „in naher Zukunft die Digitalisierung zu einer […] Erleichterung der Betriebsführung infolge automatisierter Datenauswertungen und Erstellung von Dokumenten führen [wird]" (Griepentrog 2019). Diese Vereinfachung soll zu einer besseren Wertschöpfung auch von kleineren und mittleren Betrieben führen.

Die Vernetzung zwischen Betrieben wird als wichtiger Baustein angesehen, um auch kleinere Betriebe in den digitalen Wandeln einzubeziehen. Dabei wird insbesondere die Aufteilung der Investitionskosten sowie die gemeinsame Beschaffung und Nutzung neuer Geräte und Anwendungen als vielversprechend erachtet. Ebenso werden Cloud-Systeme als wesentlicher Bestandteil zur Gewährleistung des kontinuierlichen Datenflusses und der Datensicherung betrachtet. Die bestehende Kooperation und der Austausch zwischen Herstellern bzw. Abnehmern von Produkten und Betrieben sind weiterhin bedeutend. Auch in diesem Kontext wird Verbesserungspotenzial durch digitalen Datenaustausch identifiziert. Aus der Perspektive der Landwirt_innen werden angepasste Bildungsangebote als notwendig erachtet, um eine sinnvolle Integration digitaler Technologien und Anwendungen zu gewährleisten. Dabei wird sowohl eine modernisierte Ausbildung als auch Fortbildungsangebote für bereits ausgebildete und erfahrene Landwirt_innen gefordert (vgl. vlf 2020).

5. Fazit

Der vorliegende Beitrag hatte zum Ziel, die wesentlichen Akteure der Digitalisierung der Landwirtschaft zu identifizieren und deren Interesse zu ermitteln. Der ‚Megatrend' führt auch in der Landwirtschaft zur Entwicklung neuer Geschäftsmodelle und -potenziale für bestehende und neue Anbieter. Für die landwirtschaftlichen Betriebe selbst stellen die digitalen Anwendungen ein Instrument zur Steigerung der Effizienz der Arbeitsabläufe dar. Dies schließt auch nicht-monetäre Anreize wie Arbeitserleichterungen und mehr verfügbare Freizeit ein. Die landwirtschafltichen Erzeuger_innen müssen jedoch in der Lage sein, die erforderlichen Investitionen zu leisten, um die betriebswirtschaftlichen Ziele zu erreichen. Kein leichtes Unterfangen für Betriebe, die zu großen Teilen auf Subventionen angewiesen sind, um unter marktwirtschaftlichen Bedingungen bestehen zu können. In dem Maße wie Betriebe in der Marktwirtschaft konkurrenzfähig bleiben wollen und müssen, führt an der digitalen Optimierung kein Weg vorbei. Die Unberechenbarkeiten der Natureinwirkungen auf ihr Geschäft beherrschbarer zu machen, stellt dabei die Voraussetzung für Ertragssteigerungen dar, mit denen die Erzeuger_innen, auf den globalen Agrarmärkten konkurrieren können. Die Nachverfolgbarkeit der Produkte, die den Erzeuger_innen vorgeschrieben wird, wird ebenfalls digital erfasst und kontrolliert, wodurch digitale Daten endgültig zum integralen Bestandteil des landwirtschaftlichen Geschäfts werden.

Um die Betriebe in der globalen Konkurrenz der Agrarproduzenten zu stärken, werden diese von der Politik unterstützt. Um die nationale Autonomie der Lebensmittelproduktionen zu gewährleisten und gleichzeitig den wirtschaftlich wichtigen Sektor der Lebensmittelverarbeitung zu stützen, ist es erforderlich, die Digitalisierung der Landwirtschaft voranzutreiben. Im Rahmen dieses Prozesses lässt sich beobachten, dass das klassische Förder- und Subventionswesen der Landwirtschaft, welches die Erzeuger_innen unterstützt, durch umfangreiche staatliche Interventionen ergänzt wird. Letztere zielen darauf ab, die Bedingungen für eine digitale Landwirtschaft zu schaffen. Hierbei sind verschiedene Ebenen und Zielsetzungen zu unterscheiden:

- Auf regulatorischer Ebene schafft die deutsche Politik die rechtlichen Grundlagen für Datenräume, sodass die massenhaft gesammelten Daten überhaupt zur Geschäftsgrundlage werden können. Dabei wird die Datenhoheit der datenerhebenden Erzeuger_innen gewahrt, indem diese der Freigabe und Verallgemeinerung ihrer Daten zustimmen müssen.

- Der deutsche Staat stellt die materiellen Grundlagen für die datenökonomische Erweiterung der landwirtschaftlichen Produktion mittels Infrastrukturmaßnahmen in Form von Breitbandausbau im ländlichen Raum sowie weiteren Maßnahmen sicher. Der Umsetzungsstand dieser Maßnahmen wird von Erzeuger_innen aktuell noch stark bemängelt.
- Um die Nutzung und das Potenzial digitaler Verwendungen zu erforschen, zu erproben und in Geschäftsmodelle zu überführen, finanziert der deutsche Staat Forschung und Entwicklung. Neben Universitäten und Forschungseinrichtungen sind auch Unternehmen an derartigen Forschungsprojekten beteiligt. Die Integration digitaler Komponenten in die landwirtschaftliche Wertschöpfung wird seitens der Politik als Mittel zur Steigerung der Wettbewerbsfähigkeit der deutschen Landwirtschaft betrachtet, und damit auch als Konkurrenzmittel im Kampf um Anteile auf den globalen Agrarmärkten.
- Die Digitalisierung wird von der Politik zudem als Instrument zur Senkung von Treibhausgas-Emissionen und anderen negativen Umweltfolgen betrachtet. Damit wird der Branche nicht nur ein schonenderer Umgang mit den natürlichen Grundlagen ihres eigenen Geschäfts in Aussicht gestellt, sondern auch ein Beitrag zu den klimapolitischen Zielen Deutschlands abverlangt.

Ein anspruchsvolles Programm, das seitens der Politik den Bauern aufgemacht wird und auch branchenfremde Unternehmen betrifft, welche an der digitalen Steigerung der landwirtschaftlichen Produktivität mitverdienen wollen. Es bleibt abzuwarten, welche Auswirkungen die Fortschritte der Digitalisierung auf die Produzent_innen haben und wie sich die Struktur der Branche weiter verändern wird. Von einem Ende der Angewiesenheit der Landwirtschaft auf staatliche Subventionen geht jedenfalls niemand aus. Die Digitalisierung führt demnach nicht zu einer Aufhebung des Sonderstatus der Landwirtschaft, sondern zu dessen Fortführung.

Literatur

AbL (2021): Gesetz in Spanien stärkt Position der Erzeuger. abl-ev.de/apendix/news/details/gesetz-in-spanien-staerkt-position-der-erzeuger (Abfrage: 22.04.2024).

agrarheute (2019): Milliardengeschäfte: Die 5 größten Landtechnikhersteller weltweit. agrarheute.com/technik/milliardengeschaefte-5-groessten-landtechnikhersteller-weltweit-531719 (Abfrage: 22.04.2024).

agrarheute (2020a): Jeder deutsche Landwirt ernährt heute 140 Menschen. agrarheute.com/land-leben/deutsche-landwirt-ernaehrt-heute-140-menschen-515109 (Abfrage: 09.05.2024).

agrarheute (2020b): Mega-Farmen: 8 der größten Agrarbetriebe der Welt. agrarheute.com/land-leben/mega-farm-7-groessten-agrarbetriebe-welt-521160 (Abfrage: 22.04.2024).

Bartels, Nedo/Dörr, Jörg/Fehrmann, Jens/Gennen, Klaus/Groen, Eduard C./Härtel, Ines/Henningsen, Jens/Herlitzius, Thomas/Jeswein, Thomas/Kunisch, Martin et al. (2021): Abschlussbericht Machbarkeitsstudie: Machbarkeitsstudie zu staatlichen digitalen Datenplattformen für die Landwirtschaft. publica.fraunhofer.de/handle/publica/300881 (Abfrage: 22.04.2024).

BDV (2023): Situationsbericht 2023/24. Trends und Fakten zur Landwirtschaft. situationsbericht.de/7/72-agraraußenhandel (Abfrage: 22.04.2024).

Bhutani, Shivam / Kumar, Anil (2023): Marktanalyse für digitale Landwirtschaft – Globale Angebots- und Nachfrageanalyse & Chancenausblick 2023–2033. researchnester.com/de/reports/digital-farming-market/440 (Abfrage: 09.05.2024).

BLE (2023): Experimentierfelder-Konferenz 2023. Ergebnispapier. ble.de / DE / Projektfoerderung / Foerderungen-Auftraege / Digitalisierung / Veranstaltungen / Experimentierfelder-Konferenz / EF-Konferenz_node.html (Abfrage: 09.05.2024).

BMDV (2022): Wir sorgen für gesunde Pflanzen und Tiere. digitalstrategie-deutschland.de/landwirtschaft (Abfrage: 22.04.2024).

BMEL (2022a): Digitalisierung in der Landwirtschaft. Chancen nutzen – Risiken minimieren. bmel.de / DE/themen/digitalisierung/digitalisierung-landwirtschaft.html (Abfrage: 09.05.2024).

BMEL (2022b): Gutachten zu Leitlinien und Regeln für Agrardaten in der EU. bmel.de / DE/themen/digitalisierung/agrardaten-gutachten.html (Abfrage: 09.05.2024).

BMEL (2023a): Die wirtschaftliche Lage der landwirtschaftlichen Betriebe. Buchführungsergebnisse der Testbetriebe des Wirtschaftsjahres 2021/2022. bmel-statistik.de/fileadmin/daten/0111001-2022.pdf (Abfrage: 22.04.2024).

BMEL (2023b): Agrarpolitischer Bericht der Bundesregierung 2023. bmel.de / SharedDocs / Downloads / DE / Broschueren/agrarbericht-2023.html (Abfrage: 09.05.2024).

BMEL (2023c): Landwirtschaft, Klimaschutz und Klimaresilienz. bmel.de / DE/themen/landwirtschaft/klimaschutz/landwirtschaft-und-klimaschutz.html (Abfrage: 22.04.2024).

BMEL (2024a): Direktzahlungen. bmel.de / DE/themen/landwirtschaft/eu-agrarpolitik-und-foerderung/direktzahlung/direktzahlung_node.html (Abfrage: 22.04.2024).

BMEL (2024b): Staatliche Beihilfen. bmel.de / DE/themen/landwirtschaft/eu-agrarpolitik-und-foerderung/staatliche-beihilfen/staatliche-beihilfen_node.html (Abfrage: 22.04.2024).

BMEL (2024c): Neue Förderung für „Zukunftsbetriebe und Zukunftsregionen". bmel.de/DE/themen/digitalisierung/foerderung-zukunftsbetriebe-zukunftsregionen.html (Abfrage: 22.04.2024).

BMWK (2022): Agri-Gaia. agri-gaia.de/agri-gaia/faq (Abfrage: 22.04.2024).

Bongiovanni, Rodolfo / Lowenberg-Deboer, James (2004): Precision Agriculture and Sustainability. In: Precision Agriculture, H. 5/4, S. 359–387.

Brot für die Welt (2024): Digitale Landwirtschaft. brot-fuer-die-welt.de/themen/dossier-digitalisierung/mit-algorithmen-hunger-bekaempfen (Abfrage: 09.05.2024).

BUND (2019): Chancen und Risiken der Digitalisierung in der Landwirtschaft. bund.net/fileadmin/user_upload_bund/publikationen/landwirtschaft/bak_landwirtschaft_diskussionspapier_digitalisierung.pdf (Abfrage: 22.04.2024).

Bundesregierung (2020): Digitalisierung gestalten. Umsetzungsstrategie der Bundesregierung. bundesregierung.de/resource/blob/975226/1552758/c34e443dbe732e79c9439585b4fbade5/pdf-umsetzungsstrategie-digitalisierung-data.pdf?download=1 (Abfrage: 22.04.2024).

Bundestag (2024): Haushalt 2024: Landwirtschaftsbudget bei 6,9 Milliarden Euro. bundestag.de/presse/hib/kurzmeldungen-987086 (Abfrage: 22.04.2024).

Destatis (2021): Strukturwandel in der Landwirtschaft hält an. destatis.de / DE / Presse / Pressemitteilungen/2021/01 / PD21_028_412.html (Abfrage: 09.05.2024).

Destatis (2024): Landwirtschaftliche Betriebe. destatis.de / DE / Themen / Branchen-Unternehmen / Landwirtschaft-Forstwirtschaft-Fischerei / Landwirtschaftliche-Betriebe/_inhalt.html#238418 (Abfrage: 09.05.2024).

Dirksmeyer, Walter (2013): Situation des Gartenbaus in Deutschland sowie Möglichkeiten und Hemmnisse für seine zukünftige Entwicklung: Ergebnisse einer Befragung von Beratern und

Berufsstand. policycommons.net/artifacts/2129534/situation-des-gartenbaus-in-deutschland-sowie-moglichkeiten-und-hemmnisse-fur-seine-zukunftige-entwicklung/2884832/fragments (Abfrage: 09.05.2024).

EU-FarmBook (2024): EU-FarmBook Objectives. welcome.eufarmbook.eu/objectives (Abfrage: 22.04.2024).

Europäische Kommission (2024): Die GAP im Überblick. agriculture.ec.europa.eu/common-agricultural-policy/cap-overview/cap-glance_de (Abfrage: 09.05.2024).

EWG (1957): Vertrag zur Gründung der Europäischen Wirtschaftsgemeinschaft. eur-lex.europa.eu/legal-content/DE/TXT/PDF/?uri=CELEX:11957E/TXT (Abfrage: 22.04.2024).

FAO (2022): The State of Food and Agriculture 2022: Leveraging agricultural automation for transforming agrifood systems. fao.org/documents/card/en/c/cb9479en (Abfrage: 22.04.2024).

FAZ (2023): Agritechnica: Der Weg zu sauberen Landmaschinen ist lang. faz.net/aktuell/wirtschaft/unternehmen/agritechnica-der-weg-zu-sauberen-landmaschinen-ist-lang-19316045.html (Abfrage: 09.05.2024).

Feindt, Peter H. (2022): Paradigmenstreit und Politikverflechtung Warum Wandel in der Agrarpolitik so schwierig ist. In: Aus Politik und Zeitgeschichte, H. 15–17.

Finger, Robert/Swinton, Scott M./Benni, Nadja El/Walter, Achim (2019): Precision Farming at the Nexus of Agricultural Production and the Environment. In: Annual Review of Resource Economics, H. 11, S. 313–335.

Fligstein, Neil/McAdam, Doug (2015): A theory of fields. Oxford/New York/Auckland: Oxford University Press.

Fraunhofer IESE (2022): Neues Projekt „AgriDataSpace" schafft europäischen Datenraum für die Landwirtschaft. iese.fraunhofer.de/de/media/presse/pm-2022-11-17-agridataspace.html (Abfrage: 09.05.2024).

Fritschle, Moritz Peter/Thomas, Fabian/Engel, Stefanie/Rellensmann, Thomas/Kuhfuss, Laure (2022): D6.3 Report on current and potential private incentives. FRAMEwork: Farmer clusters for Realising Agrobiodiversity Management across Europe. zenodo.org/records/7115617 (Abfrage: 09.05.2024).

GeoBox-I. (o. J.): GeoBox-Infrastruktur. Projekt zur betrieblichen Datenhaltung und regionalen Vernetzung in der Landwirtschaft. geobox-infrastruktur.de (Abfrage: 22.04.2024).

Graff, Gregory D./Silva, Felipe de Figueiredo/Zilberman, David (2020): Venture Capital and the Transformation of Private R&D for Agriculture. In: Economics of Research and Innovation in Agriculture. Chicago: University of Chicago Press, S. 213–245.

Greenpeace (2019): Imagine Zero Waste being the new normal: A fascinating future without single-use plastics. greenpeace.org/usa/wp-content/uploads/2019/10/Blog-2_Zero-waste-is-the-new-normal-1.pdf (Abfrage: 22.04.2024).

Griepentrog, Hans W. (2019): Digitalisierung in der Landwirtschaft. dlg.org/de/landwirtschaft/themen/technik/digitalisierung-arbeitswirtschaft-und-prozesstechnik/dlg-merkblatt-447 (Abfrage: 09.05.2024).

Grohmann, Pascal/Feindt, Peter H./Krämer, Christine/Häger, Astrid (2021): Post-Exzeptionalismus statt Transformation? Die Legislativvorschläge und ihre nationale Umsetzung im Lichte einer Expertenbefragung zur Ausgestaltung der GAP nach 2022. 61. Jahrestagung der GEWISOLA: „Transformationsprozesse im Agrar- und Ernährungssystem: Herausforderungen für die Wirtschafts- und Sozialwissenschaften", 22.–24. September 2021 in Berlin.

Hackfort, Sarah (2021): Patterns of Inequalities in Digital Agriculture: A Systematic Literature Review. In: Sustainability, H. 13/22, S. 12345.

Herre, Roman (2017): Fünf Agrarkonzerne beherrschen den Weltmarkt. boell.de/de/2017/01/10/fuenf-agrarkonzerne-beherrschen-den-weltmarkt (Abfrage: 22.04.2024).

Hoinkes, Carla (2022): Chemiekonzerne: Pestizide & Saatgut versprechen große Geschäfte. boell.de/de/2022/01/12/chemiekonzerne-pestizide-saatgut-versprechen-grosse-geschaefte (Abfrage: 22.04.2024).

Howley, Peter (2015): The Happy Farmer: The Effect of Nonpecuniary Benefits on Behavior. In: American Journal of Agricultural Economics, H. 97/4, S. 1072–1086.

IVA (2022): Interoperabilität für die Digitalisierung der Landwirtschaft. iva.de/newsroom/neuigkeiten/aktuelles/interoperabilitaet-fuer-die-digitalisierung-der-landwirtschaft (Abfrage: 09.05.2024).

Kehl, Christoph / Meyer, Rolf / Steiger, Saskia (2022): Digitalisierung der Landwirtschaft: gesellschaftliche Voraussetzungen, Rahmenbedingungen und Effekte. Teil II des Endberichts zum TA-Projekt (Nr. Drucksache 20/1649). Berlin: Deutscher Bundestag.

Klerkx, Laurens / Jakku, Emma / Labarthe, Pierre (2019): A review of social science on digital agriculture, smart farming and agriculture 4.0: New contributions and a future research agenda. In: NJAS – Wageningen Journal of Life Sciences, H. 90–91, S. 1–16.

Kliem, Lea / Wagner, Josephin / Olk, Christopher / Keßler, Luisa / Lange, Steffen / Krachunova, Tsvetelina / Bellingrath-Kimura, Sonoko (2022): Digitalisierung der Landwirtschaft. Chancen und Risiken für den Natur- und Umweltschutz (Nr. 222/22). IÖW-Schriftenreihe. Berlin: Institut für ökologische Wirtschaftsforschung.

Langthaler, Ernst (2014): Landwirtschaft und Ernährung. ruralhistory.at/de/publikationen/rhwp/RHWP29.pdf (Abfrage: 22.04.2024).

LP (2024): Top 30 Ranking im deutschen LEH 2023. lebensmittelpraxis.de/top-30-unternehmen-im-leh.html (Abfrage: 22.04.2024).

LwG (1955): Landwirtschaftsgesetz. gesetze-im-internet.de/lwg/BJNR005650955.html (Abfrage: 09.05.2024).

Martinsson, Elin / Hansson, Helena / Mittenzwei, Klaus / Storm, Hugo (2024): Evaluating environmental effects of adopting automatic milking systems on Norwegian dairy farms. In: European Review of Agricultural Economics, H. 51/1, S. 128–156.

Massfeller, Anna / Storm, Hugo (2022): Socio-spatial information sources influencing farmers' decision to use mechanical weeding in sugar beets. 96. Jahrestagung der Agricultural Economics Society: 4.–6. April 2022 in Leuven.

Monteiro Moretti, Débora / Baum, Chad M. / Ehlers, Melf-Hinrich / Finger, Robert / Bröring, Stefanie (2023): Exploring actors' perceptions of the precision agriculture innovation system – A Group Concept Mapping approach in Germany and Switzerland. In: Technological Forecasting and Social Change, H. 189, S. 122270.

NABU (2024): Chancen und Risiken der Bioökonomie. nabu.de/umwelt-und-ressourcen/nachhaltiges-wirtschaften/biooekonomie/29159.html (Abfrage: 09.05.2024).

Oxfam (2018): Farm Tech: Trends, Risiken und Chancen. oxfam.de/blog/farm-tech-trends-risiken-chancen (Abfrage: 09.05.2024).

Pößneck, Jörg (2011): Precision Farming im Pflanzenbau. landwirtschaft.sachsen.de/download/Precision_Farming-Endfassung-Internet-v2.pdf.

produktion.de (2024): Die 10 umsatzstärksten Landtechnik-Hersteller in Europa. produktion.de/wirtschaft/die-10-umsatzstaerksten-landtechnik-hersteller-in-europa-790.html (Abfrage: 09.05.2024).

profi (2023): Nevonex gibt auf. profi.de/aktuell/aktuelle-meldungen/nevonex-gibt-auf-30348.html (Abfrage: 09.05.2024).

QuantiFarm (2023): About. quantifarm.eu/about (Abfrage: 09.05.2024).

Reinhardt, Tilman (2023): The farm to fork strategy and the digital transformation of the agrifood sector – An assessment from the perspective of innovation systems. In: Applied Economic Perspectives and Policy, H. 45/2, S. 819–838.

Rohleder, Bernhard / Krüsken, Bernhard / Reinhardt, Horst (2020): Digitalisierung in der Landwirtschaft 2020. bitkom.org/sites/main/files/2022-01/27.04.20_digitalisierung-in-der-landwirtschaft-2020.pdf (Abfrage: 22.04.2024).

Schadt, Peter (2022): Digitalisierung. Köln: Papy Rossa

Schadt, Peter / Weis, Nathan (2022): Automobilindustrie im Umbruch – Digitalisierung und Elektrifizierung als Trends? In: Z – Zeitschrift Marxistische Erneuerung, H. 129, S. 174–185.

Shang, Linmei / Heckelei, Thomas / Gerullis, Maria K. / Börner, Jan / Rasch, Sebastian (2021): Adoption and diffusion of digital farming technologies – integrating farm-level evidence and system interaction. In: Agricultural Systems, H. 190, S. 103074.

Storm, Hugo / Seidel, Sabine Julia / Klingbeil, Lasse / Ewert, Frank / Vereecken, Harry / Amelung, Wulf / Behnke, Sven / Bennewitz, Maren / Börner, Jan / Döring, Thomas / Gall, Juergen / Mahlein, Anne-Katrin / McCool, Chris / Rascher, Uwe / Wrobel, Stefan / Schnepf, Andrea / Stachniss, Cyrill / Kuhlmann, Heiner (2024): Research priorities to leverage smart digital technologies for sustainable crop production. In: European Journal of Agronomy, H. 156, S. 127178.

Umweltbundesamt (2019): Digitalisierung nachhaltig gestalten. Ein Impulspapier des Umweltbundesamtes. umweltbundesamt.de/sites/default/files/medien/376/publikationen/uba_fachbroschuere_digitalisierung_nachhaltig_gestalten_0.pdf (Abfrage: 22.04.2024).

Umweltbundesamt (2024): Umweltbelastungen der Landwirtschaft. umweltbundesamt.de/themen/landwirtschaft/umweltbelastungen-der-landwirtschaft (Abfrage: 22.04.2024).

VDMA (2023): Europäische Landtechnik bleibt Innovations- und Wachstumstreiber für die globale Landwirtschaft. vdma.org/documents/34570/4887668 / Europaeische+Landtechnik+bleibt+Innovations-+und+Wachstumstreiber.pdf/7ec4765d-0240-957f-8252-906361217b8d?t=1699868490299 (Abfrage: 09.05.2024).

vlf (2020): Auswirkungen der Digitalisierung auf die Agrarbildung. Diskussionspapier. bauernverband.de/fileadmin/user_upload/dbv/pressemitteilungen/2021 / KW_01_bis_KW_20 / KW_02 / Digitalisierung-Berufsbildung-Landwirtschaft-vlf-Diskussionspapier_Dez_2020.pdf (Abfrage: 22.04.2024).

Wendl, Georg (2017): Ackerbau. Technische Lösungen für die Zukunft: Tagungsband. Schriftenreihe der Bayerischen Landesanstalt für Landwirtschaft. Freising-Weihenstephan: Bayerische Landesanstalt für Landwirtschaft (LfL).

WWF (2019): Vielfalt auf den Acker! wwf.de/fileadmin/fm-wwf / Publikationen-PDF / Landwirtschaft/wwf-studie-vielfalt-auf-den-acker.pdf (Abfrage: 22.04.2024).

ZKL (2021): Zukunft Landwirtschaft. Eine gesamtgesellschaftliche Aufgabe. Empfehlungen der Zukunftskommission Landwirtschaft. bmuv.de/fileadmin / Daten_BMU / Download_PDF / Bodenschutz/zkl_abschlussbericht_bf.pdf (Abfrage: 22.04.2024).

IV. Politische Programme: Standortpolitik 4.0

Eine nationale Weiterbildungsstrategie als Antwort auf ‚die Digitalisierung'

Zur politischen Ökonomie der Erwachsenenbildung

Jan Breier

1. Einleitung

Im Zuge der unter dem Stichwort der ‚Digitalisierung' zusammengefassten gesellschaftlichen Transformations- und Umwälzungsprozesse wird um das ‚neue Normal' der Beschäftigungsverhältnisse der Zukunft gerungen (vgl. z. B. Schmitz/Urban 2023). Dabei „verwundert es kaum, dass der Ruf nach Weiterbildung auch im Kontext von Digitalisierung unüberhörbar laut ist. Die Weiterbildung hat noch einmal eine zumindest programmatische Bedeutungsaufwertung erfahren; das gesamte Bildungssystem soll auf lebenslanges Lernen ausgerichtet werden" (Umbach et al. 2020, S. 30). Durch die prognostizierte massenhafte Entwertung von beruflichen Qualifikationen und Kompetenzen, die bis gestern gefragt und angewandt wurden, sowie die Entstehung neuer Qualifikationsprofile (vgl. z. B. Dengler/Matthes 2018; Nedelkoska/Quintini 2018) gibt es nämlich den Bedarf nach einer *permanenten Um- und Neu-Qualifizierung* der Arbeitskräfte der Zukunft. Auf Initiative und unter Federführung des Bundesarbeitsministeriums wurde 2019 daher gemeinsam mit 17 Partner_innen (v. a. Ministerien, BA, Gewerkschaften, Arbeitgeberverbände) eine ‚nationale Weiterbildungsstrategie' (NWS) ins Leben gerufen, die wichtige Strukturmaßnahmen bündeln und einen „Aufbruch in die Weiterbildungsrepublik" (BMAS 2022, S. 5) einleiten soll.

Im Folgenden soll die NWS vorgestellt und kritisch beleuchtet werden, inwiefern ‚die Digitalisierung' in ihr einerseits als *subjektloser Prozess* aufgefasst wird, auf den ‚die Gesellschaft' *zu reagieren* hätte, und *wie* sie sich andererseits vornimmt, die Arbeit der Zukunft ‚zu gestalten' bzw. welche Subjekte von ihr wie angesprochen werden. Anknüpfend daran werden im dritten Kapitel kritische Anmerkungen zu einigen zentralen wissenschaftlichen Diskursen der Weiterbildungsforschung entwickelt. Im vierten Kapitel erfolgt der Versuch, den politökonomischen Zusammenhang zwischen der Digitalisierung und dem wachsenden Bedarf nach Weiterbildung anhand aktueller Studienergebnisse zu charakterisieren.

2. Eine nationale Weiterbildungsstrategie für Deutschland

2.1 Ausgangslage und Diagnose der NWS

In ihrem Strategiepapier konstatieren die Agierenden der NWS folgende Ausgangslage:

> „Das Wichtigste in unserem Land sind die Menschen mit ihrem Können, ihrer Kreativität und ihrem Engagement. Diese Stärke baut auf Qualifikationen und Kompetenzen. Durch den – insbesondere von der Digitalisierung getriebenen – Wandel der Arbeitswelt werden sich Berufsbilder und Qualifikationsprofile massiv verändern" (BMAS 2019, S. 2).

Wenn also zunächst *die Menschen* mit „ihrem Können, ihrer Kreativität und ihrem Engagement" gelobt werden, so ist dies nur der Auftakt, um festzustellen, dass ihre „Qualifikationen und Kompetenzen" gar nicht etwas sind, das *ihnen* zukommt und sie auszeichnet. Vielmehr stehen diese Fähigkeiten und ihr Wissen in einem höchst instabilen *Verhältnis* zu einer Nachfrage, die von Unternehmen auf einem Arbeitsmarkt gestiftet wird, mit dem die Arbeitenden offensichtlich nicht viel mehr zu tun haben, als dass sie dessen Anforderungen erfüllen müssen, weil sie von ihm abhängen. An *dessen* Bedarfen entscheidet sich, was eine einstmals erworbene Qualifikation den Qualifizierten bringt, und ob sie in diesem Sinne überhaupt noch als ‚qualifiziert' zu bezeichnen sind. Dass ‚die Digitalisierung' einen ‚Wandel der Arbeitswelt' *treibt*, ist somit als Ausgangspunkt eines staatlichen Handlungsbedarfs für dazu passende Weiterbildungsstrukturen festgemacht, die nicht nur Arbeitnehmenden und Arbeitgebenden gleichermaßen nützen sollen, sondern auch für die Konkurrenztüchtigkeit des deutschen Standorts unerlässlich sind:

> „Weiterbildung ist der Schlüssel zur Fachkräftesicherung, zur Sicherung der Beschäftigungsfähigkeit aller Arbeitnehmerinnen und Arbeitnehmer und damit für die Innovationsfähigkeit und Wettbewerbsfähigkeit unseres Landes" (BMAS 2019, S. 2).

Die Partner_innen der NWS halten daher fest, dass „wir [...] eine neue Weiterbildungskultur in Deutschland [brauchen], die Weiterbildung als selbstverständlichen Teil des Lebens versteht" (BMAS 2019, S. 2). Die NWS präsentiert sich also als gemeinschaftliche Antwort auf eine existierende Lage, mit der sie an und für sich nichts weiter zu tun hat, als – im Sinne und zum Nutzen *aller* – auf sie zu reagieren: „Diese Entwicklung erfordert eine große gesellschaftliche Kraftanstrengung" (ebd., S. 3). Damit bezieht sich die NWS in einem höchst affirmativen Sinne auf die sich ändernden Bedarfe ‚der Wirtschaft'. Deren ‚Wandel' allerdings – so viel ist richtig zu stellen – wird nicht von ‚der Digitalisierung' getrieben, sondern ‚die Wirtschaft' *macht* überhaupt diesen ‚Wandel': Die Unternehmen selbst sind es schließlich, die die neuen, digitalen Technologien für die Steigerung ihrer Gewinne, die Eroberung und Stiftung neuer Wachstumsfelder und Märkte sowie die Einsparung von Kosten für bezahlte Arbeit auf immer weiter steigender Stufenleiter anwenden. Damit machen sie einerseits menschliche Arbeitskraft in zunehmendem Maße überflüssig und wollen für ihre neuen Geschäftsfelder und digitalisierten Arbeitsprozesse andererseits Arbeitskräfte, die die dafür notwendigen Qualifikationen schon mitbringen. Unterstützt und gefördert wird ‚die Wirtschaft' dabei vom Staat, der durch Gesetzgebung, Subventionierung, Kredit und die Bereitstellung der wissenschaftlichen Voraussetzungen für eine solche Umwälzung der Produktionsbedingungen aus seinem Standortinteresse erst für eine wirkliche und unumkehrbare *Verallgemeinerung* der Digitalisierung sorgt (vgl. Schadt/Weis 2023). Unter diesen Prämissen erst wird die Digitalisierung als ‚Treiber' einer Änderung ‚der Arbeitswelt' genommen, *auf die* man zu ‚reagieren' hätte. Dabei wäre die umgekehrte Redeweise der Sache angemessener: Der Staat *treibt* ‚die Digitalisierung', die Unternehmen *machen* sie und treiben sich gegenseitig in ihrer Konkurrenz. Für die nach wie vor notwendigen menschlichen Arbeitskräfte definieren sie die sich ändernden Anforderungen, die also wirklich: die *Getriebenen* sind.

So soll es nach dem Willen der NWS allerdings nicht sein: Gerade weil „Weiterbildung und Qualifizierung [...] mehr denn je Voraussetzung [sind], das Berufsleben in die eigene Hand zu nehmen" (BMAS 2019, S. 2) – die lebenslängliche und nie abgeschlossene, am besten schon antizipativ zu gestaltende *Anpassung* der Arbeitskräfte an noch gar nicht bekannte Anforderungen einer Berufswelt der Zukunft also schlicht notwendig ist –, sollen die Arbeitskräfte proaktiv, quasi präventiv dabei unterstützt werden, „die individuelle Beschäftigungsfähigkeit" (ebd., S. 3) zu erhalten bzw. zu steigern. Mit dem Ausdruck der ‚Beschäftigungs*fähigkeit*' wird das ökonomische *Verhältnis*, welches eine ‚Beschäftigung' real ist – eine kapitalistisch bestimmte Nachfrage nach einer Arbeitskraft, die auf ein passendes Angebot trifft und in das Kommandoverhältnis Geld gegen Arbeit mündet –, in eine *Eigenschaft* der Arbeits*kräfte* überführt. *An denen* soll so etwas wie eine *Fähigkeit*, eine *Voraussetzung* hergestellt werden, damit sie auch anstell*bar* sind. In einem theoretischen Sinne wird damit die sich aufgrund ihrer Konkurrenzfortschritte und Geschäftsbedingungen permanent ändernde Nachfrage der Arbeitgebenden als Anforderung in die Individualität derjenigen verlagert, die der Sache nach gar nichts anderes tun können, als sich dieser Nachfrage möglichst *anzupassen*.[1] Praktisch folgt daraus die Forderung nach einer Art Metakompetenz, die nicht in einem Sammelsurium von bestimmten Qualifikationen besteht, sondern Flexibili-

1 Dass in dem Idealbild einer „neuen Weiterbildungskultur" de facto die Freiheit der Lohnabhängigen, ihr Leben selbst zu gestalten, mit dem Zwang, sich dafür an die Bedarfe ‚der Wirtschaft' anpassen zu müssen, identisch gesetzt ist, wird unter 3.2 näher ausgeführt.

tät, Anpassungsbereitschaft, den Willen zum Lernen überhaupt und getrennt von jedem konkreten Lerninhalt meint und gerne als ‚lebenslanges Lernen' bezeichnet wird (Kapitel 3.2).

2.2 Ziele und Handlungsfelder

Um das von ihnen diagnostizierte Problem des perspektivisch umfassenden Missverhältnisses zwischen Nachfrage und Angebot anzugehen, haben die Partner_innen der NWS einen Katalog von Strukturmaßnahmen aufgelegt. Insgesamt fokussiert die NWS auf die berufliche Weiterbildung und „hat zum Ziel, die berufliche Handlungsfähigkeit im Rahmen von Anpassungs- bzw. Erhaltungsqualifizierungen zu sichern oder im Rahmen von Entwicklungs- bzw. Aufstiegsqualifizierungen zu erweitern und berufliche Aufstiege zu ermöglichen" (BMAS 2019, S. 5). Dafür wurden zehn Handlungsziele festgelegt, die insgesamt dazu beitragen sollen, die Weiterbildungsstruktur und -angebote transparenter, einheitlicher, qualitativ hochwertiger, attraktiver und leichter zugänglich zu machen. So soll(en):

1. Die *Transparenz von Weiterbildungsmöglichkeiten und -angeboten* unter anderem dadurch unterstützt werden, dass der Ausbau von Beratungsangeboten angestrebt wird sowie ein zentrales Einstiegsportal,[2] Lernplattformen, Informationsportale und Zertifizierungsmöglichkeiten für digitale Kompetenzen aufgebaut werden.
2. *Förderlücken* unter anderem dadurch *geschlossen werden*, dass das Aufstiegsfortbildungsförderungsgesetz novelliert wird, staatlich geförderte Bildungszeiten geprüft werden, das Kurzarbeitergeld weiterentwickelt wird, Bildungszeitgesetze besser beworben werden sowie die Grundbildung durch diverse Projekte verstärkt gefördert wird.
3. Die *Weiterbildungsberatung flächendeckend vernetzt* werden, indem verschiedenste Projekte wie z. B. ein bundesweites Infotelefon auf den Weg gebracht werden.
4. Die *Verantwortung der Sozialpartner* unter anderem dadurch *gestärkt werden*, dass die Gewerkschaften sinnvolle Weiterbildungsmöglichkeiten eröffnen und betriebliche Weiterbildung in Tarifverträgen geregelt wird.
5. Die *Qualität von Weiterbildungsangeboten geprüft und gestärkt* werden, indem unter anderem ‚neue' Instrumente, wie z. B. Checklisten entwickelt werden, die

2 Dieses ist seit Anfang 2024 unter mein-now.de online und zählt als ein großer Meilenstein, da das Portal darauf ausgerichtet ist, alle möglichen anderen Portale zur Weiterbildung, die ebenfalls weiterhin existieren, miteinzubeziehen und zu bündeln. Im Ergebnis gibt es also noch eine Seite, die Interessierten helfen soll, sich im ‚Dschungel Weiterbildung' zurechtzufinden.

Bedeutung von Qualitätsmanagementsystemen gestärkt wird oder neue Onlineprodukte von der BA eingeführt werden.

6. *Erworbene Kompetenzen von Arbeitnehmenden anerkannt werden*, wofür unter anderem ein bundesweit standardisiertes Verfahren zur Zertifizierung informell erworbener Kompetenzen begrüßt wird sowie Validierungsverfahren für berufliche Kompetenzen durchgeführt und deren Verankerung erprobt werden.
7. *Fortbildungsabschlüsse und Weiterbildungsangebote* entwickelt werden, die an die Erfordernisse der Digitalisierung angepasst sind. So sollen unter anderem Lernortkooperationen entstehen, Teilqualifizierungen ausgeweitet werden und kompetenzorientierte Qualifikationsprofile durch die Länder entwickelt werden.
8. *Bildungseinrichtungen als Kompetenzzentren weiterentwickelt werden*, indem unter anderem Weiterbildungen für Fach- und Führungskräfte angeboten und Netzwerke, Weiterbildungsverbünde und Kooperationen ausgebaut werden.
9. *Das Personal in der Weiterbildung gestärkt werden*, unter anderem durch eine Prüfung der Beschäftigungsbedingungen unter Einbezug der Sozialpartner, eine Qualifizierungsinitiative durch das BMBF sowie die Stärkung der Professionalisierung.
10. *Die strategische Vorausschau und die Weiterbildungsstatistik optimiert werden*, unter anderem mittels einer integrierten Berichterstattung, den Ausbau des Kompetenzpasses und des Fachkräftemonitorings sowie die Entwicklung und Durchführung von wissenschaftlichen Studien (vgl. BMAS 2019).

Unterstellt ist diesen Handlungszielen allemal die praktische Überzeugung, dass sich der digitale Wandel ‚bewältigen lässt' und ökonomische Passungsverhältnisse herstellbar sind, wenn die deutsche Weiterbildungslandschaft unterstützt wird, der Zugang zu Weiterbildung erleichtert und Angebote weiterentwickelt werden. Wenn man es also den *Arbeitskräften* strukturell ermöglicht und sie dazu motiviert und dabei unterstützt, ihre aktiv-passive Rolle in der ‚neuen Weiterbildungskultur' selbstbewusst anzunehmen. Worin ihre Rolle besteht und von welchen ökonomischen Voraussetzungen diese abhängt, ist schlicht nicht Thema der NWS.[3]

2.3 Umsetzung und Bewertung

In ihrem ersten Umsetzungsbericht aus dem Jahr 2021 berichten die Partner_innen der NWS, dass sie „bereits drei Viertel unserer Vereinbarungen umgesetzt oder die Umsetzung auf einen guten Weg gebracht" (BMAS 2021, S. 7) haben.

3 Deswegen dazu mehr unter Kapitel 4.

Im Rahmen von gemeinsamen Themenlaboren seien unter Einbindung von Expert_innen Lösungsansätze und Empfehlungen erarbeitet worden, es wurde eine Arbeitsgruppe zu Beschäftigungsbedingungen des Weiterbildungspersonals gegründet, ein Workshop zur digitalen Lerninfrastruktur durchgeführt sowie ein Bund-Länder-Ausschuss ins Leben gerufen. Zusätzlich wird auf einige durchgeführte (Modell-)Projekte, den Start verschiedener digitaler Portale, die Novelle einiger Gesetze wie z. B. das Aufstiegsfortbildungsförderungsgesetz oder die Verabschiedung des Arbeit-von-morgen-Gesetzes sowie die Stärkung von Förderstrukturen verwiesen (vgl. ebd.). In ihrem Papier zur Fortführung und Weiterentwicklung der NWS vom September 2022 nehmen sich die Partner_innen eine Aktualisierung und verstärkte Umsetzung der Strategie vor. Unter anderem wollen sie die Öffentlichkeitsarbeit verstärken, die Weiterbildungsbeteiligung von derzeit 60 auf 65 Prozent bis 2030 steigern sowie Zugänge zu Beratung und Förderung erleichtern, Kooperationen in Regionen und Branchen vertiefen, Konzepte weiterentwickeln und die digitale Weiterbildung stärken (vgl. BMAS 2022).

Aus Sicht der *Wissenschaft* wird die NWS in der Tendenz prinzipiell begrüßt, einzelne Aspekte allerdings als unzureichend, verengt oder unsystematisch kritisiert (vgl. z. B. Robak 2022; Jäger / Schrader 2020; Schiersmann 2022). So problematisiert Schrader z. B., dass die NWS allein auf die berufliche Weiterbildung fokussiert und „Fragen der kulturellen oder der politischen Bildung nicht Teil dieser Nationalen Weiterbildungsstrategie sind" (Jäger / Schrader 2020, S. 8). Außerdem sei kritisch anzumerken, dass „die Wissenschaft nicht systematisch einbezogen ist" (ebd., S. 10). Schiersmann sieht dies ähnlich und mahnt aus der Perspektive der Weiterbildungsberatung an, dass es verpasst wurde, „die bisherigen Erfahrungen mit Kooperation systematisch auszuwerten" (Schiersmann 2022, S. 47). Überdies sei die angestrebte Federführung der BA für die Vernetzung der Beratung irritierend, da bereits vielfältige Vernetzungsstrukturen existierten. Außerdem kritisiert sie die mangelhafte Forschungsorientierung und kommt insgesamt zu dem Schluss, dass der „Umsetzungsbericht der NWS [...] zu vielen zentralen Fragen der Weiterbildungsberatung nicht oder nur in unbefriedigender Weise Stellung [nimmt]" (ebd., S. 50).

Auch aus der Sicht der *Gewerkschaften* ist die NWS prinzipiell begrüßenswert, es gebe aber noch viele Verbesserungsmöglichkeiten: z. B. wird angemahnt, dass „die zentrale Herausforderung [sein wird], insbesondere diejenigen zu erreichen, die von Weiterbildung besonders profitieren, bislang aber kaum erreicht werden. Nur so lässt sich eine erneute Spaltung am Arbeitsmarkt verhindern" (Klaus-Schelletter / Bayer 2019, S. 24). Außerdem wird unter anderem mehr Beteiligung für Betriebsräte, Zeit für Qualifizierung, mehr Verantwortung der Arbeitgeber für betriebliche Weiterbildung, eine Stärkung der Tarifpartner, ein generelles Recht auf Weiterbildungsförderung mit einer besseren Finanzierung, die rechtliche Verankerung von Validierungsverfahren für informell erworbene Kompetenzen sowie ein Recht auf das Nachholen von Berufsabschlüssen gefordert (vgl. DGB 2022; Klaus-Schelletter / Bayer 2019).

Auch die *Arbeitgeber_innen* begrüßen die NWS im Gesamten, haben aber quasi spiegelbildliche Verbesserungsvorschläge: So sei die differenzierte Weiterbildungslandschaft in Deutschland generell erhaltens- und unterstützenswert, weil sie den Bedarfen der unterschiedlichen Branchen entspricht. Insbesondere die Unternehmen machen aus ihrer Sicht ohnehin eine gute Weiterbildung und Personalpolitik, die sich schlicht „durch den wirtschaftlichen Erfolg der Unternehmen [beweist]" (Seling / Zenzen 2019, S. 27). Entschieden sind sie gegen ein pauschales Recht auf Weiterbildung, da die Betriebe besser wüssten, was sie brauchen. Sie votieren daher für „Feintuning statt Systemwechsel" (ebd., S. 28). Da die Bedeutung der Weiterbildung für die Unternehmen zentral sei, sei die ‚Konzeptlosigkeit' der NWS bedauernswert: „Was hier am Ende vermutlich herauskommt, mag hoffentlich dennoch an einigen Stellen für die Menschen, die Weiterbildung brauchen, ganz hilfreich sein – der erhoffte große Wurf wird es nicht" (ebd., S. 29).

*

Insgesamt sind sich Politik, Gewerkschaften, Arbeitgeber_innen, Wissenschaft und auch die Praxis der Weiterbildung in der wesentlichen Sache einig: Dass es angesichts der ‚Digitalisierung' eine enorme Bedeutungsaufwertung der Weiterbildung und des lebenslangen Lernens im Interesse Aller braucht und dafür politische Maßnahmen notwendig sind, die Möglichkeiten der lebenslänglichen Weiterbildung institutionalisieren und leichter zugänglich machen. Alle kritischen Anmerkungen und Verbesserungsvorschläge zur NWS beziehen sich – freilich standpunktabhängig unterschiedlich bis gegensätzlich – darauf, dieses Anliegen *besser* umzusetzen. Wie und warum dieser gesamtgesellschaftliche Bedarf zur politischen Ökonomie der Erwachsenenbildung / Weiterbildung in der bürgerlich-kapitalistischen Gesellschaft passt, inwiefern er gleichzeitig eine sachgemäße und dabei total unpassende Antwort auf das Problem der Beschäftigten ist, soll daher im Folgenden unter Bezug auf einige zentrale wissenschaftliche Diskurse beleuchtet werden.

3. Zur Sicht der Wissenschaft von der Erwachsenenbildung / Weiterbildung

Als *wissenschaftliche Disziplin* ist die Erwachsenenbildung / Weiterbildung (EB / WB) vergleichsweise jung. Dirk Axmacher (1974) hat aus marxistischer Sicht darauf hingewiesen, dass die Herausbildung einer Wissenschaft von der Erwachsenenbildung nämlich die Existenz eines eigenständigen gesellschaftlichen *Sektors* der Erwachsenenbildung als Teil des Berufsbildungswesens voraussetzt. Dieser hat seine politökonomische Bestimmung darin, als Teilbereich der (lebensbegleitenden) Aus- und Weiterbildung einen Beitrag zur beständigen *Reproduktion der Ware Arbeitskraft und ihres Gebrauchswerts* zu leisten. Die Eigenständigkeit der EB/WB kommt in ihrer Bezeichnung als ‚quartärer Bildungsbereich' zum Ausdruck, womit ihre im Prinzip gleichberechtigte Stellung neben den vergleichsweise stark formalisierten und institutionalisierten Strukturen der schulischen (primärer und sekundärer Bildungsbereich) und universitären (tertiärer Bildungsbereich) Bildung sowie dem Berufsausbildungswesen unterstrichen werden soll (vgl. Schäfer 2017). Diese Eigenständigkeit hat sich historisch erst durchsetzen müssen und beruht auf den komplexen Anforderungen moderner Produktions- und Lohnarbeitsverhältnisse.[4]

Als anerkannte Teildisziplin der Erziehungswissenschaften datieren die Anfänge der EB/WB in der BRD auf die späten 60er bis frühen 70er Jahre, in denen im Zuge der Bildungsexpansion auch die Institutionalisierung und Verrechtlichung der Erwachsenenbildungs-Praxis begann (vgl. Siebert 2018). Gemäß einer heute noch anerkannten Definition des Deutschen Bildungsrates von 1970 bezeichnet Weiterbildung „die Fortsetzung oder Wiederaufnahme organisierten Lernens nach Abschluss einer unterschiedlich ausgedehnten ersten Bildungsphase" (Deutscher Bildungsrat, zit. n. BMBF 2022, S. 5). Damit ist ihr primärer Bezug auf den Arbeitsmarkt fixiert, der sich auch dadurch äußert, dass die berufliche Bildung quantitativ den größten Teil der in Deutschland existierenden Weiterbildungsangebote ausmacht (vgl. BMBF 2022; Jäger/Schrader 2020).[5] Dass diese Tatsache vom Mainstream der EB/WB nicht wirklich thematisiert, sondern vielmehr als selbstverständliche Voraussetzung behandelt wird, wird daher von kritischer Seite teilweise bemängelt (vgl. z. B. Axmacher 1990a).

---

4 Daher spielt sie auch bei Marx keine Rolle, der entsprechend der damaligen Produktionsverhältnisse davon ausging, dass die Ausbildungskosten als Bestandteil des Werts der Ware Arbeitskraft für die allermeisten Arbeitsverhältnisse vernachlässigt werden können: „Um die allgemein menschliche Natur so zu modifizieren, daß [sic!] sie Geschick und Fertigkeit in einem bestimmten Arbeitszweig erlangt, entwickelte und spezifische Arbeitskraft wird, bedarf es einer bestimmten Bildung oder Erziehung, welche ihrerseits eine größere oder geringere Summe von Warenäquivalenten kostet. Je nach dem mehr oder minder vermittelten Charakter der Arbeitskraft sind ihre Bildungskosten verschieden. Diese Erlernungskosten, verschwindend klein für die gewöhnliche Arbeitskraft, gehn [sic!] also ein in den Umkreis der zu ihrer Produktion verausgabten Werte" (Marx 1890/2005, S. 186).

5 Gleichwohl existieren natürlich auch Angebote der EB/WB, die nicht in einem reinen Berufsbezug aufgehen. Üblicherweise werden die Angebote sowohl inhaltlich – z. B. in berufliche, kulturelle, gesundheitliche oder politische Bildung – als auch formell gegliedert, sodass zwischen formaler (mit Zertifikat), non-formaler (ohne Zertifikat) und informeller (quasi ‚nebenbei' stattfindender) EB/WB unterschieden wird (Siebert 2018; Tippelt 2018).

Seit den 1980er und 1990er Jahren ist die Praxis der Erwachsenenbildung in der BRD von einer enormen Expansion und Differenzierung geprägt (vgl. Tippelt 2018). Heutzutage existiert eine höchst komplexe und vielfältige Träger- und Angebotslandschaft, sodass eine Orientierung angesichts der Fülle von unterschiedlichen Trägern und Angeboten kaum möglich ist. Aktuell sind deutschlandweit knapp 60.000 unterschiedliche Träger von Weiterbildung dokumentiert (vgl. Schrader/Martin 2021) – noch ohne die rein innerbetriebliche Weiterbildung, die Unternehmen i. d. R. als Abteilung innerhalb ihrer Organisation betreiben und die sich meistens nur an die eigene Belegschaft richtet (vgl. Nuissl 2018). Gerne wird die Weiterbildungslandschaft daher als ‚Dschungel' oder ‚Wildwuchs' bezeichnet.

3.1 Bedeutungszuwachs der EB/WB, soziale Selektivität und das Rätsel der Nicht-Teilnehmenden

Der allgemeine Bedeutungszuwachs der EB/WB wird unter anderem durch das Weiterbildungsverhalten der Bevölkerung gemessen. So hat die tatsächliche Teilnahme an Weiterbildungen in Deutschland in den letzten Jahren stetig zugenommen: Die Weiterbildungsbeteiligung lag dem *Adult Education Survey* (AES) zufolge im Jahr 2020 bei 60 Prozent und damit deutlich höher als in den Vorjahren (2018: 54 Prozent; 2016: 50 Prozent) (vgl. BMBF 2022), was für die Verfasser_innen für den „Auftakt eines Aufwärtstrends" (ebd., S. 2) spricht. Gleichzeitig wird stets darauf verwiesen, dass der allgemeine Befund der *sozialen Selektivität* von Bildung – wie dies aus den anderen Bildungssektoren bekannt ist – auch auf die EB/WB zutrifft: Während im Jahr 2020 71 Prozent der Personen mit einem hohen Schulabschluss an mindestens einer Weiterbildung teilgenommen haben, waren es bei Personen mit einem mittleren Schulabschluss 60 Prozent und bei denjenigen mit einem niedrigen Schulabschluss nur 44 Prozent (vgl. ebd.). Insgesamt stiegen die Teilnahmequoten über die Jahre zwar in allen Bildungsgruppen, die Unterschiede bleiben aber dennoch überdeutlich vorhanden. Bremer (2017, S. 117 f.) konstatiert daher, dass sich „an der sozialstrukturellen Zusammensetzung der Teilnehmenden [...] im Grundsatz nichts Wesentliches verändert [hat], wie allein schon der Blick auf die „üblichen Verdächtigen" der sozialen Merkmale zeigt".

Auch Weiterbildung leistet also einen Beitrag zu der unter Titeln wie ‚Polarisierung' oder ‚Matthäus-Effekt' problematisierten *Spreizung* in der Hierarchie der Lohnarbeit: Während sich die oberen Ränge tendenziell weiterentwickeln und Aufstiegsmöglichkeiten bekommen, bleiben die unteren Einkommens- und Bildungsschichten weitgehend borniert auf ihren ‚Herkunftsstatus'. Dies widerspricht nicht nur dem bürgerlichen Ideal der ‚Chancengleichheit' und ‚Bildungsgerechtigkeit' und bedroht gegebenenfalls den ‚gesellschaftlichen Zusammenhalt', sondern ist überdies angesichts des viel beschworenen ‚Fachkräftemangels' problematisch, da hier womöglich ungenutztes Potenzial liegt, welches möglicherweise mit der entsprechenden Weiterbildung produktiv eingesetzt werden könnte. Sowohl für die Wissenschaft als auch für die Politik ist diese Selektivität daher Anlass für eine Problematisierung. So berichten z. B. Pfeiffer et al. (2019, S. 5), dass „gerade von den Geringqualifizierten, deren Beschäftigungssicherheit und -fähigkeit angesichts des digitalen Wandels besonders bedroht ist, [...] nur 32 Prozent an Weiterbildung teil[nehmen] – eine Quote deutlich unterhalb des Durchschnitts" und verweisen auf bestehende staatliche Förderstrukturen für die Ermöglichung von Weiterbildung (z. B. Bildungsgutscheine; Bildungszeitgesetze; Aufstiegs-BAföG oder das Qualifizierungschancengesetz), welche allerdings unsystematisch und vereinzelt seien. Das Handelsblatt Research Institut (2021, S. 136) empfiehlt „eine Informationskampagne, die die Bedeutung des lebenslangen Lernens und der Weiterbildung verdeutlicht und die Bürger dazu aufruft, mehr für ihre Bildung zu tun. Dazu gehören nicht zuletzt Informationen über bestehende Fördermöglichkeiten. Diese sind vielfach nur wenig bekannt". Auch die NWS schließt sich diesem Anspruch an und will unter anderem auf dem Feld der Weiterbildungsberatung „die entsprechenden Personengruppen (z. B. gering Qualifizierte, Fachkräfte, Führungsnachwuchs) in enger Abstimmung mit den Betrieben verstärkt für eine berufliche Weiterbildung [...] motivieren und den möglichst niedrigschwelligen Zugang zu einer beruflichen Weiterbildung [...] ebnen" (BMAS 2019, S. 10 f.).

Insgesamt kommt in diesen Überlegungen eine interessierte Betrachtungsweise zum Ausdruck, die die Nicht-Teilnahme an Weiterbildung einzig als *durch hinderliche Faktoren verursacht* auffasst. Darauf hat erstmals Dirk Axmacher (1990b, S. 62) in kritischer Absicht hingewiesen:

> „In der Soziologie der Bildungsteilnahme ist nun die Chance, Nicht-Teilnahme als bewußte [sic!] Handlung und damit als Widerstand gegen Bildung zu begreifen, durch eine Theoriefiguration abgeschnitten worden, die dem Erwachsenen grundsätzlich einen Bildungstrieb, ein metaphysisches Bildungsinteresse bzw. ein Interesse an Aufklärung unterstellt und Nicht-Teilnahme als Effekt ungünstiger Umweltbedingungen deutet, angefangen bei der mangelnden Information über die Unvereinbarkeit von Familien- und Teilnehmerrolle bis in das breitgefächerte Spektrum lernungünstiger Arbeitsbedingungen".

Die *Nicht-Teilnahme an Bildung* wird so nicht untersucht, erklärt oder verstanden, sondern vielmehr als *Verstoß* gegen ein *Sollen* gewertet, das eigentlich jedem vernünftigen Menschen einzuleuchten hätte (vgl. für eine positive Theorie zum Weiterbildungswiderstand auch Holzer 2017). Von diesem Standpunkt aus wird nach Umständen – sowohl gesellschaftlich-objektiven als auch solchen im Subjekt – gesucht, die man ändern kann, um mehr Menschen zu einer Teilnahme zu bewegen. Die Frage nach dem *gesellschaftlichen Charakter* der Bildungsungleichheit hat sich damit in gewissem Sinne erledigt: Sie ist nämlich durch das Drehen an den richtigen Umständen behandelbar und insofern zwar tragisch und seltsamerweise ziemlich stabil, gesellschaftlich aber *nicht notwendig*.

3.2 Lebenslanges Lernen

Das ‚lebenslange Lernen' darf mittlerweile als selbstverständlicher Bestandteil des Erwerbslebens und mitunter sogar als Synonym für Erwachsenenbildung gelten: So geht die NWS davon aus, dass „Weiterbildung und lebensbegleitendes Lernen [...] angesichts des raschen digitalen, demografischen und ökologischen Wandels notwendiger denn je [sind]" (BMAS 2022, S. 6), das HRI betrachtet es als „Grundvoraussetzung zum langfristigen Erhalt der Beschäftigungsfähigkeit" (HRI 2021, S. 128). Nach dem *Handbuch Erwachsenenbildung/Weiterbildung* ist es „bildungspolitischer Ausdruck dafür [...], dass die Qualifikationen der arbeitenden Menschen an neue Techniken und Anforderungen angepasst werden müssen" (Nuissl 2010, S. 205). Dass das ‚Leben', von dem hier die Rede ist, offensichtlich mit dem Ende des Arbeitslebens gleich mit-endet, zeigt nur die Selbstverständlichkeit des Maßstabs der wirtschaftlichen Verwertbarkeit, der dem Konzept zugrunde liegt.

Bereits im Jahr 2000 wurde die „wachsende Bedeutung des lebenslangen Lernens und der Erwachsenenbildung" (Arnold et al. 2000, S. 4) im ‚Forschungsmemorandum für die Erwachsenen- und Weiterbildung', das im Auftrag der Sektion Erwachsenenbildung der Deutschen Gesellschaft für Erziehungswissenschaften (DGfE) entwickelt wurde, festgehalten und als programmatischer Ausgangspunkt für wissenschaftliche Forschungen bestimmt. Und auch wenn das Forschungsmemorandum noch festhält, dass Bezeichnungen wie ‚lebenslanges Lernen' „als Kurzformeln für gesellschaftliche Entwicklungen [dienen], in denen Lernen zu einer alltäglich für jeden einzelnen Menschen spürbaren und individuell unausweichlichen Existenzbedingung beruflicher und privater Gestaltung von Lebenschancen geworden ist" (ebd., S. 6), stellt es nicht die Frage danach, *warum* diese Abhängigkeit existiert, *worin* sie eigentlich besteht und *inwiefern* ein solches lebenslanges Lernen eigentlich ein *positives Mittel* für diejenigen ist, für die es eine „unausweichliche Existenzbedingung" darstellt. Vielmehr legt es seinen Fokus auf die „Erforschung von Anlässen und Bedingungen, von Strukturen und Prozessen, von Wirkungen und Ergebnissen des Lernens in unterschiedlichen lebensweltlichen und institutionellen Kontexten" (ebd.). Damit ist die *Notwendigkeit* des lebenslangen Lernens als nicht weiter befassungswürdige *Selbstverständlichkeit* unterstellt und das wissenschaftliche Interesse darauf kapriziert, zu erforschen, *wie* man diese Lernprozesse bestmöglich verstehen, unterstützen oder verbessern kann.

Die *Abhängigkeit vom lebenslangen Lernen* allerdings, also die Tatsache, dass die Arbeitnehmer_innen tatsächlich *darauf angewiesen* sind, permanent ‚offen' für Neues zu sein und sich bis zum Lebensende laufend bisher unbekannte Qualifikationen und Kompetenzen anzueignen, ist nicht damit zu verwechseln, dass sie mit den erworbenen Resultaten – seien sie nun zertifiziert oder nicht – auch etwas anfangen können. Die Frage, ob sich die Mühe lohnt, das lebenslange Lernen das eigene Leben also tatsächlich verbessert, steht auf einem ganz anderen Blatt. Denn was sich aus den Qualifikationen und Kenntnissen *machen lässt,* hängt immer noch von den *Mitteln* ab, über die man gebietet. Auch insofern ist die eingangs erwähnte Theoriefigur der mittels EB/WB zu erhaltenden oder verbessernden ‚Beschäftigungs*fähigkeit*' der Arbeitnehmenden unwahr: Aus einer bloß möglichen Voraussetzung für eine Berufsausübung folgt nämlich nicht zwingend auch eine (bessere) Beschäftigung. Die gedankliche Figur der stetigen Verbesserung des individuellen Lebens durch das lebensbegleitende Lernen unterschlägt überdies die *Konkurrenz,* in der sich die Arbeitnehmer_innen beweisen müssen – oder bezieht sich auf diese in zynischer Weise so, dass gar nicht behauptet wird, dass das lebenslange Lernen irgendetwas mit beruflichem Aufstieg zu tun habe. Vielmehr sei permanente Weiterbildung heutzutage notwendig, um überhaupt noch ‚am Ball zu bleiben' und damit schlicht eine *zusätzliche Notwendigkeit,* der die Arbeitskräfte nachkommen müssen.

Nicht vergessen werden sollten auch diejenigen, die sich in den untersten Segmenten des Arbeitsmarktes bewegen, als ‚bildungsfern' gelten und deren mangelnde Weiterbildungsbeteiligung problematisiert wird: Für un- oder angelernte Arbeits- und Hilfskräfte, die relativ voraussetzungslose, aber zermürbende Tätigkeiten ausüben und aushalten müssen, stellt sich die Frage nach Weiterbildung gar nicht wirklich. Das Verdikt über sie als billigste Arbeitskräfte, die also auch gar keine weiteren Qualifikationen brauchen, ist *praktisch* längst gefällt. Als schlagendes Beispiel für die in der ‚Bildungsrepublik Deutschland' so verbreitete Kompetenzarmut lässt sich anführen, dass zwölf Prozent der erwachsenen, Deutsch sprechenden Bevölkerung nach der repräsentativen LEO-Studie aus dem Jahr 2018 nicht kompetent lesen und schreiben können (vgl. Grotlüschen et al. 2020). Ihnen fehlt also eine der grundlegendsten Voraussetzungen für alle weiteren Qualifikationen. Dieser Umstand wird vonseiten der Politik, auch in der NWS, sowie der Wissenschaft zwar *problematisiert* (vgl. z. B. Quenzel/Hurrelmann 2019), wirkliche politische *Konsequenzen* für die Beseitigung dieser Bildungsarmut werden aber nicht gezogen.[6]

6 So ist z. B. die Berufsgruppe mit dem höchsten Anteil gering literalisierter Personen die der Hilfskräfte in der Nahrungsmittelzubereitung, von denen fast die Hälfte nicht richtig lesen und schreiben kann (vgl. Stammer 2020). Scheinbar sind diese Kompetenzen also auch gar nicht nötig, um am Tag zig Schweine zu zerteilen. Angesichts solcher – zugegebenermaßen als Extremfälle zu bezeichnenden – Zustände auf dem deutschen Arbeitsmarkt von ‚Chancen' und ‚Entwicklungsmöglichkeiten' zu sprechen, die ein ‚lebenslanges Lernen' und eine erhöhte Weiterbildungsbeteiligung den Abgeschriebenen bringen würden, ist schlicht zynisch.

Auch hier zeigt sich die Sichtweise, dass die Nicht-Teilnahme und die als mangelhaft definierte Weiterbildungsbeteiligung von unterqualifizierten Schichten der Beschäftigten nicht als Ausdruck gesellschaftlicher Verhältnisse begriffen wird, sondern als zu behebendes, durch ungünstige Bedingungen verursachtes Problem aufgefasst wird, bei dem es primär um die Frage geht, wie man Teilnahmequoten erhöhen kann. Diese Zielvorgabe ist dabei mit dem ‚Problem' verbunden, dass das beabsichtigte Lernen nur als subjektiv intendierter geistiger Reflexions- und Aneignungsprozess geht. Am Willen der Lernen-Sollenden führt kein Weg vorbei. Daher spielt von *wissenschaftlicher Seite* die Adressaten-, Zielgruppen- und Teilnehmendenforschung eine große Rolle: „Der Erwachsene steht im Mittelpunkt dieser Forschungsrichtung, es geht um Interessen und Motive von Erwachsenen Weiterbildungsangebote zu nutzen […], um ihre Erwartungen an organisierte Lernkontexte und um mögliche Barrieren" (von Hippel et al. 2018, S. 1132). Dabei gibt es vermehrte Anstrengungen, Angebote ‚niedrigschwellig' zu gestalten, ‚Zugänge zu erleichtern', ‚Barrieren abzubauen' und Motivationen zu wecken. Als verbreitetste ‚Weiterbildungsbarrieren', an denen subjektorientiert angesetzt werden soll, gelten z. B. fehlende Nutzenerwartungen, Mangel an Ressourcen, gesundheitliche Einschränkungen und Alter, negative Lernerfahrungen, Angst vor Misserfolg sowie Beratungs- und Unterstützungsbedarf (vgl. ebd.).

Die Politik teilt diese Problemdefinition im Grundsatz und bedient sich gerne der wissenschaftlichen Resultate, um Teilnahmemöglichkeiten und damit Kompetenzen zu verbessern. Dies ist z. B. auch in der NWS als Ziel festgelegt. Gleichzeitig ist die politische Perspektive sehr viel instrumenteller als die wissenschaftliche mit ihrer starken Subjektorientierung: Nimmt man beispielsweise das erwähnte Phänomen der großen Menge an gering literalisierten Erwachsenen, so ruft die Politik zwar im Rahmen einer ‚nationalen Alpha-Dekade' dazu auf, das Grundbildungsniveau in Deutschland zu verbessern (vgl. z. B. Koller et al. 2020). Aber abgesehen von der Förderung einiger Modell- und Forschungsprojekte passiert praktisch nicht wirklich viel – z. B. ist der Umstand, dass die funktionalen Analphabet_innen zum allergrößten Teil die reguläre Schullaufbahn durchlaufen haben, nicht Anlass für die Frage, ob sich *dort* etwas ändern müsste. *So ernst* scheint dem Staat dieses Problem dann doch nicht zu sein (vgl. Wrase 2020).

Neben ihrem Beitrag zur Reproduktion der Ware Arbeitskraft und damit zu den gesellschaftlichen Produktions- und Herrschaftsverhältnissen insgesamt gibt es allerdings insbesondere vonseiten des Staates noch einen weiteren Grund für die Anpreisung des lebenslangen Lernens. So bezeichnete die EU das ursprünglich auf die OECD zurückgehende Konzept (vgl. Nuissl 2010) als „ein Schlüsselelement zur Erreichung des strategischen Ziels von Lissabon […], Europa zur wettbewerbsfähigsten und dynamischsten Wissensgesellschaft der Welt zu machen" (EU-Kommission 2001, S. 3). Die Individuen, deren Lern-Prozesse, Motivationen und Erfahrungen von der EB/WB so Subjekt-betont in den Mittelpunkt gerückt werden, sind aus Sicht der EU vor allem ein *Konkurrenzmittel* gegen den Rest der Welt. Dass die ihr Wissen lebenslänglich erweitern und entsprechend der Erfordernisse ‚der Zeit' verändern sollen, ist ein *Vehikel,* das es aus Sicht der EU ermöglicht, als weltmarkttüchtiger Kapitalstandort mit ortsansässiger High-Tech Produktion *fremde Märkte* zu erobern und *fremde Standorte* zu besiegen. In den Worten der NWS kann „eine neue Weiterbildungskultur [...] im internationalen Wettbewerb zum elementaren Standortvorteil werden" (BMAS 2019, S. 3). Für die globale Schlacht um Wachstumsfelder und Absatzmärkte meinen die Macher der Politik offensichtlich, dass es dafür einen Menschenschlag braucht, der es sich glatt *zur lebenslänglichen Gewohnheit macht,* sich an die stets neuesten Errungenschaften aus Technik und Organisation anzupassen – und das aus frei gewählten Stücken.

3.3 Das Prinzip der Subjektorientierung

Das in der Pädagogik weitgehend durchgesetzte Prinzip der Subjektorientierung nimmt das Individuum und dessen Interessen und Erfahrungen zum Maßstab und ist Ausdruck der bürgerlichen Freiheit, das eigene Leben selbst gestalten zu können. Genau dadurch verabsolutiert die Subjektorientierung aber quasi automatisch die gesellschaftlichen und kapitalistisch bestimmten Zwänge des Arbeitsmarkts zum Selbst-Gewollten: In dem *wie, wann, was, womit* und *mit wem* ein lohnabhängiger Mensch so lernen will, ist die notwendige *Anpassung* an die Anforderungen des Arbeitsmarkts notwendigerweise unterstellt. Denn „wer sich gegen die Aneignung von objektiviertem Fachwissen in ‚Maßnahmen' der Weiterbildung sperrt, bringt sich als Arbeitskraft ökonomisch selbst aus dem Konkurrenzkampf um (privilegierte) Arbeitsplätze und Verdienstchancen" (Axmacher 1990b, S. 69). Die propagierte und wertgeschätzte Freiwilligkeit von Bildung im Erwachsenenalter ist somit zwar hochgradig wahr – aber nur die eine Seite der Medaille. Sie ist insofern ein *Schein,* als sich ihr Zwangscharakter vermittelt über den ‚stummen Zwang der Verhältnisse' durchsetzt, die potenzielle Verwertbarkeit der eigenen Arbeitskraft in Konkurrenz zu anderen sicherstellen zu müssen. Daher wird die verlangte *Metakompetenz* einer *permanenten Anpassungsbereitschaft, die selbst gewollt wird* und gerade von jedem spezifischen Lerninhalt abstrahiert, in wissenschaftlichen Debatten teilweise auch als „Zwang zum lebenslangen Lernen" (Pätzold 2010, S. 183) kritisiert. In der Regel und insbesondere im politischen Feld wird dieser Zwangscharakter aber angesichts einer unendlichen Vielfalt von ‚Entwicklungschancen und -gelegenheiten' zugekleistert.

3.4 Erwachsenenpädagogische Digitalisierungsforschung

Die Digitalisierung selbst gilt in der EB/WB als *neues* und vergleichsweise bisher *wenig beforschtes Feld*: Erst 2019 ist ein Netzwerk zur erwachsenenpädagogischen Digitalisierungsforschung entstanden,[7] in einem 2021 erschienenen Impuls-Sammelband konstatieren die Autor_innen eine bislang „fragmentarische Auseinandersetzung" (Bernhard-Skala et al. 2021a, S. 11) mit der Digitalisierung vonseiten der Wissenschaft sowie einen zurückhaltenden Umgang in der Praxis. Dennoch liegen mittlerweile eine Reihe von Veröffentlichungen und Forschungsarbeiten zum Thema vor. Die Digitalisierung wird darin im Wesentlichen in zweierlei Hinsicht thematisiert: Einerseits als *Herausforderung*, den sich wandelnden Anforderungen ‚des Arbeitsmarktes' mit entsprechenden Qualifizierungen, Umschulungen und (berufsbegleitenden) Weiterbildungsmaßnahmen zu begegnen und die entsprechenden ‚Kompetenzen' zu vermitteln, die für die ‚Zukunft der Arbeit' erforderlich sind. In diesem Sinne bildet die Digitalisierung gewissermaßen nur einen neuen Stachel für die ohnehin feststehende Notwendigkeit des lebenslangen Lernens und liefert durch digitale Entwicklungen, KI, Veränderungen in der Arbeitsorganisation wie agiles Arbeiten, digitale Teams, scrum work etc. viel Stoff für neue, notwendige Kompetenzen auf allen Stufen der Berufshierarchie (vgl. Robak 2022; Umbach et al. 2020). Andererseits gerät die Digitalisierung als *digitaler Wandel der Erwachsenenbildung/Weiterbildung selbst* in den Blick: Unter dieser Perspektive werden insbesondere digitale Lehr-/Lernformate und technische Unterstützungsmöglichkeiten hierzu, didaktische Fragen, der institutionelle Wandel der Anbieterlandschaft sowie Fragen der (digitalen) Kompetenzen von Lehrenden und viele mehr adressiert (vgl. z. B. Robak 2022; Kühn 2022; Breitschwerdt et al. 2022).

Verbreitet ist dabei eine – aus der sozial- und arbeitswissenschaftlichen Debatte um Digitalisierung bekannte (vgl. Schadt 2021) – Sichtweise, die betont, dass es für eine erwachsenenpädagogische Digitalisierungsforschung darauf ankomme, „mögliche Potenziale und Risiken der Digitalisierung für das Lernen Erwachsener sowie die bestehenden Strukturen der Erwachsenenbildung/Weiterbildung zu identifizieren" (Bernhard-Skala/Bolten-Bühler/Koller et al. 2021b, S. 29), also die *Chancen* der Digitalisierung zu nutzen und ihren *Herausforderungen* zu begegnen (vgl. auch Kühn 2022). So ist es spätestens seit dem durch die Corona-Pandemie ausgelösten Digitalisierungsschub als wissenschaftlicher *common sense* zu bezeichnen, dass es nicht mehr darum geht, ob die Digitalisierung, weil als unaufhaltsamer ‚Megatrend' verstanden, gut oder schlecht sei, sondern vielmehr darum, *wie sie* ‚gestaltet' wird (vgl. auch Kerres/Buntins 2020; Schmidt-Hertha 2021).

7 Netzwerk erwachsenenpädagogische Digitalisierungsforschung – NED: tinyurl.com/nedzwerk (Abfrage: 19.08.2024).

‚Die Digitalisierung' bekommt somit auch im wissenschaftlichen Diskurs der EB/WB eine Art Subjekt-Status zugeschrieben: Sie wird zwar nicht – in einem simplen Sinne – als *Hervorbringerin* der ‚notwendigen' Veränderungen in der Weiterbildungslandschaft bestimmt. Und auch über die Frage, ob ‚die Digitalisierung', wie von Kerres und Buntins (2020, S. 19) vertreten, als „technikinduzierte Entwicklung" aufzufassen ist, in der „die digitale Technik zum Akteur wird und Entwicklungen beeinflusst" (ebd., S. 20) – auch wenn „ein technischer Determinismus zurückzuweisen [ist], der behauptet oder nahelegt, die Digitalisierung würde automatisch zu dieser oder jener Entwicklung führen" (ebd., S. 20) –, oder doch eher, wie beispielsweise von Kühn (2022, S. 47) angeführt, davon ausgegangen wird, „dass der interdisziplinär auszuhandelnde Begriff Digitalisierung selbst das Problem ist, mit der sich die erwachsenenpädagogische Forschungs- und Theorieentwicklung immer wieder neu beschäftigen muss", gibt es die eine durchaus geteilte, gemeinsame Grundanschauung: Die Digitalisierung wird als unhintergehbares *Datum*, gemeinhin als „Megatrend" (z. B. Faber 2019; Bertelsmann Stiftung 2015) verstanden, der eine Reihe von *Erfordernissen* mit sich bringt und auf die die relevanten Akteure *reagieren müssen*, wollen sie mit den gesellschaftlichen Fortschritten mithalten, um *mitgestaltend* zu wirken.

Bemerkenswert an dieser Sichtweise ist die nahezu vollständige Abstraktion vom *politökonomischen Prozess*, den die Digitalisierung in Bezug auf die Weiterbildung darstellt, seinen Akteuren, Motiven und Widersprüchen und dessen Charakteristik bereits angedeutet wurde. Er wird stattdessen verwandelt in einen zwar gesellschaftlichen, darin aber *quasi-naturgewaltig wirkenden* ‚Megatrend', der aus ‚Chancen' und ‚Risiken' bestehe, so als hätte man es mit einem unendlichen Sammelsurium von prinzipiell unbestimmten Möglichkeiten zu tun und es käme nur darauf an, die Weichen für die ‚richtigen Möglichkeiten' zu stellen. Von den gesellschaftlich-ökonomischen *Interessen* und ihren *Gegensätzen*, die den Prozess der Digitalisierung bestimmen, wird in dieser Optik auf fundamentale Weise abgesehen, über sie vielmehr nur noch in dieser verwandelten Form gesprochen. Im folgenden letzten Teil sollen daher anhand einiger aktueller Studien zentrale digitalisierungsspezifische ökonomische Entwicklungen und ihr Zusammenhang zur EB/WB skizziert werden.

4. Zum politökonomischen Verhältnis von Digitalisierung und Weiterbildung

Die – deswegen auch als ‚vierte industrielle Revolution' bezeichnete – Digitalisierung lässt sich zunächst durch eine gewaltige Steigerung der Produktivkräfte kennzeichnen: Die neuesten technologischen Errungenschaften, die zum Teil schon Geschäftsreife erlangt haben, heißen z. B. maschinelles Lernen, Künstliche

Intelligenz, machine-to-machine-communication, Big Data, Internet of Things, kollaborative und Service-Roboter, 3D-Druck oder virtuelle Realität und erlauben teilweise die *Ersetzung* menschlicher Arbeitskraft durch digitalisierte Produktionsmittel, teilweise die Eröffnung *neuer Geschäftsbereiche* (vgl. HRI 2021; Dengler/ Matthes 2018; Umbach et al. 2020).

Was zunächst die Ersetzung menschlicher Arbeitskraft durch digitalisierte Technik angeht, so gibt es unterschiedliche Prognosen über deren Reichweite. Frey und Osborne (2013) kamen in einer vielbeachteten Studie für den amerikanischen Arbeitsmarkt zu der Einschätzung, dass in den 2030er Jahren bis zu 47 Prozent der Arbeitsplätze durch digitalisierte Produktionsmittel entfallen könnten. Dengler und Matthes (2018) gehen für Deutschland davon aus, dass „2016 ein Viertel – also fast 8 Millionen – der sozialversicherungs-pflichtig Beschäftigten in Berufen arbeitet, in denen mindestens 70 Prozent der anfallenden Tätigkeiten von Computern oder computergesteuerten Maschinen erledigt werden könnten" (ebd., S. 10). Das von den Autor_innen errechnete *Substituierbarkeitspotenzial* entspricht dem „Anteil an Kerntätigkeiten in einem Beruf, die schon heute durch den Einsatz moderner Technologien übernommen werden könnten" (ebd., S. 2). Dabei geht es ausschließlich um die *technische Machbarkeit* einer solchen Ersetzung. Die *bloß technisch mögliche* Substituierbarkeit einer Tätigkeit bedeutet deshalb nicht, dass diese Tätigkeiten in Zukunft auch technisch statt menschlich ausgeführt werden: „Sofern die menschliche Arbeit wirtschaftlicher, flexibler oder von besserer Qualität ist oder rechtliche oder ethische Hürden einem Einsatz solcher Technologien entgegenstehen, werden auch ersetzbare Tätigkeiten eher nicht ersetzt" (ebd., S. 2). Die ökonomisch wesentlichste Bedingung ist die *Kostenersparnis* eines technischen Ersatzes im Vergleich zu den sonst notwendigen Kosten für die menschliche Arbeitskraft, da dies aus Sicht der Unternehmen auch der einzige *Zweck* ihres Einsatzes ist (vgl. Atkinson 2019): Digitalisierte Produktionsmittel verbessern das Verhältnis von Vorschuss zu Überschuss des eingesetzten Kapitals in dem Maße, in dem sie billiger als die Bezahlung der Arbeitskräfte sind, die dasselbe Produkt verfertigen würden. Die Einsparung von Kosten erlaubt es den produzierenden Unternehmen, die produzierten Waren billiger anzubieten und somit Nachfrage auf sich zu ziehen. Aufgrund dieser Bedingung ist es auch nicht verwunderlich, dass Tätigkeiten, die prinzipiell automatisiert werden könnten, dies nicht werden, solange sich Arbeitskräfte finden lassen, die billiger sind. Die immense Produktivkraftsteigerung im Rahmen der Digitalisierung erspart also nicht ‚der Gesellschaft' unnötige Arbeit, sondern macht *bezahlte Arbeit* für Unternehmen in dem Maße überflüssig, in dem die entsprechenden Technologien billiger als die Bezahlung von Arbeitskräften sind. Verbessert wird also nicht einfach die *Arbeits-*, sondern die *Kapitalproduktivität*. Die vormaligen Arbeitskräfte bringt sie um ihr Existenzmittel. Aktuelle Prognosen gehen dabei davon aus, dass in Deutschland im Jahr 2030 im Vergleich zum Jahr 2018 ca. 2,54 Millionen Arbeitsplätze nicht mehr vorhanden sein werden (vgl. Wolter et al. 2019). Durch die

Verharmlosung dieses Umstands als ein mögliches ‚Risiko' der Digitalisierung wird der kapitalistische *Grund* für die Anwendung digitaler Technik also glatt durchgestrichen.

Allerdings steht diesem Risiko auch eine ‚Chance' gegenüber: Digitalisierte Technologien ersetzen nicht nur bezahlte Arbeit, sondern machen auch neue Arbeitstätigkeiten notwendig und ermöglichen die Stiftung neuer Geschäftsfelder mit neuen Wachstumsmöglichkeiten. Dementsprechend gehen aktuelle Prognosen davon aus, dass neben den massiven Arbeitsplatzverlusten bis 2030 ca. 2,75 Millionen neue Arbeitsplätze entstehen sollen (vgl. ebd.). Dabei wird auch darüber spekuliert, „ob durch die Digitalisierung Arbeitsplätze, die im Zuge der Globalisierung in andere Länder verlagert wurden, wieder nach Deutschland zurückkehren" (Dengler / Matthes 2018, S. 9) – die Arbeitsplätze also anderswo entfallen werden. Der Charakter der gestrichenen und der neu entstehenden Arbeitsplätze unterscheidet sich allerdings durchaus: Während die Ersetzung durch digitale Maschinerie in erster Linie einfache und routinisierbare Tätigkeiten betrifft – aber nicht nur diese, sondern insbesondere durch die Möglichkeiten der KI zunehmend auch komplexere Tätigkeiten[8] –, wird davon ausgegangen, dass die neu entstehenden Arbeitsplätze eher am oberen Ende der Berufshierarchie angesiedelt sind und umfangreiche Kompetenzen und Qualifikationen erfordern (vgl. ebd.; Umbach et al. 2020). Daher wird – wieder einmal – vor einer drohenden „‚Polarisierung' des Arbeitsmarktes" (HRI 2021, S. 11) gewarnt:

> „Ein gleichzeitiges Wachstum der Beschäftigung im Bereich der hochqualifizierten und gut bezahlten Tätigkeiten sowie im Bereich geringqualifizierter und geringbezahlter Arbeitnehmerinnen und Arbeitnehmer. Mithin ist eine Öffnung der Schere zwischen den Gewinnern und den Verlierern des technologischen Wandels zu erwarten" (ebd.).

Ein weiterer Effekt der ‚Digitalisierung' also, der als ‚Risiko' verbucht werden kann. Insgesamt werden in der Wissenschaft unterschiedlichste Szenarien mit verschiedenartigen Folgen diskutiert, die als möglich gelten (vgl. Hirsch-Kreinsen 2017). Gemeinhin wird allerdings darauf verweisen, dass für die ‚Arbeitswelt

---

8 „So können Versicherungsanträge oder Steuererklärungen vollautomatisch geprüft werden. Selbst bei der Besetzung einer offenen Stelle schaffen es Computerprogramme inzwischen, auf der Basis einer genauen Beschreibung des Stellenprofils und einer großen Menge an Daten über die bisherigen Rekrutierungsentscheidungen geeignete Kandidaten vorzuschlagen. Ein eingebauter Lernalgorithmus (Machine Learning) führt dabei nicht nur dazu, dass die historischen Erfahrungen bei der Besetzung einer Stelle in das Programm einfließen, sondern auch dazu, dass sich der Suchalgorithmus – wenn der vom Programm vorgeschlagene Kandidat nicht eingestellt werden konnte oder nicht die erhofften Ergebnisse erzielt – automatisch anpasst" (Dengler/Matthes 2018, S. 3). Durch die enormen Entwicklungen in der KI-Branche sind die möglichen Einsatzbereiche der KI heute noch viel umfassender und entwickeln sich ständig weiter.

der Zukunft‘ nicht nur digitale Kompetenzen notwendig seien, sondern aufgrund der geänderten Arbeits- und Produktionszusammenhänge (z. B. agile work, virtuelle Teams, steigender Umfang von Projektarbeit, neue Organisationsstrukturen) insbesondere auch ‚soft skills‘ und soziale oder organisationale Kompetenzen wie Kooperationsbereitschaft, Kommunikation, Kreativität, Flexibilität, Selbstmanagement oder Empathie und fachübergreifende Kompetenzen (vgl. Kruppe et al. 2017; Kruppe et al. 2019). Hier gibt es zwar branchenspezifische Unterschiede (vgl. Umbach et al. 2020), ein zentrales Ergebnis von Studien ist aber,

> „dass Digitalisierung für die meisten Beschäftigten mit der Anforderung verbunden ist, ihre Fähigkeiten permanent weiterzuentwickeln. Wenige Bereiche, wie z. B. sogenannte Einfacharbeitsplätze in der industriellen Fertigung, scheinen ‚anspruchsloser‘ geworden zu sein, während der Großteil der Beschäftigten mit veränderten bzw. komplexer werdenden Arbeitsumgebungen konfrontiert ist“ (Umbach et al. 2020, S. 30).

Dieser Umstand der absehbaren massiven Verschiebung von Qualifikationsanforderungen an Arbeitskräfte, der ganz und gar ein Produkt der ökonomischen Konkurrenz der Unternehmen unter tatkräftiger Unterstützung des Staates ist (vgl. Schadt / Weis 2023), ist es, der den Ruf nach lebenslanger Weiterbildung unwidersprechlich werden lässt. Die Weiterbildung soll dabei zwar auch bestimmte, als notwendig antizipierte Qualifikationen vermitteln, zielt in erster Linie aber auf die Meta-Ebene der *ständigen Bereitschaft* zu Weiterbildung überhaupt und eine ihr entsprechende *Flexibilität*.[9] Dies soll in erster Linie nicht von den Unternehmen, sondern nach der NWS in „geteilte[r] Verantwortung“ (BMAS 2019, S. 5) umgesetzt werden. Die Unternehmen stehen nämlich auf dem Standpunkt, dass

9 Insbesondere für die wissenschaftliche Perspektive der EB / WB, die im Gegensatz zu betriebs- oder volkswirtschaftlichen Perspektiven stärkeren Wert auf die *pädagogischen Aspekte* von Weiterbildung legt, ist darauf hinzuweisen, dass es hier auch die subjektorientierten Positionen gibt, die nicht von Anpassungsqualifizierungen sprechen, sondern von der Gestaltung humaner Arbeit, z. B. folgendermaßen: „Es geht also nicht um eine Anpassungsqualifizierung des Personals, sondern um die Gestaltung guter Arbeit unter den Bedingungen der Digitalisierung. Diese Perspektive ist deshalb so wichtig, da sie die Folgen technologischer Entwicklungen auf die Arbeit nicht als naturwüchsig und unabänderbar versteht, sondern als Gestaltungsaufforderung, die vorhandenen Potenziale einer humanen Arbeit unter den Bedingungen der Digitalisierung zu nutzen. Und dabei sollte der Mensch und nicht die Technik im Mittelpunkt stehen“ (Umbach et al. 2020, S. 13). Allerdings geht auch diese subjektorientierte Perspektive notwendig von einem *lohnarbeitenden Subjekt* aus, unterstellt also die Funktionalität der Bildung für den Betriebszweck als Prämisse und versucht von da her, kreative oder soziale Potenziale und Fähigkeiten der Mitarbeitenden aufzudecken, die sich nur schwer in Kennzahlen fassen lassen, aber ein großes Potenzial bergen, das man heben und für die Arbeit mobilisieren kann, wenn man die Mitarbeitenden einbezieht, ihnen zuhört und sie ein Stück weit zum Maßstab der Arbeitsprozesse macht.

sie die permanent weiterqualifizierten Arbeitskräfte wollen, den Aufwand dafür aber nur bedingt zu tragen bereit sind. Die rentable Anwendung von Arbeitskräften, um die es ihnen geht, setzt die entsprechende Qualifikation zwar voraus, die Qualifizierung selbst ist aber nicht rentabel, sondern ausschließlich Kost: „Für Unternehmen bestehen nur dann Anreize, sich an den Kosten der Humankapitalinvestitionen ihrer Belegschaft zu beteiligen, wenn sie sich anschließend auch einen Teil der Weiterbildungserträge ‚aneignen' können" (HRI 2021, S. 43) – die Arbeitnehmer_innen also lange genug im Betrieb verweilen und nicht zur Konkurrenz abwandern. Ein bekannter und problematisierter Effekt dieser Praxis ist beispielsweise, dass ältere Arbeitnehmende i. d. R. nicht weitergebildet werden, weil sich diese Ausgaben für die Unternehmen nicht lohnen (vgl. HRI 2021).

Die Arbeitnehmenden umgekehrt stehen vor der Notwendigkeit, sich perspektivisch immer weiterbilden und anpassen zu müssen und den *Gegensatz* zu ihrer Erwerbsquelle, den Weiterbildung bedeutet – Zeit für Bildung ist schließlich Zeit ohne Einkommen –, mit dieser in Einklang zu bringen. Gleichzeitig klafft zwischen der Ent- und Umwertung von Qualifikationen und der ‚Heilung' dieses Problems durch den Ausbau der Weiterbildung eine riesige Lücke: Schließlich produzieren bestimmte Qualifikationen aufseiten der (nicht mehr) Beschäftigten keine entsprechenden Arbeitsplätze. Dies hängt vielmehr von einem tatsächlich stattfindenden Geschäft ab, in dem sie angewendet werden. Der Ausbau der Weiterbildung geht auch von etwas anderem aus: *Wenn* eine ‚neue Weiterbildungskultur' vorhanden ist, dann kann dies als *Voraussetzung* eines Geschäfts mit bisher unbekannten Qualifikationen betrachtet werden. *Ob* bzw. in welchem Umfang es diese Geschäfte geben wird, weiß man nicht. Aber *ohne Weiterbildung* wird es sie auf keinen Fall geben. Weiterbildung, die ‚Investition ins Humankapital', erscheint angesichts der Digitalisierung also als so etwas wie eine *notwendige Geschäftsbedingung* für ein *mögliches* Geschäft in der Zukunft betrachtet zu werden: Insofern ist sie ein Dienst am Kapital – das möglicherweise Geschäfte machen kann, die es sonst nicht machen könnte – als auch an den Arbeitnehmer_innen – die dadurch potenziell benutzbar werden für ein Geschäft, das es in Zukunft eventuell geben könnte, wie auch für den Standort insgesamt, der aus dem erfolgreichen Zusammenwirken dieser gegensätzlichen Figuren seine Konkurrenztüchtigkeit bezieht und *deswegen* schwer Wert darauf legt, die dafür notwendigen Voraussetzungen hinsichtlich Flexibilität, Anpassungsbereitschaft und Qualifizierungswillen an seinem Humankapital zu stiften und zu ermöglichen – sowohl mit aufwändiger Weiterbildungspropaganda und Moralkampagnen als auch mit strukturellen und monetären Maßnahmen. Wie die Lohnarbeiterschaft den Widerspruch bewältigt, den der Wille zur lebenslänglichen Weiterbildung für sie bedeutet, bleibt ganz ihrer Freiheit überlassen.

Literatur

Arnold, Rolf/Faulstich, Peter/Mader, Wilhelm/Nuissl von Rein, Ekkehard/Schlutz, Erhard (2000): Forschungsmemorandum für die Erwachsenen- und Weiterbildung. Im Auftrag der Sektion Erwachsenenbildung der DGfE. Deutsches Institut für Erwachsenenbildung, Frankfurt am Main.

Atkinson, Robert D. (2019): Robotics and the Future of Production and Work. Information Technology & Innovation Foundation. itif.org/publications/2019/10/15/robotics-and-future-production-and-work (Abfrage: 15.08.2024).

Axmacher, Dirk (1974): Erwachsenenbildung im Kapitalismus. Ein Beitrag zur politischen Ökonomie des Ausbildungssektors in der BRD. Fischer Taschenbuch, Frankfurt am Main.

Axmacher, Dirk (1990a): Widerstand gegen Bildung: zur Rekonstruktion einer verdrängten Welt des Wissens. Deutscher Studien Verlag, Weinheim.

Axmacher, Dirk (1990b): Bildung, Herrschaft und Widerstand. Grundzüge einer „Paratheorie des Widerstands" gegen Weiterbildung. In: Prokla. Zeitschrift für politische Ökonomie und sozialistische Politik, 20(79), S. 54–74.

Breitschwerdt, Lisa/Thees, Anne/Egetenmeyer, Regina (2022): Digitale Medien in der Erwachsenenbildung/Weiterbildung. In: Magazin erwachsenenbildung.at. Das Fachmedium für Forschung, Praxis und Diskurs, (44–45), S. 11-1–11-12.

Bundesministerium für Arbeit und Soziales (BMAS) (2019): Strategiepapier Nationale Weiterbildungsstrategie. bmbf.de/bmbf/shareddocs/downloads/files/nws_strategiepapier_barrierefrei_de.pdf?__blob=publicationFile&v=2 (Abfrage: 15.08.2024).

Bundesministerium für Arbeit und Soziales (BMAS) (2021): Nationale Weiterbildungsstrategie. Umsetzungsbericht. Gemeinsam für ein Jahrzehnt der Weiterbildung – Aufbruch in die Weiterbildungsrepublik. bmbf.de/bmbf/shareddocs/downloads/files/nws_umsetzungsbericht_barrierefrei_06-21.pdf?__blob=publicationFile&v=6 (Abfrage: 15.08.2024).

Bundesministerium für Arbeit und Soziales (BMAS) (2022): Nationale Weiterbildungsstrategie. Fortführung und Weiterentwicklung. bmbf.de/bmbf/shareddocs/downloads/files/nws_updatepapier_fortfuehrung_09-22.pdf?__blob=publicationFile&v=3 (Abfrage: 15.08.2024).

Bundeministerium für Bildung und Forschung (BMBF) (2022): Weiterbildungsverhalten in Deutschland 2020. Ergebnisse des Adult Education Survey – AES Trendbericht. bmbf.de/SharedDocs/Publikationen/de/bmbf/1/31690_AES-Trendbericht_2020.pdf?__blob=publicationFile&v=10 (Abfrage: 15.08.2024).

Bernhard-Skala, Christian/Bolten-Bühler, Ricarda/Koller, Julia/Rohs, Matthias/Wahl, Johannes (2021a): Editorial. In: Bernhard-Skala, Christian/Bolten-Bühler, Ricarda/Koller, Julia/Rohs, Matthias/Wahl, Johannes (Hrsg.): Erwachsenenpädagogische Digitalisierungsforschung. Impulse – Befunde – Perspektiven. wbv Publikation, Bielefeld, S. 11–16.

Bernhard-Skala, Christian/Bolten-Bühler, Ricarda/Koller, Julia/Rohs, Matthias/Wahl, Johannes (2021b): Impuls für eine erwachsenenpädagogische Digitalisierungsforschung. In: Bernhard-Skala, Christian/Bolten-Bühler, Ricarda/Koller, Julia/Rohs, Matthias/Wahl, Johannes (Hrsg.): Erwachsenenpädagogische Digitalisierungsforschung. Impulse – Befunde – Perspektiven. wbv Publikation, Bielefeld, S. 19–36.

Bertelsmann Stiftung (2015): Change. Das Magazin der Bertelsmann Stiftung, (1). Mohn media, Gütersloh.

Bremer, Helmut (2017): Selektive Weiterbildungsbeteiligung und (Bildungs-)Gerechtigkeit. In: Hessische Blätter für Volksbildung (HBV), (2), S. 115–125.

Dengler, Katharina/Matthes, Britta (2018): Substituierbarkeitspotenziale von Berufen: Wenige Berufsbilder halten mit der Digitalisierung Schritt. IAB-Kurzbericht 4/2018. doku.iab.de/kurzber/2018/kb0418.pdf (Abfrage: 15.08.2024).

Deutscher Gewerkschaftsbund Bundesvorstand (DGB) (2022): Position. Gerechtere Zugänge, reduzierte Komplexität, mehr Verlässlichkeit und Anschlussmöglichkeiten. Sieben Anforderungen zur Fortsetzung und Weiterentwicklung der Nationalen Weiterbildungsstrategie. dgb.de/themen/++co++258eb46e-b198-11ec-9ba3-001a4a160123 (Abfrage: 15.08.2024).

EU-Kommission (2001): Mitteilung der Kommission. Einen europäischen Raum des lebenslangen Lernens schaffen. Brüssel, 21.11.2001. eur-lex.europa.eu/LexUriServ/LexUriServ.do?uri=COM:2001:0678:FIN:DE:PDF (Abfrage: 15.08.2024).

Faber, Oliver (2019): Die Digitalisierung – ein Megatrend: Treiber & Technologische Grundlagen. In: Erner, Michael (Hrsg.): Management 4.0 – Unternehmensführung im digitalen Zeitalter. Springer Gabler, Berlin, S. 3–42.

Frey, Carl B./Osborne, Michael A. (2013): The Future of Employment: How Susceptible are Jobs to Computerisation? University of Oxford. oxfordmartin.ox.ac.uk/downloads/academic/The_Future_of_Employment.pdf (Abfrage: 15.08.2024).

Grotlüschen, Anke/Buddeberg, Klaus/Dutz, Gregor/Heilmann, Lisanne/Stammer, Christopher (2020): Hauptergebnisse und Einordnung zur LEO-Studie 2018 – Leben mit geringer Literalität. In: Grotlüschen, Anke/Buddeberg, Klaus (Hrsg.): LEO 2018: Leben mit geringer Literalität. wbv Publikation, Bielefeld, S. 13–64.

Handelsblatt Research Institute (HRI) (Hrsg.) (2021): Eine Qualifizierungsstrategie für die digitale Arbeitswelt. Eine Studie im Rahmen des Masterplan 2030. Dr. Hans Christian Müller, Dr. Frank Christian May, Dr. Sven Jung, Dennis Huchzermeier. Unter wissenschaftlicher Leitung von Prof. Dr. Dr. h. c. Bert Rürup. Fachmedien Otto Schmidt KG, Düsseldorf.

Hippel, Aiga von/Tippelt, Rudolf/Gebrande, Johanna (2018): Adressaten-, Teilnehmer- und Zielgruppenforschung in der Erwachsenenbildung. In: Tippelt, Rudolf/Hippel, Aiga von (Hrsg.): Handbuch Erwachsenenbildung/Weiterbildung. 6. Auflage. Springer VS, Wiesbaden, S. 1131–1147.

Hirsch-Kreinsen, Hartmut (2017): Arbeiten 4.0 – Qualifikationsentwicklung und Gestaltungsoptionen. In: Wirtschaftsdienst, 97(7), S. 473–476.

Holzer, Daniela (2017): Weiterbildungswiderstand. Eine kritische Theorie der Verweigerung. transcript, Bielefeld/Wien/Wetzlar.

Jäger, Christiane/Schrader, Josef (2020): „Wir brauchen mehr Fantasie im Dialog zwischen Forschung, Politik und Praxis“. Interview mit Prof. Dr. Josef Schrader zur Nationalen Weiterbildungsstrategie. In: BWP. Berufsbildung in Wissenschaft und Praxis. Zeitschrift des Bundesinstituts für Berufsbildung, 49(1). Franz Steiner, S. 8–11.

Kerres, Michael/Buntins, Katja (2020): Erwachsenenbildung in der digitalen Welt: Handlungsebenen der digitalen Transformation. In: Hessische Blätter für Volksbildung (HBV), (3), S. 11–23.

Klaus-Schelletter, Sabrina/Bayer, Mechthild (2019): Für ein Recht auf Weiterbildung. Forderungen der Gewerkschaften an die Nationale Weiterbildungsstrategie. In: weiter bilden. Die Zeitschrift für Erwachsenenbildung, 26(2), S. 24–26.

Koller, Julia/Klinkhammer, Dennis/Schemmann, Michael (2020): Arbeitsorientierte Alphabetisierung und Grundbildung. Eine Einführung. In: Koller, Julia/Klinkhammer, Dennis/Schemmann, Michael (Hrsg.): Arbeitsorientierte Grundbildung und Alphabetisierung: Institutionalisierung, Professionalisierung und Effekte der Teilnahme. wbv Publikation, Bielefeld, S. 5–18.

Kruppe, Thomas/Leber, Ute/Matthes, Britta (2017): Sicherung der Beschäftigungsfähigkeit in Zeiten des digitalen Umbruchs. IAB-Stellungnahme 7/2017. doku.iab.de/stellungnahme/2017/sn0717.pdf (Abfrage: 15.08.2024).

Kruppe, Thomas/Leber, Ute/Matthes, Britta/Dengler, Katharina/Dietrich, Hans/Janitz, Helga/Janssen, Simon/Jaschke, Philipp/Jost, Oskar/Kosyakova, Yuliya/Lehmer, Florian/Lietzmann, Thorsten/Osiander, Christopher/Schreyer, Franziska/Seibert, Holger/Wiethölter, Doris/Wolf, Katja/Zika, Gerd (2019): Digitalisierung: Herausforderungen für die Aus- und Weiterbildung in Deutschland. Beantwortung des Fragenkatalogs der Enquete-Kommission „Berufliche Bildung in der digitalen Arbeitswelt“. IAB-Stellungnahme. doku.iab.de/stellungnahme/2019/sn0119.pdf (Abfrage: 15.08.2024).

Kühn, Christian (2022): Grundzüge einer erwachsenenpädagogischen Digitalisierungsforschung. Ein Gegenentwurf zur medienpädagogischen Auslegung. In: Robak, Steffi/Kühn, Christian/Heidemann, Lena/Asche, Eike (Hrsg.): Digitalisierung und Weiterbildung. Beiträge zu erwachsenenpädagogischen Forschungs- und Entwicklungsfeldern. Barbara Budrich, Opladen/Berlin/Toronto, S. 45–69.

Marx, Karl (1890/2005): Das Kapital. Kritik der politischen Ökonomie. Erster Band. Buch I: Der Produktionsprozeß des Kapitals. Karl Marx/Friedrich Engels Werke, Band 23. 21. Auflage. Karl Dietz, Berlin.

Nedelkoska, Ljubica/Quintini, Glenda (2018): Automation, skills use and training. OECD Social, Employment and Migration Working Papers, No. 202. OECD Publishing, Paris.

Neumann, Uwe (2021): Lebenslanges Lernen als Standortfaktor? Weiterbildungsteilnahme im Vergleich der deutschen Bundesländer. In: Zeitschrift für Wirtschaftspolitik, 70(3), S. 282–303.

Nuissl, Ekkehard (2010): Lifelong Learning. In: Arnold, Rolf/Nolda, Sigrid/Nuissl, Ekkehard (Hrsg.): Wörterbuch Erwachsenenbildung. 2., überarbeitete Auflage. Julius Klinkhardt, Bad Heilbrunn, S. 205.

Nuissl, Ekkehard (2018): Ordnungsgrundsätze der Erwachsenenbildung in Deutschland. In: Tippelt, Rudolf/Hippel, Aiga von (Hrsg.): Handbuch Erwachsenenbildung/Weiterbildung, 6., überarbeitete und aktualisierte Auflage. Springer VS, Wiesbaden, S. 499–520.

Pätzold, Henning (2010): Lebenslanges Lernen. In: Arnold, Rolf/Nolda, Sigrid/Nuissl, Ekkehard (Hrsg.): Wörterbuch Erwachsenenbildung. 2., überarbeitete Auflage. Julius Klinkhardt, Bad Heilbrunn, S. 183–184.

Pfeiffer, Iris/Dauser, Dominique/Gagern, Saskia/Hauenstein, Timo/Kreider, Irina/Wolf, Markus (2019): Weiterbildungsförderung in Deutschland. Bestandsaufnahme und Analyse aktuell genutzter Instrumente. f-bb-Dossier, 1/19.

Quenzel, Gudrun/Hurrelmann, Klaus (Hrsg.) (2019): Handbuch Bildungsarmut. Springer VS, Wiesbaden.

Robak, Steffi (2022): Vorbemerkungen und Einführung: Beobachtungen zur Erwachsenenbildung/Weiterbildung im Spannungsraum der Digitalisierung und Einordnung eigener Forschungs- und Entwicklungszugänge. In: Robak, Steffi/Kühn, Christian/Heidemann, Lena/Asche, Eike (Hrsg.): Digitalisierung und Weiterbildung. Beiträge zu erwachsenenpädagogischen Forschungs- und Entwicklungsfeldern. Barbara Budrich, Opladen/Berlin/Toronto, S. 7–44.

Schadt, Peter (2021): Die Digitalisierung der deutschen Autoindustrie. Kooperation und Konkurrenz in einer Schlüsselbranche. Hochschulschriften 107. Papy Rossa, Köln.

Schadt, Peter/Weis, Nathan Serafim (2023): Von der Plattform zum politischen Programm. Industrie 4.0 als staatliche Förderung der Digitalisierung. In: Schmitz, Christoph/Urban, Hans-Jürgen (Hrsg.): Das neue Normal. Konflikte um die Arbeit der Zukunft. Gute Arbeit, Ausgabe 2023, Redaktion: Nadine Müller/Klaus Pickshaus/Jürgen Reusch. Bund, Frankfurt am Main, S. 109–119.

Schäfer, Erich (2017): Lebenslanges Lernen. Erkenntnisse und Mythen über das Lernen im Erwachsenenalter. Springer, Wiesbaden.

Schiersmann, Christiane (2022): Weiterbildungsberatung im Kontext der Nationalen Weiterbildungsstrategie. Finanzielle und strukturelle Aspekte. In: Hessische Blätter für Volksbildung (HBV), (1), S. 43–53.

Schmidt-Hertha, Bernhard (2021): Die Pandemie als Digitalisierungsschub? In: Hessische Blätter für Volksbildung (HBV), (2), S. 20–29.

Schmitz, Christoph/Urban, Hans-Jürgen (Hrsg.) (2023): Das neue Normal. Konflikte um die Arbeit der Zukunft. Gute Arbeit, Ausgabe 2023, Redaktion: Nadine Müller/Klaus Pickshaus/Jürgen Reusch. Bund, Frankfurt am Main.

Schrader, Josef/Martin, Andreas (2021): Weiterbildungsanbieter in Deutschland: Befunde aus dem DIE-Weiterbildungskataster. In: Zeitschrift für Weiterbildungsforschung (ZfW) (44), S. 333–360.

Seling, Irene/Zenzen, Jupp (2019): Ernüchterung statt Aufbruch. Die Nationale Weiterbildungsstrategie aus Sicht der Arbeitgebervertreter. In: weiter bilden. Die Zeitschrift für Erwachsenenbildung, 26(2), S. 27–29.

Siebert, Horst (2018): Erwachsenenbildung in der Bundesrepublik Deutschland. Alte Bundesländer und neue Bundesländer. In: Tippelt, Rudolf / Hippel, Aiga von (Hrsg.): Handbuch Erwachsenenbildung / Weiterbildung, 6., überarbeitete und aktualisierte Auflage. Springer VS, Wiesbaden, S. 59–87.

Stammer, Christopher (2020): Literalität und Arbeit. In: Grotlüschen, Anke / Buddeberg, Klaus (Hrsg.): LEO 2018: Leben mit geringer Literalität. wbv Publikation, Bielefeld, S. 167–195.

Tippelt, Rudolf (2018): Sozialer Wandel und Erwachsenenbildung seit den 1980er Jahren. In: Tippelt, Rudolf / Hippel, Aiga von (Hrsg.): Handbuch Erwachsenenbildung / Weiterbildung. 6., überarbeitete und aktualisierte Auflage. Springer VS, Wiesbaden, S. 89–106.

Umbach, Susanne / Haberzeth, Erik / Böving, Hanna / Glaß, Elise (2020): Kompetenzverschiebungen im Digitalisierungsprozess. Veränderungen für Arbeit und Weiterbildung aus Sicht der Beschäftigten. Wbv Publikation, Bielefeld.

Wolter, Marc Ingo / Mönnig, Anke / Schneemann, Christian / Weber, Enzo / Zika, Gerd / Helmrich, Robert / Maier, Tobias / Winnige, Stefan (2019): Wirtschaft 4.0 und die Folgen für Arbeitsmarkt und Ökonomie. Szenario-Rechnungen im Rahmen der fünften Welle der BIBB-IAB-Qualifikations- und Berufsprojektionen. Bundesinstitut für Berufsbildung (Hrsg.). Barbara Budrich, Bonn / Leverkusen.

Wrase, Michael (2020): Das Recht auf Grundbildung und die Pflicht des Staates zur Sicherung des bildungsrechtlichen Existenzminimums: Expertise mit Blick auf das Problem geringer Literalität. gew.de/fileadmin/media/sonstige_downloads/hv / Service / Presse/2021/202010-RechtAufGrundbildung-web-1.pdf (Abfrage: 15.08.2024).

Überwindung der Prekarität?

Einfluss und Grenzen staatlicher Förderung auf Videospielentwickler in Deutschland

Jonas Ferdinand

1. Einleitung

Die Zahl der Videospielunternehmen in Deutschland stieg von 524 im Jahr 2018 auf 908 im Jahr 2023. Ein wichtiger Treiber dieses Anstiegs besteht vor allem in Neugründungen kleiner Entwicklungsstudios (vgl. game 2019; game 2023). In dem umkämpften Markt haben vor allem junge und kleine Unternehmen Schwierigkeiten, Investitionen zu finden und sind dem hohen Risiko ausgesetzt, in Konkurs zu gehen. Entsprechend ist die Arbeit in der Videospielbranche mit verschiedenen Problemen verbunden. Die hohen Arbeitsbelastungen der Videospielentwickler_innen nehmen in Zeiten von Projektübergängen zusätzlich zu. Gleichzeitig sind in der Spieleentwicklung die Löhne und die finanzielle Absicherung im Vergleich zu anderen Zweigen der IT-Branche geringer (vgl. Zippia 2024; Sonmez 2024). Der institutionelle Umgang auf staatlicher Seite mit diesen Schwierigkeiten der Entwickler_innen wurde bislang kaum untersucht. Der Beitrag füllt diese Lücke, indem er den Blick auf staatliche Unterstützungsstrukturen sowie deren Voraussetzungen und Auswirkungen richtet.

Neben kapitalgebenden Publisher[1]-Unternehmen gibt es wenig alternative Kapitalquellen für junge Unternehmen. Das heißt, das Fehlen von Venture Capital und Investor_innen erschwert die Gründung und Finanzierung eines eigenen Unternehmens. Die Distribution der Spiele wird wiederum von Plattformen wie dem Marktführer Steam geprägt. Eine sichtbare Platzierung und Aufmerksamkeit auf Steam ist für den Erfolg eines Spiels entscheidend, was angesichts Tausender Konkurrenzprodukte die Planung von Gewinnen extrem erschwert. Gleichzeitig verbleiben Vertriebsgebühren von bis zu 30 Prozent bei der Plattform (Marks 2020). In Reaktion auf belastende und ausbeuterische Arbeitsbedingungen und deren Bekanntwerden gab es um 2019 im Rahmen von Game Worker Unite (GWU) prominente Zusammenschlüsse von Spielentwickler_innen (vgl. Woodcock 2020a; Woodcock 2020b für Großbritannien). In Deutschland finden sich dagegen nur erste gewerkschaftliche Ansätze in der Videospielbranche, welche

1 Als Definition schreibt der Verband der deutschen Videospielbranche: „Publisher nehmen die Rolle der Produzenten von Computer- und Videospielen wahr. Ihre Kernaufgaben sind die Finanzierung, das Marketing sowie der Vertrieb der Spiele“ (game 2024).

von ver.di unterstützt werden und sehr vereinzelt Betriebsräte wie bei Bigpoint und Deck13 Interactive (vgl. IGM 2024; Nehrlich 2022). Da die gewerkschaftliche Präsenz erst im Entstehen begriffen ist, rücken staatliche Fördermaßnahmen auf nationaler und regionaler Ebene als strukturierende Institutionen hinsichtlich der Arbeitsbedingungen in den Fokus der Betrachtung, da an erster Stelle die bereitgestellten Finanzierungen Auswirkungen auf die Arbeitsarrangements in der Branche haben können. So betrachten erste Studien die Entwicklung der Förderstrukturen in Deutschlands und deren Einfluss auf die betrieblichen Erfolge in der Branche (vgl. Koley 2022; Castendyk et al. 2020). Jedoch bedarf es einer detaillierteren Untersuchung der Zusammenhänge zwischen staatlicher Förderung und der Arbeit von Videospielentwickler_innen. Wie lenken und begrenzen Kriterienkataloge den Erhalt von Fördermaßnahmen? Welchen Einfluss haben die Förderbedingungen auf die Projekt- und Arbeitsbedingungen der Entwickler? Hier soll auf die für den Wachstum der Branche hoch relevanten kleinen Firmen fokussiert werden, die oft ohne finanzstarke Firmen im Hintergrund agieren, dem sogenannten „Independent“-Teil der Industrie zuzuordnen sind, tendenziell auf flache Hierarchien setzen und als solche ein hohes Maß an Prekarität erleben (vgl. Argentics 2024).[2] Gleichzeitig sind kleine Unternehmen mit weniger als zehn Arbeitnehmer_innen prägend für die deutsche Entwicklungslandschaft (vgl. game 2022).

Im Folgenden wird zunächst der aktuelle Stand der Forschung zu den Arbeitsbedingungen in und staatliche Fördermechanismen der Videospielindustrie und zur Videospielförderung dargestellt (Kapitel 2) und das methodische Vorgehen erläutert (Kapitel 3). Der empirische Teil arbeitet anhand von Interviews die Voraussetzungen und Mechanismen sowie Wirkungen der Förderung heraus (Kapitel 4). In einem abschließenden Abschnitt wird diskutiert, ob und inwiefern sich Beteiligungsstrukturen und Machtungleichgewichte innerhalb der Branche auf Grundlage staatlicher Förderung verändern können. Außerdem werden die empirischen Ergebnisse unter dem übergeordneten Gesichtspunkt einer breiteren Kompetenzförderung für den digitalen Wirtschaftsstandort Deutschland betrachtet (Kapitel 5).

2 Die Kategorie „Independent“, kurz „Indie“ ist nicht als fest umrissen zu verstehen; ein Studio hat z. B. einen Publisher im Hintergrund, aber der Publisher gibt den Entwicklern die größtmögliche Autonomie über die Entwicklungsprojekte.

2. Arbeitsbedingungen und Förderstrukturen in der Videospielentwicklung

2.1 Arbeitsbedingungen in der Videospielindustrie

Ein umfassendes Problem für die Arbeit in der internationalen Videospielindustrie sind belastende Arbeitsbedingungen, insbesondere die Prekarität. Während Prekarität häufig in niedrig bezahlten Dienstleistungsberufen anzutreffen ist, erweitert Bulut (2020, S. 4, 16) in seiner ethnografischen Studie über ein Unternehmen mit zeitweise 160 Angestellten diese Einschätzung auf mittelständische Spieleproduzenten. Der von ihm verwendete Begriff der Prekarität bezieht sich nicht auf eine statische Struktur, sondern wird als dynamisch in Umfang und Intensität verstanden. Ein Beispiel für eine solche dynamische Prekarität ist die zeitliche Fluktuation im Laufe einer Entwicklerkarriere (vgl. Bulut 2020, S. 5 f.). Bei außerordentlich langen Arbeitszeiten verschwimmen Arbeitszeit und Nicht-Arbeitszeit zunehmend (vgl. Sezgin 2018, S. 245 mit Verweis auf Gill/Pratt 2008, S. 14). Informelle Arbeitsverhältnisse sowie eine emotionale Bindung an die Arbeit verschärfen das Problem zusätzlich, da persönliche Begeisterung ein wichtiges Kriterium ist, um in der Branche Fuß zu fassen (vgl. ebd.).

Bulut (2015) zieht darüber hinaus eine Differenzierungsebene heran, wonach Beschäftigte, die das Qualitätsmanagement in der Spieleproduktion abdecken, wirtschaftlich weitaus prekärer positioniert sind als Beschäftigte, die Design, Kunst oder Programmierung übernehmen. Prekarität wirkt sich für verschiedene Arbeitsbereiche unterschiedlich aus, wenn beispielsweise Programmierer_innen vergleichsweise besser verdienen (vgl. Kerr 2017, S. 94). Die prekärsten Bedingungen finden diejenigen vor, deren Arbeitsleistungen als Freiberufler von Studios eingekauft werden (vgl. Bulut 2015). Die Analyse von Prekarisierungstendenzen in Hinblick auf die Videospielindustrie knüpft an Diskurse um digitale Arbeitsformen und Tech Work an. Tech Work bezieht sich dabei auf die Programmierung, Gestaltung oder Verwaltung digitaler Technologien und digital vermittelter Dienste (vgl. Dorschel 2022, S. 289). Zwar stellt Dorschel (2022, S. 295) fest, dass Tech-Arbeiter_innen intensive Ausbildungen zum Erwerb des beruflichen Fachwissens aufweisen und ein höheres und auf lange Sicht sichereres Einkommen haben als andere digitale Arbeiter_innen. Jedoch sind auch Tech-Arbeiter nicht frei von Prekarität und können von befristeten Verträgen betroffen und von Dequalifizierung bedroht sein. So führt gerade projektbasierte flexible Tech-Arbeit oft zu instabilen Beschäftigungsverhältnissen (vgl. Dorschel 2022, S. 295).

Phänomene wie Crunch, d. h. unbezahlte Überstunden in der „Crunch-Time" vor dem Veröffentlichungstermin eines Spiels, sind eng mit dem Prinzip der „Passion Work" verbunden und nehmen eine entscheidende Rolle im Diskurs über kreative Arbeit ein (vgl. Harvey/Shepherd 2017, S. 495, 502). Alacovska und Bissonnette (2021, S. 136) stellen selbstzentrierte und individualisierte Subjektivitäten als zentrale Merkmale von Kulturarbeitern heraus. Ozimek (2021, S. 266) zeigt in der Analyse von Karrierewegen und -kämpfen im Kontext polnischer Videospielentwickler_innen einen unternehmerischen Ethos auf und verweist auf McRobbies Charakterisierung von Kreativarbeiter_innen. Dieser Ansatz besagt, dass in Kreativindustrien die eigene Arbeitskraft ständig auf der Suche nach neuen Projektmöglichkeiten mobilisiert werden muss. Die den Individuen eingeschriebene Kreativität wird dabei durch politische Diskurse, durch Bildungscurricula und in der Populärkultur stilisiert als eine romantisiere „Selbstfindungsreise" (vgl. McRobbie 2016, S. 15; Keogh 2021, S. 32). McRobies Analysen schließen an das Konzept des „Arbeitskraftunternehmers" an, das auf Entgrenzungsprozesse von Arbeit hinweist und in einer Selbst-Ökonomisierung besteht (vgl. Pongratz/Voß 1998). Ebenso weisen die Konzeptualisierungen der Kreativarbeit an die Feststellung eines Unternehmerischen Selbst zurück, bei dem „die Durchdringung unseres Alltagsverhaltens mit *unternehmerischem Denken* und die Orientierung unseres Alltagsverhaltens an ökonomischen Leistungsstandards" im Vordergrund steht (vgl. Wolff 2019, S. 469; Bröckling 2007).

2.2 Staatliche Bezugnahme auf eine aufstrebende Branche

Im Folgenden werden staatliche Förderbedingungen im internationalen Kontext und speziell in Bezug auf Deutschland skizziert. Im internationalen Vergleich lassen sich mehrere Fälle von länder- oder regionalspezifischen Förderprogrammen für die Videospielindustrie finden. Banks und Cunningham (2019, S. 194) stellen fest, dass die Branche in der überwiegend nicht gewerkschaftlich organisierten Spieleindustrie weitgehend durch Berufsverbände repräsentiert und durch staatliche Maßnahmen und Programme unterstützt wird. Politische Unterstützung kann jedoch, gerade wenn sie Inkonsistenzen aufweist, prekäre Arbeitsbedingungen nicht ausräumen (vgl. ebd.).

In ihrer vergleichenden Betrachtung untersuchen Sotamaa, Jørgensen und Sandqvistc (2019, S. 25) politische Maßnahmen und Unterstützungsstrukturen für nationale Spieleindustrien in Norwegen, Schweden und Finnland und unterscheiden zwei allgemeine Ideale: eine Innovationsperspektive und eine kulturelle Perspektive. Erstere, vertreten durch Finnland, stellt die Bereitschaft zur Unterstützung einheimischer Unternehmen auf dem globalen Markt durch finanzielle Förderung in den Mittelpunkt, während letztere sich auf die Förderung des nationalen Kulturerbes konzentriert und durch Norwegen vertreten wird (vgl. ebd., S. 16 f, 25). Der schwedische Staat hat keine speziell auf die Spieleentwicklung ausgerichtete Politik, sondern setzt vor allem auf eine breite Palette allgemeiner Maßnahmen zur Förderung, wie z. B. indirekt über staatliche Infrastrukturen in Form von Inkubatoren (vgl. ebd., S. 19; 25 f.). Nieborg und de Kloet (2016,

S. 201; 210) konzentrieren sich in ihrer Untersuchung auf steuerliche Anreize, Subventionen und Branchenregelungen innerhalb der EU und stellen fest, dass europäische Länder mit größeren Volkswirtschaften (d. h. Großbritannien und Deutschland) auch bei spielbezogenen Konsumausgaben führend sind. An detaillierten Betrachtungen der konkreten Auswirkungen von staatlichen Anreizen auf die Arbeitsbedingungen in der Videospielbranche mangelt es den Studien.

In Deutschland entstanden Mitte der 2000er Jahre die ersten staatlichen Fördersysteme (vgl. Koley 2022). Seitdem haben fast alle 16 Bundesländer eigene, regional verankerte Programme, von denen viele über die Jahre hinweg stetig gewachsen sind, wobei teils Institutionen für mehrere Bundesländer zuständig sind wie beispielsweise Nordmedia für Niedersachen und Bremen (vgl. Koley: 2022, S. 9; Nordmedia 2022). Die Programme bewegen sich zwischen einem Jahresbudget von 0,16 und 4,4 Millionen Euro (vgl. game 2024).[3] Die Förderung erfolgt in der Regel in Form von erfolgsabhängigen, rückzahlbaren Darlehen, in einigen Fällen aber auch als nicht rückzahlbare Zuschüsse (vgl. Koley 2022, S. 9; Castendyk et al. 2020). Da die Games-Branche international wuchs, in Deutschland aber stagnierte, wurden ab 2017 im Bundestag Fördermaßnahmen auf Bundesebene diskutiert. Der Branchenverband game e. V. spielte dabei eine entscheidende Rolle, indem er sich vehement für eine Förderung einsetzte. 2019 wurde das erste Bundesförderprogramm in Höhe von 250 Millionen Euro für Videospiele zusätzlich zu den regionalen Fördertöpfen aufgelegt mit dem Ziel, die heimische Branche langfristig zu stärken. Bei der finanziellen Förderung einzelner Branchen ist das Wettbewerbsrecht der Europäischen Union zu beachten, das staatliche Beihilfen zur Begünstigung eines bestimmten Produkts verbietet und damit unlauteren Wettbewerb im Binnenmarkt verhindert. Ausnahmen von diesem Gesetz beruhen im Fall der deutschen Spielförderung zum einen auf der De-minimis-Regel, nach der Beträge bis zu 200.000 Euro an ein einzelnes Unternehmen über einen Zeitraum von drei Jahren nicht groß genug sind, um Marktverzerrungen zu verursachen, und zum anderen auf der Förderung der europäischen Kultur. Im Jahr 2020 konnte mit Genehmigung der EU die volle Bundesförderung beginnen, die nicht mehr durch die De-minimis-Regelung begrenzt ist (vgl. Koley 2022, S. 6; 10).

Schließlich liefert Koley (2022) erste Beschreibungen der Auswirkungen der Bundesförderung auf die Branche in Hinblick auf bürokratische Hürden der Fördermaßnahmen für Studios oder den Beitrag zu einer „Reifung" der Branche. Eine von PWC (2023) im Auftrag des Bundesministeriums für Wirtschaft und Klimaschutz durchgeführte Evaluierung gibt ebenfalls einen quantitativen Überblick über die Gesamtzahlen der Budgethilfe, z. B. über die Größe der geförderten Unternehmen und die damit verbundenen Arbeitnehmereffekte. Zudem enthält die Evaluierung kritische Rückmeldungen zu den Fördermecha-

---

3 Eine Übersicht über alle regionalen Förderer und deren Gesamtbudgets liefert eine Karte des Verbandes game (vgl. ebd.).

nismen, die zu Handlungsempfehlungen für eine weitere Ausgestaltung führen und unter anderem ein Steuersenkungssystem für bestimmte Teile der Branche vorschlagen. Dabei ist zu beachten, dass sich die Studien in erster Linie mit den Auswirkungen der Bundesförderung befassen und die regionalen Förderträger vernachlässigen. Ebenso wie bei den internationalen Betrachtungen fehlt eine umfassende Einbeziehung der Situationen von Entwickler_innen.

3. Methode

Zur Beantwortung der Forschungsfragen wurden zwischen August 2022 und Januar 2023 halbstrukturierte Interviews mit 19 Expert_innen aus der Praxis geführt, von denen neun bei Förderinstitutionen und zehn als Spieleentwickler_innen tätig sind, bei deren Firmen im Durchschnitt sieben Mitarbeiter_innen angestellt sind. Die Entwickler_innen stammen aus kleinen Entwicklungsstudios aus dem Indie-Bereich. Auf Seiten der Förderinstitutionen wurden Förderreferent_innen sowie Mitarbeiter_innen einer Förderbank und eines Landesministeriums befragt.[4] Auf diese Weise konnte die Sichtweise von Industrie und Förderinstitutionen eingefangen werden. Die Interviewfragen orientieren sich an Themen wie dem Förderprozess und den Wirkungen der Förderung. Ergänzend zu den Interviews wurden die Förderrichtlinien inhaltlich analysiert. Das empirische Material wurden anschließend der qualitativen Inhaltsanalyse nach Mayring (2015) folgend ausgewertet. Hierzu wurden ein aus dem bestehenden Forschungsstand deduktiv erarbeitetes Kategoriensystem genutzt, das auf die Voraussetzungen und Wirkungen der Förderung abzielt. Dieses Kategoriensystem wurde in einem iterativen Vorgehen ergänzt und angepasst. Insgesamt ist die Studie explorativ angelegt und verfolgt das Ziel, empirische Leerstellen zum Zusammenhang zwischen Arbeits- und Förderbedingungen in der Videospielproduktion zu schließen.

4 Ein Interview mit einer Mitarbeiter_in des Bundesministerium für Wirtschaft und Klimaschutz der Bundesrepublik Deutschland (BMWK), das in der Verantwortlichkeit für die Videospielförderung des Bundes auf das Bundesministerium für Verkehr und digitale Infrastruktur (BMVI) folgte, war dabei nicht möglich.

4. Ergebnisse: Förderung an den Grenzen der finanziellen Belastbarkeit

4.1 Finanzierungskriterien der Förderung

Die deutsche Videospielförderung setzt sich aus der Kultur-, Wirtschafts- und Innovationsförderung zusammen. Obwohl vor dem Hintergrund der europäischen Rahmenlinien und dem Anspruch, seriöse und pädagogisch wertvolle Spieleproduktionen zu fördern, kulturelle Kriterien wichtig sind, bleiben oft wirtschaftliche Ziele ausschlaggebend. An erster Stelle ist bei der Bundesförderung zur Spieleproduktion die finanzielle Hürde zu betrachten, die in dem Einbringen eines Eigenanteils durch die Entwickler_innen besteht und der mindestens dreißig Prozent der förderfähigen Kosten beträgt. Zwar stellt die Finanzierung auf Bundesebene einen nicht zurückzuzahlenden Zuschuss dar, doch müssen die Teams die Gesamtfinanzierung des Projektes nachweisen, also die Lücke zur bezuschussten Summe schließen können. Der Mindestwert für eine volle Spieleproduktion ist mit 100.000 Euro veranschlagt. Bis zu einer Höhe von zwei Millionen Euro, erhalten Spieleproduktionen dabei eine Förderquote von 50 Prozent, welche stufenweise bei noch größeren Projekten auf 25 Prozent absinkt (vgl. BMWK 2022, S. 4–6). Die hohen Summen sowie die Konkurrenz mit deutlich finanzstärkeren Produktionen bedeuten angesichts der begrenzten und im „Windhundverfahren" vergebenen Bundesförderung enormen Schwierigkeiten für kleinere Studios (vgl. Gameswirtschaft 2024a; Koley 2022, S. 32).[5] Im Gegensatz zur Bundesförderung wird die Förderung auf Landesebene in mehreren Entscheidungsrunden pro Jahr zugeteilt, oftmals in Form von Darlehen. Der konkrete finanzielle Förderumfang variiert bei den regionalen Förderern, die ihre jeweils eigenen Richtlinien festlegen. In der Region Berlin-Brandenburg beispielsweise wird bei einer vollen Spieleproduktion ein Darlehen mit bis zu 50 Prozent und in Ausnahmefällen 80 Prozent der Entwicklungsausgaben bei einem maximalen Darlehen in Höhe von 600.000 Euro ermöglicht.[6] Die Fördersummen setzen bereits bei 30.000 Euro an (vgl. MBB 2022, S. 6; MBB 2024). Doch auch im Fall derartig kleiner Spieleprojekte sind die Teams damit konfrontiert, einen Teil der finanziellen Basis durch Ersparnisse aufzubringen:

---

5 Das „Windhundverfahren" (oder auch „Windhundprinzip") basiert darauf, dass Gelder in der Bewerbungsreinfolge vergeben werden, sodass die Mittel mehrfach vorzeitig und vorwarnungslos aufgebraucht waren (vgl. Gameswirtschaft 2024a).

6 Dieses Darlehen ist als bedingt rückzahlbar deklariert. Hierbei erfolgt die Rückzahlung aus den Umsätzen, die ein Spiel generiert. Dadurch können die Teams erst von Umsätzen profitieren, wenn das Darlehen getilgt wurde (vgl. MBB 2022).

„Also man muss halt einen gewissen Eigenanteil auch schon vorher einbringen, um die überhaupt zu bekommen und das können viele sozusagen auch noch nicht bringen und wissen das vorher nicht, dass man den halt erbringen muss. Wir haben das halt zum Beispiel aus Erspartem gemacht von den vorherigen Jobs, die wir gemacht haben" (Interview Entwickler).

Die zum Ausdruck gebrachte Notwendigkeit („halt einfach", „man muss"), persönliche Rücklagen als Kapital einzusetzen, legt nahe, dass die Vermischung von Privat- und Arbeitsleben, persönlicher Identität und Rolle als Entwickler_innen für die Interviewten Tatsache ist. Bei Studios mit bereits erfolgreich veröffentlichten Spielen können Finanzrücklagen akkumuliert und für neue Produktionen verwendet werden, während neugegründete Firmen meist nicht über Mittel aus erfolgten Geschäften verfügen, das sie in die Spieleproduktion reinvestieren können. So haben bereits erfolgreiche Teams eher die Chance, Folgeprojekte zu etablieren. Gleichzeitig wird die besonders prekäre Gruppe der Spielentwickler_innen, die über keine monetären Rücklagen verfügen, aus dem potenziellen Kreis derjenigen ausgeschlossen, die von der, zumindest kurzzeitig, deprekarisierenden Wirkung finanzieller Unterstützung profitieren könnten. Die inhärente Prekarität und Risikobehaftung der Branche kann also durch staatliche Angebote für einen Teil der in der Branche Tätigen nicht abgemildert werden. Ohne zusätzliche Förderinstitutionen bestünde jedoch eine größere Abhängigkeit von Publishern und die Hürden für den Einstieg in die Branche wären noch höher (vgl. Teipen 2016). Die Förderung dient damit als Hilfe dazu, die Spieleentwickler_innen geschäftsfähig und sie für den Spielemarkt anschlussfähig zu machen, verlangt ihnen jedoch bei der Produktion ihrer Spiele gewisse finanzielle Rücklagen und Risikobereitschaft ab.

Die Kriterienkataloge, die für die Förderung herangezogen werden, sehen eine Mischung aus wirtschaftlichen, kulturellen und innovativen Aspekten vor. Diese gemischten Anforderungen können sehr unterschiedliche Auswirkungen auf die einzelnen Förderentscheidungen haben, wie ein Mitarbeiter einer Fördereinrichtung auf die Frage nach den Prioritäten der Kriterien antwortet:

„Es ist gar nicht leicht zu beantworten, was jetzt den größeren Stellenwert einnimmt. Wir versuchen deswegen ja, so blöd es klingt, zweigleisig zu fahren, indem wir bei, dann ganz individuell auch entscheiden. Wir haben Projekte, die keinen besonders hohen kulturellen Wert haben, aber die wirtschaftlich sehr erfolgsversprechend sind. Diese Projekte fördern wir gerne, weil sie die Industrie insgesamt voranbringen. Auf der anderen Seite fördern wir auch gerne Projekte, die ein hohes Marktrisiko haben, weil sie ungewohnt sind, was ihren Inhalt betrifft, was ihren Gameplay angeht, das Setting, die Story" (Interview Förderinstitution).

Die Kombination aus festen Kriterien und Einzelfallentscheidung („ganz individuell") offenbart für die Antragsteller_innen die Herausforderung einer Unwägbarkeit und potenziellen Intransparenz hinsichtlich der Entscheidung der Fördereinrichtungen. Gleichwohl eröffnet sich so auch für alternativere Spielkonzepte die Möglichkeit einer Förderung. Zentrales Ziel aus institutioneller Sicht bleibt dabei die Stärkung des Unternehmensstandortes, die durch die Bindung der Entwicklerstudios an die jeweilige Region geregelt wird. So werden Arbeitsplätze geschaffen und Steuergelder können zurückfließen. Teilweise wird in den Förderrichtlinien auf Ebene der Bundesländer explizit ein regionaler Effekt genannt, der sicherstellen soll, dass ein bestimmter Teil der Förderbeträge in der jeweiligen Region ausgegeben wird. Langfristig ist es das Ziel der Förderinstitutionen, dass sich Videospielunternehmen ansiedeln, wachsen und ein Games-Firmencluster entsteht – ein Ansatz, dessen Anspruchsniveau von den Ressourcen abhängt, die einer regionalen Förderinstitution im Einzelfall zur Verfügung stehen.

Die regionalen Projektträger versuchen, den zu erwartenden wirtschaftlichen Erfolg mithilfe verschiedener Maßnahmen zu bewerten. Eine Marktanalyse dient dazu, die Positionierung des geplanten Spiels im Hinblick auf seine Einzigartigkeit und gegenüber Konkurrenztiteln herauszuarbeiten. Dabei spielen die spezifischen Zielgruppen, die angesprochen werden sollen, eine zentrale Rolle (vgl. Krasnianski/Kubasova 2019). Innerhalb der Förderinstitutionen wird die Teamzusammensetzung der sich bewerbenden Studios als wichtiger Aspekt eingeschätzt.

> „Im besten Fall hat man schon irgendwie Bilder von dem Prototypen oder man hat schon einen Prototypen oder genau, da muss man halt so was machen wie eine Konkurrenzanalyse, wie man halt man halt sich schon ein bisschen den Markt angeschaut hat und dann geschaut hat, was gibt es sonst noch in dem Bereich und hat das überhaupt eine Relevanz, was man da jetzt vorhat und so was zum Beispiel welche Plattform will man bedienen?" (Interview Entwickler)

Von Bedeutung sind hier bereits umgesetzte Projekte sowie die Aufgabenverteilung auf die Teammitglieder, um eine erfolgreiche Produktion des Spiels zu gewährleisten. Im Hinblick auf die Chancen einer Bewerbung verdeutlicht ein Mitarbeiter einer Förderinstitution die Bedeutung eines Wettbewerbsbewusstseins unter den Entwickler_innen.

> „Also im Sinne von einem Studio, das sich irgendwie auf ein Serious Game für Healthcare spezialisiert oder interessiert, dass die eben auch entsprechende Kompetenzen vorweisen können, neben der Spieleentwicklung eben auch im medizinischen Bereich. Das wäre für mich ein Teil der inhaltlichen Authentizität. Und darüber hinaus, mit authentisch würde ich meinen, dass sich eben in der in der direkten Kommunikation mit uns, dass die Antragsteller eben ja, natürlich vielleicht auch vorkommen, vielleicht diese Natürlichkeit ist auch ein Zeichen der Authentizität, dass wir

eben annehmen können, dass die Person, so wie sie sich gerade vor uns präsentiert, auch tatsächlich ist" (Interview Förderinstitution).

Diese Konzentration auf die Kenntnis des Gamingbereichs und die Arbeitserfahrung, die sich in der Zusammenarbeit an konkreten Projekten ausdrückt, entspricht der kritischen Rolle des Lebenslaufs, die die Kulturindustrie im Allgemeinen kennzeichnet (vgl. Ozimek 2019, S. 830). Neben dem strategischen Ansatz dienen das öffentliche Image und die professionelle Leistung als Vertrauensindikatoren für die Finanzierungsseite, z. B. durch den Ausdruck von Begeisterung und Authentizität. Das Bild der schöpferisch tätigen Person, die sich gänzlich mit ihrem Werk identifiziert („Natürlichkeit") prägen neben der Kunstbranche auch die Videospielentwicklung.

Im Vergleich zu kommerziellen Erwägungen sind kulturelle Ziele tendenziell zweitrangig, spielen aber dennoch eine wichtige Rolle für den Auswahlprozess. Hier werden beispielsweise Bildungs- oder Inklusionsthemen als wichtig erachtet, ebenso wie sogenannte „Serious Games", die aufgrund ihres Inhalts oder ihrer Darstellungsform über das Medium hinaus Beachtung finden und beispielsweise als pädagogisch wertvoll angesehen werden, aber nicht unbedingt bedeutende kommerzielle Erfolg versprechen (vgl. BMVI 2021). Kulturbezogene Kriterien befassen sich auch damit, welche Art von Inhalten nicht gefördert werden sollten. Insbesondere Titel mit expliziten Gewaltdarstellungen, Pornografie oder Horrorinhalten sind Ausschlussfaktoren. Im inhaltlichen Bereich besteht auch die Chance, dass experimentellere Produktionen gefördert werden. Damit haben die Entwickler auch inhaltlich mehr Gestaltungsmöglichkeiten, die sie als teilweise Befreiung von kommerziellen Zwängen sehen. Die Erfüllung eines Kulturtests, der aufgrund der EU-Richtlinien für Videospielförderprogramme oft erforderlich ist, ist allerdings eine vergleichsweise niedrige Schwelle und kann mit entsprechender Argumentation, z. B. dem Verweis auf die Tradition eines bestimmten Spielegenres und auf das Herkunftsland des Entwicklerteams, erfüllt werden.

Schließlich ist das Element der Innovation ein weiterer Schwerpunkt. Die „Strategie für den Games-Standort Deutschland" hebt explizit den innovativen Charakter der Videospielbranche hervor: „Die Computerspielbranche steht wie kaum ein anderer Wirtschaftszweig für innovative Lösungen. Die Games-Branche ist ein ‚digitaler Frontrunner'" (BMVI 2021, S. 5). Insofern wird die Förderung von Videospielen insgesamt als Stärkung des Innovationsstandorts Deutschland verstanden. Auf Hardware-Ebene kann z. B. zum Einsatz kommende Virtual-Reality-Technologie als innovativer Faktor für eine Spieleentwicklung geltend gemacht werden. Auf inhaltlicher Ebene ist es allerdings für Entwickler_innen schwieriger, Innovationen herauszustellen. So ist das Etablieren gänzlich neuer Spielprinzipien vor dem Hintergrund tausender bestehender Titel sehr herausfordernd, da gleichzeitig die Passung zum bestehenden Spielemarkt zu beachten ist, was den Konzeptionsrahmen einschränkt. Insgesamt gibt es ein Bündel von

Anforderungen, denen die Teams gerecht werden müssen. Eine Unterstützung von Spieleprojekten kann daher nur erfolgen, wenn bestimmte finanzielle Grundlagen sowie kulturelle und, in gewissem Maße, auch innovative Anforderungen erfüllt sind.

4.2 Stabilisierungseffekt: Entwicklungsförderung als vorübergehende Existenzsicherung

Die Wirkungen der Maßnahmen entfalten sich vor dem Hintergrund prekärer Arbeitsbedingungen für die selbstständigen Teams. Dabei haben staatliche Finanzierungshilfen das Potenzial, Belastungsdimensionen graduell abzuschwächen. Jedoch sind die Investitionsvolumen in Deutschland begrenzt und eine erfolgreiche Vermarktung von Spielen am Markt nicht planbar (vgl. u. a. Bulut 2015). In einem Interview wird in diesem Zusammenhang das Fehlen von Banken in Deutschland kritisiert, die eine Kreditfinanzierung für die Spieleentwicklung anbieten könnten (Interview Förderinstitution). Diese prekäre Situation geht einher mit einem hohen Maß an Mobilisierung und Leidenschaft der Spieleentwickler_innen für die selbstbestimmte Umsetzung der eigenen kreativen Ziele (vgl. Bulut 2020). Ein anderer Entwickler beschreibt, wie durch die Motivation seines Teams und das Ziel, „etwas Schönes“ zu schaffen, Projekte über Jahre hinweg mit einem minimalen Lohn ge- und ertragen werden (Interview Entwickler).

Für die bedeutenderen Fördervarianten ist allerdings die Existenz eines Unternehmens notwendig und kann für die Entwickler_innen die Situation der Hobbyproduktion ablösen, in der sie teils jahrelang die Grundlagen für ihr Spielprojekt gelegt haben, wie ein Entwickler beschreibt (Interview Entwickler). Auf diese Weise erzeugt die Fördermöglichkeit eine Konkretisierung der Unternehmensbildung. Auch die Beantragung staatlicher Fördermittel impliziert eine Konkretisierung des Spieleprojekts, da die Mittel keine allgemeine Unternehmensförderung darstellen. Der Antragsprozess erfordert, Kategorien wie Monetarisierung, technische und inhaltliche Gestaltung der Spiele zu präzisieren. Ein Entwickler beschreibt an einem Beispiel die verdichtende Wirkung der notwendigen Konzeptualisierung:

> „Genau, so 15 Seiten waren es bei mir. Ich glaube es waren maximal 18 oder so […]. Da habe ich beschrieben, wie ich das das bauen will, was meine Story ist, welche Vertriebswege, wo es released werden soll, wie es monetarisiert werden soll, welche Technologien verwendet werden sollen, Kunstrichtung, dann eine kurze Beschreibung vom Spielkonzept, Zielgruppe, Unique Selling Point, Marktüberblick, was war da noch? Preisgestaltung, Altersfreigabe und was“ (Interview Entwickler).

Neben dieser grundsätzlichen Konkretisierung von Spielideen und Vermarktungsprozessen haben die Fördermaßnahmen finanziell eine stabilisierende Wirkung auf die Projekte. Mehrere Teams beschreiben die Finanzierung der ersten Entwicklungsschritte durch Ersparnisse oder Arbeitslosengeld und in diesem Zusammenhang die Gründung von Studios. Die Aufrechterhaltung eines Studios, das mit der Realisierung von Folgeprojekten verbunden ist, wird durch die erfolgreiche Finanzierung einzelner Projekte unterstützt. Erhält ein Team eine finanzielle Unterstützung für ein erstes Spiel, werden so Prekaritätsfaktoren vorübergehend abgemildert. Mit staatlichen Förderzusagen kann während eines Projektes ein branchenübliches Lohnniveau stabilisiert und eine verlässliche Bezahlung für die Dauer des Projektes sichergestellt werden. Im laufenden Förderprozess sind zwar Zwischenstände zu melden, diese orientieren sich aber hauptsächlich an den Zielen der Teams. Wenn die Produktion eines Spiels durch staatliche Förderung ermöglicht wird, ist die Verfolgung der kreativen Vision eines Teams gesichert, wie ein Entwickler beschreibt:

> „Und das wussten wir und das war halt für uns so voll die Erleichterung und es war einfach so, okay, wenn es jetzt am Ende nichts wird, dann machen wir entweder weiter und probieren es weiter, vielleicht noch nach Förderungen oder für uns dann selber noch mal oder wir lassen es halt einfach, aber wir können dann einfach wieder zurück in unsere Jobs von vorher gehen und so weitermachen und wir sind nicht komplett verschuldet. Das war halt super wichtig und ich glaube, deswegen konnten wir frei auf arbeiten" (Interview Entwickler).

Die zentrale Rolle der Förderung („Erleichterung", „super wichtig") illustriert einen andernfalls prekären Status der Entwickler_innen auf den Erfolgsdruck und das potenzielle Szenario einer persönlichen Verschuldung im Falle eines Misserfolgs. Diese Stabilisierung kann ambivalente Folgen haben: Finanzierungsmaßnahmen können die Planung erleichtern und damit das individuelle Stressempfinden insbesondere durch den Abbau von Existenzängsten abmildern (Interview Entwickler). Erfolgreich eingeworbene Fördermittel können so genutzt werden, um unabhängige Studios von der Verpflichtung zu befreien, als Dienstleister Auftragsarbeiten auszuführen, wie ein Entwickler berichtete, dessen Team zuvor die Firmenfinanzierung über externe Aufträge gesichert hatte (Interview Förderinstitution). Dennoch kann es trotz der Förderung zu einer Situation kommen, in der Entwickler_innen in den Teams die Option wahrnehmen, ihre Gehälter zurückzustellen, um das Projekt nicht zu gefährden.[7] Dadurch lassen sie sich auf prekäre Arbeitsbedingungen ein, um ein Spiel realisieren zu können (vgl. Interview Entwickler).

---

7 Dabei wird dieses Mittel der Lohn-Rückstellung teilweise von Regionalförderern untersagt.

Die stabilisierende Wirkung der Finanzierung geht mit einem Anstieg geförderter Spiele einher. Während 2021 noch über 160 Spiele unterschiedlicher Entwicklungsstufen von regionalen Förderinstitutionen gefördert wurden, waren es 2023 fast 200 (eigene Übersicht).[8] Die Bundesförderung umfasste 2021 rund 180 und 2024 110 Spieleprojekte (vgl. Gameswirtschaft 2024b). Für die unabhängigen Teams sind die regionalen Förderinstitutionen als erste Anlaufstelle besonders relevant, da die Computerspielförderung des Bundes tendenziell für größere Spieleproduktion relevanter ist. Die höheren Summen der Bundesförderung, die auch als kuliminierte Fördertöpfe in Kombination mit den Landesmitteln zum Tragen kommen, können auf die Entwicklerstudios in der Breite entlastend wirken, da sie Planbarkeit ermöglichen und damit finanzielle Engpässe abmildern können. Aufgrund der hohen Kosten der Spieleproduktion und der gleichzeitigen Ungewissheit, ob ein Spiel nach der Veröffentlichung genügend Verkaufszahlen generiert, bleibt insgesamt ein hohes wirtschaftliches Risiko für Produktionsteams wie Geldgeber bestehen. Aus dieser Abhängigkeit können sie nicht aussteigen, solange ihr Spiel kein Geld am Markt erwirtschaftet, also sich gegen die Konkurrenz durchsetzt. Die Förderung dient damit als phasenweise Ermöglichung an der Teilnahme der Konkurrenz am Markt, bei der das erfolgreiche Zusammenkommen von Finanzkapital und Konsumentenbegeisterung über erfolgreiche Firmenentwicklungen entscheidet. Wie fragil die stabilisierenden Effekte von Fördermaßnahmen sein können, zeigt sich am Bewilligungsstopp der Bundesmittel für 2023 und 2024 und den damit verbundenen Verlust der zuvor erwarteten Fördermöglichkeiten (vgl. Gameswirtschaft 2023).

4.3 Fähigkeiten und Planungsprozesse

Die Förderung betrifft nicht zuletzt die Planung von Entwicklungsphasen und die notwendigen Fähigkeiten der Entwickler_innen. Die zeitliche Komponente bei der Finanzierung ist eine große Schwierigkeit für Studios. Wenige Monate fehlender Finanzierung können bereits das Aus für ein Studio bedeuten; Fristen und Ankündigungen von Entscheidungen durch Förderstellen können für jüngere und kleinere Unternehmen überlebenswichtig sein. Ein Entwickler erklärt, dass die Förderung nicht zu einer Erhöhung der Mitarbeiterzahl geführt, sondern vielmehr eine Anpassung der Projektlaufzeit und eine stärkere Fokussierung auf die Qualitätssicherung ermöglicht hat (Interview Förderinstitution). Da die Existenz kleinerer Spieleunternehmen eng mit der Finanzierung einzelner Projekte

---

8 Hier kann es dazu kommen, dass Spiele mehrfach gefördert werden, wenn sie erst für eine geringere Förderstufe beispielsweise zur Erarbeitung eines Prototyps, also einer vorläufigen Testversion, Förderung erhalten haben und in einer folgenden Bewerbungsrunde für die gesamte Produktion gefördert werden.

verknüpft ist, sind Zwischenphasen ohne Finanzierung verheerend. So schildert ein Entwickler die Notwendigkeit, schon vor dem Auslaufen eines Projekts einen neuen Förderantrag einzuleiten, damit der Einreichungsprozess für das nächste Projekt rechtzeitig beginnt:

> „Das heißt, du musst eigentlich ein halbes Jahr bevor dein Projekt endet, aller, allerspätestens, lieber ein Jahr, schon anfangen, das Neue mal an der Seite (unv.) und was, wo man wieder Finanzierungen hat, (unv.) usw. und so fort. Das heißt, das endet nie. Und die ersten paar Projekte, weil ich die ganze Zeit so ‚first time' hervorgehoben habe, wollt ich das noch mal sagen, die ersten paar Projekte läufst du eigentlich immer Gefahr, (unv.) selbst wenn du einen Hit hast, dauert ein halbes Jahr bis das Geld von dem auf deinem Konto ist" (Interview Entwickler).

Das zum Ausdruck gebrachte Andauern von Unsicherheit und die damit verbundene Notwendigkeit, die Fortführung von Finanzierung sicherzustellen, offenbaren ein hohes Maß an Existenzangst („läufst du eigentlich immer Gefahr") und Zeitdruck, die die Entwicklungsarbeit stets begleiten. Mitunter werden Ideen für Spielmechaniken nach der Umsetzung im Laufe des Entwicklungsprozesses noch angepasst. So kann es vorkommen, dass einzelne Features deutlich mehr Zeit in Anspruch nehmen als ursprünglich geplant. Rückmeldungen aus der Community während der Spieleentwicklung können ebenfalls zu abweichenden Produktionszeiten führen. Diese Unwägbarkeiten lassen sich durch Erfahrungen aus früheren Spielumsetzungen kompensieren, sodass etablierte Teams in der Branche eher in der Lage sind, genaue Einschätzungen ihrer Produktionen zu kalkulieren. Die Fähigkeit, Projekte zu planen, muss in engem Zusammenhang mit dem Phänomen „Crunch" gesehen werden. Die Folgen von Crunch, also von extremen Überstunden in einem kurzen Zeitraum bis zum Veröffentlichungstermin des Spiels, können erheblich sein (vgl. Harvey/Shepherd 2017, S. 502). Ein Mitarbeiter einer Förderinstitution weist auf das Problem hin, dass Crunch zum Teil mit der Fähigkeit zur Projektplanung und nicht nur mit der Finanzierungsquelle zusammenhängt. Gleichzeitig zeigt diese Interpretation aber auch, dass die Verantwortung für Crunch den einzelnen Unternehmen zugeschrieben wird:

> „Es gibt Firmen, die haben schon immer gecruncht. Die werden auch glaube ich weiter crunchen, weil die ganz einfach schlecht organisiert sind oder weil da das Wohlbefinden der Mitarbeiter nicht so sehr im Vordergrund steht. Und es gibt Unternehmen, die haben das schon von vornherein immer deutlich vermeiden wollen und haben das auch geschafft. Es ist, glaube ich, eher eine Frage der Unternehmensform irgendwie" (Interview Förderinstitution).

Darüber hinaus wird in dem Zitat deutlich, inwieweit die überlastende Arbeitspraxis als Standard angenommen („schon immer gecruncht") und gleichermaßen wenig Hoffnung auf Änderung für betreffende Firmen ausformuliert wird („weiter crunchen"). Zudem binden Förderanträge vor allem in den ersten Anläufen relativ viel Personal und Zeit, was die Hauptaufgabe der Entwickler_innen herausfordert: die Entwicklung von Spielen. Koley (2022, S. 33) hebt die Schwierigkeiten hervor, die sich für die Studios durch „bürokratische Verfahren" im Rahmen der Bundesförderung ergeben:

> „Also es machen nicht viele so, aber wir wollten es halt wirklich und deswegen haben wir da jetzt wirklich auch, wir haben dann zu viert einen ganzen Monat oder fast einen ganzen Monat Zeit reingesteckt, uns klar zu machen, aber es sollte, glaube ich, für viele andere jetzt nicht der Maßstab sein. Es hätte wahrscheinlich auch gereicht, wenn wir die Hälfte reingesteckt haben oder so, aber das war dann so genau, da haben wir jetzt die Zeit reingesteckt, das abgeschickt, auch mit der Kalkulation, wie viel Geld wir überhaupt brauchen und genau aufgelistet, wofür wir das benutzen wollen (Interview Entwickler).

Die Betonung der investierten Zeit, deren Ausmaß nachträglich relativiert wird („sollte [...] für viele andere jetzt nicht der Maßstab sein"), verdeutlicht die wahrgenommene damit verbundene Anstrengung. Diese wird aber mit den Erkenntnissen über konkrete Kostenbedarfe und geplante Ausgaben sowie einer höheren Chance auf Förderzusage gerechtfertigt („wir wollten es halt wirklich"). Die im Förderprozess gesammelten Erfahrungen gehen allerdings mit Kosten von erheblichen Zeit- und Arbeitsressourcen einher. Obwohl die Branche sehr wettbewerbsintensiv ist, unterstützen sich die kleinen Studios gegenseitig mit dem gesammelten Know-how bezüglich des Antragsprozederes. Dies erfordert jedoch ein informelles Netzwerk, das parallel zu den offiziellen Strukturen zwischen den Spieleentwicklern besteht und insbesondere Newcomer_innen erst entwickeln müssen.

5. Prekaritätsabmilderung oder Vehikel des Technologiestandorts Deutschland?

Die Förderung hat das Potenzial, das Verhältnis zwischen Entwicklern und Publisher insofern zu verändern, als sich Entwicklerstudios in einer besseren Verhandlungsposition befinden, wenn sie durch Förderzusagen finanzielle Zusagen von Publishern aushandeln können. So kann das Bündel staatlicher Maßnahmen in die Eintrittsbarrieren der Videospielbranche eingreifen und bestehende Beteiligungsbeschränkungen abmildern. Darin zeigt sich der mögliche Einflussbereich staatlicher Maßnahmen, der zugleich durch die plattformgebundenen internationalen Marktstrukturen eingeschränkt wird. Selbst wenn eine Spiele-Finanzierung gesichert ist, kann dem Wettbewerb um Sichtbarkeit auf den Vertriebsplattformen, vor allem der marktbeherrschenden Plattform Steam, durch staatliche Maßnahmen wenig entgegengesetzt werden. Innerhalb dieses Wettbewerbs erweisen sich nur wenige Spiele als erfolgreich: In den letzten drei Jahren wurden 41.000 Spiele auf Steam veröffentlicht, von denen ca. 70 Prozent unter Hobbybedingungen hergestellt wurden. Von den veröffentlichten Spielen erbrachten die Hälfte nur 500 US-Dollar oder weniger und nur 5,6 Prozent der Titel erzielten 200.000 US-Dollar oder mehr (vgl. Obedkov 2023).

Hinzu kommt ein grundsätzliches Risiko aufgrund des dynamischen Marktes: Neue technische Bedingungen, sich verändernde Genreanforderungen und neue Tools bedeuten ständige Veränderungen in der Spieleentwicklung, was besonders junge Studios vor Herausforderungen stellt (vgl. González-Piñero 2017). Vor diesem Hintergrund ist der Förderstopp von 2023 und 2024 auf Bundesebene in Deutschland umso verheerender. Die Wirkungsmöglichkeiten des Staates sind also begrenzt und können nur bedingt nachhaltige Investitionen anreizen, wenn die Planbarkeit von Maßnahmen angesichts einer instabilen Bundesförderung nicht sichergestellt ist (vgl. game 2023). Einen übergreifenden Schutz vor den Unwägbarkeiten des extrem riskanten und dynamischen Spielemarktes sowie eine kollektive Entlastung von prekären Arbeitsbedingungen kann die Förderung damit nicht leisten. Gleichzeitig zeigt sich, dass Buluts (2020) Beobachtung einer der Branche inhärenten, periodisch ab- und zunehmenden Prekarität mit der Zeitlichkeit zusammenhängt, die durch Förderausschreibungen und Einreichungsfristen geprägt ist. Die Bedingungen der Entwicklerarbeit ist so um die Dimension der institutionell gesetzten Zeithorizonte zu ergänzen. Prekarität ist an dieser Stelle kein reines Produkt von Branchenzyklen oder Projektphasen mehr, sondern muss auch im Zusammenhang mit Förderzyklen gedacht werden.

In diesem Rahmen haben die Förderkriterien einen Gatekeeping-Effekt hinsichtlich der Frage, welche Teams die Fördermaßnahmen erhalten. Damit wird eine Trennlinie zwischen denjenigen gezogen, denen diese Absicherungsmaßnahmen gewährt werden und solchen, die die Kriterien nicht erfüllen können. Die Voraussetzung einer finanziellen Beteiligung ist dabei als wesentlicher Bestandteil zu sehen. Im Fall einer nicht vorhandenen staatlichen Förderung würden die monetären Anforderungen jedoch noch stärker als Barriere für Studiogründungen und Spielefinanzierungen wirken. Die Finanzierung hat also eine ambivalente Wirkung: Auf der einen Seite segregiert sie, auf der anderen Seite egalisiert sie. Auf der individuellen Ebene wird im Vergleich zu Bildungsabschlüssen der Lebenslauf von Entwickler_innen hinsichtlich erfolgter Projektbeteiligungen als ein relevanterer Indikator für Kompetenzen zur Spieleentwicklung angesehen. Dadurch fungieren bisherige praktische Erfahrungen als wichtiges Zugangsinstrument für weitere Projekte, wobei die Möglichkeit, ihren Lebenslauf derart aufzubessern für Entwickler_innen oft mit prekären Arbeitsbedingungen einhergeht (vgl. Ozimek 2019, S. 830). Da Projektvorhaben auf Basis der akkumulierten Fähigkeiten des Bewerberteams durch die Förderinstitutionen beurteilt werden, hat dies insofern einen entindividualisierenden Effekt, als der Lebenslauf des/der Einzelnen in der Gesamtwertung der Gruppe aufgehen kann.[9]

Die Förderung der Videospielbranche steht im Einklang mit dem Ziel der Stärkung des Wirtschaftsstandortes Deutschland, wie es in der „Strategie für den Games-Standort Deutschland" des BMVI heißt: „Die Games-Branche ist damit ein Pool für hochqualifiziertes Personal mit ‚digital skills', die auch für den Wirtschaftsstandort Deutschland und die internationale Wettbewerbsfähigkeit immer wichtiger werden" (vgl. BMVI 2021, S. 4).

Auffällig ist hier, dass der Technologietransfer als Ziel im Strategiepapier des Bundes hervorgehoben wird. Ebenso sollen die digitalen und medialen Kompetenzen der Wirtschaft branchenübergreifend nutzbar gemacht werden (vgl. BMVI 2021, S. 7). Dieses Ideal schwingt auch als Idee auf regionaler Ebene mit: „Die Games-Branche hat auch Verbindungen zu anderen Branchen. Deshalb ist dieser Innovationsimpuls oder Technologietransfer [...] aus der Games-Branche in andere Branchen auch für uns interessant" (Interview Förderinstitution). Die Förderstrategie ist also eingebettet in eine breitere digitale Förderstrategie, die das wahrgenommene gesamtwirtschaftliche und gesellschaftliche Potenzial der Branche hervorhebt. So können beispielsweise Personen, die über Erfahrungen in der Videospielbranche verfügen, ihre Fähigkeiten der Spieleentwicklung nutzen, um offene Stellen in der Konstruktion von Autocockpits von Automobilunternehmen zu besetzen (vgl. Falk 2023). Wenn die Arbeitsbedingungen in der Videospielbranche wie die im Vergleich zu anderen IKT-Branchen geringere Bezahlung, dazu führen, dass Entwicklerinnen und Entwickler die Branche verlassen, stellen sie für den steigenden IKT-Bedarf, z. B. für die Automobilindustrie oder den Versicherungssektor hoch relevante Arbeitskräfte dar (vgl. Puls 2021; Heinemann et al. 2023). Damit tragen die Maßnahmen zur Videospielförderung einerseits zur Stärkung des Wirtschaftsstandorts Deutschlands bei und fördern andererseits einen Pool an Fachkräften, der nicht auf den Verbleib in der Branche beschränkt ist und branchenübergreifend Deutschland als Technologiestandort personell aufwertet (vgl. BMVI 2021).

6. Fazit

Die vorliegende Studie hat die Auswirkungen staatlicher Förderprogramme auf Independent-Entwickler_innen und Studios in der Videospielbranche in Deutschland untersucht. Es zeigt sich insbesondere der Einfluss der Förderung auf eine gesteigerte Umsetzbarkeit von Spieleprojekten, die eng an das wirt-

9 Während dieser Befund in Bezug auf die Teambewertungen vor allem bei regionalen Förderentscheidungen gilt, trifft er weniger auf Förderanträge der Bundesförderung zu, da auf Bundesebene keine Jury über eine Passung der Kompetenzen von Entwickler_innen entscheidet.

schaftliche Fortbestehen kleinerer Firmen gebunden sind. Voraussetzungen zum Fördererhalt, insbesondere die finanzielle Eigenbeteiligung, können dabei eine potenzielle Gatekeeper-Funktion ausüben. Darüber hinaus sind spezifische Anforderungen an die Zusammensetzung des Teams von Entwickler_innen sowie wirtschaftliche und kulturellen Kriterien zu erfüllen, deren fallabhängige Gewichtung durch die Förderstellen für die Bewerber_innen nur begrenzt antizipierbar sind.

Bei der Frage, in welcher Weise die bestehenden Maßnahmen prekäre Arbeitsverhältnisse kollektiv abmildern können, zeigen sich die Limits der staatlichen Förderung. Die Arbeit in projektförmigen Anstellungsverhältnissen kann lediglich kurzfristig und begrenzt stabilisiert werden, während eine anhaltende Verbesserung der Arbeitsbedingungen umfassendere Veränderungen erfordert. Gerade bei der Distribution von Videospielen wird der nur begrenzte Einfluss staatlicher Förderung gegenüber einem durch internationale Firmen dominierten Markt deutlich. Jenseits staatlicher Interventionen bei der Finanzierung von Spielen rückt so die Rolle von Gewerkschaften für die kollektive Organisierung zur Verbesserung der Arbeitsbedingungen in den Fokus. Ein erster Ansatz ist in der Unterstützung zu sehen, die ver.di bei der Etablierung von Betriebsräten in der Industrie leistet (vgl. Nehrlich 2022). Hier gilt es zu untersuchen, ob die anfänglichen Gewerkschaftsaktivitäten innerhalb der Branche in Zukunft an weiterer Dynamik gewinnen werden und die Limits staatlicher Fördermaßnahmen adressieren können.

Literatur

Alacovska, Ana / Bissonnette, Joëlle (2021): Care-ful Work: An Ethics of Care Approach to Contingent Labour in the Creative Industries. In: Journal of Business Ethics, 169, H. 1, S. 135–151.

Banks, John / Cunningham, Stuart (2019): Games Production in Australia: Adapting to Precariousness. In: Curtin, Michael / Sanson, Kevin (Hrsg.): Precarious Creativity: Global Media, Local Labor. Berkeley: University of California Press, S. 186–199.

Bourdieu, Pierre (1980): The production of belief: Contribution to an economy of symbolic goods. In: Media, Culture and Society, 2, S. 261–293.

Browne, Pierson / Schram, Brian R. (2021): Intermediating the Everyday: Indie Game Development and the Labour of Co-Working Spaces. In: Sotamaa, Olli / Svelch, Jan (Hrsg.): Game Production Studies. Amsterdam: Amsterdam University Press B. V., S. 83–100.

Bulut, Ergin (2015): Glamor Above, Precarity Below: Immaterial Labor in the Video Game Industry. In: Critical Studies in Media Communication, 32, H. 3, S. 193–207.

Bulut, Ergin (2020): A precarious Game: The Illusion of Dream Jobs in the Video Game Industry. Ithaca New York: Cornell University Press.

Bundesministerium für Verkehr und digitale Infrastruktur (BMVI) (2021): Strategie für den Games-Standort Deutschland. bmwk.de / Redaktion / DE / Publikationen / Wirtschaft/games-strategie-deutschland.pdf?__blob=publicationFile&v=1 (Abfrage: 27.06.2024).

Bundesministerium für Wirtschaft und Klimaschutz der Bundesrepublik Deutschland (BMWK) (2022): Dritter Aufruf zur Einreichung von Anträgen gemäß der Förderrichtlinie „Computerspieleförderung des Bundes“ vom 27.12.2022.

Castendyk, Oliver / Müller, Juliane / Schwarz, Manuel / Wolter, Lisa-Charlotte / Adam, Elisa Dorothee (2020): Die Games-Branche in Deutschland 2018/19/20. game.de/wp-content/uploads/2020/12/ Games-Branche-in-Deutschland-2018-20.pdf (Abfrage: 27.06.2024).
De Peuter, Greig / Oakley, Kate / Trusolinoc, Madison (2021): The pandemic politics of cultural work: collective responses to the Covid-19 crisis. In: International Journal of Cultural Policy, 29, H. 3, S. 377–392.
Dörre, Klaus / Kraemer, Klaus / Speidel, Frederic (2004): Prekäre Arbeit. Ursachen, soziale Auswirkungen und subjektive Verarbeitungsformen unsicherer Beschäftigung. In: Das Argument, 256, S. 378–397.
Dorschel, Robert (2022): Reconsidering digital labor: Bringing tech workers into the debate. In: New New Technology, Work and Employment, 37, H. 2, S. 288–307.
Dyer-Witherford, Nick/de Peuter, Greig (2006): „EA Spouse" and the Crisis of Video Game Labour: Enjoyment, Exclusion, Exploitation, Exodus. In: Canadian Journal of Communication, 31, S. 599–617.
Falk, Cheryl (2023): How Game Design Tools Are Modernizing Automotive Cockpits. altia.com/2023/07/10/how-game-design-tools-are-modernizing-automotive-cockpits (Abfrage: 21.05.2024).
Fu, Kase (2023): Why making money off of an indie game is so damn hard. bootcamp.uxdesign.cc/why-making-money-off-of-an-indie-game-is-so-damn-hard-9189fc421f0f (Abfrage: 17.06.2024).
game (Verband der deutschen Games-Branche) (2019): Jahresreport der deutschen Games-Branche 2019. game.de/wp-content/uploads/2018/08/game-Jahresreport-2019_web.pdf (Abfrage: 27.06.2024).
game (Verband der deutschen Games-Branche) (2023): Jahresreport der deutschen Games-Branche 2023. game.de/publikationen/jahresreport-2023 (Abfrage: 27.06.2024).
game (Verband der deutschen Games-Branche) (2024): Publisher. game.de/themen/publisher (Abfrage: 17.06.2024).
Gameswirtschaft (2023): Games-Förderung: BMWK nimmt keine Anträge mehr entgegen (Update). gameswirtschaft.de/politik/games-foerderung-antragsstopp-090523/#:~:text=Update%20vom%204.,realistische%20Chance%20auf%20Bewilligung"%20gibt (Abfrage: 21.05.2024).
Gameswirtschaft (2024a): Games-Förderung: Bund sieht Länder in der Pflicht. gameswirtschaft.de/politik/games-foerderung-bund-bmwk-kellner-170424 (Abfrage: 11.07.2024).
Gameswirtschaft (2024b): Games-Förderung in Deutschland: Die größten Projekte 2024. gameswirtschaft.de/politik/games-foerderung-2024-groesste-projekte-2304 (Abfrage: 21.05.2024).
Gill, Rosalind (2014): Unspeakable Inequalities: Post Feminism, Entrepreneurial Subjectivity, and the Repudiation of Sexism among Cultural Workers. In: Social Politics, 21, H. 4, S. 509–528.
Gill, Rosalind / Pratt, Andy (2008): Precarity and Cultural Work. In the Social Factory? Immaterial Labour, Precariousness and Cultural Work. In: Theory, Culture & Society, 25, H. 7–8, S. 1–30.
González-Piñero, Manel (2017): Redefining The Value Chain Of The Video Games Industry. Knowledge Works National centre for cultural industries. Rapport Nr. 01–2017. Elverum: Kunnskapsverket.
Harvey, Alison / Shepherd, Tamara (2017): When passion isn't enough: gender, affect and credibility in digital games design. In: International Journal of Cultural Studies, 20, H. 5, S. 492–508.
Heinemann, Mario / Worm, Olga / Gold, Michael / Maeyer, Patrik (2023): Fokus Digitalisierung. Grünes Licht statt Rotstift: IT-Jobs in der digitalen Versicherungswirtschaft. Berlin: Gesamtverband der Deutschen Versicherungswirtschaft e. V.
Hopf, Christel (1978): Die Pseudo Exploration – Überlegungen zur Technik qualitativer Interviews in der Sozialforschung. In: Zeitschrift für Soziologie, 7, H. 2, S. 97–115.

International Games Magazine (IGM) (2024): Fight for your right! ArbeitnehmerInnenrechte in der Games-Branche. IGM 5/24. igmonline.de/story/igm-05-24-fight-your-right-arbeitnehmerinnenrechte-der-games-branche (Abfrage: 28.06.2024).
Keogh, Brendan (2019): The Cultural Field of Video Game Production in Australia. In: Games and Culture, 16, H. 1, S. 1–20.
Keogh, Brendan (2021): Hobbyist Game Making Between Self-Exploitation and Self-Emancipation. In: Sotamaa, Olli / Svelch, Jan (Hrsg.): Game Production Studies. Amsterdam: Amsterdam University Press B.V., S. 29–46.
Kerr, Aphra (2017): Global Games. Production, Circulation and Policy in the Networked Era. New York: Routledge.
Koley, Taylor (2022): Better Late Than Never: An evaluation of the German Federal Government Computer Games Funding. Berlin: Hertie School.
Krasnianski, Gleb / Kubasova, Nikola (2019): The saturation of the Steam platform game market and the noticeability of the saturation by Steam users. Uppsala: Uppsala University.
Marks, Tom (2020): Report: Steam's 30 % Cut Is Actually the Industry Standard. A breakdown of how much every major retailer takes from the sale of a game. ign.com/articles/2019/10/07/report-steams-30-cut-is-actually-the-industry-standard (Abfrage: 12.07.2024).
Mayring, Philipp (2015): Einführung in die qualitative Sozialforschung: eine Anleitung zum qualitativen. 12., überarbeitete Auflage. Weinheim / Basel: Beltz.
McRobbie, Angela (2016): Be Creative: Making a Living in the New Culture Industries. Cambridge: Polity Press.
Medienboard Berlin Brandenburg (MBB) (2022): Förderrichtlinie Games-Förderung. medienboard.de/fileadmin/user_upload/pdf/Richtlinien-Merkblaetter/2023_02_10_Richtlinie_fuer_die_Games-Foerderung_mbb_Berlin_Brandenburg.pdf (Abfrage: 11.07.2024).
Medienboard Berlin Brandenburg (MBB) (2024): Förderentscheidungen New Media. 2023. Games. medienboard.de/foerderung-games/foerderentscheidungen-new-media?tx_cbfundingcommitment_cbfundingcommitment%5Baction%5D=show&tx_cbfundingcommitment_cbfundingcommitment%5Bcontroller%5D=ExcelFileCollection&tx_cbfundingcommitment_cbfundingcommitment%5BexcelFileUid%5D=249&cHash=3b26b201ebc0a53b3f4c68c25e8db47e (Abfrage: 11.07.2024).
Nieborg, David B/de Kloet, Jeroen (2016): A Patchwork of Potential: A Survey of the European Game Industry. In: Fung, Anthony (Hrsg.): Global Game Industries and Cultural Policy. Cham: Springer International Publishing, S. 201–226.
Nordmedia (2022): Gamesförderung. nordmedia.de/pages/foerderung/foerderbereiche/games-foerderung/index.html (Abfrage: 17.06.2024).
Obedkov, Evgeniy (2023): Over the past three years, 41 thousand games have been released on Steam, of which 50% have earned $500 or less. app2top.com/analytics/over-the-past-three-years-41-thousand-games-have-been-released-on-steam-of-which-50-have-earned-500-or-less-259026.html (Abfrage: 04.07.2024).
Ozimek, Anna M. (2019): Outsourcing Digital Game Production: The Case of Polish Testers. In: Television & New Media, 20, H. 8, S. 824–835.
Ozimek, Anna M. (2021): Construction and Negotiation of Entrepreneurial Subjectivities in the Polish Video Game Industry. In: Sotamaa, Olli / Svelch, Jan (Hrsg.): Game Production Studies. Amsterdam: Amsterdam University Press, S. 257–274.
Pongratz, Hans J. / Voß, G. Günter (1998): Der Arbeitskraftunternehmer. Zur Entgrenzung der Ware Arbeitskraft. Vortrag in der Sitzung der Sektion Industrie- und Betriebssoziologie auf dem Kongreß für Soziologie, Freiburg 1998 – Textfassung.
PricewaterhouseCoopers GmbH (PWC) (2023): Evaluation der „Computerspieleförderung des Bundes“. Bericht. bmwk.de/Redaktion/DE/Evaluationen/Foerdermassnahmen/evaluation-der-computerspielfoerderung-des-bundes.pdf?__blob=publicationFile&v=6 (Abfrage: 21.05.2024).

Puls, Thomas (2021): Strukturwandel in der Automobilindustrie-wirkt die Pandemie als Beschleuniger? In: Ifo Schnelldienst, 74, S. 3–9.

Ruffino, Paolo / Woodcock, Jamie (2021): Game workers and the empire: Unionisation in the UK video game industry. In: Games and Culture, 16, H. 3, S. 317–328.

Sezgin, Serra (2018): Digital Games Industry and Game Developers in Turkey: Problems and Possibilities. In: Journal of Cultural Studies, 5, H. 2, S. 238–254.

Sotamaa, Olli / Jørgensen, Kristine / Sandqvistc, Ulf (2019): Public Game Funding in the Nordic Region. In: International Journal of Cultural Policy, 26, H. 5, S. 617–632.

Teipen, Christina (2016): The Implications of the Value Chain and Financial Institutions for Work and Employment: Insights from the Video Game Industry in Poland, Sweden and Germany. In: British Journal of Industrial Relations, 54, H. 2, S. 311–333.

Umney, Charles / Symon, Graham (2020): Creative placemaking and the cultural projectariat: Artistic work in the wake of Hull City of Culture 2017. In: Capital & Class, 44, H. 4, S. 595–615.

Video Game Insights (2020): Infographic: Indie game revenues on Steam. vginsights.com/insights/article/infographic-indie-game-revenues-on-steam (Abfrage: 17.06.2024).

Wolff, Eberhard (2019): Kulturelle Ökonomien von Selbsttests. Eine Erkundung diesseits und jenseits des „Unternehmerischen Selbst“. In: Braun, Karl / Dieterich, Claus-Marco / Moser, Johannes / Schönholz, Christian (Hrsg.): Wirtschaften. Kulturwissenschaftliche Perspektiven. Marburg: Förderverein der Marburger kulturwissenschaftlichen Forschung und Europäischen Ethnologie e. V., S. 469–478.

Woodcock, Jamie (2020a): How to beat the boss: Game Workers Unite in Britain. In: Capital & Class, 44, H. 4, S. 523–529.

Woodcock, Jamie (2020b): Organizing in the Game Industry: The Story of Game Workers Unite U. K. In: New Labor Forum, 29, H. 1, S. 50–57.

Digitalisierung als Krisenbearbeitung?

Die ‚digitale Wende' der EU-Politik am Beispiel des NGEU-Wiederaufbauplans

Roland Atzmüller, Lukas Egger und Anna Pillinger

1. Einleitung

Der lang etablierten Kritik an technologischem Determinismus zum Trotz (vgl. Lutz 1987; MacKenzie/Wajcman 1999) wird in aktuellen Debatten rund um ‚die Digitalisierung' derselben oftmals der Status eines handelnden Subjekts zugeschrieben (vgl. Schadt 2022), so auch zuletzt im Kontext der europäischen Technologiepolitik. Der Europäischen Kommission zufolge, die im vorliegenden Beitrag als Akteurin der Digitalisierung verstanden wird, soll die digitale Transformation ihren Teil dazu beitragen, dass die Europäische Union gestärkt aus der Covid-19-Pandemie hervorgehen kann. Dabei wird die Digitalisierung im EU-Diskurs nicht nur zum Scheinsubjekt gemacht, sondern ihr werden auch, ganz im Sinne eines Technosolutionismus (vgl. Morozov 2013), umfassende Fähigkeiten zugeschrieben, die sie als optimale Krisenbearbeiterin erscheinen lassen. In dieser Konstellation fungiert ‚die Digitalisierung' als diskursives Element einer hegemonialen Strategie (vgl. Sum/Jessop 2013; Jessop 2015) der Europäischen Union, die versucht für ein Transformationsprojekt, ein gemeinsames Problemverständnis und daraus abzuleitende Handlungsstrategien zu generieren, dem – trotz möglicher Widersprüche in Detailfragen oder konkurrentiellen Beziehungen etwa um Förderressourcen – EU-politisch wesentliche Akteur_innen aus Politik, Wirtschaft und Wissenschaft zustimmen können sollen. Dieses Projekt zielt darauf ab, Europa im geoökonomischen Wettlauf um digitale Technik und damit verbundene Verwertungsmöglichkeiten mit den USA und China konkurrenzfähig zu machen.

Im vorliegenden Beitrag möchten wir Ambivalenzen und Widersprüchlichkeiten, die an der europäischen Digitalisierungsoffensive sichtbar werden, am Beispiel des aktuellen *NextGenerationEU*-Aufbauplans (NGEU) herausarbeiten, ohne aber ein Urteil über die Effektivität in Bezug auf dessen selbstproklamierte Ziele abgeben zu können, da seine Laufzeit erst im Jahr 2026 endet. Vielmehr wollen wir die Digitalisierungsstrategie der EU selbst zum Gegenstand der Analyse machen und der Frage nachgehen, ob und inwiefern die Ziele der EU widersprüchlich und konfliktbeladen sind, sodass ihre Umsetzung von und in den Mitgliedsstaaten von Ungleichzeitigkeiten, Fragmentierungsprozessen und Willkürlichkeiten geprägt sind. Am Beispiel Österreichs wollen wir exemplarisch diskutieren, ob die Probleme, die die Technologiepolitik der EU seit Jahrzehnten prägen, auch im Falle von NGEU erhalten bleiben. Als Grundlage dafür dienen uns neben ausführlichen Dokumentenanalysen, mehrere Expert_inneninterviews mit österreichischen und europäischen Akteur_innen, die politisch, wissenschaftlich in Forschung und Entwicklung oder wirtschaftlich im Bereich der Digitalisierung aktiv sind.[1]

Im Folgenden wird zunächst NGEU und dessen Kernstück, die Aufbau- und Resilienzfazilität (ARF), beschrieben, die den Ausgangspunkt unserer Forschung bildet. Im nächsten Schritt wird eine kursorische Übersicht über die Entwicklung der europäischen Technologiepolitik seit Gründung der Europäischen Wirtschaftsgemeinschaft (EWG) 1957 gegeben und gezeigt, wie sie durch den ökonomischen Paradigmenwechsel des sogenannten Grünen Deal, der von der Europäischen Kommission 2020 verkündet wurde, neu adjustiert wurde. Anschließend wird der Wiederaufbaufonds innerhalb dieser Gemengelage verortet und seine digitale Säule vorgestellt. Nachfolgend wird auf die Ambivalenzen und Widersprüchlichkeiten von NGEU/ARF eingegangen, welche unter Zuhilfenahme des österreichischen Fallbeispiels sichtbar werden.

2. Next Generation EU und die Aufbau- und Resilienzfazilität als Hegemonieprojekt?

Wenige Monate nachdem Covid-19 Europa erreicht hatte, einigte sich die EU im Mai 2020 auf die Verabschiedung eines gemeinsamen Wiederaufbauplans, um den ökonomischen Auswirkungen der Pandemie entgegenzuwirken. Wesentliches Element dieses Plans war der Beschluss, einen Fonds – *NextGenerationEU* (NGEU) – im Umfang von 750 Milliarden Euro einzuführen, wobei zwei Drittel davon aus nicht rückzuzahlenden Zuschüssen und ein Drittel aus Krediten bestehen sollte. Der Großteil davon (672,5 Milliarden Euro) sollte über die dafür eigens geschaffene ‚Aufbau- und Resilienzfazilität' (ARF) ausgezahlt werden. Zur Finanzierung sah der Wiederaufbauplan die Aufnahme von Krediten im Namen der Europäischen Kommission auf den Finanzmärkten vor. Die Haftungen für die Kredite sollten anschließend von allen Mitgliedsstaaten gemeinsam getragen werden. Dieser Beschluss galt vielen als Wendepunkt in der EU-Politik (vgl. De la Porte/Jensen 2021; Fabbrini 2022). Vor allem die gemeinsame Verschuldung der Mit-

1 Das empirische Material wurde erhoben im Rahmen des von FWF (Projekt-Nummer: I 6076-G) und CHANSE-geförderten Projekts SoLiXG: *The Social Life of XG – Digital Infrastructures and the reconfiguration of sovereignty and imagined communities.* Es werden Interviews auf nationaler und europäischer Ebene aus der laufenden Forschung zitiert und entsprechend ausgewiesen. Die interviewten Expert_innen sind aus folgenden Bereichen: Forschung und Entwicklung, Forschungsförderung, EU Institutionen, wirtschaftsnaher Think-Tanks. Alle Interviews wurden 2023 geführt.

gliedsstaaten wurde teils euphorisch als ‚fiskalpolitische Zeitenwende' (vgl. kritisch Gerken 2022) begrüßt – und es war folgerichtig auch die Finanzierung von NGEU, die in der wissenschaftlichen Debatte die meiste Aufmerksamkeit auf sich zog. Obwohl NGEU überdies vorsieht, dass mindestens 20 Prozent der Gelder aus dem Aufbaufonds in die ‚digitale Wende' fließen sollten und diese damit neben der ökologischen Transformation (mindestens 37 Prozent) den Kern des Plans darstellt, wurde der digitale Aspekt in der Forschung zu NGEU vergleichsweise wenig beachtet (vgl. etwa De La Porte / Jensen 2021; Gerken 2022; Fabbrini 2022).

Dabei steht der Wiederaufbauplan der EU im Kontext einer seit einigen Jahren stattfindenden, weitreichenden Transformation der digitalisierungspolitischen Strategie Europas. Seit der großen Finanz- und Wirtschaftskrise von 2007 ff. sprachen europäische Akteur_innen der ‚digitalen Wende' immer neue krisenlösende und wachstumsgenerierende Potenziale zu, was sie zu einer der zentralen Säulen der politökonomischen Neuausrichtung der Europäischen Union werden ließ. Die endogenen und exogenen Krisentendenzen, mit denen die europäischen Integrationsprozesse konfrontiert sind, sollen nicht nur mittels einer fiskalpolitischen Kurskorrektur, sondern durch weitreichenden technologischen Wandel und einer grünen Neuausrichtung der Ökonomie bekämpft und langfristig überwunden werden.

In der digitalen Wende verdichtet sich einerseits nicht nur das Vorhaben, auf Basis einer von vielen Akteur_innen akzeptierten Interpretation gesellschaftlicher Entwicklungen, eine gemeinsame Weltsicht durchzusetzen. Vielmehr wird darüber auch der Versuch unternommen, die Mitgliedsstaaten und andere europäische Akteur_innen auf einen gemeinsamen Handlungskorridor zu verpflichten und diesen zu legitimieren. Das Konzept der ‚digitalen Wende' trägt damit das Versprechen eines Hegemonieprojektes (vgl. Forschungsgruppe ‚Staatsprojekt Europa' 2014; Sum / Jessop 2013; Jessop 2015) in sich. Dafür spricht, dass derzeit von seiten der europäischen Institutionen zumindest probiert wird, die Interessen spezifischer Kapitalfraktionen und staatlicher Akteur_innen anhand der Perspektive einer umfassenden digitalen Transformation, die auch für die Bevölkerung weitgehende Verbesserungen bereithalte und von dieser unterstützt werde, als alternativloses und dem Allgemeininteresse dienendes Programm für Europa durchzusetzen.

Für dieses Hegemonieprojekt versucht die Europäische Union auf mehreren Wegen bei den Mitgliedsstaaten den dafür relevanten Wirtschaftssektoren, aber auch der Bevölkerung, Zustimmung zu organisieren. Einerseits wird implizit und immer wieder auch explizit die digitale Wende als Teil einer geostrategischen Neuausrichtung kenntlich gemacht, die vorsieht, die technologische Autonomie Europas sowohl gegenüber den großen US-amerikanischen IT-Unternehmen als auch gegenüber China und anderen südostasiatischen Zulieferern zu sichern. Hier überschneidet sich diese Strategie mit den Interessen tonangebender Industrieunternehmen, die seit längerem fürchten, durch die europäische Nachzüglerposition bei digitaler Technik die „Kontrolle über Wertschöpfungsketten zu verlieren“ (Hubrich 2023, S. 213). In diesem Zusammenhang wurde der schillernde Begriff der ‚digitalen Souveränität‘ zum Leitmotiv der europäischen Digitalisierungsstrategie (vgl. Pohle / Thiel 2021). Simultan dazu wird unter dem Begriff der *twin transition* die Digitalisierung als Instrument und gleichzeitig als Voraussetzung des ökologischen Umbaus der europäischen Ökonomie gerahmt. Auf diesem Weg sollen Synergien zwischen dem Kommissionsprojekt des ‚Europäischen Grünen Deal‘ (EGD) und der ‚Digitalen Agenda‘ hergestellt werden (vgl. Gerken 2023).

In den Kontext dieser digitalisierungspolitischen Aktivitäten ist auch NGEU zu stellen. Es zielt auf die flächendeckende Einführung von Gigabit-Netzen und weiterer digitaler Infrastrukturen, die Ausweitung der digitalen Kompetenzen in der Bevölkerung und Investitionen in Innovation und Cybersicherheit. Dem von den politischen Akteur_innen seit langem kritisch attestierten Zurückbleiben Europas in Sachen digitaler Wende (vgl. Savin 2014, S. 1) wollen diese nun durch breite Investitionen offensiv entgegenwirken, womit sie zugleich strategische Abhängigkeiten und Vulnerabilitäten in einem zunehmend krisengeschüttelten weltpolitischen Kontext reduzieren wollen.

3. Nachholende technologische Entwicklung: Der europäische Pfad

Die ‚digitale Wende‘ der EU-Politik mitsamt dem NGEU-Wiederaufbauplan lässt sich in die historische Entwicklung der Technologiepolitik in Europa einreihen, die hier kurz umrissen werden soll. Während zum Zeitpunkt der Gründung der Europäischen Wirtschaftsgemeinschaft im Jahr 1957 Technologiepolitik kaum Aufmerksamkeit zukam, änderte sich dies in den 1960er Jahren, als im Kontext der Ost-West-Konfrontation (sogenannter Sputnik-Schock) der Diskurs einer technologischen Abhängigkeit Europas zuerst von den Vereinigten Staaten und später, nämlich in den 1980er Jahren, auch von Japan aufkam (vgl. Sharp / Peterson 1998). Ab diesem Zeitpunkt wurde zugleich die Relevanz von Informations- und Kommunikationstechnologien (IKT) nicht nur für die Stellung am Weltmarkt, sondern auch für innereuropäische Angelegenheiten entdeckt. Während der EWG- und EU-Kommissionspräsidentschaft von Jacques Delors (1985–1994) wurden IKT als notwendiger Bestandteil des europäischen Integrationsprozesses konzipiert.

Die Kommission legitimierte bereits zu diesem Zeitpunkt den Versuch, Technologiepolitik auf europäischer Ebene zu forcieren mit einer angeblichen Nachzüglerposition der Europäischen Wirtschaftsgemeinschaft im Vergleich zu Japan und den USA. Gleichzeitig wurden auch immer mehr Ungleichzeitigkeiten und Entwicklungslücken zwischen den Mitgliedstaaten diagnostiziert, die unter anderem auf die fehlende Kooperation zwischen den Nationen in Hinblick auf wissenschaftliche Innovation, Forschung und Entwicklung zurückgeführt wurden (vgl. Mărcut 2017, S. 13–70).

Dem in den 1980er dominant gewordenen neoliberalen Verständnis folgend veröffentlichte die Kommission im Jahr 1987 ein *Green Paper*, in dem nicht zuletzt die angeblich nachteiligen Auswirkungen der Monopole im Telekommunikationsbereich betont wurden (vgl. Europäische Kommission 1987). Nur die Liberalisierung und Deregulierung des Marktes für Telekommunikationsendgeräte, -dienstleistungen und -infrastrukturen könne zu Innovation und zum Ausbau der ökonomischen Konkurrenzfähigkeit europäischer Firmen beitragen (vgl. Nihoul/Rodford 2011, S. 93).

Um die beanspruchte und behauptete Reichweite und Tiefe der durchzusetzenden Veränderungen zu betonen und wohl auch, um zugleich die neoliberale Fundierung der wirtschaftlichen Integrationsprozesse der EU zu verwischen, wurden von europäischen Akteur_innen zunehmend Begriffe wie Wissens- und Informationsgesellschaft in den politischen und gesellschaftlichen Auseinandersetzungen mobilisiert. Die damit verbundenen gesellschaftlichen Entwürfe enthielten quasi das in eine hochtechnisierte Zukunft projizierte Versprechen, dass die neuen Technologien der IKT zu wirtschaftlichen und gesellschaftlichen Transformationsprozessen beitragen würden, die die neoliberale Vertiefung der Widersprüche (supranationaler) kapitalistischer Gesellschaftsformationen – unter anderem schwächelnde Profitraten, ausbleibende Investitionen, sinkendes Vertrauen der Konsument_innen in Märkte und der Bürger_innen in die Politik – überwinden helfen würden. So verwies auch das von US-Vizepräsident Al Gore (1993) gezeichnete Bild der ‚Datenautobahn' (*information highway*) auf das Versprechen, dass diese bald für Handel und Produktion eine ähnliche Rolle wie einst Schiffsrouten und Eisenbahnnetze spielen würde.

Schon ein Jahr darauf veröffentlichte die EU einen Aktionsplan für ‚Europas Weg in die Informationsgesellschaft' und im Jahr 1999 ein Strategiepapier mit dem Titel ‚eEurope – Eine Informationsgesellschaft für alle' (vgl. Mansell 2014, S. 205). Diese strategischen Planungen können so interpretiert werden, dass die europäischen Akteur_innen angesichts von damals vieldiskutierten Entwicklungen wie der New Economy von der wettbewerbspolitischen Sorge angetrieben wurden, die EU würde zunehmend vom dynamischen Potenzial der neuen Sektoren ausgeschlossen und drohe damit stärker von geoökonomischen Konkurrenten abhängig zu werden. Die Lissabon-Strategie aus dem Jahr 2000, die stark von der zu dieser Zeit mächtigen sogenannten neuen Sozialdemokratie des Dritten Wegs (Tony Blair) oder der Neuen Mitte (Gerhard Schröder, Lionel Jospin) geprägt war, machte insbesondere Qualifikationsdefizite, strukturelle Arbeitslosigkeit und das Abfallen in der internationalen Konkurrenz im IKT-Bereich als Probleme aus. Sie präsentierte die Transformation hin zu einer „wettbewerbsfähigen, dynamischen und wissensbasierten Wirtschaft" als Lösung (Europäischer Rat 2000, S. 3), die zugleich mit dem Versprechen auf nachhaltiges Wachstum, bessere Arbeitsplätze und soziale Kohäsion verbunden wurde, ohne dabei jedoch das enge fiskalpolitische Korsett etwa der Maastrichtkriterien und der Implementation des EUROS, die viele Staaten zu Kürzungen nicht zuletzt im Sozialbereich und Lohnmäßigung zwangen, infrage zu stellen. Der Weg zur wissensbasierten Wirtschaft sollte nicht zuletzt durch die Erhöhung der Förderung von Forschung und Entwicklung auf drei Prozent des Bruttoinlandsprodukts des gesamten EWG-Raumes gestärkt werden.

Auch im Kontext der Lissabon-Strategie wurden die anvisierten Maßnahmen vor allem darüber zu legitimieren versucht, dass die wissensbasierte Wirtschaft als längst im Gange befindlicher Prozess präsentiert wurde, an den Europa den Anschluss nicht verlieren dürfe. Gleichzeitig wurde sie aber auch als neues Wachstumsmodell dargestellt und sowohl mit Wettbewerbsfähigkeit als auch mit sozialer Kohäsion und Nachhaltigkeit artikuliert, um die Widersprüche und Konflikte der ökonomischen Transformationsprozesse wie auch der europäischen Integration bearbeitbar zu machen (vgl. Jessop 2008). Spätestens hier wird die Vorstellung von technologischer Entwicklung im IKT-Bereich als scheinbar selbstständigem, objektivem Prozess und zugleich umfassendem *technological fix* (vgl. Fox 2023) deutlich artikuliert. Insgesamt galt die Lissabon-Strategie hinsichtlich der Anregung von technologischer Entwicklung in Europa allerdings einigen Kritiker_innen zufolge als inkohärent, da sie in Bezug auf versprochene Ziele – allen voran die Vergrößerung der Beschäftigungsquote und die Stimulation von Investitionen im F&E-Bereich – weit hinter den in sie gesteckten Hoffnungen zurückblieb (vgl. Zgajewski / Hajjar 2005). Zumindest verlautbarte dies eine Evaluation der Lissabon-Agenda von 2004, die unter der Leitung des ehemaligen niederländischen Premierministers Wim Kok angefertigt wurde (vgl. High Level Group c.b.W.K. 2004). Edmund Li Sheng führt das angebliche Scheitern der Strategie unter anderem auf den Mangel an quantifizierbaren Zielen sowie an verbindlichen Umsetzungsmaßnahmen zurück (vgl. Sheng 2022, S. 79).

4. Eine ‚Digitale Agenda' zur Bewältigung der Finanzkrise

In den Jahren nach der Finanz- und Wirtschaftskrise 2007 ff. lässt sich jedoch eine deutliche Neuausrichtung und Akzentuierung der technologiepolitischen Bemühungen auf europäischer Ebene feststellen. So verkündete die Kommission in ihrem Konjunkturprogram nach dem Ausbruch der Finanzkrise, dass die Ausstattung Europas mit digitaler Infrastruktur wie flächendeckenden Hochgeschwindigkeits-Internetverbindungen „in ihrer Bedeutung dem Aufbau des Eisenbahnnetzes im neunzehnten Jahrhundert" gleiche (Europäische Kommission 2008, S. 18). Zeitgleich mit der austeritätspolitischen Bearbeitung der Staatschuldenkrise, die zu erheblichen Verarmungsprozessen vor allem in süd- und osteuropäischen Mitgliedsstaaten führte, wurde die neue Digitalagenda von seiten der EU offensiv als Strategie der Krisenbearbeitung und Hebel wirtschaftlicher und gesellschaftlicher Transformationen gerahmt.

Dies zeigte sich in der Ausdehnung des Verständnisses von digitaler Technik als Dynamik, die mehr und mehr gesellschaftliche Bereiche erfassen und zu einer weitreichenden gesellschaftlichen Transformation beitragen sollten. So wird seitdem das Feld der Kommunikations- und Informationstechnologie primär unter dem Begriff der ‚Digitalisierung' diskutiert. Der Verlust der Anziehungskraft von vorhergehenden Leitbegriffen wie jenen der Wissens- oder Informationsgesellschaft lässt sich außerdem daran ablesen, dass im Jahr 2012 das Kommissariat für Informationsgesellschaft der Kommission in jenes für Digitale Agenda und 2014 in Kommissariat für Digitale Wirtschaft und Gesellschaft umbenannt wurde (vgl. Mansell 2014, S. 202). Damit wurde die Digitalisierung zunehmend zu einem wesentlichen Element der von der EU forcierten, weiterhin neoliberal dominierten polit-ökonomischen Strategien, das nicht zuletzt deren Legitimation zu erhöhen versprach und zunehmend selbst hegemoniepolitisches Potenzial entfaltete.

Mit der Verabschiedung der ‚Digitalen Agenda für Europa' im Jahr 2010 (vgl. Europäische Kommission 2010b) postulierte die EU das Ziel, parallel zum Binnenmarkt für Waren und Dienstleistungen einen ‚digitalen Binnenmarkt' schaffen zu wollen. Diese Agenda stellte zugleich eines der Vorzeigeprojekte der Wachstumsstrategie ‚Europa 2020' dar, die im Jargon der Kommission auf „intelligentes, nachhaltiges und integratives Wachstum" zielte (Europäische Kommission 2008, S. 2), während Kritiker_innen monierten, dass insbesondere die sozial- und arbeitsmarktpolitischen Dimensionen im Vergleich zur Lissabon-Strategie sogar einen Bedeutungsverlust erlitten hatten (vgl. Dräger 2010).

Auf der anderen Seite versuchte die Kommission die ‚Digitale Agenda', bzw. seit 2023 ‚Digitale Dekade', der europäischen Wachstumsstrategie weiter durch einen spezifischen Krisendiskurs zu den bisherigen technologiepolitischen Bemühungen der EU zu legitimieren. Dieser besteht, wie auch früher schon, in der Betonung, dass Europa im Vergleich zu seinen internationalen Konkurrenten ein technologischer Nachzügler sei. Darüber hinaus habe die Finanz- und Wirtschaftskrise nach 2008 die bereits zuvor existenten „strukturellen Schwächen der europäischen Wirtschaft aufgedeckt". Diese bestünden nicht nur in der demographischen Alterung und der globalisierten Wirtschaft, sondern seien auch im „langsamen und weitgehend unkoordinierten Charakter" von Reformen zu suchen (Europäische Kommission 2008, S. 10). Mehr noch: wohl um wirtschaftliche Akteur_innen wie die Gewerkschaften für diese Strategie zu gewinnen, betonte die Kommission, dass insbesondere die Digitalisierung den europäischen Arbeiter_innen verspreche – aufgrund der erwähnten strukturellen Schwächen –, von nun an nicht schwerer oder länger, sondern lediglich „intelligenter" arbeiten zu müssen bzw. zu können (Europäische Kommission 2010b, S. 3).

Anders ausgedrückt: mittels der Digitalisierung des Erwerbslebens könne die alternativlose Ausweitung der Mehrarbeit auf relativem – Produktivitätssteigerung – statt absolutem Weg – Arbeitszeitverlängerung und umfassende Lohnkürzungen – verfolgt werden. Empirische Befunde können diese Prognosen aus verschiedenen Gründen nicht bestätigen. Arbeits- und industriesoziologische Untersuchungen haben verschiedene Tendenzen beobachtet, wie Abwertung und Substitution von Einfacharbeit sowie als Polarisierungsprozesse rund um Auf- und Entwertungsdynamiken von Arbeit (vgl. Hirsch-Kreinsen/Minssen 2017, S. 173–174). Anstatt eines rasanten Anstiegs der Arbeitsproduktivität ließ sich in EU-Staaten etwa in den letzten fünfzehn Jahren trotz zunehmender Anwendung von digitaler Technik in industriellen Produktionsprozessen eher eine Reduktion der Produktivitätszuwächse beobachten (vgl. Benanav 2020; Eurostat 2024). Studien zu Arbeitsverhältnissen in Europa zeigen darüber hinaus, dass es – nicht zuletzt auch als Folge der Corona-Pandemie – zwar zu einer Verbreitung von Telework oder hybriden Arbeitsformen gekommen ist, in einigen Staaten bzw. im EU-Schnitt allerdings auch eine Erhöhung von In-work-Poverty feststellbar ist. Weiters kam es bislang nicht zu einer Reduktion von atypischen und prekären Arbeitsverhältnissen. Diese werden weiterhin als Instrument flexiblen Arbeitskräfteeinsatzes genutzt. Die (national variierende) Segmentierung der Arbeitsmärkte, die sich etwa in höheren Arbeitslosenraten niedrig qualifizierter Personen oder Migrant_innen, hohen Teilzeitraten von Frauen, Armutsgefährdungen von atypisch und prekär Beschäftigten ausdrückt, hat sich auch über die Pandemie hinweg reproduziert, wenn nicht sogar verstärkt (vgl. Piasna et al. 2020; Zwysen et al. 2023; Zwysen et al. 2024).

Die für Europa 2020 konzipierte ‚Digitale Agenda' zielte außerdem darauf ab, Digitalisierung als eine wesentliche Dimension und zentrales Medium weitreichender gesellschaftlicher Transformationen, die nicht nur auf die Ökonomie beschränkt bleiben, zu konzipieren und zu plausibilisieren. So wurden daher neben ökonomischer Innovation und Wirtschaftswachstum durch Digitalisierung auch „Alltagsverbesserungen für Bürger" in Aussicht gestellt. Diese sollten sich etwa „durch bessere Gesundheitsfürsorge, sichere und effizientere Verkehrslösungen, eine sauberere Umwelt, neue Möglichkeiten der Mediennutzung und den einfacheren Zugang zu öffentlichen Diensten und kulturellen Inhalten" (Europäische Kommission 2010b, S. 4) materialisieren.

Die Auswirkungen der anvisierten digitalen Wende wurden damit in der Agenda über den direkt ökonomischen Bereich hinaus auf die Felder von Zivilgesellschaft und Kultur ausgeweitet. Digitalisierung bzw. digitale Techniken sind dabei nicht mehr nur Instrument zur Erreichung spezifischer wirtschaftlicher Ziele wie etwa Arbeitsplätze oder internationale Wettbewerbsfähigkeit. Dem Scheinsubjekt Digitalisierung wird hier eine kohäsionsstiftende Rolle zugeschrieben, die den europäischen Gesellschaften in der Bewältigung von Krisen helfen soll. Informations- und Kommunikationstechnologien werden daher offen als umfassender *technological fix* (vgl. Fox 2023) im Sinne eines Technosolutionismus für diverse Krisenerscheinungen, wie den „Klimawandel und andere Umweltprobleme, [die] alternde Bevölkerung und steigende Gesundheitskosten, den Aufbau effizienterer öffentlicher Dienste und die Integration Behinderter [...] usw." (Europäische Kommission 2010b, S. 7) gerahmt. Die Vorstellung, dass gesellschaftliche Probleme durch technische Lösungen und Innovation bearbeitet werden können, ist also nicht nur auf FDP und Konsorten beschränkt.

Insgesamt wird deutlich, dass das Potenzial digitaler Techniken für die Gesellschaft und ihre Transformation, die ihnen von EU-Seite zugeschrieben wird, seit den frühen 2000er Jahren zunehmend diskursiv auf neue Krisenfelder ausgeweitet wurde: anfangs vor allem als ein notwendiger Faktor in der globalen Konkurrenz um Absatzmärkte und Wachstumspotenziale und nach der Finanz- und Wirtschaftskrise von 2007ff. als wesentliches Instrument der Bearbeitung und Bewältigung diverser Ausformungen der europäischen Vielfachkrise.

5. Widersprüche und Ambivalenzen der ‚Digitalen Agenda'

Obwohl die ‚Digitale Agenda' als wesentliche Säule von ‚Europa 2020' Digitalisierung als notwendiges Element einer umfassenden Wachstumsstrategie Europas und Instrument der Krisenbearbeitung framte und außerdem versuchte, sie als Medium einer Artikulation und Versöhnung, ja wechselseitigen Stärkung wirtschaftspolitischer, aber auch sozial- und gesellschaftspolitischer Transformationen darzustellen, identifizierte die Kommission in der Digitalen Agenda selbst mehrere Problembereiche bisheriger Digitalisierungsbemühungen. Wissenschaftlichen Auseinandersetzungen zu den Widersprüchen und Hürden europäischer Digitalstrategien (vgl. Savin 2014; Mansell 2014; Mărcut 2017; Giannone / Santaniello 2019; Helmer 2020) subsumieren diese Problembereiche unter drei Kategorien: Fragmentierung, Wettbewerbsorientierung und Horizontalität.

Fragmentierung: Das Problem der Fragmentierung ist wohl die grundsätzlichste Hürde bisheriger Digitalstrategien der Europäischen Union. Es ist wohl deshalb so grundlegend, da mehrere Ebenen zur allgemeinen Fragmentierung des Gegenstandsbereichs beitragen. Das Internet ist eine geschichtete Entität, die sich aus Infrastrukturen und Hardware, logischen Systemen und Software sowie Inhalten zusammensetzt, die allesamt von unterschiedlichen Branchen und Firmen – mit oft gegensätzlichen Interessen (vgl. Hubrich 2023) – produziert werden. Die einzelnen Ebenen fallen zudem unter unterschiedliche Politikbereiche und Ministerien, weshalb es schwierig ist, sämtliche Teilbereiche einheitlich zu gestalten bzw. zu regulieren (vgl. Savin 2014). Zusätzlich zu dieser, der Beschaffenheit der wirtschaftlichen und digitalen Welt geschuldeten Fragmentierung, kommt noch die EU-spezifische Zersplitterung der politischen Zuständigkeiten, die die strategische Koordination verschiedener ökonomischer und sozialpolitischer Bereiche zwischen den konkurrierenden und ökonomisch sehr unterschiedlich ausgestatteten Mitgliedsstaaten stark erschwert. Zwischen den Nationalstaaten existieren zudem zu großen Teilen unterschiedliche digitale Standards, die grenzüberschreitende Interoperabilität und Netzwerkeffekte einschränken und global gesehen zu einem europäischen Konkurrenznachteil werden.

Wettbewerbsorientierung: Wie weiter oben bereits dargelegt, ging der Prozess der europäischen Integration ab den 1980er Jahren mit einem ökonomischen Paradigmenwechsel einher, der auf die Ausweitung von Märkten und die Durchsetzung von Wettbewerbsdruck als Lösung für ökonomische Krisentendenzen zielte. Digitalisierungspolitisch bedeutete dies, dass strategisch auf die Angebotsseite fokussiert wurde, indem Investitionsbedingungen und -voraussetzungen für privates Kapital gestärkt werden sollten (vgl. Mansell 2014). Ein unter der Leitung des FDP-Politikers Martin Bangemann angefertigtes Gutachten von 1994 sah dementsprechend die Stärkung von „entrepreneurial mentality" (Europäische Kommission 1994, S. 9) und eines kompetitiven europaweiten Binnenmarktes als Voraussetzung für den Aufstieg in die Informationsgesellschaft.[2] Jene Stimmen innerhalb der Europäischen Policy-Debatten – wie eine Expert_innengruppe, die auch Gewerkschaftsvertreter_innen umfasste und 1997 ein Gutachten zur Informationsgesellschaft für die EU anfertigte – die betonten, dass auch das Vertrauen der Nutzer_innen und die Qualifikationen der Lohnabhängigen für Digitalisierungsbestrebungen ausschlaggebend seien und eine „much more socially oriented debate" (Europäische Kommission 1997, S. 56) einforderten, wurden lange weitgehend ignoriert.

Der neoliberalen Doktrin folgend, wurde in den dominanten Strategien vor allem an die Eigenverantwortung der Bevölkerung appelliert, anstatt in Qualifizierung und Vertrauensbildung zu investieren. Strategisch dominierte ein kurzfristiger Fokus auf Wachstumspotenziale gegenüber langfristig und gesellschaftlich umfassender gedachten Entwicklungszielen. Die angebotsorientierten Digitalstrategien waren daher durchgehend mit dem Problem konfrontiert, dass die Nutzungsbereitschaft der Bevölkerungen hinter dem digitalen Angebot zurückblieb und auch die Qualifikationen der Lohnabhängigen nicht mit dem Bedarf an digital geschulter Arbeitskraft Schritt hielten.

Horizontalität: Weiters ging der beschriebene Paradigmenwechsel mit einer industriepolitischen Neuausrichtung einher. Anstatt wie zuvor bestimmte Firmen,

---

2 Zugleich wird in diesem Dokument klargestellt, dass „more public money, financial assistance, subsidies, *dirigsme*, or protectionism", lediglich die „market mechanisms" hemmen würde, die einzig als „motive power" fungieren könnten, um Europa – international konkurrenzfähig – ins Informationszeitalter zu befördern (Europäische Kommission 1994, S. 9)

Branchen, Wertschöpfungsketten und Technologien zielgerichtet durch die öffentliche Hand aufzubauen und zu unterstützen, sollten nun vor allem durch die Bereitstellung von allgemeingültigen Standards und Normen der als Innovationsmotor konzipierte Wettbewerb gefördert und dadurch die allgemeinen ökonomischen Rahmenbedingungen verbessert werden. Selbst eine ‚horizontale', d. h. nicht-selektive Bereitstellung von Infrastruktur oder Forschungsförderungen durch die öffentliche Hand musste nunmehr als nur ausnahmsweise Reaktion auf angebliches Marktversagen legitimiert werden (vgl. Schneider 2023, S. 342 f.). Auf dem digitalisierungspolitischen Feld hatte diese Ausrichtung zur Konsequenz, dass sowohl die Investitionen in digitale Infrastruktur als auch die durch die Privatwirtschaft hervorgebrachte Innovation im Bereich der Forschung und Entwicklung aus EU-Sicht stets zu gering ausgeprägt waren.

6. Ein digitalisierungspolitischer Paradigmenwechsel?

Wie oben gezeigt, deutete sich mit der Entwicklung der ‚Digitalen Agenda' bzw. seit 2023 'Digitalen Dekade' eine Erweiterung der Perspektive europäischer Akteur_innen auf die Funktion und Rolle von Digitalisierungsprozessen an. Sie wurden in Folge nicht mehr vor allem als ökonomischer Wachstumsmotor, sondern mehr und mehr als Medium gesellschaftlicher Transformationsprozesse konzipiert. Gleichzeitig waren diese Bestrebungen auch laut Selbsteinschätzung von EU-Akteur_innen von grundlegenden Widersprüchen und Ambivalenzen durchzogen.

Ab 2014 setzte unter der Kommissionspräsidentschaft von Jean-Claude Juncker (2014–2019) ein erneuter, intensivierter Versuch ein, eine kohärente gesamteuropäische Digitalisierungsstrategie zu formulieren und umzusetzen. Damit begann eine regelrechte Flut an Initiativen, die auf digitale Belange zielten. Im Jahr 2016 begann die EU mit der Initiative ‚Digitizing European Industry' (DEI), mit dem Ziel öffentlich-private Partnerschaften zu fördern, um die Digitalisierung der Industrie in den Mitgliedsländern zu beschleunigen und diese Bemühungen auf europäischer Ebene zu koordinieren (vgl. Sheng 2022, S. 80). Im Jahr 2018 wurde eine europäische Strategie für KI entwickelt, um ‚AI made in Europe' zu fördern (ebd.). Neben etlichen weiteren Initiativen legte die Juncker-Kommission besonderes Augenmerk darauf, die Regulierung der digitalen Wirtschaft und den Schutz von Daten voranzutreiben, was zur Verabschiedung der Allgemeinen Datenschutz-Grundverordnung im Jahr 2016 führte, die Anu Bradford zufolge die EU in eine Vorreiterrolle bezüglich Datenschutz und digitaler Regulation versetzte (vgl. Bradford 2020).

Spätestens im Zuge der Juncker-Präsidentschaft verwandelte sich die Europäische Kommission zur zentralen politischen Treiberin der ‚digitalen Wende' in Europa. Unter Ursula von der Leyen, die im Jahr 2019 die Kommissionspräsidentschaft übernahm, wurde dieser Kurs fortgesetzt. Die Digitalisierungsstrategie erhielt jedoch im Zusammenhang mit den immer sichtbarer werdenden Auswirkungen der Klimakrise und der zunehmend konflikthaften geopolitischen Situation auch eine immer deutlichere geopolitische und ökologiepolitische Färbung.

Schon in der Digitalen Agenda wurde ein Zusammenhang zwischen IKTs und der Bewältigung von „Klimawandel und andere[r] Umweltprobleme(n)" hergestellt (Europäische Kommission 2010a, S. 7). Im Europäischen Grünen Deal, der von der von-der-Leyen-Kommission ausgearbeitet wurde, erhielt dieser Zusammenhang allerdings einen zuvor nicht dagewesenen Stellenwert. Digitale Technologien wie „künstliche Intelligenz, 5G, Cloud, modernste Rechner und das Internet der Dinge" werden darin als „entscheidende Voraussetzung" für die Umsetzung der Klimastrategie der Europäischen Union ausgewiesen (Europäische Kommission 2019, S. 11). Dieser behauptete Zusammenhang firmiert mittlerweile in zahlreichen EU-Dokumenten unter dem Begriff der *twin transition*, mit dem der digitale Wandel und die ökologische Krisenbearbeitung als unabdingbar zusammengehörig konstruiert werden sollen.

Im Zuge der Vielfachkrise, die in den letzten Jahren, beschleunigt durch die Pandemie, die immer sichtbareren Auswirkungen der Klimakrise sowie zahlreichen geopolitischen Konfliktherden, zunehmend in das politische Alltagsbewusstsein vordrang, setzte innerhalb des europäischen Staatsapparate-ensembles[3] (Kannankulam 2017) eine Suche nach einer neuen Akkumulations- und Krisenlösungsstrategie ein, die zugleich hegemoniefähig ist und dazu beiträgt, dass sich die EU geopolitisch behaupten kann. Digitaler Technik wird im Wachstumsversprechen des Grünen Deals die Rolle einer fundamentalen Ermöglichungsbedingung zugeschrieben, die die zunehmende Zentralität des digitalen Wandels im europäischen Policydiskurs erklärt.

7. Next Generation EU als neue digitalisierungspolitische Governance oder persistente Ambivalenzen in der Digitalstrategie?

7.1 Hinwendung zu staatsinterventionistischer Industriepolitik?

Noch deutlicher wurde diese Entwicklung mit NGEU und der Aufbau- und Resilienzfazilität. Der digitale Wandel wird im Rahmen von NGEU als eine von sechs Säulen aufgelistet, die durch den Aufbaufonds vorangetrieben werden sollen. Neben diesem werden noch der ökologische Wandel, nachhaltiges Wachstum, terri-

3 Gemeint ist das große Ensemble aus EU-Institutionen sowie den staatlichen Institutionen der einzelnen Mitgliedsländer.

torialer und sozialer Zusammenhalt, Resilienz sowie Bildung erwähnt (vgl. Europäisches Parlament und Rat 2021, S. 19). Maßnahmen, die auf die ökologische Transformation zielen, sollten laut dem Plan mindestens 37 Prozent der in den nationalen Aufbauplänen vorgesehen Ausgaben ausmachen, während Digitalisierungsmaßnahmen mit einem Minimum von 20 Prozent gefördert werden sollten. Im Konkreten soll NGEU und die ARF auf den Ausbau von Gigabit-Netzen, die Förderung von Innovationshubs in Bereichen wie KI, die Digitalisierung der öffentlichen Verwaltung und die Förderung digitaler Qualifikationen der Bevölkerung hinwirken (vgl. Reiners 2021, S. 274.). Digitale Techniken werden in der Verordnung zur ARF erneut als Weg „zur wirtschaftlichen und sozialen Aufwärtskonvergenz, zur Wiederherstellung und Förderung des nachhaltigen Wachstums, zur Integration der Volkswirtschaften der Union, zur Schaffung von hochwertigen Arbeitsplätzen sowie zur strategischen Autonomie der Union" verstanden (Europäisches Parlament und Rat 2021, S. 31).

Um das Projekt einer ‚gerechten, nachhaltigen und inklusiven' Neuausrichtung der europäischen Ökonomie umsetzen zu können, hält die Kommission unter von der Leyen auch eine Adjustierung ihrer eigenen Rolle und Instrumentarien für nötig. Indem die Resilienz- und Aufbaupläne der jeweiligen Mitgliedsstaaten einem jährlichen Bewertungs- und Prüfungsverfahren unterliegen, an dessen Urteil die weitere Ausschüttung von Fördermitteln gebunden sind, wurden die regulativen Kapazitäten der EU im Rahmen des Europäischen Semesters – und damit sowohl von Kommission als auch Rat – stark aufgewertet (vgl. Gerken 2022, S. 741). Mit der umstrittenen und vorerst einmaligen Schuldenaufnahme der Union (vgl. De la Porte/Jensen 2021) zur Finanzierung der Ausgaben im Rahmen der ARF wurde gleichzeitig ein neues Finanzierungsinstrument geschaffen, das der EU eine stärkere gestalterische Kompetenz beim wirtschaftlichen Wiederaufbau nach der Pandemie und damit gleichzeitig bei der angekündigten ökologisch-digitalen Wende verschafft. Auf diesem Weg soll der Fragmentierung und Uneinheitlichkeit bisheriger Digitalisierungsbemühungen durch neue Kapazitäten und Kontrollmöglichkeiten der Kommission entgegengewirkt werden.

Gleichzeitig werden die Förderung digitaler Qualifikationen in der Bevölkerung, der Zugang zu Hochgeschwindigkeitsinternet in sämtlichen auch abgelegenen Regionen und die Inklusion bisher von der Digitalisierung relativ ausgeschlossener Bevölkerungsteile im Aufbauplan besonders betont. In starkem Kontrast zur Politik der Kommission im direkten Nachhall der letzten großen Finanz- und Wirtschaftskrise wird nun der Aufbau „resilienter Volkswirtschaften sowie Finanz- und Sozialsysteme auf der Grundlage starker wirtschaftlicher und sozialer Strukturen" als Lehre aus Finanzkrise und Pandemie ausgegeben. Explizit wird festgehalten, dass eine „Senkung der Ausgaben in Bereichen wie dem Bildungswesen, der Kultur- und Kreativbranche sowie in der Gesundheitsversorgung […] sich als kontraproduktiv im Hinblick auf eine rasche Erholung erweisen" könne. Ausreichende Handlungsfähigkeit wird am „verfügbaren haushaltspolitischen Spielraum der Mitgliedstaaten" festgemacht. Reformen und Investitionen sollten „strukturelle Schwächen der Volkswirtschaften beheben" und dadurch gleichzeitig für Resilienz als auch zu höherer Produktivität und Wettbewerbsfähigkeit beitragen (Europäisches Parlament und Rat 2021, S. 18). Auch die Wettbewerbsorientierung, die bisherige Digitalstrategien kennzeichnete, scheint hier zumindest abgeschwächt. Die partielle Abkehr vom Austeritätsparadigma innerhalb der EU, die bereits seit einigen Jahren von diversen Autor_innen registriert wurde (vgl. Costamagna 2018; Corti / Liscai / Ruiz 2022; Schneider 2023; Syrovatka 2023; Corti / Vesan 2023), wird auch hier deutlich. Abels und Bieling sprechen hierbei – wenn auch vorsichtig – von einer „staatsinterventionistischen Wende" (Abels / Bieling 2022, S. 430).

7.2 Bruch der Horizontalität?

Weiters umfassen die Aufbaupläne auch Instrumente der vertikalen Technologie- und Industriepolitik. Die Vorgaben der Kommission zielen darauf, die Förderungen und Kredite aus der ARF nicht in allgemeine Verbesserungen der Wettbewerbsfähigkeit, sondern in spezifische Sektoren zu investieren, die für die Zwillingstransition (*twin transition*) als zentral erachtet werden. Dabei hat der Plan auch eine explizit umverteilende Funktion: Die Allokation der Gelder aus dem Fonds hatte nicht nur mit den Auswirkungen der Pandemie zu tun, sondern reagierte auch auf die ökonomischen Ungleichgewichte innerhalb der Union, die spätestens nach der Krise von 2007 ff. und ihrer austeritätspolitischen Bearbeitung sichtbar wurden. So korreliert das Ausmaß an finanziellen Hilfen aus der ARF weniger mit der Schwere der Auswirkungen der Pandemie als mit ökonomischen Vulnerabilitäten und dem Ausmaß an Euroskepsis in den jeweiligen Mitgliedsländern (vgl. Armingeon et al. 2022). Darüber hinaus versucht NGEU / ARF Synergien mit den sogenannten *Important Projects of Common European Interest* (IPCEI) herzustellen, mit denen seit 2014 ein Instrument vertikaler Industriepolitik innerhalb der EU geschaffen wurde (vgl. Schneider 2023, S. 280). Auch der Horizontalismus der bisherigen Digitalisierungsstrategie scheint damit zumindest tendenziell gebrochen. Allerdings wird bei der Betrachtung des österreichischen Falles und durch die Analyse unserer Interviews sichtbar, welche Ambivalenzen der europäischen Digitalstrategie fortbestehen.

So wurde in den meisten Mitgliedsländern festgestellt, dass NGEU / ARF lediglich zur Refinanzierung längst im Gange befindlicher Initiativen herangezogen wurde (vgl. Corti et al. 2021). In Österreich wurde etwa bemängelt, dass der Breitbandausbau, der durch Geld aus der ARF refinanziert wurde, seit mindestens 2018 geplant war und beispielsweise der seit 2010 im Bau befindliche Koralmtunnel zwischen Kärnten und der Steiermark unter dem Titel ‚Errichtung neuer Bahnstrecken und Elektrifizierung von Regionalbahnen' mit 543 Millionen Euro aus der ARF rückwirkend subventioniert wurde (vgl. Dammerer et al. 2021, S. 6; Vinzenz 2022, S. 11 f.).

Diese Kritik der Förderung „bestehender Projekte" (Interview, Expert_in Forschungsförderung) verweist darauf, dass die aus der politischen Fragmentierung der EU resultierenden Interessensdifferenzen zwischen Kommission und Mitgliedstaaten weiterhin dazu führen, dass grundsätzliche Pfadabhängigkeiten und Probleme in der Digitalisierungsstrategie erhalten bleiben. Vom Pathos des Moments des Aufbruchs, der ARF/NGEU-Policy-Dokumente durchzieht, ist hier wenig zu vernehmen. Vielmehr wird auf das fortlaufende Problem der Fragmentierung abgehoben, das auf die fortlaufende Krise der europäischen Integration und die bekannten Ungereimtheiten im Mehrebenensystem der EU verweist. Auch dies wird in unseren Interviews sichtbar, wenn beispielsweise diagnostiziert wird, dass der österreichische Digitalisierungsplan „wenig Bezug zu den europäischen Initiativen hätte [...] [und] ein bisschen im luftleeren Raum [hängt]" (Interview, Expert_in Forschung und Entwicklung), die „starke Verteilung an Zuständigkeiten" es schwierig macht „eine Strategie aus einem Guss zu liefern" (Interview, Expert_in Forschungsförderung) und es zwischen Kapitalseite, Europäischer Kommission und Mitgliedstaaten gravierende Differenzen in Finanzierungsfragen hinsichtlich digitaler Infrastruktur gibt: „Es gibt absolut keine Kohärenz zwischen dem was alle wollen" (Interview, Expert_in Think Tank).

Zugleich deuten einige Aussage von Interviewpartner_innen, die auf der europapolitischen Ebene aktiv sind, daraufhin, dass auch das Problem des Horizontalismus weiterhin vorhanden ist. Ein Interviewpartner, der in einer EU-Institution arbeitet, formulierte die Einschätzung, dass die Investitionen, die durch die industriepolitischen Weichenstellungen im *Green Deal* generiert werden sollten, nicht unbedingt „dorthin fließen, wohin sie sollen" (Interview, Expert_in EU Institution, eigene Übersetzung). Dieses Problem werde „durch Länder wie Deutschland, die sichergehen wollen, dass die Verschuldung eingedämmt wird" weiter verstärkt (ebd.). Die hartnäckigen neoliberalen Auffassungen bezüglich Fiskal- und Industriepolitik innerhalb der EU und der Mitgliedsstaaten machen eine zielgerichtete Förderung jener Sektoren und Firmen, die als digitalisierungspolitisch zentral angesehen werden, weiterhin schwierig.

Unser bereits zitierter Gesprächspartner eines einflussreichen europäischen Think Tanks macht im Gegensatz dazu nicht die Persistenz neoliberaler Governance, sondern vielmehr die vergleichsweise konservative Beschaffenheit europäischer Kapitalmärkte für die fehlende Treffsicherheit der Digitalpolitik verantwortlich. „Aus historischer Sicht haben Europa und die USA digitale Dinge ungefähr im gleichen Ausmaß gefördert". Europa sei allerdings im Vergleich „sehr bankenlastig, während der Kapitalmarkt schwach ist. [...] Europa bringt Start-ups in einem Umfang hervor, der mit dem der Vereinigten Staaten einigermaßen konkurrenzfähig ist. Wir können sie allerdings nicht aufstocken. [...] Das liegt zum Teil daran, dass wir zu wenig Risikokapital haben" (Interview, Expert_in Think

Tank). Dieser Mangel an Risikokapital wurde auch mehrfach in Gesprächen mit österreichischen Akteur_innen aus der Digitalisierungsbranche erwähnt.

Bei horizontalen Investitionen in Forschung und Entwicklung wie *Horizon Europe*, in dessen Rahmen die EU 95,5 Milliarden Euro in die Förderung von zukunftsorientierten Technologien investiert, sei fragwürdig, ob sich derlei Initiativen in ökonomisches Wachstum übersetzen. Folglich bestehe die Gefahr, dass sich Europa auf diesem Weg „zum Forschungslabor für den Rest der Welt" verwandle, während „der Rest der Welt das ganze Geld macht". In Hinsicht auf digitale Infrastruktur floss das meiste Geld in den Breitbandausbau, bei dem zu wenig Fokus auf den ökonomischen Nutzen und zu viel Emphase auf soziale Faktoren gelegt worden sei (ebd.). Letztere bestehen in der kohäsionsstiftenden Funktion zum Ausgleich geographischer und altersbedingter Ungleichheiten (ebd.; Interview Expert_in Generaldirektion EU). Mit der mangelnden Orientierung auf Fragen der Kapitalmarktstruktur und dem Fokus auf den Ausbau öffentlicher Infrastruktur schwäche die EU, so die zitierte Kritik, ihre Wettbewerbsorientierung ab – was klassisch neoliberalen Akteur_innen offensichtlich aufstößt.

8. Conclusio

Den Einschätzungen unserer Interviewpartner_innen zum Trotz, wonach die zentralen Probleme bisheriger europäischer Digitalstrategien fortbestehen, lassen sich auf manchen der angesprochenen Problemfelder durchaus relevante Veränderungen vernehmen. Dem von unseren Interviewpartner_innen mehrfach erwähnten Problem fehlenden Risikokapitals innerhalb Europas versucht die EU seit 2017 durch den Central Europe Fund of Funds (CEFoF) beizukommen. Durch diesen sollen die Risiken für das Risikokapital reduziert und zugleich Investitionstätigkeiten im Start-Up-Bereich diversifiziert werden. Das scheinbar mit Erfolg: Laut einem *Forbes*-Artikel von Februar 2023 ist die Wachstumsrate von Risikokapital derzeit in Europa größer als in den USA (vgl. Smith 2023), wenngleich der Blick auf die absoluten Zahlen ein differenzierteres Bild zeichnet. So wurden im Jahr 2022 laut Reuters 242,2 Millarden US-Dollar an Risikokapital in den USA investiert (vgl. Hu 2024), während im selben Jahr in Europa 90 Millarden US-Dollar investiert wurden. Welche Auswirkungen das auf die Digitalisierungsbestrebungen der EU hat, wird sich zeigen. Ähnliches gilt für die bereits erwähnten *Important Projects of Common European Interests* (IPCEI), die in mehrfacher Hinsicht – etwa durch die beiden Mikroelektronik IPCEIs – direkten Einfluss auf den Prozess der Digitalisierung haben. Sie bilden eine eigenständige Möglichkeit vertikaler Eingriffe in die Technologie- und Industriepolitik.

Grundsätzlich kann festgehalten werden, dass derzeit in der Digitalisierungspolitik der EU wie auch in anderen Bereichen wie der Industrie- und Sozialpolitik (vgl. Schneider 2023; Atzmüller 2024) und verstärkt seit der Pandemie inkrementelle Kurskorrekturen sichtbar werden, die sich von der neoliberalen Entwicklungslogik der vergangenen Jahrzehnte entfernen. Ob diese punktuellen Brüche mit dem neoliberalen Krisenbearbeitungsmodus hinreichen werden, um die grundsätzlichen Ambivalenzen der bisherigen Digitalisierungsstrategie – Fragmentierung, Wettbewerbszentrierung und Horizontalität – zu überwinden, muss sich erst erweisen.

Auf alle Fälle ist Skepsis gegenüber dem Diskurs angebracht, der in Bezug auf die ‚digitale Wende' mittlerweile in Europa angeschlagen wird. In scharfem Kontrast zur langsamen und inkrementellen Natur der Veränderung wird digitaler Technik das Potenzial zur Lösung sämtlicher großer Krisen des europäischen Projektes und der europäischen Ökonomien zugeschrieben. ‚Die Digitalisierung' ist nicht nur ein Scheinsubjekt, sondern wird immer mehr auch als ein mit magischen Fähigkeiten ausgestatteter ultimativer Problemlöser verstanden, der durch einen umfassenden *technological fix* die Vielfachkrise des globalen Kapitalismus lösen soll. Eine der zentralen Aufgaben kritischer Gesellschaftsanalyse wird es in den kommenden Jahren sein, inmitten der sozialen und politischen Auseinandersetzungen um Krisendeutung und -bearbeitung diesen als Weltrettungsprogramm auftretenden Technosolutionismus der EU als das zu bestimmen, was er ist: ein technologisches, ökonomisches und politisches Aufholprojekt, mit dem Ziel, die Konkurrenzfähigkeit europäischer Firmen und die Handlungsfähigkeit europäischer Staaten in einem immer stärker risikobehafteten und konfliktreichen geopolitischen Umfeld sicherzustellen und gleichzeitig die Bevölkerung über gesellschaftspolitische Versprechen (mehr und bessere Arbeitsplätze, Vernetzung usw.) an dieses Projekt zu binden.

Literatur

Abels, Joscha/Bieling, Hans-Jürgen (2023): Infrastructures of globalisation. Shifts in global order and Europe's strategic choices. In: Competition & Change 27, H. 3–4, S. 516–533.

Armingeon, Klaus/La Porte, Caroline de/Heins, Elke/Sacchi, Stefano (2022): Voices from the past: economic and political vulnerabilities in the making of next generation EU. In: Comparative European Politics 20, H. 2, S. 144–165.

Atzmüller, Roland (2024): Sozialpolitische Wende? – Umbrüche in der Regulation der Sozialpolitik. In: Schneider, Étienne/Syrovatka, Felix (Hrsg.): Politische Ökonomie der „Zeitenwende" – Perspektiven der Regulationstheorie. Münster: Westfälisches Dampfboot, S. 171–190.

Bärenthaler-Sieber, Susanne/Bock-Schappelwein, Julia/Böheim, Michael/Kügler, Agnes/Schmidt-Padickakudy, Nicole (2022): Digitalisierung in Österreich: Fortschritt, Breitbandinfrastruktur und die Rolle der Open-Access-Netze. In: WIFO Monatsberichte (monthly reports) 95, H. 6, S. 379–390.

Benanav, Aaron (2020): Automation and the Future of Work. London/New York: Verso.

Bradford, Anu (2020): The Brussels Effect: How the European Union Rules the World. Oxford: Oxford University Press.

Corti, Francesco / Liscai, Alessandro / Ruiz, Tomas (2022): The Recovery and Resilience Facility: Boosting Investment in Social Infrastructure in Europe? In: Italian Labour Law e-Journal 15, H.1, S. 15–30.

Corti, Francesco / Vesan, Patrik (2023): From austerity-conditionality towards a new investment-led growth strategy: Social Europe after the Recovery and Resilience Facility. In: Social Policy & Administration 57, H. 4, S. 513–548.

Costamagna, Francesco (2018): National social spaces as adjustment variables in the EMU: A critical legal appraisal. In: European Law Journal 24, H. 2–3, S. 163–190.

Dammerer, Quirin / Hehenberger, Anna / Huber, Alexander / Muckenhuber, Mathias (2021): EU-Wiederaufbauplan: Wenig wirklich Neues. In: Momentum Institut Studie 2, S. 1–10.

Dräger, Klaus (2010): EU 2020 – realistischer als die Lissabon-Strategie?. In: Kurswechsel 2, S. 82–86.

Europäische Kommission (1987): Towards an Dynamic European Economy. Green Paper on the Development of the Common Market for Telecommunications Services and Equipment. eur-lex.europa.eu/legal-content/EN/ALL/?uri=CELEX%3A51987DC0290 (Abfrage: 25.01.2024).

Europäische Kommission (1994): Europe and the Global Information Society (The Bangemann Report). aei.pitt.edu/1199/1/info_society_bangeman_report.pdf (Abfrage: 30.04.2024).

Europäische Kommission (1997): Building the European Information Society for Us All: Final Policy Report of the High-Level Expert Group. http://aei.pitt.edu/8692/1/8692.pdf (Abfrage: 30.04.2024).

Europäische Kommission (2008): Mitteilung der Kommission an den Europäischen Rat – Europäisches Konjunkturprogramm. eur-lex.europa.eu/legal-content/DE/TXT/HTML/?uri=CELEX%3A52008DC0800 (Abfrage: 18.01.2024).

Europäische Kommission (2010a): Europa 2020: die Strategie der Europäischen Union für Wachstum und Beschäftigung. eur-lex.europa.eu/DE/legal-content/summary/europe-2020-the-european-union-strategy-for-growth-and-employment.html (Abfrage: 18.01.2024).

Europäische Kommission (2010b): Mitteilung der Kommission an das Europäische Parlament, den Rat, den Europäischen Wirtschafts- und Sozialausschuss und den Ausschuss der Regionen Eine Digitale Agenda für Europa. eur-lex.europa.eu/legal-content/DE/TXT/?uri=CELEX%3A52010DC0245&qid=1705606364818 (Abfrage: 18.01.2024).

Europäische Kommission (2019): Mitteilung Der Kommission: Der Europäische Grüne Deal. eur-lex.europa.eu/legal-content/EN/TXT/?uri=CELEX:52019DC0640 (Abfrage: 19.01.2024).

Europäische Kommission (2021): Digitaler Kompass 2030: der europäische Weg in die digitale Dekade. eur-lex.europa.eu/legal-content/DE/TXT/?uri=CELEX%3A52021DC0118 (Abfrage: 19.01.2024).

Europäischer Rat (2000): Lissabon 23–24.03.2000: Schlußfolgerungen des Vorsitzes. europarl.europa.eu/summits/lis1_de.htm (Abfrage: 18.01.2024).

Europäisches Parlament und Rat (2021):. 057 OJ L Verordnung (EU) 2021/241 des Europäischen Parlaments und des Rates vom 12. Februar 2021 zur Einrichtung der Aufbau- und Resilienzfazilität. data.europa.eu/eli/reg/2021/241/oj/deu (Abfrage: 19.01.2024).

Eurostat (2024): Productivity trends using key national accounts indicators. ec.europa.eu/eurostat/statistics-explained/index.php?title=Productivity_trends_using_key_national_accounts_indicators#Evolution_of_key_indicators_1999-2023 (Abfrage: 16.05.2024)

Fabbrini, Federico (2022): Italy's national recovery and resilience plan: context, content and challenges. In: Journal of Modern Italian Studies 27, H. 5, S. 658–676.

Forschungsgruppe ‚Staatsprojekt Europa' (2014): Kämpfe um Migrationspolitik: Theorie, Methode und Analysen kritischer Europaforschung. In: Forschungsgruppe, ‚Staatsprojekt Europa' (Hrsg.): Kämpfe um Migrationspolitik. Bielefeld: transcript.

Fox, Nick J. (2023): Green capitalism, climate change and the technological fix: A more-than-human assessment. In: The Sociological Review 71, H. 5, S. 1115–1134.

Gerken, Johannes (2022): Fiskalpolitische Zeitenwende in der Coronakrise? Die EU zwischen genuiner Fiskalunion und einem Jahrzehnt der Ultra-Austerität. In: Prokla. Zeitschrift für kritische Sozialwissenschaft 52, H. 209, S. 733–749.

Gerken, Johannes (2023): The European Green Deal, its narrative of green politics for the next generation and the EU's search for a stable telos. In: Culture, Practice & Europeanization 8, H. 1, S. 127–151.

Giannone, Diego/Santaniello, Mauro (2019): Governance by indicators: the case of the Digital Agenda for Europe. In: Information, Communication & Society 22, H. 13, S. 1889–1902.

Helmer, Joschua (2020): „Digitalstrategien in Europa". bertelsmann-stiftung.de/de/publikationen/publikation/did/digitalstrategien-in-europa.

High Level Group c.b.W.K. (2004): Facing the Challenge: The Lisbon Strategy for Growth and Employment. Office for Official Publications of the European Communities.

Hirsch-Kreinsen, Hartmut/Minssen, Heiner (Hrsg.) (2017): Lexikon der Arbeits- und Industriesoziologie. LAIS. 2. Auflage. Baden-Baden: Nomos edition sigma.

Hu, Krystal (2024): US startup funding drops 30 % in 2023 despite AI frenzy. reuters.com/technology/us-startup-funding-continues-drop-despite-ai-frenzy-2024-01-11 (Abfrage: 16.05.2024)

Hubrich, Lion (2023): Industriepolitik als Elitenkonflikt? Big Tech versus Industrie 4.0. In: Momentum Quarterly. Zeitschrift für sozialen Fortschritt 12, H. 4, S. 211–223.

Jessop, Bob (2008): The Knowledge-based Economy. core.ac.uk/download/pdf/71418.pdf (Abfrage:23.01.2024).

Jessop, Bob (2015): The State: Past, Present, Future. Cambridge/Malden: Policy Press.

Kannankulam, John (2017): Von der Staatsableitung zum europäischen Staatsapparate-Ensemble: Grundzüge und Debatten der materialistischen Staatstheorie. In: Widersprüche. Zeitschrift für sozialistische Politik im Bildungs-, Gesundheits- und Sozialbereich, 37, H. 144, S. 11–23.

La Porte, Caroline de/Jensen, Mads Dagnis (2021): The next generation EU: An analysis of the dimensions of conflict behind the deal. In: Social Policy & Administration 55, H. 2, S. 388–402.

Lutz, Burkart (Hrsg.) (1987): Technik und sozialer Wandel. Verhandlungen des 23. Deutschen Soziologentages in Hamburg 1986. Frankfurt am Main: Campus.

MacKenzie, Donald/Wajcman, Judy (Hrsg.) (1999): The social shaping of technology. 2. Auflage. Maidenhead: Open University Press.

Mansell, Robin (2014): Here Comes the Revolution — the European Digital Agenda. In: Donders, Karen/Pauwels, Caroline/Loisen, Jan (Hrsg.): The Palgrave Handbook of European Media Policy. London: Palgrave Macmillan UK, S. 202–217.

Morozov, Evgeny (2013): To save everything, click here. The folly of technological solutionism. New York: Public Affairs/Perseus Books.

Nihoul, Paul/Rodford, Peter (2011): EU Electronic Communications Law: Competition & Regulation in the European Telecommunications Market. Oxford: Oxford University Press.

Piasna, Agnieszka/Galgozci, Bela/Rainone, Silvia/Zwysen, Wouter (2020): Labour Market and Social Developments: From Shock to Crisis. In: Countouris, Nicolas/Jagodzinski, Romuald (Hrsg.): Benchmarking Working Europe 2020. Covid-19 and the World of Work: The Impact of a Pandemic. Brüssel: ETUI, S. 62–73.

Pohle, Julia/Thiel, Thorsten (2021): Digitale Souveränität – Von der Karriere eines einenden und doch problematischen Konzepts. In: Piallat, Chris (Hrsg.): Der Wert der Digitalisierung: Gemeinwohl in der digitalen Welt. Bielefeld: transcript, S. 319–340.

Reiners, Wulf (2021): Die Digitalisierungsstrategie der Europäischen Union – Meilensteine und Handlungsfelder zwischen digitaler Souveränität und grüner Transformation. In: Integration 44, H. 4, S. 266–286.

Savin, Andrej (2014): How Europe formulates internet policy. In: Internet Policy Review 3, H. 1, S. 1–12.

Schadt, Peter (2022): Digitalisierung. Köln: Papy Rossa.

Schneider, Etienne (2023): Neue deutsche Europapolitik: Währungsunion und Industriepolitik zwischen Eurokrise und geopolitischer Wende. Frankfurt am Main: Campus.

Sharp, Margaret / Peterson, John (1998): Technology Policy in the European Union. London: Macmillan Education UK.

Sheng, Li (2022): Big Tech Firms and International Relations: The Role of the Nation-State in New Forms of Power. Berlin: Springer Nature.

Smith, Craig (2023): Europe's Venture Capital Scene Is Narrowing The Gap With The US Despite Global Investment Slowdown. forbes.com/sites/craigsmith/2023/02/14/europes-venture-capital-scene-is-narrowing-the-gap-with-the-us-despite-global-investment-slowdown/?sh=1b6694d24993 (Abfrage: 16.05.2024)

Sum, Ngai-Ling / Jessop, Bob (2013): Towards a Cultural Political Economy. Putting Culture in its Place in Political Economy. Cheltenham / Northampton: Edward Elgar.

Syrovatka, Felix (2023): When did the austerity era of European crisis management end? On the failure of National competitiveness boards. In: Critical Policy Studies, S. 1–21.

Vinzenz, Verena (2022): National Recovery and Resilience Plan: Austria. In: Italian Labour Law e-Journal 15, H. 1S, S. 1–13.

Zgajewski, Tania / Hajjar, Kalila (2005): The Lisbon strategy. Which failure? whose failure? and why? Gent, Brussels: Academia Press.

Zwysen, Wouter / Arabdjieva, Kalina / Berastegui, Pierre / Fabris, Bianca Luna / Piasna, Agnieszka / Rainone, Silvia (2024): Labour Market and Social Developments in the EU: The Quest for Strong Jobs Recovery. In: Piasna, Agnieszka / Theodoropoulou, Sotiria (Hrsg.): Benchmarking Working Europe 2024. The Ongoing Quest for Social Europe. Brüssel: ETUI, S. 51–82.

Zwysen, Wouter / Galgóczi, Béla / Rainone, Silvia / Fabris, Bianca Luna (2023): Labour Market and Social Developments in the EU crises and recovery. In: Countouris, Nicolas / Piasna, Agnieska / Theodoropoulou, Sotiria (Hrsg.): Benchmarking Working Europe 2023. Europe in Transition – Towards sustainable resilience. Brüssel: ETUI, S. 51–71.

Autorinnen und Autoren

Atzmüller, Roland, Dr., Assoziierter Professor an der Johannes Kepler Universität in Linz / Österreich, Institut für Soziologie, Abteilung für Gesellschaftstheorie und Sozialanalysen. Arbeitsschwerpunkte: Veränderungen des Wohlfahrtsstaates, kritische Gesellschafts- und Kapitalismustheorie.

Beckmann, Christof, Dr. phil., Professor für Sozialpädagogik an der Evangelischen Hochschule für Soziale Arbeit und Diakonie Hamburg. Arbeitsschwerpunkte: Professions- und Organisationssoziologie, sozialpädagogische Nutzerforschung.

Breier, Jan, M. A., tätig in der Erwachsenenbildung. Arbeitsschwerpunkte: Erwachsenenbildung / Weiterbildung, Beratung in Bildung, Beruf und Beschäftigung.

Bremert, Laura, M. A., wissenschaftliche Mitarbeiterin am IMU-Institut Stuttgart. Forscht dort zu den Themen Digitalisierung und Transformation der Arbeit. Promoviert über gewerkschaftliches Organizing und Migration.

Burmeister, Kai, Vorsitzender des DGB Baden-Württemberg.

Daum, Timo, Hochschullehrer und Gast der Forschungsgruppe ‚Digitale Mobilität und soziale Differenzierung' am Wissenschaftszentrum Berlin für Sozialforschung (WZB). Arbeitsschwerpunkt: Analyse und Kritik des digitalen Kapitalismus.

Dreyer, Lianara Patricia, M. A., Doktorandin am Promotionskolleg „Gute Arbeit in einer Transformativen Welt" am Wissenschaftszentrum Berlin für Sozialforschung (WZB) und der Helmut-Schmidt-Universität Hamburg (HSU). Arbeitsschwerpunkte: Wandel der Arbeit, Digitalisierung, Handwerk.

Egger, Lukas, Dr., wissenschaftlicher Mitarbeiter (postdoc) im Projekt ‚The Social Life of XG: Digital Infrastructures and the Reconfiguration of Sovereignty and Imagined Communities' am Institut für Soziologie an der Johannes Kepler Universität in Linz. Weitere Arbeitsschwerpunkte: Rassismusforschung, historische Soziologie und politische Theorie.

Ferdinand, Jonas, M. A., Doktorand am Promotionskolleg „Gute Arbeit in einer Transformativen Welt“ am Wissenschaftszentrum Berlin für Sozialforschung (WZB) und der Helmut-Schmidt-Universität Hamburg (HSU). Arbeitsschwerpunkte: Zukunft der Arbeit und Digitale Transformation, Videospielindustrie.

Glock, Gina, Dr., wissenschaftliche Mitarbeiterin bei der Bundesanstalt für Arbeitsschutz und Arbeitsmedizin (BAuA). Arbeitsschwerpunkte: Digitaler Wandel und Qualität von Arbeit, Zusammenspiel von Technologie und Arbeitsorganisation.

Kopton, Johannes, M. Sc., wissenschaftlicher Mitarbeiter am Institut für Nutzpflanzenwissenschaften und Ressourcenschutz (INRES), Universität Bonn. Arbeitsschwerpunkte: Digitalisierung und Robotik im Gartenbau, Umweltbilanzierung, Entscheidungsanalyse.

Kutlu, Yalçın, M. A., Soziologe / Politikwissenschaftler, wissenschaftlicher Mitarbeiter am IMU-Institut, Arbeitsschwerpunkte: Digitalisierung von Arbeit, Care Work, Industrielle Beziehungen.

Laibach, Natalie, Prof. Dr., Professur Fakultät Life Sciences Hochschule Rhein-Waal. Arbeitsschwerpunkt: Nachhaltige Landnutzungssysteme.

Lenzner, Martin, M. Sc., wissenschaftlicher Mitarbeiter am Institut für Arbeitswissenschaft an der Ruhr-Universität Bochum. Arbeitsschwerpunkte: subjektorientierte Arbeitssoziologie, Organisation digitaler Arbeit und Arbeitsprozesse sowie Inklusion.

Matthies, Annemarie, Dr., Professorin im dualen Studium der Sozialen Arbeit sowie im Projekt DIGITASA an der IU Internationalen Hochschule Berlin. Ab Oktober 2024 Professur für Bildungswissenschaften im Fachbereich „Soziale Arbeit.Medien.Kultur“ an der Hochschule Merseburg. Arbeitsschwerpunkt: Bildung und Profession in der digitalen Transformation.

Pillinger, Anna, M. A., Doktorandin und Projektmitarbeiterin am Institut für Soziologie der Johannes Kepler Universität Linz. Arbeitsschwerpunkte: Digitalisierung und Sorgearbeit sowie digitale Infrastrukturprojekte und EU-Digitalisierungsstrategien.

Schadt, Peter, Dr., Gewerkschaftssekretär des DGB Region Stuttgart, Lehrveranstaltungen an den Universitäten Stuttgart, Esslingen und Tübingen. Arbeitsschwerpunkt: Politische Ökonomie der Digitalisierung.

Schröter, Welf, Mitgründer und ehrenamtlicher Leiter des im Jahr 1991 gegründeten Personennetzwerkes „Forum Soziale Technikgestaltung“, Autor, Blogger bei: blog-zukunft-der-arbeit.de.

Weis, Nathan, M. A., Doktorand am Promotionskolleg „Gute Arbeit in einer Transformativen Welt“ am Wissenschaftszentrum Berlin für Sozialforschung (WZB) und der Helmut-Schmidt-Universität Hamburg (HSU). Arbeitsschwerpunkte: Politische Ökonomie der Digitalisierung, Automobilindustrie.

Weisenburger, Philipp, B. A., Student der Politikwissenschaft, Freie Universität Berlin. Arbeitsschwerpunkte: Digitale Arbeitsplattformen, Arbeitsmarkpolitik.

Westerheide, Jule Elena, Dr., wissenschaftliche Mitarbeiterin am Institut für Arbeitswissenschaft an der Ruhr-Universität Bochum. Arbeitsschwerpunkte: subjektorientierte Arbeitssoziologie, Arbeiterbewusstsein, Leistungsgerechtigkeit, Prekarisierung, Frauenerwerbsarbeit, Mobilisierung und industrielle Beziehungen in Europa und im Hafensektor.